Beck'sche Reihe

BsR 410

BsR

Auf einzigartige Weise führt dieses historische Lesebuch in die Geschichte des jüdischen Volkes ein – vom Altertum bis in unsere Zeit. Dem Wiener Judaisten Günter Stemberger, der hier Texte aus Werken versammelt, die im Verlag C.H. Beck erschienen sind, ist ein kleines Meisterwerk gelungen: Die 3000jährige Geschichte eines der ältesten Völker der Erde wird in einer ungemein eindrucksvollen Folge von Texten lebendig; Politik- und Sozial-, Religions- und Philosophiegeschichte werden anschaulich und verweisen auf die Wirkung eines Volkes, die sich erhalten hat über die Jahrhunderte, jenseits von Demütigung und entsetzlicher Verfolgung.

Günter Stemberger, geb. 1940, ist Professor für Judaistik an der Universität Wien. Bei C.H. Beck liegen von ihm eine Reihe bedeutender Werke zur jüdischen Religions-, Geistes- und Literaturgeschichte vor.

Die Juden

Ein historisches Lesebuch

Herausgegeben von
Günter Stemberger

VERLAG C.H.BECK

Mit 3 Abbildungen

Die Deutsche Bibliothek – CIP-Einheitsaufnahme

Die Juden : ein historisches Lesebuch / hrsg. von Günter Stemberger. – Orig.-Ausg., 4. Aufl. – München : Beck, 1995
(Beck'sche Reihe ; 410)
ISBN 3 406 40272 0
NE: Stemberger, Günter [Hrsg.]: GT

Originalausgabe
ISBN 3 406 40272 0

Vierte Auflage. 1995
Umschlagentwurf: Uwe Göbel, München
Umschlagabbildung: Jude beim Kiddusch, dem Segen über dem Weinbecher. Aus einer Pesach-Haggada (Bayerische Staatsbibliothek, Codes Hebr. 200 fol. 7 verso)

Gesamtherstellung: Presse-Druck- und Verlags-GmbH, Augsburg
Gedruckt auf säurefreiem, aus chlorfrei gebleichtem Zellstoff hergestelltem Papier
Printed in Germany

Inhalt

II. Die Juden im Mittelalter

III. Die Juden in der Neuzeit

Vorwort

Es wäre vermessen, in einem einzelnen Band die mehr als dreitausendjährige Geschichte Israels und des Judentums mit ihrem Reichtum und ihrer Vielfältigkeit angemessen darstellen zu wollen. Was dieses Lesebuch bieten möchte, ist nicht mehr als eine erste Hinführung. Zwar versucht es einen Querschnitt durch die ganze Geschichte zu geben, kann dies aber nur in kurzen Überblicken oder der Beleuchtung einzelner Höhe- oder Wendepunkte leisten.

Die Darbietung des Altertums ist fast ausschließlich auf Palästina ausgerichtet: Nicht nur sind wir darüber viel besser als über das Judentum in der Diaspora informiert, sondern das Heilige Land ist ganz einfach die Heimat, in der jüdische Religion und jüdisches Denken zu sich selbst gefunden hat. Die richtungweisende Begegnung mit dem Hellenismus wird aber doch zumindest in zwei Beiträgen angesprochen.

Das Mittelalter bringt in seiner ersten Hälfte die Hochblüte des Judentums in der islamischen Welt; neben die äußere Geschichte ist hier die Dichtung zumindest in einigen Versen Heines gestellt, die große jüdische Religionsphilosophie am Beispiel des Maimonides erörtert. In der christlich-europäischen Welt sind die jüdischen Gemeinden dieser Zeit viel mehr Verfolgungen und Verdächtigungen ausgesetzt; Beispiele aus der Geschichte einzelner Städte zeigen dies, aber auch die wirtschaftlichen Einschränkungen der Juden im konkreten Einzelfall. Die Geschichte des Judentums läßt das Mittelalter gewöhnlich erst im späten 18. Jahrhundert enden, da ja bis Joseph II. bzw. die Französische Revolution die jüdischen Gemeinden noch voll in der traditionellen mittelalterlichen Beschränkung leben mußten, wie gerade auch

Goethes Schilderung der Frankfurter Judengasse deutlich zeigt. Zugleich aber ist das Ende dieser Periode durch Ansätze eines neuen Verständnisses für das Judentum gekennzeichnet, wie schon im Lied Zinzendorfs anklingt, vor allem aber in Lessings Dichtung deutlich wird.

Die Neuzeit ist in ihrer ersten Hälfte, dem 19. Jahrhundert, durch die zögernde Gewährung der bürgerlichen Gleichberechtigung der Juden gekennzeichnet, der aber so manche durch die Taufe nachhelfen zu müssen glauben, wie dies Heine ironisiert. Eine Reaktion auf die Emanzipation war das Aufkommen neuer Judenfeindschaft in Form des Antisemitismus, auf den gewisse Kreise im Judentum mit dem Zionismus antworten.

Der Judenverfolgung in der NS-Zeit ist hier unverhältnismäßig viel Raum gewidmet; auch Augenzeugenberichte sind hier mehrfach vertreten. Dies ist nicht einfach mit den in diesem Bereich besonders zahlreichen Publikationen des Verlags C.H. Beck begründet, aus dessen Programm übrigens auch alle anderen Texte entnommen sind; vielmehr wurzelt das breitere Interesse für das Judentum und seine Geschichte gerade in den Ereignissen dieser Zeit. So bleibt nur zu hoffen, daß ein größeres Wissen um das Judentum und seine Geschichte verhindert, daß es je wieder zu solcher Judenfeindschaft mit all ihren Konsequenzen kommt. Dazu möchte auch dieses Lesebuch ein kleiner Beitrag sein.

Wien, Juli 1989 *Günter Stemberger*

Editorischer Hinweis: Anmerkungen und Quellenhinweise der Originaltexte wurden für diesen Band gestrichen; Textkürzungen des Herausgebers sind durch eckige Klammern gekennzeichnet. Die bei den einzelnen Autoren verschiedene Schreibweise biblischer Namen und hebräischer Ausdrücke wurde nicht vereinheitlicht.

I.
Israel und die Juden im Altertum

1. Von den Anfängen bis zur Tempelzerstörung

Helga Weippert
Palästina – Das Land

Palästina ist ein kleines Land. Läßt man die Gebiete südlich des Toten Meers außer Betracht, dann beträgt seine Längsausdehnung von Norden nach Süden ungefähr 250 km. Auf nur 240 km beläuft sich in Luftlinie gemessen die Strecke „von Dan bis Beerseba“, den beiden seit dem davidischen Reich (10. Jahrhundert v. Chr.) sprichwörtlichen nördlichen und südlichen Fixpunkten des Landes. Geringfügig kürzer ist der Abstand, den der Jordan von seinem Beginn bis zur Südspitze des Toten Meers in Nord-Süd-Richtung zurücklegt. Da die Mittelmeerküste nicht parallel zum Jordan verläuft, sondern nach Süden zu westwärts ausbiegt, nimmt die Breite des Landes von Norden nach Süden hin zu. Nördlich des Karmels, von der Bucht von Akko bis zum See Genezareth ist das Land nur knappe 50 km breit. Im südlichen Judäa vergrößert sich der Abstand von der Mittelmeerküste bis zum Toten Meer auf immerhin fast 150 km. Jenseits des Jordans geht das kultivierbare Land nach durchschnittlich 50 km in die Arabische Wüste über, nur im Norden, im Gebiet von Basan erreicht es eine Breite von annähernd 75 km. Dieses kleine, kaum 250 km lange und maximal 200 km breite Gebiet bedeckt eine Fläche von ungefähr 30 000 km^2 und ist von seiner Größe her somit Belgien vergleichbar.

Das Relief Palästinas erhält seine Eigenart dadurch, daß das Land von Norden nach Süden vier markant voneinander abgesetzte Zonen durchziehen: Auf einen flachen Küstenstreifen folgen von Westen nach Osten das über 1000 m hoch ansteigende zentrale bzw. westjordanische Bergland, dann der fast durchgängig unter dem Niveau des Meeresspiegels verlaufende Jordangraben, den das *Wādī l-'Araba* bis zum Golf von Aqaba/Elat fortsetzt, und schließlich die transjordanischen Gebirge und Hochebenen, deren Gipfel im Norden über 1000 m und im Süden sogar bis 1700 m hoch ansteigen.

Das Mittelmeer wird im Bereich Palästinas von einem flachen schmalen Küstenstreifen gesäumt, der sich von Norden nach Süden verbreitert. Mit Ausnahme der Bucht von Akko, dem einzigen natürlichen Hafen, bildet die Küste eine annähernd gerade, nach Südwesten hin ausladende Linie. Läßt man die palästinische Küste an den Kreidefelsen des *Rās en-Naqūrā* beginnen, die heute die Grenze zwischen Libanon und Israel markieren, dann zieht sie sich von hier mit einer Breite von 7–12 km bis zur Karmelnase, verengt sich am Fuß des bis 550 m hoch ansteigenden Karmels zu einem stellenweise nur ca. 200 m schmalen Band und geht südlich davon in die durchschnittlich 15 km breite Saron-Ebene über. Ihre Südgrenze bildet der Jarkon (arab. *Nahr el-ʿAuğā*). Südlich von ihm beginnt die philistäische Küstenebene, die sich von Tel Aviv bis Gaza kontinuierlich verbreitert (von 18 auf 40 km) und dann fast unmerklich in den westlichen Negev übergeht. Außer der Bucht von Akko bieten sich nur noch bei Caesarea Maritima ins Meer vorkragende Riffe zum Anlegen eines Hafens an, so daß die palästinische Küste generell als wenig geeignet für den Schiffsverkehr gelten kann.

Quasi als Rückgrat des Landes fungiert das zentrale Bergland, dessen Kamm die Wasserscheide zwischen dem Mittelmeer im Westen und dem Jordangraben im Osten darstellt. Zum Jordangraben hin fällt dieses Gebirgssystem steil ab, seine Westabhänge schieben sich dagegen breit bis zur Küstenebene vor und fallen hier sanft ab. Den nördlichen Abschnitt des westjordanischen Gebirges bilden die Berge von Ober- und Untergaliläa. Bei den bis über 1000 m hoch ansteigenden obergaliläischen Gipfeln handelt es sich um Ausläufer des libanesischen Hermonmassivs. Mit nahezu 1200 m Höhe ist der obergaliläische *Ğebel Ğermaq* (isr. *Har Mērōn*) die höchste Erhebung im westlichen Palästina überhaupt. Wesentlich niedriger sind die untergaliläischen Berge, unter denen der Tabor mit 562 m den höchsten darstellt. Zwischen die galiläischen Berge im Norden und das samarische Gebirgsland im Süden schiebt sich als tiefe Senke die Jesreel-Ebene. In ihrem Zentrum bei *'Afūle* liegt sie nur 50 m über dem Spiegel des Mittelmeers, und in ihren östlichen Randgebirgen (hebr. *Gilbōaᶜ*) sinkt die Wasserscheide auf 100 m ab. Die südlich sich anschließenden samarischen Berge erreichen dann Durchschnittshöhen von knapp unter 1000 m. So sind etwa die beiden bekannten Bergrücken bei Sichem, der Ebal und der Garizim 940 bzw. 881 m hoch, und lediglich der *Ğebel el-ᶜAṣūr* übersteigt mit 1016 m gerade die 1000-m-Grenze. Wenige Kilometer nördlich von Jerusalem geht das samarische Bergland in das 750–800 m hoch liegende Hochland von Benjamin über und setzt sich südlich von Jerusalem als judäisches Bergland fort, wobei es allmählich an Höhe gewinnt, und im Gebiet um Hebron wieder bis auf 1000 m ansteigt. Zwischen der Küstenebene und dem judäischen Bergland liegt die *Šəfēlā*, ein etwa 15 km breites welliges Hügelland mit Erhebungen zwischen 250 und 450 m. Östlich des judäischen Berglandes erheben sich die Berge der Wüste Juda. Die westlichen Bergspitzen erreichen hier noch Höhen von 600–700 m. Nach Osten fällt das Gebiet aber so steil zum Jordangraben hin ab, daß die östlichen Gipfel der Wüste Juda 100 m unter dem Spiegel des Mittelmeeres liegen.

Die dritte Zone Palästinas wird von einer tief eingeschnittenen Nord-Süd-Senke gebildet, die zum großen Syrischen Grabenbruch gehört. Dieser beginnt beim Orontes und endet bei den ostafrikanischen Seen. In Palästina verläuft der Graben nahezu senkrecht von Norden nach Süden, wobei sein Niveau in südlicher Richtung bis zum Toten Meer hin kontinuierlich abfällt und sich damit dem Jordan als vorgegebenes Flußbett anbietet. Einen deutlichen Beginn besitzt der Jordan nicht. Er entsteht allmählich aus dem Zusammenfluß mehrerer Quellflüsse, von denen die größten aus der *Beqāʿ* kommen *(Nahr Barēġīt* und *Nahr Ḥaṣbānī)* oder an den Südabhängen des Hermon entspringen *(Nahr Leddān* [isr. *Naḥal Dan*] und *Nahr Bānyās* [isr. *Naḥal Hermōn*]). Seit der israelische Staat den Oberlauf des Jordans kanalisiert hat, fließt sein Wasser ungehindert in den See Genezareth. In den davor liegenden Zeiten verhinderte eine Basaltbarriere seinen zügigen Abfluß nach Süden. Die Wasser stauten sich, bildeten zwischen dem obergaliläischen Gebirge im Westen und dem *Ǧōlān* im Osten den nur 6 km langen und 4 km breiten Ḥūle-See und führten zur Vermarschung des (heute trocken gelegten) Gebiets. Erst nachdem der Jordan die Basaltsperre überwunden hatte, konnte er dem steilen Verlauf des Grabenbruchs folgen und sich ungefähr auf Höhe der Karmelnase in den See Genezareth ergießen. Das Becken dieses Sees ist stellenweise bis zu 50 m tief, sein Spiegel liegt 212 m unter dem des Mittelmeers. Mit 21 km Länge und einer maximalen Breite von 12 km ist der See Genezareth oder auch See von Tiberias das größte Süßwasserbinnengewässer Palästinas. Man bezeichnet ihn deshalb gelegentlich auch als galiläisches Meer. Der Jordan verläßt den See Genezareth an dessen Südwestende und verläuft nun durch die Niederung *el-Ġōr* bis zum Toten Meer. In Luftlinie gemessen überwindet er dabei eine Strecke von 105 km, in Wirklichkeit aber wegen des stark gewundenen Flußlaufes annähernd 320 km. Im Nordabschnitt dieser Strecke weitet sich der Grabenbruch westlich des Jordans zur sogenannten Bucht von Beth-Sean aus, durch die der von der Jesreel-Ebene kommende *Nahr Ǧālūd* (isr. *Naḥal Ḥārōd*) in den Jordan fließt. Beim Eintritt in das Tote Meer hat der Jordan ein Niveau von 392 m unter dem Spiegel des Mittelmeers erreicht. In seinem Nordteil sinkt der Boden des Toten Meers weiter, bis auf –794 m ab und bildet damit den tiefsten Punkt der

Erdoberfläche überhaupt. Da das Becken des Toten Meers nach Süden zu wieder ansteigt, besitzt es keinen Abfluß. Allein Verdunstung sorgt für ein Gleichbleiben des Seespiegels. Daraus erklärt sich der extrem hohe Salzgehalt von durchschnittlich über 30%, der jedes organische Leben im Wasser des Toten Meers unmöglich macht. Die Bezeichnungen „Salzmeer“ (hebr. *yām ham-mēlaḥ*) und „Totes Meer“ (*mare mortuum,* zuerst bei Hieronymus) beziehen sich auf diesen Sachverhalt. Bis vor wenigen Jahren konnte man den Umfang des Toten Meers mit 85 km Länge und 17 km maximaler Breite angeben. An seiner engsten Stelle, da, wo vom Ostufer aus zungenförmig die Halbinsel *el-Lisān* vorkragt, war es immerhin noch 4 km breit. Die Engstelle markiert die Grenze zwischen dem nördlichen tieferen und dem südlichen seichteren Teil des Toten Meers. Da in jüngster Zeit dem Jordan und seinen Tributärflüssen große Wassermengen entnommen werden und jährlich nicht mehr 1,2 Milliarden, sondern nur noch 0,2 Milliarden m^3 Süßwasser in ihn einströmen, hat sich der Umfang des Toten Meers beträchtlich reduziert. Davon ist der seichtere Südteil am stärksten betroffen. Südlich des Toten Meers steigt der Grabenbruch bis auf 200 m an und fällt dann bis zum Golf von Aqaba/Elat wieder auf Meeresspiegelhöhe ab. Dieses nur saisonal Wasser führende Tal heißt *Wādī l-ʿAraba.* [...]

Die beiden westlichen Zonen Palästinas gehen auf einer Linie ungefähr vom Südende des Toten Meers bis nach Gaza am Mittelmeer fast unmerklich in den Negev über. Diese Nordgrenze bildet die Basislinie eines spitz bis zum Golf von Elat/Aqaba hin ausgezogenen Dreiecks, das heute den Namen Negev trägt. Das Alte Testament verwendete das Toponym in engerem Sinne und bezog es nur auf das Gebiet um Beerseba. Die Ostgrenze des heutigen Negev fällt mit dem Verlauf des *Wādī l-ʿAraba* zusammen, nach Westen und Südwesten zu geht der Negev ohne markante Grenze in die Isthmus-Wüste und die Sinai-Halbinsel über. Entsprechend der Nordost-Südwest-Orientierung, die durch den Verlauf mehrerer paralleler Bergketten im Zentralnegev vorgegeben ist, lassen sich von der Mittelmeerküste bis nach Elat am Roten Meer fünf Negev-Zonen unterscheiden: der Küstenbereich, die Region von Beerseba, die bis über 1000 m hohen Negevberge, die in Richtung auf das *Wādī l-ʿAraba* von 600 auf 100 m absinkende Ebene Paran und das Hügelgebiet von Elat. [...]

Die Einteilung des Landes in vier von Norden nach Süden ausgerichtete schmale Zonen mit beträchtlichen Höhendifferenzen zueinander erklärt sich jedoch im wesentlichen aus den beiden erdgeschichtlichen Grunddaten, daß Palästina als Teil eines submaritimen Tafellands entstand, und daß der große Grabenbruch es später in eine westliche und östliche Hälfte aufspaltete.

Das stark zergliederte palästinische Relief begünstigte zu allen Zeiten den kulturellen und politischen Regionalismus im Lande. Es verwundert deshalb nicht, daß wir aus der Geschichte nur wenig Staaten kennen, die sich aus bodenständigen Kräften formierten und auch nur annähernd die Fläche Palästinas einnahmen: den nur für zwei Generationen zusammenhaltenden Staat Davids und Salomos zu Beginn der Eisen II-Zeit und den Staat der Hasmonäer und Herodianer in hellenistisch-römischer Zeit. In der Regel kamen die Anstöße zur politisch-kulturellen Zusammenfassung des Landes zu einer Einheit von außen, von den Großmächten am Nil, am Tigris und Euphrat und in jüngerer Zeit dann von Rom. Die in diesen Bestrebungen zum Zuge kommenden imperialen Interessen setzten sich jeweils über die Natur des Landes hinweg. Das Land selbst bot sich statt dessen mit seinen auseinanderfallenden, durch hohe Gebirgsketten und tiefe Flußtäler voneinander getrennten Territorien für die Bildung von Stadt- und Kleinstaaten an. Die reliefbedingt schwierige Verkehrssituation verstärkte diese Tendenz. Wegen der krassen Höhenunterschiede zwischen den vier von Norden nach Süden verlaufenden Zonen sind natürlich vorgegebene Querverbindungen von Osten nach Westen selten.

Dagegen können Verkehrsverbindungen von Norden nach Süden die orographische Zoneneinteilung Palästinas ausnützen. Nur das Jordantal schied für diesen Zweck aus. Dafür war es in seinem Südteil zu tief eingeschnitten, und außerdem behinderten hier auch Felsformationen, das Klima und die Vegetation den Verkehr. Spätestens am Toten Meer endete das Jordantal auch noch als Sackgasse, da die steil in sein Becken abfallenden Randgebiete keinen Platz für durchgängige Küstenstraßen ließen. Auch für die Schiffahrt zu Meer und auf Binnengewässern besitzt Palästina keine günstigen Voraussetzungen. Der gerade Küstenverlauf entlang des Mittelmeers behindert das Aufkommen und die Entwicklung der Schiffahrt zu See, und als Wasserwege scheiden von den Flüssen Palästinas die nur temporär Wasser führenden von vornherein aus. Aber auch die ganzjährig fließenden Flüsse, wie etwa der Jordan, machen wegen ihres stark meandrierenden Verlaufs oder wegen der Vermarschung ihrer Ufer die Schiffahrt auf ihnen zum Wagnis. Dagegen hat der Fischreichtum im See Genezareth die Schiffahrt angeregt, und auf dem Toten Meer war sie wegen fehlender Küstenstraßen eine unumgängliche Notwendigkeit.

Abraham Malamat

Israel in Ägypten

Daß die außerbiblischen Quellen über den Zug der Israeliten nach Ägypten, ihren Aufenthalt im Lande Goschen und den anschließenden Exodus nach Kanaan schweigen, ist kein schlüssiges Argument gegen die biblische Überlieferung. Denn unter typologischem Gesichtspunkt stehen wir auf recht solidem Boden, da der biblische Bericht in allgemeinen Umrissen wie in vielen Einzelheiten historische Phänomene des zweiten Jahrtausends erscheinen läßt, deren grundlegende Elemente sich in den ägyptischen Quellen widerspiegeln.

Die Niederlassung der Israeliten in Goschen (das ist im östlichen Nildelta) und Josefs schneller Aufstieg zum Wesir am Pharaonenhof sind dafür ein Beispiel („Und nun, ihr habt mich nicht hergesandt, sondern Gott; der hat mich dem Pharao zum Vater gesetzt und zum Herrn über sein ganzes Haus und zum Fürsten in ganz Ägyptenland“ [Genesis 45,8; vgl. auch Genesis 41, 40–45]). Josefs Ernennung ist von vielen Forschern mit der Herrschaft der Hyksos in Ägypten in den Jahren 1720–1570 in Beziehung gesetzt worden. Viele semitische Herrscher kamen unter den Hyksos an die Macht (während der Fünfzehnten und Sechzehnten Dynastie); deren Hauptstadt war Avaris (eher bei Qantir als in Tanis, dem biblischen Zoan, gelegen), das im östlichen Nildelta, also in der Nähe von Goschen lag. Diese Herrscher trugen so charakteristische Namen wie Jakub-Her, Anat-Her, Hijan und Chamudi. Der ägyptische Sieg über die Hyksos und deren teilweise Vertreibung aus Ägypten wurden in der Tat schon sehr früh, wenn auch recht vage, mit den Israeliten und deren Auszug unter Mose in Verbindung gebracht, und zwar von Manetho, dem ägyptisch-hellenistischen Schriftsteller des 3. Jahrhunderts v. Chr., der von Josephus (Gegen Apion I, 14 ff.) zitiert wird.

Es gibt indes keine eindeutigen Belege für diesen Zusammenhang mit der Bibel, da er der tatsächlichen Chronologie des Exodus widerspricht. Auch die allgemeine ägyptische Atmosphäre, die in den Josef-Erzählungen herrscht und in sich stimmig ist, verweist auf eine viel spätere Zeit. Die Abwanderung der Israeliten nach Ägypten läßt sich allgemein in Verbindung bringen mit dem ständigen Strom westsemitischer Elemente von Kanaan in das Land am Nil, der bereits am Ende des dritten Jahrtausends eingesetzt hatte. Manche Neuankömmlinge errangen hohe Stellungen im Staat. Diese semitische Einwanderung in kleineren oder größeren Gruppen war im wesentlichen friedlich und vor allem durch den

Handel motiviert, wie es beispeilsweise durch die bekannte Karawanenszene in dem Beni-Hasan-Grab in Mittelägypten bezeugt wird. Weitere Gründe für solche Wanderbewegungen waren Hungersnöte in Kanaan und der Verkauf in die ägyptische Sklaverei. All dies hat in den Patriarchenberichten seinen Niederschlag gefunden.

Die ägyptischen Quellen sind in dieser Hinsicht sehr aufschlußreich. So entdeckte man in einer Liste von Sklaven, die auf den Besitzungen eines Adligen des 18. Jahrhunderts beschäftigt waren, eine ganze Reihe von ausgesprochen westsemitischen Namen, und dabei fällt einem sofort Josefs Stellung im Hause des Potifar ein. In einem anderen Verzeichnis aus der Mitte des 15. Jahrhunderts werden Marjannu-Adlige erwähnt, die aus Städten wie Megiddo, Taanach, Hazor und Aschkelon kamen und den Pharao um Weizen und Bier angingen, nicht anders als die Söhne Jakobs, die nach Ägypten zogen, um ihre Lebensmittelvorräte aufzufüllen. Besonders eindrucksvoll ist eine andere Parallele zu der durch eine Hungersnot in Kanaan ausgelösten Abwanderung der Jakobssöhne und noch vorher der Familie Abrahams nach Ägypten. Ein ägyptischer Grenzbeamter unterrichtet seinen Vorgesetzten vom Durchzug eines Nomadenstammes von Südpalästina zum östlichen Nildelta. Er schreibt: „Wir haben die Beduinenstämme [Schasu] von Edom durch die Festung des Merneptah, die in Tjeku [offensichtlich das Gebiet von Sukkot in Goschen] liegt, passieren lassen bis zu den Teichen von Pe(r)-Atum [das biblische Pitom] des Merneptah in Tjeku, um sie und ihr Vieh durch den guten Willen des Pharao am Leben zu erhalten."

Ein indirekter Beleg für den Aufenthalt der Israeliten in Ägypten läßt sich darin erblicken, daß dort Volksgruppen lebten, die als ʿApiru bezeichnet und in Urkunden aus der Zeit zwischen der Mitte des 15. und der Mitte des 12. Jahrhunderts erwähnt werden. Es besteht kaum Zweifel, daß der Name ʿApiru im ägyptischen Sprachgebrauch gleichbedeutend ist mit den Chapiru oder Chabiru, die in akkadischen

Texten seit dem Ende des dritten Jahrtausends etwa 1000 Jahre lang eine wichtige Rolle spielen, und zwar in den Mari- und Nuzi-Dokumenten sowie in den Briefen der El-Amarna-Zeit. Höchstwahrscheinlich existiert eine Beziehung zwischen diesen Termini und dem biblischen Namen „Hebräer" *(ʿibrī);* manche Wissenschaftler gehen von einer völligen linguistischen und begrifflichen Übereinstimmung aus, während andere nur einen inhaltlichen Zusammenhang annehmen. Wieder andere streiten jede mögliche Beziehung ab. Die Chabiru stellten eine in räumlicher wie zeitlicher Hinsicht weitverbreitete Gruppe dar; ihr Bereich erstreckte sich von Babylonien im Süden bis Anatolien und Palästina im Norden und Westen. Außerdem waren ihre Eigennamen aus völlig verschiedenartigen Sprachen abgeleitet. Daraus muß man wohl den Schluß ziehen, daß der Terminus Chabiru nicht ein bestimmtes Volk oder eine Volksgruppe bezeichnet, sondern eher eine soziale Gruppierung, deren genaue Definition allerdings noch nicht geklärt ist. Auf jeden Fall bezieht sich der Begriff auf eine niedere gesellschaftliche Schicht, die wegen der in ihr enthaltenen landesfremden Elemente oder aus anderen Gründen außerhalb des normalen sozialen und rechtlichen Gefüges stand, kaum anders als die *gerim* („Fremdlinge") der Bibel.

Falls zwischen *ʿibrī* („Hebräer") und ʿApiru oder Chabiru überhaupt ein Zusammenhang besteht, dann muß der erstere Begriff ursprünglich ebenfalls eine soziale Schicht bezeichnet haben. Aus dieser Sicht erhält der Ausdruck *ʿebed ʿibrī* („hebräischer Sklave") einen neuen Aspekt (Exodus 21,2 u. ö.); das gleiche gilt für andere Belege des Wortes *ʿibrī*, etwa als „Abram der Hebräer" (Genesis 14,13), der ein Fremdling in Kanaan war und nicht das volle Bürgerrecht besaß. Dieser Auffassung entspräche auch der niedere Status der Israeliten in Ägypten, die dort als Halbsklaven des Pharao lebten, dem sie direkt untertan waren: „Denn ihr wart Fremdlinge [*gerim*] in Ägyptenland." Augenscheinlich infolge historischer Umstände dieser Art haftete die Benennung

„Hebräer“ an den Israeliten als Gruppenbezeichnung; in der Bibel selbst jedoch nahm der Begriff eine eindeutig ethnische Färbung an. Der biblische Gebrauch des Wortes „Hebräer“ zur Kennzeichnung einer nationalen Einheit beschränkt sich auf die Josef- und Mose-Erzählungen und auf die Darstellung der Auseinandersetzung zwischen den Israeliten und Philistern im 1. Buch Samuel. Grundsätzlich ist die Benennung auf die Israeliten als solche in ihrer Konfrontation mit fremden Völkern – mit den Ägyptern, Kanaanäern und Philistern – beschränkt. Es ist fraglich, ob man auf der Grundlage des Eponyms Eber, der sechs Generationen vor Abraham erscheint (Genesis 11,14 ff.), in das biblische Wort „Hebräer“ eine allgemeinere Bedeutung hineinlesen darf, eine Bedeutung, die sich auf einen weiteren Rahmen als nur Israel bezieht. Der Personenname Eber leitet sich offenkundig von *ʿibrī* her – nicht umgekehrt –, und im Laufe der Zeit wurden diese Begriffe mit dem geographischen Ausdruck *ʿeber hannahar* („jenseits des Flusses“) in Verbindung gebracht. Der ägyptische Terminus ʿApiru hatte im Gegensatz dazu eine umfassendere Bedeutung; er bezeichnete die verschiedenen ausländischen Zwangsarbeiter in Ägypten, bei denen es sich tatsächlich größtenteils um Semiten aus Kanaan handelte, zu denen aller Wahrscheinlichkeit nach auch die Israeliten gehörten.

Sehr interessant ist in diesem Zusammenhang das Dekret eines ägyptischen Beamten unter Ramses II., wenn sich auch nicht mit Sicherheit sagen läßt, ob sich der Hinweis auf die als Bauarbeiter beschäftigten ʿApiru wirklich auf die Israeliten bezieht: „Man verteile Getreiderationen an die Soldaten und an die ʿApiru, die Steine zum großen Pylon des Ramses heranschaffen“ (Papyrus Leiden 348). Das erinnert uns unmittelbar an die Fronarbeit der Israeliten in Ägypten: „Und man setzte Fronvögte über sie, die sie mit Zwangsarbeit bedrücken sollten. Und sie bauten dem Pharao die Städte Pitom und Ramses zu Vorratshäusern“ (Exodus 1,11). Diese aufschlußreiche Textstelle wirkt authentisch und betrifft die

Bautätigkeit der frühen Könige der Neunzehnten Dynastie, die wegen ihrer stark nach Asien orientierten Außenpolitik ihre Residenzen in das östliche Nildelta verlegt hatten, also in die Nachbarschaft des biblischen Landes Goschen, das anachronistisch auch als „Land Ramses" in der Josef-Erzählung (Genesis 47,11) oder als „Gefilde von Zoan" (Psalm 78,12), d. h. Tanis, bezeichnet wurde. Zumal Ramses II. berühmt ist für die umfangreichen Bauvorhaben, die er in seiner langen Regierungszeit (1290–1224) ausführte. Er gründete eine neue Hauptstadt, anscheinend an der Stelle der alten Hyksos-Stadt Avaris, und gab ihr seinen Namen Pe(r)-Ramses, „das Haus des Ramses". Neben anderen Anlagen, welche die Zugänge zur Sinai-Halbinsel bewachten, baute er eine Stadt aus mit Namen Pe(r)-Atum, „das Haus des (Gottes) Atum", sehr wahrscheinlich Tell el-Maschūta im Wādi Tūmīlāt (das Gebiet des Landes Goschen). Diese beiden Städte sind in der Tat mit den oben erwähnten biblischen Städten Pitom und Ramses identisch – das „r" in Per-Atum wurde in jener Zeit nicht gesprochen, so daß der Name wie Pitom klang.

Mit großer Wahrscheinlichkeit handelt es sich also bei Ramses II. um den Pharao, der die Israeliten unterdrückte und in dessen langer Regierungszeit der Auszug stattfand; vielleicht geschah dies während seiner Zusammenstöße mit den Schasu-Beduinen in Seïr. Wenn man jedoch Exodus 2,23 irgendeine historische Glaubwürdigkeit zubilligt – dort ist vom Tode des Pharao, der die Israeliten versklavte, die Rede –, dann muß der Auszug aus Ägypten unter Merneptah, dem Nachfolger des Ramses, stattgefunden haben. Die Siegesstele des Merneptah, die aus seinem fünften Regierungsjahr stammt (ca. 1220), ist jedenfalls ein zusätzlicher Beleg dafür, daß der Auszug schon stattgefunden hatte. Auf diesem Monument rühmt sich Merneptah, er habe „Israel" besiegt; das kriegerische Zusammentreffen hat ohne Zweifel in Kanaan, nicht aber (wie manche behaupten) auf der Sinai-Halbinsel stattgefunden, denn es wird im Zusammenhang mit der Eroberung von Aschkelon, Geser und Janoam erwähnt. Die genaue Bedeutung des Begriffs „Israel", der hier zum erstenmal in einer außerbiblischen Quelle auftaucht, ist allerdings fragwürdig. Bezeichnet er Israel in seiner Gesamtheit oder lediglich mehrere (nördliche) Volksstämme? Und kann der Umstand, daß sich der hieroglyphische Determinativ eher auf ein Volk als auf ein Land bezieht, als Zeichen dafür gelten, daß sich die Israeliten noch nicht in einem festen Wohnsitz oder einem bestimmten Gebiet niedergelassen hatten? In jedem Fall darf man aus dem bisher Gesagten schließen, daß der Auszug und die Landnahme, zumindest in ihren entscheidenden Phasen, in das 13. Jahrhundert v. Chr. fallen; im letzten Viertel dieses Jahrhunderts hatten sie ihren Kulminationspunkt bereits erreicht.

Diese chronologische Schlußfolgerung wird von anderer Seite gestützt, zumal von der Archäologie, vielleicht aber auch durch die chronologischen Aussagen der Bibel selbst. Nach den Zeitangaben in 1 Könige 6,1 fand der Exodus 480 Jahre vor dem Bau des Salomonischen Tempels (ca. 970 v. Chr.) statt. Die Zahl scheint typologisch zu sein und basiert auf der Addition der Zeitspanne von zwölf Generationen, denn der Bibel nach umfaßt eine Generation eine Zeitraum von vierzig Jahren (vgl. Psalm 95,10 und die typologischen Zahlen im Buch der Richter). Legt man die realistischere Generationendauer von fünfundzwanzig Jahren zugrunde, dann ergibt sich eine Zwischenzeit von 300 Jahren, der Exodus hätte danach also um die Mitte des 13. Jahrhunderts stattgefunden. Auf eine ähnliche Datierung führt die Rede des Richters Jiftach an den König der Ammoniter (Richter 11,26), wonach die Besiedlung Transjordaniens durch die Israeliten 300 Jahre vor die Zeit Jiftachs zurückreicht. Er ist in das frühe 11. Jahrhundert zu datieren. Wendet man hier die gleiche Berechnung wie oben an, so schrumpft die genannte Zahl auf ungefähr 180 Jahre zusammen, und die Anfänge der israelitischen Niederlassung in Transjordanien fielen dann gleichfalls in die Mitte des 13. Jahrhunderts.

Rolf Rendtorff
Israels Glaube in der Geschichte

Abraham und Mose sind die beiden großen Gestalten der Frühzeit der jüdischen Geschichte [...]

Es ist eigenartig, daß diese richtungweisenden Gestalten einer Epoche angehören, in der Israel noch unterwegs war, in der es noch nicht „zur Ruhe gekommen“ war, wie es später oft heißt. Denn der entscheidende Schritt stand ja noch bevor: der Übergang vom Nomadendasein zu einem Leben im Land, mit festen Wohnsitzen und einer bäuerlichen Lebensführung. [...]

Es spricht vieles dafür, daß es ein allmählicher Vorgang war, der sich über einen längeren Zeitraum erstreckte, und daß er auch nicht in allen Teilen des Landes und bei allen beteiligten Stämmen gleich verlief. Denn die Stämme, die wir als „israelitisch“ zu bezeichnen pflegen, hatten um diese Zeit wahrscheinlich nur einen lockeren Zusammenhang untereinander und führten mehr oder weniger ihr Eigenleben. Wahrscheinlich verlief dieser Vorgang im allgemeinen ziemlich undramatisch. Die Nomaden gingen den Weg des geringsten Widerstandes. Sie siedelten sich dort an, wo Platz war und wo sie mit niemandem in Konflikt kamen. Im Buch Josua wird ausdrücklich berichtet, daß sie oft erst Wald roden mußten, um Siedlungsraum zu gewinnen.

Gewiß kam es hie und da auch zu kriegerischen Auseinandersetzungen mit den Bewohnern des Landes, den Kanaanäern. Die rückschauende und zusammenfassende Darstellung des Josuabuches betont diesen Aspekt aber viel zu sehr. Zugleich läßt sie jedoch erkennen, wie begrenzt die Möglichkeiten der israelitischen Nomaden zu militärischer Eroberung des Landes waren: immer wieder wird betont, daß die Kanaanäer „eiserne Wagen“ hatten, d. h. von Pferden gezogene Kriegswagen, denen die Israeliten nichts entgegenzusetzen hatten. So blieben große Teile des Landes zunächst im Besitz der Kanaanäer. Man lebte schiedlich-friedlich nebeneinander.

Dieses Nebeneinanderleben brachte für die Israeliten aber neue Probleme mit sich. Ihre Religion war ganz auf ihr nomadisches Leben ausgerichtet. Ihr Gott war ein Führungsgott, der auf ihrem Weg mit ihnen zog und sie vor Gefahren schützte. Auch für die Fruchtbarkeit der Herden konnte man ihn in Anspruch nehmen. Aber nun entstanden ganz neue Lebensbereiche. Ackerbau und Weinbau wurden die Lebensgrundlagen, und die Fruchtbarkeit des Bodens war die entscheidende Voraussetzung dafür. Für diese Bereiche hatten aber die Kanaanäer ihre Götter, Fruchtbarkeitsgötter könnte man sie nennen, die hier sozusagen zuständig waren.

Es hätte nahegelegen, daß die einwandernden Israeliten die Zuständigkeit dieser Götter anerkannt hätten. Das wäre der normale religionsgeschichtliche Vorgang gewesen, wie man ihn an vielen Stellen beobachten kann: daß eine neu einwandernde Bevölkerungsgruppe zusammen mit den örtlichen Heiligtümern auch die dort ansässigen Götter übernimmt. Auch unter den Israeliten war die Neigung dazu zweifellos vorhanden. Noch viele Jahrhunderte später klagt der Prophet Hosea, daß Israel nicht erkannt hat, daß Jahwe es ist, der ihm das Korn, den Wein und das Öl gibt (Hos 2,10). Aber das stand im Widerspruch zu der Forderung, keine anderen Götter neben diesem einen Gott zu verehren, der am Sinai seinen Bund mit Israel geschlossen hatte. [...]

Zudem gab es unter den kanaanäischen Göttern einen, der sich bald als besonders gefährlicher Gegner Jahwes herausstellen sollte: Baal, der in vielerlei Gestalt die Fruchtbarkeitssymbolik verkörperte. Von ihm erzählt der Mythos, daß er jedes Jahr einen Kampf auf Leben und Tod mit dem Gott des Todes kämpfen mußte, dessen tödliche Waffe die alles verdorrende Sommerhitze war – und erst wenn Baal gesiegt hatte, konnte es wieder Regen und neues Leben in der Natur geben. Und der Kampf Baals, den er auch noch gegen andere Götter zu führen hatte, ging letztlich um die Frage, wer unter den Göttern herrschen sollte, wer der König unter den Göttern war. Im Mythos der Kanaanäer blieb am Schluß immer wieder Baal der Sieger – er war der König der Götter.

Ein Nebeneinander von Jahwe und Baal konnte es auf die Dauer nicht geben. Es ist gut vorstellbar, daß die Israeliten an den verschiedenen Heiligtümern des Landes sehr unterschiedlich mit diesem Problem umgingen. Es gab keine zentrale religiöse Instanz, die für alle verbindliche Anweisungen und theologische Begründungen hätte geben können. Zudem spielte auch die Politik mit hinein. Das zeigte sich einige Jahrhunderte später im Kampf des Propheten Elia gegen den Baalskult auf dem Karmel (1. Kön 18). Damals hatte der König Ahab eine kanaanäische Königstochter geheiratet, Isebel aus Sidon, und die offizielle Pflege des Baalskultes war Bestandteil seiner Koalitionspolitik mit dieser wichtigen kanaanäischen Küstenstadt. Elia formulierte die Alternative ‚Jahwe oder Baal' in einer Schärfe, die die Gefährdung der israelitischen Religion durch den Baalskult deutlich erkennen läßt.

Die Chancen in diesem Streit schienen, religionsgeschichtlich betrachtet, eindeutig zugunsten Baals zu stehen. Er war der König in einem großen Götterpantheon; man schrieb ihm die entscheidende Macht über die Natur zu, nämlich die Verfügung über den Regen, von dem alle Fruchtbarkeit abhing, und man nannte ihn den „Himmelsbaal"; und schließlich wurde er von Nordsyrien bis an die Grenze Ägyptens verehrt, d. h. überall dort, wo die kanaanäische und die mit ihr eng verwandte aramäische Sprache und Kultur herrschten. Jahwe dagegen war ein Wüstengott, der nur von einer kleinen Gruppe nomadischer Stämme verehrt wurde und dem man keinerlei ähnlich umfassende Macht über die Natur zuschrieb. [...]

Es ist ein faszinierender und, soweit wir wissen, religionsgeschichtlich einmaliger Vorgang, daß dieser Wüstengott gleichsam als Einzelkämpfer über ein ganzes Pantheon den Sieg davongetragen hat. Er konnte diesen Sieg nur dadurch erringen, daß all die Eigenschaften und Funktionen, die man anderen Göttern zuschrieb, nach und nach auf ihn vereinigt wurden. [...]

Wir finden im Alten Testament zahlreiche Spuren dieses Vorgangs. Vor allem die Psalmen lassen erkennen, wie sich das Bild des israelitischen Gottes verändert und erweitert hat. So wird er als König gepriesen, und zwar ausdrücklich als König über die Götter. Aber sofort hinterher heißt es: „Alle Götter der Völker sind Nichts" (Ps 96,5) – am besten würde man übersetzen „Nichtse", Nichtigkeiten, und das heißt vor allem: Nicht-Götter. Daß Jahwe König ist, heißt hier also in Wirklichkeit gar nicht mehr, daß er über ein Pantheon von anderen Göttern herrscht; das Reden von den Göttern ist nur noch eine rhetorische Figur. Er herrscht über die ganze Welt und über alle Völker.

Seine Überlegenheit über die anderen Götter wird auch begründet: „er hat den Himmel gemacht". Dies ist wohl der entscheidende neue Zug im Bild des israelitischen Gottes: daß er der Schöpfer des Himmels und der Erde ist. Damit hat er den Himmelsbaal abgelöst und zugleich einen anderen Gott, der einfach nur „El", nämlich „Gott" hieß und der im kanaanäischen Pantheon eine Art Seniorchef war, der zwar noch den Titel des „höchsten Gottes" trug und als Schöpfer der Welt betrachtet wurde, im übrigen aber die Regierungsgeschäfte dem jüngeren, dynamischen Baal überließ. Der israelitische Gott vereinigte nun die Züge dieser wichtigsten kanaanäischen Götter auf sich und machte sie damit alle überflüssig.

Erst viel später wurde den israelitischen Theologen bewußt, daß mit diesem Sieg ihres Gottes über die anderen Götter ein neues Problem entstanden war. Wenn dieser Gott, Jahwe, der *einzige* Gott und damit auch der Herr der Welt und aller Völker war – wie konnte er dann noch zugleich der Gott Israels sein? Wie ließ sich dieses universalistische Gottesverständnis mit dem überkommenen Glauben Israels in Einklang bringen, daß es eine ganz besondere Beziehung zwischen diesem Gott und seinem Volk gab – einem Volk, das genau wußte, daß es eines der kleinsten unter den Völkern war und eines der schwächsten?

Die Antwort darauf finden wir im Deuteronomium [...]

Dort heißt es, daß dieser Gott das Volk Israels aus allen Völkern „erwählt" hat. Dieser Gedanke der Erwählung Israels ist also keineswegs ein uraltes Grundelement der israelitischen Religion. [...]

Erst die unversalistische Ausweitung des Gottesverständnisses machte diesen Gedanken möglich. So enthält die neue Gottesvorstellung, die das Problem ausgelöst hat, auch schon den Ansatz zu seiner Lösung: *Weil* Gott der Herr über alle Völker ist, *darum* kann er auch eines auswählen und einen besonderen „Bund" mit ihm schließen. Doch daraus ergeben sich wieder neue Probleme: Zum einen die Frage: „Warum?" Was veranlaßt Gott, gerade dieses Volk auszuwählen und eine besondere Beziehung zu ihm herzustellen? Zum andern die Gefahr, daß Israel überheblich werden könnte, daß es in einen „Erwählungsdünkel" verfallen könnte, wie ihn viele christliche Theologen bei den Juden glauben feststellen zu können.

Die deuteronomischen Theologen haben diese Probleme gesehen und ihre Antwort darauf gegeben. Sie haben den Israeliten nachdrücklich eingeschärft, daß sie sich nicht einbilden sollten, daß Gott sie auf Grund ihrer eigenen Verdienste erwählt habe [...]

Der Grund ist ein ganz anderer: die Treue Gottes. Er hat den Vätern Abraham, Isaak und Jakob zugesagt, mit ihnen und ihren Nachkommen zu sein und ihnen das verheißene Land zu geben. Diese Zusage hat Gott gehalten: darum ist und bleibt er der Gott Israels. Wir haben jetzt aber weit vorgegriffen in der Geschichte Israels. Denn dies alles war die Entwicklung von Jahrhunderten, nachdem die Israeliten im Lande Kanaan, das sie selbst das „Land Israel" nannten, ansässig geworden waren. Inzwischen hatte sich der gesellschaftliche und politische Rahmen ihres Lebens gewandelt.

Zunächst waren die israelitischen Stämme ohne eine feste gemeinsame Organisation ins Land gekommen. [...]

Was die Stämme miteinander verband, war zunächst das Bewußtsein ihrer nomadischen Herkunft. Dadurch unterschieden sie sich von den Kanaanäern, die schon lange im Lande lebten. Zu dieser Unterschiedenheit gehörte auch die Religion, die in der Antike noch viel stärker als heute als Unterscheidungs- und Trennungsmerkmal zwischen verschiedenen Menschengruppen wirkte. Deshalb verstanden sich die Israeliten als eine religiöse Gemeinschaft, wenn dies auch noch kaum in einer gemeinsamen Organisation zum Ausdruck kam.

Auch das Rechtsleben war ein verbindendes Element. Jede Gemeinschaft braucht für ihr Zusammenleben rechtliche Regelungen. Ein Wechsel der Lebensform vom nomadischen Hirtendasein zum seßhaften Bauernleben verändert aber die Voraussetzungen und Bedingungen des Zusammenlebens und erfordert deshalb neue Rechtsformen und -inhalte. [...]

Vielleicht war es die Aufgabe der „Richter", von denen das Alte Testament spricht, für diese neue Rechtsentwicklung zu sorgen; doch wir wissen wenig Genaues über ihre Tätigkeit. Aber die Sammlungen von Rechtssätzen, die wir an verschiedenen Stellen des Alten Testaments finden (z. B. 2. Mose 20–23), lassen diese Entwicklung des Rechtswesens deutlich erkennen.

Im Richterbuch des Alten Testaments ist noch von einer anderen Art von „Richtern" die Rede, die wir die „Großen Richter" zu nennen pflegen – „groß" zunächst einfach deshalb, weil mehr von ihnen berichtet wird als von den „Kleinen Richtern"; dann aber auch deshalb, weil ihre Tätigkeit viel größere und erkennbare Wirkungen gehabt hat. Ehud, Gideon, Jephta und andere waren Heerführer im Kampf gegen feindliche Angriffe und Unterdrückung. Aber sie hatten kein ständiges Heer von Berufssoldaten zu ihrer Verfügung, sondern sie mußten erst die waffenfähigen Israeliten zum Heerbann aufrufen, wenn die Not es erforderte. Und sie waren auch selbst nicht Inhaber eines ständigen Amtes, sondern sie traten spontan auf. Der „Geist des Herrn" ergriff sie, wie das Richterbuch sagt; sie waren „charismatische Heerführer", wenn man es religionssoziologisch ausdrückt. Die Feinde, gegen die sich die Israeliten unter ihrer Führung zur Wehr setzen mußten, kamen teilweise von außen: die räuberischen Beduinenhorden der Midianiter, gegen die Gideon kämpfte, oder die ostjordanischen Nachbarn, die Moabiter und Ammoniter, gegen die Ehud und Jephta den Heerbann aufboten.

Aber die großen Bedrohungen kamen aus dem Lande selbst. Unter der charismatischen Führung der Prophetin Debora mußten sich die Israeliten dem Kampf gegen die Kanaanäer um die Vorherrschaft im Lande stellen. Und schließlich kam es zu der entscheidenden Auseinandersetzung mit den Philistern, einer fremden Bevölkerungsgruppe, die sich in der südlichen Küstenebene angesiedelt hatte und von dort aus das ganze Land unter ihre Herrschaft zu bringen versuchte. Jetzt zeigte sich, daß der Zusammenschluß der Stämme nicht fest genug war und daß eine dauerhafte Führung fehlte, um diese Bedrohung abzuwehren. Deshalb beschloß die Versammlung der Stämme, den charismatischen Heerbannführer Saul zum König zu erheben und dadurch die Kontinuität der Führung und der gemeinsamen politischen und militärischen Organisation sicherzustellen.

Saul scheiterte im Kampf gegen die Philister. Aber die Weichen waren gestellt: der israelitische Stämmeverband war zum Königtum geworden. Der nächste König, der Judäer David, gab diesem Königtum in Kürze die Gestalt, die es für die weitere Zukunft beibehalten sollte. Er schuf nicht nur eine straffe politische, administrative und militärische Organisation im Innern, sondern er dehnte auch durch erfolgreiche Kämpfe mit den Nachbarn sein Herrschaftsgebiet aus: Zunächst unterwarf er die Philister, dann die ostjordanischen Nachbarn und schließlich sogar Teile der aramäischen Staaten in Syrien. Sein Sohn und Nachfolger Salomo führte vor allem die innere Konsolidierung fort: in der Verwaltung, in der Wirtschaft, im geistigen und nicht zuletzt im religiösen Leben durch den Ausbau des Tempels in der Hauptstadt Jerusalem. [...]

Aber diese große Epoche endete auch schon mit dem Tod Salomos im Jahre 926 v. Chr. Das Reich brach auseinander, die Nordstämme sagten sich von der Herrschaft der judäischen Dynastie Davids los und gründeten ein eigenes Königtum, dem sie eine neue Hauptstadt gaben – später wurde es Samaria – und neue Heiligtümer in Bethel und ganz im Norden in Dan. Für dieses Königreich nahmen sie den Namen „Israel" in Anspruch. Jerusalem war jetzt nur noch die Hauptstadt des südlichen Restreiches Juda.

Aber hier zeigt sich nun eine eigenartige Entwicklung. Obwohl das Nordreich politisch und militärisch dominierte, blieb Jerusalem das geistige und religiöse Zentrum. Der Name „Israel" bekam einen doppelten Sinn: Zum einen bezeichnete er das nördliche Königreich, dem das südliche Königreich Juda gegenüberstand. Zugleich blieb er aber die Bezeichnung für das *ganze* Volk, das aus den zwölf Stämmen herausgewachsen war, und für seine Traditionen – vor allem im religiösen Sprachgebrauch. Der Tempel in Jerusalem blieb der Ort, an dem die gemeinsamen religiösen Traditionen des ganzen Israel gesammelt, bewahrt und im Gottesdienst lebendig erhalten wurden. [...]

Deshalb wurde die Rolle Jerusalems durch die politische Entwicklung der kommenden Jahrhunderte nicht entscheidend verändert. Die Staaten Israel und Juda gerieten mehr und mehr unter den Einfluß des im Zweistromland neuentstehenden assyrischen Großreiches. Schließlich fiel das Nordreich Israel im Jahre 722 v. Chr. dem Zugriff der Assyrer zum Opfer. Es wurde zur assyrischen Provinz Samaria; ein Teil der israelitischen Bevölkerung wurde deportiert, und fremde Bevölkerungsgruppen wurden angesiedelt. So war dieses Gebiet aus der gemeinsamen israelitischen Geschichte herausgebrochen worden, und damit war zugleich der Keim für die späteren spannungsreichen Auseinandersetzungen zwischen Judäern und Samariern – oder, wie man auch sagen kann: zwischen Juden und Samaritanern gelegt.

Juda blieb ein kleiner assyrischer Vasallenstaat, dem aber sein eigenes Königtum belassen wurde. So konnte sich das geistige und religiöse Leben in Jerusalem weiter entfalten, und es gelangte gerade in dieser Zeit zu einer neuen Blüte. Die Bedeutung Jerusalems wurde weiter gestärkt, indem es jetzt zum einzigen legitimen Kultzentrum der israelitischen Religion erklärt wurde. Einer der letzten Könige Judas, Josia, führte eine grundlegende Kultreform durch, die jeglichen Opferkult außerhalb Jerusalems verbot. Diese Kultreform stand in engem Zusammenhang mit der theologischen Konzeption des Deuteronomiums, des fünften Buches Mose, von der wir schon gesprochen haben: Der *eine* Gott soll nur an *einem* Heiligtum kultisch verehrt werden.

Albrecht Alt
Das Großreich Davids

Man wird der Leistung, die dem politischen Genie Davids um die Wende vom zweiten zum ersten Jahrtausend v. Chr. in Palästina und den Nachbarländern gelang, nicht ganz gerecht, wenn man sie, wie üblich, nur im Rahmen der Geschichte seines eigenen Volkes, also des Volkes Israel, betrachtet. [...]

David war auf der Höhe seiner Macht sehr viel mehr gewesen als nur König von Juda, von Israel und von Jerusalem; er hatte darüber hinaus einen Herrschaftsbereich gewonnen, der ganz Palästina und große Teile Syriens umfaßte „vom Strom (Euphrat) bis zum Lande der Philister und bis zur Grenze Ägyptens", wie es anscheinend richtig in einer jüngeren Beschreibung des von ihm am Ende seiner Regierung erreichten und seinem Sohn Salomo vererbten Territorialbestandes heißt. Freilich war dieses große politische Gebilde nur von sehr beschränkter Dauer; schon Salomo hat es nicht mehr im vollen Umfang aufrechtzuerhalten vermocht, und nach dessen Tod löste es sich sogleich endgültig wieder in die kleineren staatlichen Einheiten auf, aus denen David es zusammengefügt hatte. Aber seine Kurzlebigkeit ändert nichts an der Tatsache, daß es in der knappen Zeitspanne, die für seinen Aufbau zur Verfügung stand, nicht nur gebietsmäßig, sondern doch wohl auch seinem inneren Wesen nach überraschend schnell und weit über die Grenzen eines israelitischen Nationalstaates hinausgewachsen war und die Gestalt eines Großreiches angenommen hatte, dem dann allerdings die letzte Ausreifung versagt blieb. Unter diesen Umständen scheint es mir klar, daß wir das Lebenswerk Davids in seiner vollen historischen Bedeutung nur erfassen können, wenn wir die [...] Untersuchung seiner innerisraelitischen Zusammenhänge und Auswirkungen durch die noch kaum ernstlich begonnene Prüfung der Frage ergänzen, welcher Platz und welches Gewicht ihm in der Geschichte der Großreichsbildungen des alten Orients zukommt.

Nun besitzen wir ja im Alten Testament eine sehr reichhaltige Überlieferung über David, die als Geschichtsquelle insofern noch besonders wertvoll ist, als ihre wichtigsten Komplexe offensichtlich aus großer zeitlicher Nähe der Ereignisse stammen. Aber diese Überlieferung kommt unserer Fragestellung leider längst nicht in dem Maße entgegen, wie wir erwarten möchten. Wo sie in einer Reihe von Erzählungen mehr biographischer als historischer Natur den Aufstieg Davids behandelt, ist anscheinend lediglich sein Königtum in Juda und in Israel ihr Ziel; nur wie in einem Anhang dazu wird die spätere Ausdehnung seiner Herrschaft auf außerisraelitische Bereiche mit wenigen exakten Strichen skizzenhaft umrissen. Und wo in echt historischer und zugleich hochdramatischer Art der komplizierte Verlauf der Thronfolge von David auf Salomo geschildert wird, erfährt der Leser so gut wie nichts davon, daß es um die Thronfolge in einem Großreich geht; soweit sich die Ereignisse nicht ausschließlich am Hof in Jerusalem abspielen, erscheinen nur die Reiche Juda und Israel an ihnen beteiligt, und nur ein aus besonderem Grund in diese Darstellung eingefügter Abschnitt, der im Stil eines Kriegsberichtes die Unterwerfung des ostjordanischen Reiches der Ammoniter durch David beschreibt, gibt uns ein anschauliches Einzelbild aus der Reihe der militärischen und politischen Aktionen, in denen sich der Aufbau des Großreiches vollzog. [...]

Aber wenn auch die Überlieferung, wie sie nun einmal ist, längst keine vollständige Rekonstruktion der einzelnen Ereignisse in ihrer zeitlichen Abfolge und in ihrer kausalen Verknüpfung gestattet, so scheint mir doch auf der anderen Seite kaum zweifelhaft, daß sie alle wesentlichen Komponenten im Gesamtaufbau der politischen Schöpfung Davids nennt und über sein Herrschaftssystem genug konkrete Aussagen macht, um uns die Erkenntnis der charakteristischen Züge und Zusammenhänge mit früheren und späteren Großreichsbildungen zu ermöglichen. [...]

Der überraschend schnelle und weitreichende Erfolg der Großreichsbildung Davids wäre meines Erachtens kaum vorstellbar, wenn es zur Zeit seines Auftretens in seinem Wirkungsbereich nicht schon von früher her Zusammenballungen der Macht und Ordnungen der Herrschaft über den Rahmen der einzelnen Volkstümer hinaus gegeben hätte, mit deren Überwältigung dann jeweils sogleich ausgedehnte Gebiete unter seine Botmäßigkeit gerieten. So verhielt es sich ohne Zweifel im Falle der Philister, gegen deren schon weitgehend verwirklichten Anspruch auf die Oberhoheit über ganz Palästina vor kurzem unter König Saul das Reich Israel gegründet worden war und deren Niederringung daher David als seine vordringliche politische Aufgabe betrachtete, sobald ihm das Königtum im Reiche Israel übertragen worden war. Der umstrittene Anspruch der Philister beruhte historisch allem Anschein nach darauf, daß sie zusammen mit einem Teil der ihnen verbündeten „Seevölker" aus dem kleinasiatisch-ägäischen Raum während des 12. Jahrhunderts v. Chr. von den letzten schwachen Throninhabern des ägyptischen Neuen Reiches als militärische Kolonnen in den Ebenen Palästinas angesiedelt worden waren und daß sie sich dann im 11. Jahrhundert, nachdem die Pharaonen inzwischen auch ihre letzten Stützpunkte in Palästina hatten aufgeben müssen, für berufen hielten, nun ihrerseits entweder mit dem Einverständnis ihrer bisherigen Herren oder ganz auf eigene Faust die alte Herrschaftsordnung des ägyptischen Großreiches in diesem Lande weiterzuführen oder den veränderten Verhältnissen entsprechend neu zu gestalten. Es ging also bei der durch die Situation erzwungenen Auseinandersetzung Davids mit den Philistern um nicht mehr und nicht weniger als um die Rechtsnachfolge in dem Restbestand des ägyptischen Großreiches, der auf dem Boden Palästinas bis dahin noch geblieben war, und darum gewann David mit seinem Sieg in dieser Auseinandersetzung auch nicht nur die Oberhoheit über die Fürsten der fünf philistäischen Stadtstaaten, die er als seine Vasallen in ihren angestammten Bereichen weiter amtieren ließ, sondern zugleich die Herrschaft über die kanaanäischen Landesteile, die früher unter der Botmäßigkeit der Pharaonen, dann unter der des Bundes der Philisterfürsten gestanden hatten und jetzt von David in Anlehnung an die alten territorialen Postulate der israelitischen Stämme zwar nicht diesen, wohl aber den Reichen Israel und Juda als besondere Gaue einverleibt wurden. Damit war dann ganz Kanaan im alten Sinne dieses Wortes, d. h. das Westjordanland Palästinas nebst einem erheblichen Teil der phönikischen Küste, zu einem einzigen Herrschaftsgebiet mit gemeinsamer persönlicher Spitze und mit mannigfach gestufter Ordnung der abhängigen Glieder zusammengefaßt; das politische Zentrum aber, das unter den Ägyptern und Philistern immer in den Ebenen nahe der Küste des Mittelmeers gelegen hatte, verschob sich jetzt in das Kerngebiet der neuen gestaltenden Kräfte, also ins Binnenland auf das judäisch-samarische Gebirge und in Davids dortige Residenz Jerusalem.

Diese Verlagerung des Schwergewichts in Gegenden, die bis dahin nur sehr peripher am geschichtlichen Gesamtleben Palästinas teilgenommen hatten und weithin erst in den letztvorhergegangenen Menschenaltern durch die Landnahme der israelitischen Stämme der seßhaften Kultur erschlossen worden waren, hatte zur Folge, daß die Großreichsbildung Davids, nachdem sie einmal in Gang gekommen war, an den Grenzen der früheren ägyptischen und philistäischen Herrschaft nicht stehenblieb, sondern sehr bald auf Gebiete übergriff, die vorher wahrscheinlich noch nie in ein Großreich einbezogen gewesen waren. Dieses zweite Stadium betraf die Staaten der Ammoniter, Moabiter und Edomiter in dem verhältnismäßig schmalen Streifen des Kulturlandes östlich des Jordans vom Jabbok im Norden bis zur Nordostspitze des Roten Meeres im Süden und führte zu ihrer Unterwerfung durch David, im Falle der Edomiter so, daß ihr Königtum ganz beseitigt und die Verwaltung Statthaltern übertragen wurde, bei den Ammonitern in der Form, daß David die Krone ihrer Könige sich selbst aufs Haupt setzte und so ihr Königtum in Personalunion mit denen von Juda, von Israel und von Jerusalem verband, während in Moab anscheinend der bisherige einheimische König als Vasall belassen wurde. [...]

Wenn aber einmal hier genauso wie im Westjordanland das Bedürfnis nach territorialer Abrundung des werdenden Großreiches entscheidend wirksam wurde und mit den in der Hand Davids vereinigten Machtmitteln gegen alle Abwehrversuche erfolgreich befriedigt werden konnte, so war es fast selbstverständlich, daß diesem Bedürfnis auch die tiefe Rinne des Jabbok nach Norden hin kein Halt gebot. Es hätte daher wahrscheinlich gar nicht der vergeblichen militärischen Einmischung der dort angrenzenden näheren und ferneren Nachbarstaaten des nördlichen Ostjordanlandes in Davids Auseinandersetzung mit den Ammonitern bedurft, um ihn zu weiteren Vorstößen in dieser Richtung mit dem Ziel der Unterwerfung nördlicherer Gebiete zu veranlassen. [...]

Um ein altes Großreich oder um den Restbestand eines solchen wie in Kanaan handelte es sich hier allerdings nicht; daß auch das nördliche Ostjordanland und die Nachbargebiete des syrischen Binnenlandes in früheren Jahrhunderten unter der Oberhoheit der Pharaonen Ägyptens gestanden hatten, wirkte zur Zeit Davids kaum mehr oder höchstens indirekt nach. Aber eine andere Macht war seither in dem ganzen weiten Bereich vom Ostjordanland bis zum Euphrat und bis nach Mesopotamien im Aufstieg begriffen, nämlich die der von der Wüste in das Kulturland eindringenden und dort allmählich zur Seßhaftigkeit übergehenden aramäischen Stämme, und die Überlieferung im Alten Testament läßt keinen Zweifel daran, daß sich David nördlich des Jabbok ausschließlich mit dieser Macht auseinanderzusetzen hatte. Nun hatte zwar die Landnahme der Aramäer auf dieser riesig langen Front, die von der Vorbevölkerung her keine politische Einheit besaß, zur Entstehung einer ganzen Anzahl von kleineren Staaten unter aramäischer Herrschaft geführt, von denen die Überlieferung gerade für die Zeit Davids mehrere, wenn auch schwerlich alle nennt. Trotz dieser in Anbetracht der geographischen und historischen Situation leicht zu verstehenden staatlichen Aufsplitterung war jedoch den Aramäern das Bewußtsein ihrer Zusammengehörigkeit zu einem einzigen großen Stämmeverband, der sich wohl schon in der letzten Zeit ihres Lebens in der Wüste gebildet hatte und dann besonders bei ihrem Eindringen ins Kulturland wirksam gewesen sein wird, noch nicht verlorengegangen. [...]

Von da aus erklärt es sich, daß die Überlieferung über die Kämpfe Davids einem einzelnen Aramäerkönig, nämlich Hadadeser von Aram-Zoba (im Gebiet des Antilibanos nördlich von Damaskus), eine Art hegemonischer Stellung über den anderen vom Ostjordanland bis zum Euphrat zuschreibt und ihn als den eigentlichen Gegner Davids erscheinen läßt, mit dessen Demütigung über das Schicksal auch der anderen Aramäerstaaten in Syrien entschieden war. So könnte man hier wohl von einem werdenden aramäischen Großreich reden. [...]

Diese Einverleibung scheint aber auch dort durchaus nicht überall in der gleichen Weise durchgeführt worden zu sein; von der Einsetzung von Statthaltern Davids hört man nur für das Gebiet von Damaskus, worin aber vielleicht die von nun an aus der Geschichte verschwindenden Aramäerstaaten des Ostjordanlandes einbegriffen zu denken sind. In den nördlicheren Gebieten, auch in Aram-Zoba, dürfte sich David mit der Durchsetzung seiner Oberhoheit über die als Vasallen belassenen aramäischen Könige begnügt haben, so daß auch in diesem Teile seines Großreiches ein mannigfach differenziertes System der Abhängigkeiten entstand.

Über den hiermit erreichten Territorialbestand ist die Großreichsbildung Davids nicht mehr hinausgelangt und hat also zwar das ganze Kulturland Palästinas von der Küste bis zur Wüste, hingegen von Syrien nur einen Teil des Binnenlandes, diesen allerdings in seiner ganzen Ausdehnung am Rand der Wüste entlang bis zum Euphrat hin, umfaßt. Ob diese Begrenzung von David mit vollem Bedacht angestebt und beibehalten wurde oder ob sie ihm nur durch historische Umstände, die wir nicht kennen, aufgezwungen war, während er selbst seiner Machtentfaltung noch fernere Ziele steckte, läßt sich aus Mangel an Nachrichten nicht entscheiden. Aber es schiene mir denkbar, daß er aus eigenem Entschluß von jedem Versuch weiterer Annexionen in Syrien Abstand nahm; er hätte sonst auf Gebiete übergreifen müssen, die früher zur Herrschaftssphäre des hettitischen Großreiches gehört hatten und in deren Staatswesen noch zu seiner Zeit die hettitische Tradition lebendig war. Wenn er, wie die Überlieferung sagt, mit dem Oberhaupt eines dieser Staatswesen, dem König von Hamath am Orontes im mittleren Syrien, friedliche diplomatische Beziehungen aufnahm, so könnte das wohl als bewußtes Haltmachen an den Grenzen einer ihm fremden Welt verstanden werden; dem Fürsten der phönikischen Inselstadt Tyrus gegenüber hat er sich ebenso verhalten. Doch wie dem sei, tatsächlich blieb seine Herrschaft selbst im Stadium ihrer größten Ausdehnung mit geringfügigen Abweichungen auf den Teil des syrisch-palästinischen Kulturlandes beschränkt, der seinerzeit im 13. Jahrhundert bei der Herstellung des Gleichgewichts zwischen dem ägyptischen und dem hettitischen Großreich als Bestandteil des ersteren anerkannt worden war, und eben darin besteht im Vergleich zu dieser Vorgeschichte die besondere Bedeutung von Davids Großreichsbildung, daß in ihr noch einmal die Zusammenfassung dieses Gebietes zu einem einzigen Herrschaftssystem gelang, obwohl inzwischen der Rückgang der ägyptischen Macht und das Aufkommen mehrerer neuer Mächte in dem Gebiete selbst, besonders der Philister und der Aramäer, aber auch der Israeliten und der Völkerschaften des mittleren und südlichen Ostjordanlandes, die einst vorhanden gewesene politische Einheit scheinbar unwiderruflich zersetzt und aufgelöst hatte. Das war eine große Leistung, die für uns dann auch kaum etwas von ihrer Größe verlieren würde, wenn uns die wechselnden politischen und militärischen Situationen, die ihr Zustandekommen begünstigen mochten, genauer bekannt wären. Daß sie von einem Landesteil ausging, der gerade in der Mitte zwischen den konkurrierenden Mächten lag, und von einem Volk, das eben erst den Schritt zur Staatenbildung getan hatte und insofern jünger war als alle seine Nachbarn, verdient besondere Beachtung, kann aber die Anerkennung von Davids persönlicher Genialität als dem entscheidenden Faktor nicht beeinträchtigen.

Wie sehr das ganze komplizierte Gefüge des neuen Großreiches auf die Person seines Gründers zugeschnitten und an dessen politische Zielsetzung und Technik gebunden war, das tritt ja auch in den Ereignissen der nächsten Folgezeit deutlich zutage. Schon Salomo hat den Übergang von der ständigen militärischen und politischen Aktionsbereitschaft, ohne die David sein Herrschaftssystem nicht Zug um Zug hätte aufbauen und jeder neuen Lage anpassen können, zu einer starren Defensive und die gleichzeitige Umstellung der Politik auf kulturelle und kommerzielle Ausnutzung der von David gewonnenen internationalen Machtposition mit dem Verlust mindestens der Hälfte des Gesamtreiches büßen müssen; sowohl die phönikische Küste als auch das aramäische Binnenland von Syrien entglitt seiner Hand, und die Überlieferung weiß nichts davon, daß er dieser Entwicklung zu wehren versucht hätte. Sogleich nach seinem Tode aber brach mit der Aufhebung der Personalunion zwischen Israel und Juda auch der verbliebene palästinische Rest des Großreiches endgültig auseinander; die Davididen behielten von da an nur noch die Herrschaft in Juda und Jerusalem, zeitweilig auch in Edom. [...]

In Palästina, wo nach dem Zerfall des Großreiches Davids die diesem einverleibt gewesenen kleineren Staatsgebilde wieder selbständig nebeneinander zu leben begannen, hat es in der Folgezeit bis zum Einbruch der Assyrer hin zwar nicht an Versuchen zu erneuter Zusammenfassung unter einer Vormacht gefehlt; besonders vom Reiche Israel sind solche Versuche mehrfach ausgegangen, und auch das Aramäerreich von Damaskus hat immer wieder nach Palästina hinübergegriffen, um die dortigen Staaten unter seine Botmäßigkeit zu bringen. Aber ein dauernder Erfolg wurde damit nicht erreicht. [...]

Das Alte Testament läßt jedoch erkennen, daß sie trotzdem die von David und Salomo geschaffenen Institutionen des Großreiches nach Möglichkeit an ihrem Hofe weiter pflegten und die Hoffnung auf seine tatsächliche Wiederherstellung nicht aufgaben. Man mag es „Hofstil" nennen, wenn etwa in Liedern zum Regierungsantritt eines neuen Königs aus dem Hause Davids diesem eine Herrschaft „vom Meer bis zum Meer und vom Strom (Euphrat) bis zu den Enden der Erde" gewünscht oder mit ähnlichen Worten ein universales Regiment in Aussicht gestellt wird. [...]

In den Herrscherbildern der klassischen Prophetie aus einer Zeit, in der die Davididen das Königtum von Juda und Jerusalem noch inne hatten, kommen so überschwängliche Erwartungen kaum je zum Ausdruck; dagegen leben sie in den messianischen Weissagungen der königslosen und darum durch keine Rücksicht auf die politische Situation der Gegenwart mehr gebundenen Zeit nach dem babylonischen Exil wieder auf und werden nun zu einem festen Bestandteil der jüdischen Eschatologie, auf deren Boden später, sie zugleich bejahend und überwindend, das Urchristentum erwuchs.

Manfred Clauss

Von Josia bis zum Untergang Jerusalems

Der Untergang Assurs rief in den Randzonen des einstigen Machtbereiches die unvermeidlichen Abfallerscheinungen hervor. Dies traf auch in Juda zu. Der König, der diese Loslösung in den Jahren der Agonie des assyrischen Reiches konsequent verfolgte, war Josia. Als Achtjähriger bestieg er 640 den Thron, nachdem sein Vater Amon nach kurzer Regierungszeit einer Palastrevolte zum Opfer gefallen war. Wann Josia die Abkoppelung von Assur vollzog, ist nicht überliefert; sicherlich werden wir als Zeitpunkt das Erreichen seiner Volljährigkeit zugrunde legen können. Damit bietet sich als Datum der Regierungswechsel in Ninive nach dem Tode Assurbanipals 626 an. Als Ninive 612 sogar erobert wurde, bestand in Juda für die breite Bevölkerung kein Zweifel mehr daran, daß die Verwirklichung eines messianischen Reiches unmittelbar bevorstand. Vor diesem Hintergrund wird die Politik des jungen Josia begreiflich.

Die Aufkündigung des Vasallitätsverhältnisses begann wie stets in solchen Fällen mit der Vertreibung von assyrischen

Beamten, mit der Einstellung der Tributzahlungen und mit der Entfernung des assyrischen Staatskultes aus dem Jerusalemer Heiligtum. Schritt für Schritt erkämpfte Josia die politische Selbständigkeit für sein Land zurück. Juda war zu unbedeutend und Assur zu geschwächt, daher blieben diese Unternehmungen zunächst folgenlos.

Josia sah diese Maßnahmen nur als einen Anfang; seine Ambitionen gingen nämlich weit über das Ziel der angestrebten bloßen Autonomie Judas hinaus. Seine politischen und militärischen Aktionen deuten darauf hin, daß er seinen Staat im Innern neu organisieren wollte und sich den Umfang des davidischen Staatsgebietes zum Ziel gesetzt hat. Die außenpolitische Lage begünstigte – zumindest für knapp fünfzehn Jahre – seine Projekte; und da Josia seine beschränkten Machtmittel vorsichtig einsetzte, errang er Beachtliches. Sein erstes Ziel richtete sich auf die Eroberung der assyrischen Provinz Samaria. Erster sichtbarer Erfolg wurde die Zerstörung des Heiligtums in Bethel, das in Jerusalem noch als Symbol des israelitischen Königtums galt. Systematisch dehnte Josia nun sein Reich aus. [...]

Er erreichte im Zuge seiner militärischen Erfolge das Mittelmeer, wenngleich ihm die größeren Städte wie Askalon verschlossen blieben. Im Osten gliederte er Teile der assyrischen Provinz Gilead seinem Territorium ein. Damit geriet zunächst sein Vormarsch ins Stocken. Das soeben beschriebene Territorium fand mit seiner Bezirksaufteilung in einem anachronistischen Rückgriff Eingang in das Buch Josua (13–22).

Später dehnte Josia seinen Aktionsradius weiter aus. In allen Städten von Samaria, das heißt in der gesamten ehemaligen assyrischen Provinz, soll er die Höhenheiligtümer beseitigt haben. Schließlich stand er an der Grenze der Provinz von Megiddo, auf die er zuletzt übergriff. Der judäische König versuchte, seine Eroberungen durch das Anlegen von Festungen an den weit vorgeschobenen Grenzen Judas zu sichern. In einigen dieser Festungen gefundene Keramik aus griechischer Produktion legt den Schluß nahe, daß Josia wie andere Herrscher seiner Zeit dort nicht nur einheimische Soldaten, sondern auch griechische Söldner aus Kleinasien stationiert hatte.

Hinter dieser Eroberungspolitik des Königs, hinter dem neuen Großreichsprojekt, stand ein Gesamtkonzept, das Pläne für Herrschaft und Kult umfaßte. Machtpolitische Überlegungen, keineswegs kultpolitische standen dabei im Vordergrund.

Allerdings zerfiel der politische Besitzstand, den Josia sich gesichert hatte, rasch buchstäblich in nichts, während die kultischen Aspekte alle Zeitläufe überdauerten. Dieses Konzept Josias ging von der Idee eines einheitlichen Reiches unter einer einheitlichen Führung aus, von einem Reich, das dem Schutz eines Gottes unterstellt war, den es in einem einheitlichen, in einem einzigen Kult feierte. Dieses Programm brachte Flavius Josephus in seiner Streitschrift ‚Gegen Apion' (2,193) um 100 n. Chr. auf die klassische Formel: „Ein Tempel, der allen gemeinsam ist, für den einen Gott, der allen gemeinsam ist." Daher ist im Alten Testament den innenpolitischen Maßnahmen, den religiösen Ordnungen Josias weit mehr Aufmerksamkeit gewidmet als seinen militärischen Erfolgen.

In seinem 18. Regierungsjahr kam bei Restaurierungsarbeiten im Tempel angeblich ein Gesetzbuch zutage (2. Kön. 22,3–20). Diese Fundgeschichte war sicherlich kein frommer Betrug. Man suchte in dieser Zeit nach alten Vorbildern, und so fand man, was man suchte, indem man Altes neu entdeckte. Dieses Gesetzbuch war allerdings kein für diesen Zweck angefertigtes Werk, sondern umfaßte alte Traditionen, die unter vereinheitlichenden Gesichtspunkten neu zusammengestellt worden waren. Aktuell dürfte allerdings die am Anfang des Buches auftauchende Forderung nach nur einer Kultstätte gewesen sein. Das Programm, das ideale Züge aufwies, stammte aus Israel; dort hatte man es entworfen, als man nach 721 aller staatlichen Zwänge ledig war. Es machte somit israelitische Traditionen für Juda verbindlich und verhalf, indem es unter anderem das frühe gemeinsame Handeln aller Hebräer betonte, der Autorität des Mose als Gesetzgeber zum Durchbruch, eine Vorstellung, die nach dem Ende auch der judäischen Monarchie ihre volle Entfaltung erlebte. [...]

Es ging vor allem darum, die hebräische Gottesverehrung gegen das kanaanäische Kultwesen abzugrenzen, eine Aufgabe, der sich immer schon jahwistische Kreise in Israel gewidmet hatten. Mit diesem Gesetzbuch begann die endgültige Durchsetzung des Jahwe-Glaubens, indem die alten hebräischen Traditionen Israels in Jerusalem und durch Jerusalem sanktioniert wurden und somit ihre Wirkung auch in der Zukunft behielten.

Die Grundforderungen lassen sich in drei Kernpunkten zusammenfassen: 1. Jahwe soll nur an einer einzigen Stätte kultisch verehrt werden. 2. Jahwe soll die ungeteilte Verehrung zukommen. 3. Die Hebräer handelten als Gesamtheit von Anbeginn an. Ob das Gesetzbuch mit dieser Intention geschrieben wurde, ist nebensächlich; entscheidend wurde, daß Josia und seine Beamten es so auffaßten und sie sich mit dieser Interpretation in der Folgezeit durchsetzten. Josia leitete aus den in diesem Sinne verstandenen Forderungen die Legitimation für seine zentralen innen- und außenpolitischen Maßnahmen ab.

Wenn alle Hebräer von Anfang an gemeinsam gehandelt hatten, dann war es für den König legitimerweise geboten, die Gemeinschaft aller Hebräer auch politisch wiederherzustellen. Dafür war es notwendig, die auf dem Gebiet des ehemaligen Israel errichteten assyrischen Provinzen zu erobern.

Wenn Jahwe ungeteilt verehrt werden sollte, war es politisch geboten, alle Fremdkulte in diesem neuen Reich auszurotten. Der erste Schlag richtete sich natürlich gegen den assyrischen Kult im Jerusalemer Tempel, aber dabei konnte und wollte Josia nicht stehenbleiben. Zahlreiche Diener anderer fremder Kulte, einschließlich der Priestereunuchen und Prostituierten beiderlei Geschlechts, fanden den Tod.

Wenn schließlich Jahwe nur an einer einzigen Stätte verehrt werden sollte, dann mußten sämtliche bisherigen Jahwe-Heiligtümer, sämtliche hebräischen Opferstätten, die überall im Lande verstreut lagen, beseitigt werden. Dieses Schicksal ereilte das Heiligtum in Bethel ebenso wie zahlreiche lokale Kultstätten; deshalb sind die Jahwe-Priester in Samaria geopfert und verbrannt worden (2. Kön. 23,20). Gerade dies war nun nicht mehr kultische Reform allein, sondern es wurde die Stabilisierung des Reiches angestrebt, die durch eine totale Ausrichtung auf Jerusalem erreicht worden sollte. Die Maßnahmen sind als Ausdruck des neuen nationalen Selbstbewußtseins zu verstehen, das sich nicht nur und primär gegen Assur, sondern gegen die Bewohner des ehemaligen Israel richtete.

Die Beseitigung der zahlreichen Heiligtümer bedeutete einen tiefen Eingriff in das religiöse Leben der Bevölkerung. Deren gesamtes kultisches Handeln konzentrierte sich auf den Tempel in Jerusalem, so daß von nun an die Monarchie in der Tat nur noch über ein kultisches Zentrum verfügte. Das Verschwinden der lokalen Heiligtümer verringerte allerdings die Möglichkeit der Teilhabe an kultischen Feiern und verdrängte somit das religiöse Element zunehmend aus dem alltäglichen Leben. [...]

Die kultischen Maßnahmen überdauerten die kurzlebigen politischen Erfolge. Die Regierungszeit des Josia hat genügt, um das Heiligtum in Jerusalem als das einzig legitime herauszustellen und die Bedeutung der Hauptstadt über alle Maßen zu erhöhen. Der Tempel in Jerusalem stieg zum Zentrum der religiösen Verehrung auf, und er blieb es für die Juden über alle politischen Miseren hinweg bis heute.

Das Alte Testament stellt die Maßnahmen Josias als einmaligen Akt dar, der nach dem Auffinden des Gesetzbuches und unter dessen Auswertung in die Wege geleitet wurde; doch dürfte dies die Komposition der späteren Erzähler sein. Wenn die inneren Reformen sich parallel zur allmählichen außenpolitischen Festigung des Reiches vollzogen haben, so bedarf es nicht des szenischen Höhepunktes, zu dem die Bibel die Entwicklung verdichtet. Schließlich haben die Könige nach Josia auch dessen Reformprogramm weitgehend außer acht gelassen. [...]

Die kurze Phase des Aufschwungs in Juda wurde abrupt beendet, und zum wiederholten Male wurde die judäische Monarchie 609 in einen größeren politischen Gesamtzusammenhang eingebunden. Denn als der Pharao Necho II. in diesem Jahr durch das philistäische Küstengebiet nach Norden zog, weil er das Restreich von Assur stützen wollte, und in die Jesreel-Ebene einschwenkte, um den kürzesten Weg über den Jordangraben nach Osten zu nehmen, entschloß sich Josia, ihm bei Megiddo den Weg zu verlegen. „Da trat ihm (dem Pharao) der König Josia engegen; jener aber tötete ihn zu Megiddo, sobald er ihn sah“ (2. Kön. 23,29). Josias Tod beendete unwiderruflich diese kurze Friedenszeit. Der Traum von einem erneuerten davidischen Großreich war verflogen, der Untergang Judas wurde eingeläutet.

Josias Reich brach mit seinem Tod zusammen, während unter Necho II. Ägypten Assyrien für kurze Zeit in der Kontrolle Syriens und Palästinas ablöste. In den drei Monaten, in denen Necho noch in die Kämpfe um Harran verwikkelt war, regierte in Jerusalem Joahas, der jüngere Sohn des Josia. Möglicherweise war Eljakim, der ältere, wegen seiner proägyptischen Einstellung in der Thronfolge übergangen worden. Dann kehrte Necho zurück und hielt in Palästina, in seinem Hauptquartier in Ribla, Hof. Joahas mußte dort erscheinen, wurde abgesetzt und nach Ägypten deportiert, wo er später starb. Necho inthronisierte über Juda [...] einen eigenen König: Eljakim, den der Pharao in Jojakim umbenannte, um die Abhängigkeit des judäischen Königs zu demonstrieren. Jojakim mußte eine hohe Geldbuße entrichten und dazu „das Land besteuern, um das vom Pharao verlangte Geld zahlen zu können“ (2. Kön. 23,35). [...]

Die Zeit der ägyptischen Kontrolle währte nur wenige Jahre. Während in Juda die Diskussion über die richtige Innen- und Religionspolitik fortgesetzt wurde, zerbrach Nechos Traum einer Herrschaft über Syrien/Palästina. Bereits 605 schlug der Babylonier Nebukadnezar (604–562), damals noch Kronprinz, den Pharao bei Karkemisch, drängte die ägyptische Herrschaft wieder aus Asien hinaus und leitete damit die Phase babylonischer Kontrolle über Palästina ein. [...]

Diese Ablösung vollzog sich so rasch und so vollkommen, daß die üblichen Aufruhrversuche ausblieben. Für Jojakim wechselte lediglich der Empfänger seiner Tributzahlungen. [...]

Jojakim, der rücksichtslos auf die Behauptung seiner Herrschaft und die Sicherung seiner luxuriösen Lebensführung bedacht war, stellte 600 die Tributzahlungen ein. Ein Jahr zuvor hatte Necho den Assyrerkönig in Ägypten geschlagen und bis nach Palästina verfolgt. Die Eroberung Gazas durch den Pharao 600 ließ Jojakim annehmen, die assyrische Kontrolle über Palästina sei damit beendet.

Jojakim starb, ehe er die Konsequenzen seiner Politik erlebte. Er hatte sein Reich auf den zu erwartenden Angriff der Babylonier vorzubereiten versucht und wieder einmal die judäischen Festungen wie Arad instand gesetzt. Das dramatische Geschehen, das sich gerade um diese Festung während ihrer letzten Monate 598/597 abspielte, spiegelt sich in dort gefundenen Briefen wider. Gegner der Judäer hier im Süden waren die Edomiter, die Elath längst wieder in ihre Gewalt gebracht hatten und nun Ramath im Negeb angriffen. In einem Brief wird der Kommandant von Arad aufgefordert, in den umliegenden Orten Leute auszuheben oder von den dortigen Garnisonen Leute abzuziehen, um die Besatzung von Ramath zu verstärken, „daß Edom ja nicht dorthin gelangt“.

Ramath konnte jedoch gegen die Edomiter ebensowenig gehalten werden wie Jerusalem gegen die Babylonier. Der achtzehnjährige Sohn des Jojakim, Jojachin, gab nach dreimonatiger Belagerung der Hauptstadt den nutzlosen Widerstand gegen babylonische Truppen auf und verhinderte so das Schlimmste. Jerusalem wurde zwar am 16. März 597 erobert, entging aber noch einmal der Zerstörung. Den König, seine Familie, den Hofstaat und die obersten Beamten deportierten die Babylonier, eine damals durchaus übliche Maßnahme. Das gleiche Schicksal traf die waffenfähige Oberschicht und die Handwerker, insgesamt die sprichwörtlich gewordenen ‚oberen Zehntausend' (2. Kön. 24,14). Tempel- und Palastschätze transportierten die Sieger als Beute ab. Jojachin lebte fortan als abgesetzter König noch lange in Babylon, wo er mit den Angehörigen seiner Familie in ehrenvoller Haft gehalten wurde. Er erhielt eine Rente vom babylonischen Staat, wie die dortigen Chroniken verzeichnen. Vielen Hebräern galt er weiterhin als der legitime König von Juda; denn die Deportierten datierten „nach der Verbannung des Königs Jojachin" (Ez. 1,2), nahmen den inzwischen in Jerusalem von Nebukadnezar als König eingesetzten Zedekia bereits nicht mehr ernst. 562 erhielt Jojachin im Zuge eines Amnestieerlasses die Erlaubnis, fortan an der königlichen Tafel sitzen zu dürfen, was allerdings das Los seiner Gefangenschaft nur in etwas milderem Licht erscheinen ließ.

Juda blieb nach der Abtrennung des Negeb als verkleinerter Staat unter einem eigenen König bestehen. Mathanja, ein Onkel Jojachins, wurde als König Zedekia (597–587) von Nebukadnezar inthronisiert. Trotz der Erfahrungen mit der eigenen schicksalhaften Vergangenheit der letzten eineinhalb Jahrhunderte, trotz des Wissens um das Scheitern zahlreicher anderer Staaten, trotz der Eroberung Jerusalems und der Deportationen von 597 meldeten sich wenige Jahre später in Juda erneut Gruppierungen zu Wort, welche die baldige Restitution der alten Zustände ankündigten. [...]

Demgegenüber mahnten Männer wie Jeremia: „Beugt eure Nacken unter das Joch des Königs von Babel und werdet ihm und seinem Volke untertan, so bleibt ihr am Leben!" (27,12). In diesen Kämpfen zwischen Jahwe-Prophet und Jahwe-Prophet ging es um Leben und Tod. Beide Seiten beriefen sich auf eine unmittelbare Eingebung durch Gott, die sie dem Gegner jeweils absprachen. Nicht alle Propheten verfügten über politischen Weitblick, manchen ging es offenbar gar nicht so sehr um politische Entscheidungen als vielmehr um publikumswirksame Agitation. Und es gab genügend Judäer, die solchen Predigten zum Aufruhr Gehör schenkten, die schließlich den Aufforderungen folgten. [...]

Schließlich ließ sich der König von der aufrührerischen Stimmung der städtischen Bevölkerung, seiner Beamten und einiger Heilspropheten tragen und befahl den Aufstand.

589 rückten die Truppen Nebukadnezars an und eroberten im Laufe des nächsten Jahres nahezu das gesamte offene Land Judas. Die verzweifelte Lage einzelner Festungen schildern die Ostraka von Lachis, an dessen Kommandanten verschiedene Berichte wie der über Aseka gerichtet waren. Die Festung Aseka gehörte schon während des Sanherib-Einfalls 701 zu den wichtigsten Judas und war damals nur nach langer Belagerung zerstört worden. Josia hatte sie erneut befestigt, und wiederum hielt sie dem Angriff der Babylonier mit Lachis und Jerusalem am längsten stand. Man versteht die Verzweiflung des Kommandanten von Lachis, der bis zuletzt versuchte, aus Ägypten Hilfe herbeizuschaffen, als die Verteidiger eines Lachis benachbarten Forts bereits davon sprachen, daß sie „auf die Signale von Lachis achten, gemäß allen Anweisungen, die mein Herr gibt, jedoch sehen wir (die Zeichen von) Aseka nicht (mehr)". Der Wille solcher Orte, Widerstand zu leisten, war bis zuletzt ungebrochen. Empörung wurde daher über Leute in Jerusalem laut, die durch ihre Reden „die Hände des Landes und der Stadt schlaff machen".

In der Tat versuchte Jeremia, wo immer möglich, die Widerstandskraft der Armee zu schwächen. [...]

Nicht dank der Achtung vor einem Mann Gottes dürfte

Jeremia diese Äußerung überlebt haben, sondern dank ihrer offensichtlichen Wirkungslosigkeit. Doch die Verteidigungsanstrengungen gegen die Babylonier, die Zedekia durch die Freilassung von Sklaven und ihren Einsatz als Soldaten verstärken wollte, brachen zusammen; auch eine ägyptische Hilfstruppe brachte keine Entlastung, sie wurde zerschlagen. Nach Aseka fielen bald auch Lachis und schließlich Jerusalem. Die Hauptstadt hielt den Angriffen achtzehn Monate stand, dann gelang es den Belagerern 587, eine Bresche in die Stadtmauer zu schlagen und in die Stadt einzudringen.

Zedekia floh, wurde aber gefaßt und vor Nebukadnezar gebracht, der erneut in Ribla residierte. „Die Söhne Zedekias ließ er vor seinen Augen abschlachten; den Zedekia aber ließ er blenden, in Ketten legen und nach Babel abführen" (2. Kön. 25,7). Zedekia wurde nicht so zuvorkommend behandelt wie Jojachin zehn Jahre zuvor, ihm gestand man keine Staatspension zu. Erneut deportierten die Babylonier Teile der Bevölkerung, die Oberschicht der Landgebiete und die Bewohner der Hauptstadt. Nur einen Rest, die Kleinbauernschicht, ließen die Sieger zurück, damit das Land nicht verödete. Das eroberte Jerusalem plünderten die babylonischen Soldaten einen Monat lang – so trugen sie die letzten Reste wertvoller Materialien wie bronzene Säulenfiguren und Wasserbecken zusammen –, rissen die Stadtmauer ein und steckten die Häuser in Brand. Damals ging auch der Tempel in Flammen auf. [...]

582 war das Zerstörungswerk abgeschlossen, nochmals verschleppten die Babylonier 745 Männer aus Juda. Nebukadnezar gliederte nun auch Restjuda in sein Provinzialsystem ein und beseitigte die davidische Dynastie. Damit hatte auch die Monarchie Judas zu existieren aufgehört.

2. Die Zeit des Zweiten Tempels

Helga Weippert

Unter persischer Herrschaft

559 v. Chr. stürzte Kyros in Ekbatana den medischen König Astyages und übernahm von ihm ein bis nach Kleinasien reichendes Großreich. Kyros dehnte das Herrschaftsgebiet bis an die Westküste Kleinasiens aus (Sieg über Kroisos von Lydien, 546 v. Chr.), eroberte im Osten die iranischen Hochländer, und 539 v. Chr. schlug sein Feldherr Gobryas den neubabylonischen König Nabonid. Damit fielen Babylonien und die von ihm beherrschten Provinzen in Syrien-Palästina sowie die von Nabonid eroberten arabischen Wüstengebiete Kyros zu. Nachdem sein Sohn Kambyses 525 v. Chr. bei Pelusium die Ägypter besiegt hatte und auch Thrakien von den Persern eingenommen worden war, erstreckte sich das Großreich der Achämenidenkönige vom Indus bis auf das griechische Festland und von Armenien bis nach Ägypten. Darius I. reorganisierte die Verwaltung des Vielvölkerstaates, gliederte ihn in 20 Satrapien, ließ das Straßennetz und Postwesen ausbauen, reformierte die Gesetze und das Besteuerungssystem, führte vermutlich eine imperiale Währung ein und glänzte auch als Bauherr.

Palästina war Teil der Satrapie *ʿĒber han-Nāḥār* = „[Land] westlich des Flusses/Euphrats", die wie die anderen Satrapien in mehrere Staaten bzw. Provinzen (hebr. *mədīnōt)* unterteilt war. Die Gesamtzahl palästinischer Provinzen ist unbekannt; inschriftlich bezeugt sind nur Sāmerīna, Juda, Asdod und Gaza. Die Verwaltungsgeschäfte führten von der persischen Zentralregierung eingesetzte

Statthalter, die nach Möglichkeit den lokalen Dynastien entstammten. Šēšbaṣṣar und Serubbabel, die unter Kyros und Darius I. in Jerusalem amtierten, waren vermutlich Abkömmlinge des davidischen Königshauses (vgl. 1. Chr. 3, 18f.). Judäische Versuche, mit Serubbabel die davidische Dynastie wieder einzuführen, scheiterten (vgl. Hag 2, 20–23; Sach 4, 6–10a). Statt dessen gewannen die Hohenpriester zunehmend Einfluß auf das lokalpolitische Geschehen. Aufgrund der antiken Quellen und Inschriftenfunde lassen sich Statthalterreihen für die Provinzen Juda und Sāmerīna erstellen.

Die Provinzen untergliederten sich in Verwaltungsbereiche (hebr. *pēlek*). Anhand entsprechender Listen im Esra- und Nehemiabuch läßt sich der vermutliche Umfang Judas in persischer Zeit rekonstruieren. Die Nordgrenze verlief demnach nördlich von Bethel, im Osten gehörten Jericho und die Nordwestküste des Toten Meeres zur Provinz, die Südgrenze verlief nördlich von Hebron und im Westen erstreckte sich Juda bis in die *Šəfēlā*. Der während der Eisen-IIC-Zeit von Edomitern bedrohte Süden war jetzt weitgehend in der Hand arabischer Stämme.

Die hier vereinfachend und deshalb statisch skizzierten Verhältnisse veränderten sich im Laufe der fast 220 Jahre dauernden persischen Herrschaft. Die äußeren Grenzen des Großreichs verschoben sich, und die Verwaltung im Inneren durchlief Entwicklungen. Die die persische Regierungsform bestimmenden Leitlinien, die die Dauerhaftigkeit des Imperiums garantierten, blieben sich aber gleich. Es entsprach persischer Regierungspraxis, lokale und nationale Traditionen zu schützen und gegebenenfalls durch das persische Reichsgesetz zu sanktionieren. Die Reichsautorisation lokaler Normen funktionierte zwar einerseits als Kontrollmöglichkeit der Zentralregierung; eröffnete jedoch der Völkervielzahl einen Freiraum, in dem sie ihre Eigentümlichkeiten beibehalten und entfalten konnte. Dieses Verfahren stand für die Perser in Einklag mit der gottgewollten Schöpfungsordnung. Der Schöpfergott Ahuramazda hatte die Großkönige als Weltherrscher zum Schutz der Schöpfungsvielfalt eingesetzt. Anders als den Ägyptern galten den persischen Königen die unterworfenen Völker deshalb nicht als Sklaven, und anders als die Assyrer und vielleicht auch die Babylonier stellten sie auch keine Versuche an, die Völkerschaften ihres Großreichs zu nivellieren und in einem Einheitsstaat zu integrieren. Ethnische, kulturelle und religiöse Unterschiede hatten im persischen Großreich nebeneinander Platz. Dementsprechend legen die persischen Fremdvölkerdarstellungen großen Wert auf die Nachzeichnung von ethnischen Unterschieden in Tracht, Physiognomie und der dem Großkönig dargebrachten Erzeugnisse aus den verschiedenen Ländern. Insgesamt kann man deshalb die persische Großreichspolitik als restaurativ, tolerant und föderalistisch charakterisieren. [...]

Im Alten Testament finden sich nur positive Äußerungen über die persische Regierung. Angesichts der persischen Politik Juda gegenüber kann das nicht erstaunen. 538 v. Chr. erlaubte Kyros den rückkehrwilligen judäischen Exulanten in Babylonien die Rückkehr nach Juda und verfügte den Wiederaufbau des Jerusalemer Tempels in altem Stil (Kyros-Edikt, Esr 6, 3–5). Begonnen wurde mit dem Tempelbau freilich erst 520 v. Chr. (Hag 1, 15 a), abgeschlossen wurde er 515 v. Chr. (Esr 6, 15). Artaxerxes I. erlaubte schließlich die Wiederbefestigung Jerusalems unter Nehemia (Neh 1, 1–3; 2, 1–4. 17; 6, 15 f.). [...]

Die Zahl der nach Babylonien deportierten Judäer war Jer 52, 28–30 zufolge gering. Nur 4600 Judäer sollen bei den Deportationen von 597, 586 und 582 v. Chr. nach Babylonien umgesiedelt worden sein. Verdächtig sind die sehr viel höheren Zahlenangaben in den Königsbüchern und im chronistischen Geschichtswerk (2. Kön 25, 11; 2. Chr. 36; vgl. Jer 52, 15), da sie wohl ganz gezielt den Eindruck vermitteln sollen, im Land sei nur eine kleine Gruppe der Unterschicht zurückgeblieben („Winzerknechte und Tagelöhner“, s. 2.

Kön 25, 12; Jer 39, 10; 52, 16). Die tendenziöse Darstellung will die legitime Fortsetzung Judas unter den Exulanten in Babylonien ansiedeln.

Daß wegen der babylonischen Zerstörungen städtischer Zentren gegen Ende der Eisenzeit zunächst bescheidene Verhältnisse im Land herrschten, ist anzunehmen. Es waren aber keineswegs alle Städte Zerstörungen zum Opfer gefallen, und die Deportationen und Abwanderungen ließen Palästina auch keineswegs als *tabula rasa* zurück. Spätestens mit dem Beginn der Perserzeit entwickelte sich die wirtschaftliche Lage Palästinas positiv. Die von den Persern gleichsam als Balanceakt zwischen den Interessen der Zentralregierung und den Interessen der unterworfenen Völker und Städte betriebene Politik erlaubte die Fortsetzung einheimischer Traditionen; gleichzeitig profitierte der palästinische Markt aber von der Zugehörigkeit zu einem Weltreich von bisher unbekanntem Umfang.

Arnaldo Momigliano
Begegnung mit dem Hellenismus

Wir können uns nicht vorstellen, wie die Juden auf die Nachricht reagierten, Persepolis sei in Schutt und Asche gelegt worden. Alexander hat Jerusalem niemals betreten. Aber jüdische Legenden, deren Spuren auch im Alexanderroman wiederzufinden sind, berichteten gern von der Begegnung zwischen dem Hohepriester und dem neuen König der Könige. Die jüdische Legende sprach auch davon, Alexander habe von dem Turm seiner neuen Stadt Alexandria die Einheit Gottes proklamiert. Bei christlichen Schriftstellern findet man auch die wahrscheinlich auf jüdische Quellen zurückgehende Geschichte, Alexander habe die Gebeine des Propheten Jeremia nach Alexandria gebracht, um Schlangen und Krokodile von der Stadt fernzuhalten. Diese Legenden bezeugen wenn nicht mehr, so doch wenigstens, daß der Übergang von der persischen zur makedonischen Herrschaft glatt vor sich ging. Die Erinnerung an Alexander wurde zu einem volkstümlichen Element, an dem die Juden und deren Nachbarn gemeinsam Anteil hatten.

Alexander hatte für die Juden etwas bewirkt, was nicht mehr ungeschehen gemacht werden konnte. Er versetzte die Mehrzahl von ihnen in eine griechischsprachige statt in eine aramäischsprachige Welt. Nach seinem Tod war Palästina über zwanzig Jahre lang ein Zankapfel; einer der Anwärter auf die Nachfolge, Ptolemaios, besetzte Jerusalem im Jahre 320 v. Chr., wobei er sich vielleicht die Sabbatruhe zunutze machte. Von 301 bis 198 v. Chr. herrschten die Ptolemäer in Palästina. Makedonen – Gouverneure, Soldaten und Händler – nahmen mit dem Recht des Eroberers ihren Wohnsitz in Palästina. Philosophen und Historiker nahmen Jerusalem in Augenschein und waren im großen und ganzen davon angetan. Das Judentum wurde auf einmal bekannt – und geachtet.

Die Eroberer des persischen Reichs fanden es ratsam, die Bewohner der eroberten Länder kennenzulernen und wenn möglich für sich einzunehmen [...]

So war denn das neue Interesse und die neue Sympathie nicht speziell den Juden zugewandt. Doch waren die anderen Barbaren – die Ägypter, Perser, Babylonier und sogar die Inder – den Griechen seit Jahrhunderten bekannt gewesen. Es gab über sie zahlreiche ältere Nachrichten, und es handelte sich jetzt darum, sie zu überprüfen und auf den neuesten Stand zu bringen. Die Juden hingegen traten zum ersten Mal in den Gesichtskreis der Griechen. Alles, was man über sie erfuhr, war neu. Es ist vielleicht kein Zufall, daß der griechische Verfasser des ersten ausführlichen Buchs über die Juden ein Berater Ptolemaios' I. war, und daß er es in den Jahren schrieb, als der König für die Eroberung Palästinas Stimmung machte. Hekataios von Abdera brachte im

Buch über Ägypten, das er wahrscheinlich um das Jahr 315 v. Chr. schrieb, auch einen Abschnitt über die Juden. Er idealisierte darin die Ägypter und vor allem deren Priester-Klasse. Er sprach also über die Juden in einem auf Ägypten zugeschnittenen Zusammenhang [...]

Hekataios zufolge gehörten die Juden zu denjenigen, die – wie die berühmten Männer der Vorzeit, Danaos und Kadmos – von den Ägyptern zur Zeit einer Pestepidemie des Landes verwiesen worden waren. Moses, ein durch Weisheit und Mut ausgezeichneter Mann, war Führer der auswandernden Juden gewesen, hatte Jerusalem gegründet, den Tempel gebaut, das Volk in zwölf Stämme geteilt, das Priestertum eingesetzt und überhaupt lobenswerte Gesetze erlassen. Er hatte für eine Vermehrung der Bevölkerungszahl Vorsorge getroffen, indem er die Veräußerung von Landbesitz an Fremde und das Aussetzen von Kindern – eine bei den Griechen allgemeinübliche Praxis – verbot. Er hatte eine Erziehung von fast spartanischer Härte eingeführt; der Vergleich mit Sparta liegt auf der Hand, wenn auch nur implizit. Die Art der Lebensführung, die Moses eingeführt hatte, war zwar etwas unsozial und fremdenfeindlich, doch war das nach der bitteren Erfahrung des Auszugs aus Ägypten verständlich. Hekataios schloß seinen Exkurs, indem er gemäß einem bekannten Schema griechischer Ethnographie anmerkte, die Juden hätten ihre Gebräuche unter dem Einfluß der persischen und makedonischen Herrschaft geändert. Hekataios hatte keine Kenntnis von den Patriarchen und hatte offenbar niemals etwas von Königen Israels gehört. Was an seinem Bericht unter anderem besondere Aufmerksamkeit verdient, ist die Tatsache, daß er wenigstens ein griechisches Zitat aus dem Pentateuch gehört oder gelesen zu haben scheint. Er sagt, daß am Schluß der Gesetze Moses folgende Worte stünden: „Nachdem Moses die Worte Gottes gehört hatte, übermittelte er sie den Juden." Es scheint dies eine Wiedergabe von Deuteronom. 29,1 zu sein. [...]

Ungefähr gleichzeitig, etwa um das Jahr 300 v. Chr., interessierte sich der bedeutende Aristoteles-Schüler Theophrast im Zusammenhang seiner vergleichenden Untersuchungen über Frömmigkeit für jüdische Gebräuche. [...]

Theophrast sprach von den Juden als Philosophen, die nunmehr keine Menschenopfer mehr darbrächten, sondern Brandopfer, dabei fasteten sie und sprächen unaufhörlich von Gott. Außerdem beobachteten die Juden nachts die Sterne, wendeten ihnen ihre Augen zu und riefen sie in ihren Gebeten an.

Die Vorstellung, daß die Juden Philosophen seien, kommt auch in einem Buch des Megasthenes über Indien vor, der etwa im Jahr 292 v. Chr. Botschafter Seleukos' I. in diesem Land war und über das, was er sah, berichtete. Sein Gedanke, daß die Juden unter den Syrern die gleiche Rolle spielten wie die Brahmanen unter den Indern, fand freundliche Aufnahme. Klearchos von Soloi, ein weiterer Aristoteles-Schüler, der Megasthenes gelesen haben muß, ging einen Schritt weiter, indem er die Vermutung äußerte, die Juden seien tatsächlich die Nachfahren der Philosophen Indiens, die er *Kalanoi* nannte. Die *Kalanoi* ihrerseits stammten von den persischen Magiern ab. So war orientalische Weisheit in einem Stammbaum vereinigt, wobei die Juden von den persischen Weisen abstammten. Klearchos schrieb einen Dialog über den Schlaf, in dem er seinen Lehrer Aristoteles als Hauptsprecher auftreten ließ; dieser berichtete von einer offensichtlich fiktiven Unterhaltung mit einem jüdischen Weisen, dem er angeblich irgendwo in Kleinasien begegnet war. Der Jude habe Judäa verlassen – die Hauptstadt dieses Landes trug einen Namen, dessen Aussprache Schwierigkeiten bereitete (man nenne sie Jerusalem) – und sich ans Meer begeben. Er habe viele Völker besucht und sei nicht nur der Sprache nach, sondern auch in seiner Seele ein Grieche. Da er mit so vielen weisen Männern Gespräche geführt habe, sei er in der Lage gewesen, Aristoteles zu belehren. Wir erfahren nicht direkt, auf welches Gebiet seine Weisheit sich erstreckte; aber Hans Lewy hat überzeugend dargelegt, daß diese sich auf Versuche in Hypnose bezog, wie ja schließlich der Titel von Klearchos' Dialog *Über den Schlaf* vermuten läßt. Solche Experimente hatten Bedeutung für das Problem, wie die menschliche Seele beschaffen ist. [...]

Das Bild zeigt Einheitlichkeit und Geschlossenheit: In den ersten dreißig oder vierzig Jahren nach der Vernichtung des Perserreichs entdeckten griechische Philosophen und Historiker die Juden. Sie schilderten sie sowohl in Tatsachenberichten wie auch in Erzählungen als priesterliche Weise, wie man sie im Orient anzutreffen erwartete. Die Schriftsteller, die sich so äußerten, waren bedeutende und verantwortungsbewußte Persönlichkeiten. Sie hatten zweifellos die Absicht, ihre griechischen Leser mit ihren Berichten über jüdische Weisheit zu beeindrucken. Sie waren wahrscheinlich der Meinung, daß sie auch jüdische Leser haben würden. Wir haben aber keine Möglichkeit, den unmittelbaren Eindruck dieser Schriften auf jüdische Leser zu ermessen, weil wir kein sicher um das Jahr 300 v. Chr. zu datierendes Zeugnis besitzen. Wenn es aber stimmt, daß Kohelet (Ekklesiastes) im frühen dritten Jahrhundert v. Chr. geschrieben hat, muß man zugeben, daß zumindest einer der jüdischen „Weisen" nicht bereit war, die ihm von den Griechen zugeschriebene Rolle zu spielen. [...]

Am anderen Ende der sozialen Stufenleiter steht Moschos, Sohn des Moschion, der in einer ganz und gar unwahrscheinlich wirkenden Umgebung, nämlich beim Tempel des Amphiaraos in Böotien aufgetauchte jüdische Sklave. Besorgt wegen seiner Aussichten, freigelassen zu werden, begab er sich für eine Inkubations-Nacht zum Tempel und hatte dort einen Traum. In diesem erschien ihm das Götterpaar Amphiaraos und Hygieia und gab ihm die Weisung niederzuschreiben, was er gesehen hatte und den Inschriftstein beim Altar aufzustellen. Diese Inschrift muß mehr oder minder mit Kohelet gleichzeitig sein, d.h. nicht später als 250 v. Chr. Der erste griechische Jude, wie David Lewis ihn nennt, erweist sich als ein kleines eingeschüchtertes Wesen, das in ein fernes fremdes Land in die Sklaverei verkauft worden war. Er hatte nicht vergessen, daß er ein Jude war, hatte aber die Macht der Götter seiner Besitzer erkannt und ihren Weisungen entsprechend gehandelt. Auch er hatte für die Rolle des Philosophen-Priesters nicht die erforderlichen Voraussetzungen.

Nach Kohelet und Moschos war die Weltgeschichte mit raschen Schritten weitergegangen, und das schon anfänglich halb utopische Bild, das griechische Philosophen von den Juden gezeichnet hatten, erwies sich in Bälde als absurd.

Immer mehr Griechen und Makedonen begaben sich entweder auf königlichen Befehl oder einem eigenen Wunsch folgend nach Palästina; sie gaben der Hellenisierung der Bewohner des Landes natürlich Auftrieb. Griechische Städte entstanden vor allem an der Küste des Mittelmeeres und in der Nähe des Tiberias-Sees. Menipp, ein griechischer „Kohelet", stammte aus Gadara in Transjordanien; man möchte ihn eher als hellenisiert denn als Griechen bezeichnen. Das gleiche gilt für seine jüngeren Landsleute Meleagros, den feinsinnigen Verfasser von Epigrammen, und Philodemos, den Epikureer. Meleagros war sich seiner semitischen Abstammung sehr bewußt. In einer fiktiven Grabinschrift begrüßt er den vorbeiziehenden Wanderer dreisprachig:

„Wenn ein Syrer Du bist, ‚salam', bist Du ein Phönizier, ‚naidios', dem Griechen jedoch ‚chaire'; das Gleiche sag' Du".

Einer von Meleagros' Konkurrenten um die Gunst einer Geliebten war ein Jude, und Meleagros äußerte resigniert: „Sabbattage sind kalt, Eros jedoch brennt auch dann." Es ist dies die idyllische Seite einer Wandlung, die auch sehr viel rauhere Seiten zeigte. Wie aus den historischen Ereignissen des zweiten Jahrhunderts v. Chr. hervorgehen sollte, konnten Juden und Heiden auf dem Boden Palästinas höchst brutal miteinander umgehen.

Im dritten Jahrhundert v. Chr. war das eigentliche Judäa

nur ein kleiner Teil von Palästina; man konnte es etwa mit dem Territorium von Jerusalem gleichsetzen. [...]

Ein Rat von Laien und Priestern unter dem Vorsitz des Hohenpriesters hatte in der Regierung von Jerusalem ein großes Maß an Autonomie, doch muß man annehmen, daß ptolemäische Garnisonen im Land stationiert waren. Die Zenon-Papyri geben uns ein Bild davon, wie etwa um das Jahr 259 v. Chr. die Agenten des Finanzministers Apollonios im Interesse ihres Vorgesetzten tätig waren; eines seiner Landgüter befand sich bei Beit Anat in Galiläa. Aus den selben Papyri erfahren wird, daß die Ptolemäer den wohlbekannten Scheich von Transjordanien, Tobias, dazu ausersahen, den Befehl über die militärischen Siedler in seinem Gebiet zu übernehmen. Tobias war seiner Religion nach Jude, besaß jedoch einen eigenen Tempel auf seinem Grundstück; trotzdem scheint niemand seine Rechtgläubigkeit in Frage gestellt zu haben. Einer seiner Vorfahren war Tobias ‚der ammonitische Sklave', der Nehemia Verdruß bereitete. Einer seiner Söhne, Joseph mit Namen, wurde um das Jahr 230 v. Chr. Obersteuereinzieher in Judäa. Der Hohepriester und sein Rat mußten also mit der Sippe des Tobias rechnen. [...]

Der von der neuen Gesellschaft ausgeübte Druck wurde auch in der Auswanderung von Juden aus Judäa sichtbar. Auch dabei gab es Zwang ebenso wie freie Wahl. Ägypten bot sich für bedürftige Juden von alters her als naheliegendes Auswanderungsland an. Die uns überlieferten Ziffern für diese Auswanderung – 100000 Kriegsgefangene, die von Ptolemaios I. aus Palästina nach Ägypten gebracht wurden und 1000000 zur Zeit Philos in Ägypten lebende Juden – sind beide ziemlich sicher falsch. Juden begaben sich nach Ägypten, um dort die alten Berufe auszuüben, in denen sie etwas leisteten, als Soldaten, Bauern und Schäfer; der Wechsel vom Beruf des Soldaten zu dem des Bauern oder umgekehrt war völlig normal. Die weitgehend zentralisierte Verwaltung gab Juden außerdem die Chance, als Polizisten und Steuereinzieher in den Dienst des Königs zu treten; Ausländer wurden bei der Besetzung solcher Posten vorgezogen. Weniger aufschlußreich sind die Papyri für das Wirtschaftsleben in Alexandria. Wir wissen daher auch weniger über Juden, die als Handwerker, Kauf- und Bankleute in dieser Stadt lebten; sie waren aber vorhanden. Im dritten Buch der Makkabäer (3, 10) steht ein Hinweis auf Griechen, die gegen Ende des dritten Jahrhunderts Geschäftspartner von Juden in Alexandria waren. Ägypten war wahrscheinlich auch Ausgangspunkt für weitere Auswanderung nach Kyrene, Griechenland und Italien. Es gab in der zweiten Hälfte des zweiten Jahrhunderts v. Chr. ansehnliche jüdische Gemeinden in Sikyon, Sparta, Delos, Kos und Rhodos. Im Jahr 139 v. Chr. wurden Juden wegen schädlicher religiöser Propaganda aus Rom ausgewiesen. Das Entstehen einer weit verstreuten Diaspora begünstigte die Priesterklasse in Jerusalem, da sie die Zahl derjenigen vermehrte, die Tribute an den Tempel entrichteten. Pilgerfahrten nach Jerusalem wurden nun zu einem sehr viel feierlicheren und aufwendigeren Ereignis. [...]

Dadurch, daß die jüdische Diaspora des Mittelmeerraumes so schnell griechisch wurde, konnten die dortigen Juden kaum mehr die Thora lesen. In Palästina und in Babylonien war Hebräisch eine literarische Sprache geblieben. Die mündliche Übersetzung der Bibel ins Aramäische war ausreichend, um die Ungebildeten zu unterrichten. In Ägypten wurde die Kenntnis des Hebräischen zu einer Ausnahme, während gleichzeitig alle Reize der griechischen Literatur lockten. Die Thora mußte sowohl für den Gottesdienst als auch für die Privatlektüre in griechischer Sprache zugänglich gemacht werden; das bedeutete, daß eine schriftliche Übersetzung angefertigt werden mußte. Nach der Thora wurde später auch der übrige Teil der Bibel übersetzt. Diese Arbeit dürfte zwei Jahrhunderte in Anspruch genommen haben. Das Buch Esther ist wahrscheinlich erst in den Jahren 78–77 v. Chr. übersetzt worden.

Die Übersetzung muß auch den Proselytismus gefördert

haben, der ganz neue Dimensionen annahm, sobald die Juden sich in der griechischen Sprache ausdrücken konnten. Ich kenne kein hellenistisches Zeugnis, mit dem bewiesen werden könnte, daß ein Heide Jude oder Sympathisant der jüdischen Religion geworden sei, weil er die Bibel gelesen hatte. Aber Philo berichtet, daß viele Heiden – und das heißt, glaube ich, Sympathisanten – am Jahresfest auf der Insel Pharos teilnahmen, bei dem die Übersetzung der Septuaginta gefeiert wurde. Die heiligen Bücher waren für Leute, die Interesse für das Judentum hatten, zugänglich geworden. Es gibt jedoch kein Anzeichen dafür, daß eine nennenswerte Zahl von Heiden die Bibel kennenlernte: Sie waren in schlechtem Griechisch geschrieben. Kein hellenistischer Dichter oder Philosoph zitierte sie, obwohl moderne Gelehrte sich darüber manchmal Illusionen hingegeben haben. Das erste sichere Zitat aus der Bibel bei einem griechischen Philosophen erscheint in der Abhandlung *Über das Erhabene*, die Longinos zugeschrieben und gewöhnlich in das erste Jahrhundert n. Chr. datiert wird (9, 9). Dahinter steht wahrscheinlich die Lehre des Redners Caecilius von Kaleakte, der ein Jude war. Der enge und begrenzte Charakter der Septuaginta macht es unwahrscheinlich, daß sie auf Befehl Ptolemaios' II. übersetzt worden ist; zu sehr geht sie dafür auf die Methode mündlicher Übersetzung in den Synagogen zurück. [...]

Die Septuaginta blieb ein ausschließlich jüdischer Besitz, bis die Christen sie übernahmen. Wir wissen nicht einmal, ob ein Exemplar davon in der großen, von den Ptolemäern gegründeten Bibliothek von Alexandria vorhanden war.

Wir müssen jetzt aus dem bisher Gesagten die Folgerungen ziehen: Um 300 v. Chr. schilderten griechische Intellektuelle griechischen Lesern die Juden als Philosophen, Gesetzgeber und als Weise. Wenige Jahrzehnte danach machten diese angeblichen Philosophen und Gesetzgeber ihre Philosophie und Gesetzgebung in griechischer Sprache bekannt. Die heidnische Welt zeigte dafür kein Interesse. Andere Semiten, der Phönizier Zeno von Kition und Chrysippos von Soloi, kamen nach Athen und ließen sich mühelos als Weisheitslehrer mitten im Zentrum des griechischen Geisteslebens nieder, weil sie den Polytheismus akzeptierten und sich die traditionelle Ausdrucksweise der griechischen Philosophie zu eigen machten. Welch krasser Gegensatz! Das Versagen der Septuaginta, das Interesse der heidnischen Intelligenz des dritten Jahrhunderts v. Chr. zu wecken, bedeutete das Ende vom Mythos des jüdischen Philosophen.

Lassen Sie uns etwas gründlicher überlegen, was die griechische Weigerung, in der Bibel zu lesen, eigentlich bedeutete: Die Griechen erwarteten von den Juden keine Übersetzung ihrer heiligen Bücher, sondern eine Selbstdarstellung nach den gängigen Methoden und mit den Kategorien der Ethnographie. [...]

Für die Juden war es leicht, ebenfalls in dieser Art zu schreiben, weil Hekataios von Abdera bereits ein kleines Muster für das, was man von ihnen erwartete, aufgestellt hatte. Die Juden wurden also gewissermaßen aufgefordert, ihren Mythos in der Form zu verewigen, die die Griechen für ihn erfunden hatten. Einige Juden kamen dem Wunsch nach. Wir wissen, daß ein gewisser Demetrios (den Flavios Josephos törichterweise Demetrios von Phaleron nennt) im späteren dritten Jahrhundert v. Chr. eine biblische Geschichte verfaßte, in der er auch chronologische Untersuchungen anstellte, wie sie damals in Mode waren. [...]

Ein weiterer Historiker, der sehr mysteriöse Malchos oder Kleodemos, dessen jüdische Herkunft fraglich ist, machte die Söhne Abrahams zu Gefährten des Herakles; dieser heiratet die Tochter eines von ihnen. Aristobulos von Paneas allegorisierte die hebräische Tradition in einem Dialog, in dem Ptolemaios VI. (181–145 v. Chr.) Fragen nach der Bibel stellte. Eine solche Einstellung ermöglichte es den Juden, die Behauptung aufzustellen, sie seien dank des höheren Alters ihrer Tradition die Lehrer der Griechen gewesen. Etwa um das Jahr 200 v. Chr. akzeptierte der Biograph Hermippos ohne weiteres die Ansicht, Pythagoras sei ein Schüler der Juden und der Thraker gewesen. Es stand den Juden auch frei, nach achtbaren genealogischen Verbindungen mit den Griechen zu suchen. Ein griechischer oder jüdischer Schriftsteller erfand eine gemeinsame Abstammung der Juden und Spartaner von Abraham. Aus dem zweiten Makkabäer-Buch geht hervor, daß zumindest einige jüdische Kreise diesem Anspruch zustimmten, der in der hellenistischen Welt viele Parallelen hat. Es galt auch als nachgewiesen, daß die Juden zu den Zeiten Abrahams Freunde der Einwohner von Pergamon gewesen waren. Abraham, der weltläufiger und weniger legalistisch war als Moses, wurde denn auch wirklich die beliebte Hauptperson in solchen Erfindungen.

Peter Schäfer
Makkabäer und Hasmonäer

Als Alexander der Große 323 v. Chr. auf dem Höhepunkt seiner militärischen Erfolge in Babylon starb, begann zwischen seinen Generälen der Machtkampf um sein Erbe. [...]

Palästina, das in seiner exponierten Lage von alters her zwischen den beiden großen Kulturzentren im Norden (Syrien-Mesopotamien) und im Süden (Ägypten) umkämpft war, geriet in den Mittelpunkt rivalisierender Interessen. Die Nachfolger Alexanders – im Norden die Seleukiden, im Süden die Ptolemäer – zeigten sich an Palästina (und hier wieder vor allem an den Küstenstädten, deren Besitz die Kontrolle der wichtigsten Handelswege garantierte) ebenso interessiert wie in biblischer Zeit die babylonischen Könige und die Pharaonen. Für die ersten einhundert Jahre setzten sich die Ptolemäer in Ägypten durch und brachten Palästina eine Zeit relativen Friedens und wirtschaftlichen Aufschwungs.

Auf jüdischer Seite scheint insbesondere die Familie des jüdischen Lokalfürsten Tobias, die ursprünglich im Ostjordanland beheimatet war, die neuen wirtschaftlichen Möglichkeiten genutzt zu haben (überhaupt ist es wohl so, daß vor allem die Oberschicht an den neuen Segnungen partizipierte, während die arme Landbevölkerung eher intensiver ausgebeutet wurde als vorher). [...]

Politisch noch erfolgreicher war der Sohn des Tobias, Josef, gleichzeitig ein Neffe des amtierenden Hohenpriesters Onias II. Er verschaffte sich beim König in Ägypten, indem er schlicht die doppelte Steuersumme versprach, das Amt des „Generalsteuerpächters" für die ganze Provinz, sowie, zur wirksamen Unterstützung dieser Aufgabe, das Kommando über 2000 Soldaten. Dieses Amt übte er 22 Jahre lang aus und verstand es, die ihm zur Verfügung stehenden Machtmittel zur Ausbeutung des Volkes radikal einzusetzen.

Nach ungefähr einhundert Jahren, genau im Jahre 200 v. Chr., ging die ptolemäische Oberhoheit in Palästina zu Ende und wurde durch die Herrschaft der mit den Ptolemäern konkurrierenden Seleukiden abgelöst. Die Juden scheinen sich den neuen Herren, von denen sie sich – wie immer bei einem Herrschaftswechsel – eine entscheidende Verbesserung ihrer Verhältnisse erhofften, willig unterworfen zu haben. Der neue König machte ihnen zunächst auch einige wichtige Zugeständnisse, so u. a. Steuererleichterungen und vor allem die Erlaubnis, „nach den Gesetzen ihrer Väter zu leben", wie es in einem bei Flavius Josephus überlieferten Erlaß ausdrücklich heißt. [...]

Die Geschicke Judäas unter den Seleukiden sind weitgehend von einem Machtkampf zwischen den beiden rivalisierenden Familien der hohepriesterlichen Dynastie der Oniaden (die offiziell an der Spitze der jüdischen Provinz stand) und der Tobiaden (nach dem erwähnten Tobias, dem Ahnherrn dieser Familie) bestimmt. Beide hatten die Zeichen der Zeit erkannt und den politischen Kurswechsel zu den Seleukiden rechtzeitig vollzogen – die Tobiaden zunächst zwar etwas zögernder als der Hohepriester; dafür stellten sie sich aber bald um so kompromißloser auf die Seite der neuen Herren und profilierten sich zunehmend als eine Art griechenfreundliche „Hellenistenpartei“ im Unterschied und Gegensatz zum eher konservativen und torahtreuen Hohenpriester. Der innere Machtkampf spitzte sich zu, als im Jahre 175 v. Chr. Antiochos IV. Epiphanes den seleukidischen Thron bestieg. Die Tobiaden nutzten die Wirren des Thronwechsels und versprachen dem neuen König eine Erhöhung der steuerlichen Abgaben, wenn er Jason, den ihnen genehmeren Bruder des Hohenpriesters Onias III., zum Hohenpriester ernenne. Antiochos IV., dessen Stellung noch nicht völlig gefestigt war, ging auf diese Bitte ein, zumal die Vergabe von Ämtern nach finanziellen Gesichtspunkten für ihn sicher ein normaler Vorgang war. [...]

Für die gesetzestreuen Juden – und damit wohl für die Mehrheit der Bevölkerung – war die Ernennung Jasons zu Lebzeiten eines rechtsgültig amtierenden Hohenpriesters ein gewaltsamer staatlicher Eingriff in die Autonomie des jüdischen Stadtstaates.

Mit Jason war nicht nur ein Vertreter der Tobiaden, sondern – dies bedingt sich gegenseitig – einer der Führer der sogenannten hellenistischen Reformpartei in Jerusalem an die Macht gekommen. Hauptziel der Reform, die primär von der herrschenden Schicht in Jerusalem ausging und von der Mehrheit der (größtenteils armen) Bevölkerung nicht getragen wurde, war eine Verfassungsreform im Sinne einer hellenistischen Polis, also eines Stadtstaates nach griechischem Vorbild. Antiochos IV. genehmigte die Umwandlung Jerusalems in eine Polis mit allen Konsequenzen, zu denen vor allem die Errichtung eines Gymnasiums gehörte. Dieses Gymnasium wurde in der Nähe des Tempels gebaut, und sogar die Priester sollen es vorgezogen haben, statt den Altardienst zu versehen, sich an den dort stattfindenden Wettspielen zu beteiligen. Daß diese Kampfspiele nach griechischer Sitte nackt ausgetragen wurden und manche Jünglinge sich daher sogar zum Epispasmos, der operativen Wiederherstellung der Vorhaut, verstiegen, wird die Empörung gesetzestreuer Kreise ebenso gesteigert haben wie die Tatsache, daß der Sportbetrieb auch in Jerusalem kaum vom Kult des Herakles und Hermes, der Schutzgötter des Gymnasiums, zu trennen war. [...]

Die Ereignisse spitzten sich weiter zu, als es der Tobiadenpartei gelang, den ihnen noch zu gemäßigten Jason zu stürzen und beim König einen neuen Hohenpriester durchzusetzen. Dieser neue Hohepriester, Menelaos, war mit der Hohepriesterdynastie nicht einmal verwandt. Damit wurde nicht nur, wie im Falle Jasons, die interne Erbfolge im Hohenpriesteramt durchbrochen (Jason war immerhin noch ein Bruder des rechtmäßigen Hohenpriesters), sondern es kam erstmals ein völliger Außenseiter an die Macht – in den Augen der Frommen ein unerhörter Frevel.

Der Machtkampf zwischen den beiden Rivalen Jason und Menelaos und ein Aufstand in der Bevölkerung Jerusalems veranlaßten den König, persönlich in Jerusalem einzugreifen. Er eroberte Jerusalem und plünderte den Tempel, wobei ihm der von ihm gestützte Hohepriester Menelaos persönlich assistierte. Zwei Jahre später ließ er die Mauern Jerusalems schleifen und im Zentrum der Stadt eine Zwingburg mit einer ständigen nichtjüdischen Besatzung errichten, „gottloses Volk, gesetzlose Männer", wie das 1. Makkabäerbuch sie nennt. [...]

Die letzte und entscheidende Phase der Hellenisierungsbestrebungen und damit der Höhepunkt der Entwicklung war erreicht, als der König seine berühmt-berüchtigten Dekrete gegen die freie Ausübung der jüdischen Religion erließ (1 Makk 1,44–50): „Hierauf sandte der König durch Boten Briefe nach Jerusalem und den Städten Judäas: Sie sollten sich fortan nach den Gebräuchen richten, die dem Land fremd waren, die Brandopfer ... und Trankopfer im Heiligtum abstellen, die Sabbate und Feste entweihen, das Heiligtum und die Heiligen verunreinigen, Opferhöhlen, heilige Haine und Götzentempel errichten, Schweine und unreine Tiere opfern, ihre Söhne unbeschnitten lassen und sich durch allerlei Unreines und Greuliches beflecken, so daß sie das Gesetz vergäßen und alle Ordnungen (Gottes) abschafften. Und wer dem Gebot des Königs nicht Folge leisten würde, der sollte sterben."

Auf dem großen Brandopferaltar im Jerusalemer Tempel wurde ein heidnischer Altar errichtet und der Tempel insgesamt dem höchsten griechischen Gott, dem Zeus Olympios, geweiht. Das 1. Makkabäerbuch überliefert sogar das Datum dieses einschneidenden Ereignisses: der 15. Kislev des Jahres 145 der seleukidischen Ära, das entspricht genau dem 6. Dezember 167 v. Chr.

Die Frage, wie es zu dieser Eskalation der Ereignisse kam, ist bis heute umstritten. Schon die antiken Historiker waren sich nicht einig. Während der König von den heidnischen Schriftstellern als Kulturträger und Kämpfer gegen die abergläubische Barbarei der Juden verherrlicht wird, gilt er den jüdischen Geschichtsschreibern als Personifikation des Bösen und religiöser Hybris schlechthin: „Reden führt er wider den Allerhöchsten, dessen Heilige reibt er auf. Zu ändern trachtet er Fristen und Satzung. Sie sind gegeben in seine Gewalt bis auf eine Zeit, zwei Zeiten und eine halbe Zeit. Das Gericht nimmt Platz, beseitigt wird seine Macht; sie sei bis zum Ende zerstört und vernichtet" – so urteilt das biblische Danielbuch (7,25f.) über ihn. Auch in der modernen Geschichtsschreibung stehen sich zwei Meinungen gegenüber. Für die einen ging die Verfolgung ausschließlich von den Syrern aus, und diese Verfolgung war eine *Religions*verfolgung im strengen Sinne des Wortes, mit dem erklärten Ziel, die jüdische Religion auszurotten. Die anderen sehen die Verfolgung eher als Konsequenz eines primär *innerjüdischen* Vorgangs, als direktes und nahezu zwangsläufiges Ergebnis des von bestimmten jüdischen Kreisen, also *innerhalb* des Judentums, eingeleiteten Prozesses der Hellenisierung.

Die Wahrheit liegt, wie häufig bei ganz entgegengesetzten Anschauungen, eher in der Mitte. Antiochos IV. war sicher nicht einfach ein barbarischer und primitiver Verfolger der jüdischen Religion – dafür gehören in der Antike Religion und Staat viel zu eng zusammen –, der König war aber auch ebensowenig nur ein Werkzeug der extremen Hellenisten in Jerusalem, gewissermaßen ein Akteur ohne die genaue Kenntnis der Spielregeln. Man darf auch nicht die außenpolitische Konstellation vergessen, in der Antiochos als hellenistischer Potentat agierte. Inzwischen hatten nämlich die Römer begonnen, sich als neue Großmacht im Nahen Osten zu etablieren und auch Antiochos schon deutlich in seine Grenzen gewiesen. Es lag also nahe, daß der König versuchte, den ihm verbleibenden Spielraum auszunutzen und seine Autorität und seine Vorstellung von einem hellenistischen Staat rigoros durchzusetzen. Die Hellenistenpartei in Jerusalem kam ihm dabei zweifellos entgegen, so daß die Initiative zwar beim König lag, es aber niemals zu einer solchen Eskalation hätte kommen können, wenn die jüdische Oberschicht den König nicht aktiv unterstützt hätte.

Die Edikte des Antiochos führten zu einer unerträglichen Polarisierung innerhalb des Judentums. Einer relativ kleinen, aber politisch tonangebenden Minderheit von „Hellenisten" stand die torahtreue Mehrheit des Volkes gegenüber, die am ererbten „Gesetz der Väter" (im religiösen wie politischen Sinne) festhalten wollte. Dieser Gegensatz ist unbedingt auch sozial zu sehen, denn die Hellenisten rekrutierten sich überwiegend aus der wirtschaftlich dominierenden Oberschicht, die torahtreuen „Frommen" dagegen aus der ärmeren Bevölkerung. Die Polarisierung führte zur Explosion, als eine Gruppe von „Frommen" (hebräisch *Chasidim*) um den Priester Mattathias und seine fünf Söhne vom passiven zum aktiven Widerstand gegen die Seleukiden nach außen und die Hellenistenpartei im Inneren überging. Dieser Widerstand, zunächst ein Guerillakrieg, dann ein offener Aufstand mit beträchtlichem militärischem Potential auf beiden Seiten, ging als „makkabäische Erhebung" in die Geschichte ein („Makkabi", der Hammer, war der Beiname des ältesten Sohnes Judas; nach ihm wurde die ganze Familie benannt). [...]

Schon am 14. Dezember 164 v. Chr. (auch dieses Datum ist überliefert) konnte Judas den legitimen Tempelkult wiederherstellen; das Fest der Tempelweihe lebt als Chanukka-Fest bis heute im Judentum fort. Jonathan, der Bruder des Judas, wurde ungefähr zehn Jahre später Hoherpriester, und nach weiteren zehn Jahren gelang Simon, dem dritten Sohn des Mattathias, die Eroberung der Jerusalemer Zwingburg, des letzten syrischen Bollwerkes in Judäa. Das 1. Makkabäerbuch feiert Simon in fast messianischen Tönen als Erretter des Volkes und Friedensfürst. Höhepunkt dieser Entwicklung war der Beschluß der Jerusalemer Volksversammlung vom Jahre 140 v. Chr., die Makkabäerfamilie formell zu legitimieren und Simon die Ämter des Fürsten, des Hohenpriesters und des Heerführers als erbliche Würde zu verleihen.

Spätestens zu diesem Zeitpunkt wird das Dilemma deutlich, in dem sich die makkabäische Bewegung befand. Angetreten als eine Gruppe von gesetzestreuen „Frommen", die gegen den wachsenden Einfluß des Hellenismus kämpfte, entfernte sie sich um so weiter von den ursprünglichen Zielen, je mehr Eigendynamik sie entwickelte, je aktiver sie politisch wurde (die Makkabäer unternahmen immer ausgedehntere Eroberungszüge über das judäische Kernland hinaus und knüpften außenpolitisch Beziehungen zu Rom und zu Sparta) und vor allem, je mehr sich der dynastische Gedanke durchsetzte. Schon unter Jonathan hat sich wahrscheinlich die extreme Sekte von Qumran, die durch ihre erst in diesem Jahrhundert wiederentdeckten Schriftrollen berühmt geworden ist, in die Wüste zurückgezogen, weil sie die Ziele der Makkabäer nicht mehr billigte. In der zweiten Generation regierte der Sohn Simons, Johannes Hyrkan, bereits wie ein hellenistischer Potentat; er tat also genau das, wogegen seine Väter gekämpft hatten. [...]

Konsequenterweise forderte die aus der alten Partei der „Frommen“ hervorgegangene Richtung der Pharisäer von Johannes Hyrkan den Verzicht auf das Hohepriesteramt und die Beschränkung auf die staatliche Gewalt. Hyrkan weigerte sich, brach mit den Pharisäern und wandte sich der alten staatstragenden Partei der Sadduzäer zu, des vermögenden Priesteradels, der infolge seiner wirtschaftlichen Interessen eher zu religiösen Kompromissen bereit war und diese Bereitschaft schon vor der makkabäischen Erhebung unter den Hellenisten unter Beweis gestellt hatte.

Der Gegensatz zwischen der regierenden Dynastie der Makkabäer (man nennt sie dann später auch Hasmonäer), die die ursprünglichen Ideale der makkabäischen Bewegung mehr und mehr in ihr Gegenteil verkehrte, und der stark im Volk verwurzelten „Partei“ der Pharisäer wurde ein maßgebender Faktor in der weiteren Geschichte. Aristobul I., der Sohn Johannes Hyrkans, nahm offiziell den Königstitel an; sein Bruder und Nachfolger Alexander Jannai ist der erste Hasmonäer, der mit Sicherheit eigene Münzen prägte und darauf seinen Königstitel verwendete. Da die pharisäischen „Frommen“ nicht länger bereit waren, die „hellenistische Tyrannis“ des Hasmonäerfürsten zu dulden, kam es zur offenen Rebellion und einem sechs Jahre dauernden Bürgerkrieg. Alexander Jannai konnte den Aufstand nur durch ein brutales Schreckensregiment unterdrücken, das ihm in der zeitgenössischen Literatur den Titel „Zorneslöwe“ eintrug und zahlreiche innenpolitische Gegner veranlaßte, das Land für den Rest seiner Regierungszeit zu verlassen. Doch schon seine Witwe und Nachfolgerin Salome Alexandra war klug genug, den Ausgleich mit den Pharisäern zu suchen. Sie vollzog eine völlige Kehrtwendung in der Innenpolitik und räumte den Pharisäern – vor allem auf Kosten der Sadduzäer – so weitgehende Rechte ein, daß diese zur einflußreichsten Partei im Staate wurden.

Inzwischen lag jedoch die Initiative im Machtkampf der verschiedenen Parteien in Jerusalem nicht mehr ausschließlich bei den unmittelbar Betroffenen. Die Römer waren unter Pompejus bis nahe an die Grenze des jüdischen Staates vorgedrungen und besiegelten im Jahr 64 v. Chr. das Schicksal des seleukidischen Reiches. Als sich nach dem Tode der Salome Alexandra deren Söhne Aristobul und Hyrkan sowie die Pharisäer um die Herrschaft stritten, griff Pompejus ein und eroberte im Jahre 63 v. Chr. Jerusalem. Er ordnete den jüdischen Staat völlig neu, indem er alle Gebiete außerhalb des judäischen Kernlandes der neugegründeten römischen Provinz Syrien unterstellte und nur über den verbliebenen Reststaat, der zudem den Römern zinspflichtig wurde, Hyrkan (II.) als Hohenpriester ohne Königstitel einsetzte. Damit war die von den Makkabäern gegenüber den Seleukiden errungene Selbständigkeit des jüdischen Volkes nach weniger als einhundert Jahren der Großmacht Rom zum Opfer gefallen.

Menahem Stern

Der Große Aufstand (66–70)

Ursachen und Charakter des Großen Aufstandes

Der heftige Zusammenstoß zwischen den Juden und dem Römischen Reich am Ende der zweiten Tempelperiode war die Folge einer Anhäufung verschiedenartiger Faktoren, teils konkreter Mißstände, teils Imponderabilien. Auf ideologischem Gebiet bestand ein heftiger Konflikt zwischen der jüdischen Vorstellung von Israel als dem Auserwählten Volk mit einer glorreichen politischen und geistigen Zukunft und der Realität des allmächtigen Römischen Imperiums, in den Judäa lediglich eine von vielen unterworfenen Provinzen war. Angesichts dieses Gegensatzes suchten die Juden Trost in messianischen Hoffnungen und in der Erwartung einer

Erlösung durch himmlische Kräfte, die dem jüdischen Volk als dem Erben des Römischen Reiches ewigwährende Souveränität schenken werde. [...]

Die Ideologie des Messianismus und der Auserwähltheit des jüdischen Volkes hatte in gewissen Kreisen bereits seit Beginn der Römerherrschaft einen eindeutig militanten Beiklang gehabt. Diese Leute betrachteten die Verpflichtung zum Kampf gegen Rom als ausdrückliches Gebot, das auch die Unschlüssigen zwingen sollte, zu den Waffen zu greifen, denn für die Juden gebe es keinen anderen Herrn als Gott. [...]

Die römische Oberaufsicht über den Tempel und den Tempeldienst sowie die hohen Steuern und Abgaben, die für die Bevölkerung eine schwere Belastung darstellten, waren für die breite Masse Grund genug, die fremden Herren zu hassen. Am meisten erregte jedoch die römische Unterstützung des nichtjüdischen, griechisch-syrischen Bevölkerungsteils den Zorn der palästinischen Juden. [...]

Die Zwistigkeiten zwischen Heiden und Juden in Caesarea waren ein Vorgang von historischer Bedeutung, und es ist sicherlich kein Zufall, daß sie zu den wichtigsten Auslösefaktoren des Großen Aufstandes zählten. Die Spannungen zwischen den hellenistischen Städten und den Juden gewannen in den letzten Dekaden vor der Revolte zunehmend an Gewicht, bedingt durch den Aufstieg griechischer und hellenisierter Gruppen innerhalb der römischen Verwaltungshierarchie unter Claudius und Nero. Eine Folge davon war, daß zu Prokuratoren in Judäa Provinzbewohner aus dem hellenistischen Orient bestellt wurden, die begreiflicherweise mit den hellenisierten Städten sympathisierten. Nicht zufällig war Florus, der letzte und schlimmste Prokurator, ein Grieche aus Kleinasien. [...]

Die Erhebung der palästinischen Juden gegen die Römerherrschaft wies zugleich Züge einer sozialen Revolution auf. Die unteren Klassen in den großen Städten, meist landlose Schuldner und Flüchtlinge aus den Grenzbezirken, wurden zum Sauerteig, der zu Beginn des Aufstandes die allgemeine Gärung auslöste. Der soziale Aspekt der Revolution war besonders ausgeprägt in jenen Extremistengruppen, aus denen messianische Anführer wie Menahem der Galiläer und Simeon bar Giora hervorgingen. Für sie war der Aufstand nicht nur ein Kampf gegen Rom, sondern auch ein Angriff auf den Status der judäischen Oberschichten, die so lange mit den römischen Herren kollaboriert hatten. Zunächst gingen die Extremisten gegen die gesellschaftlichen Verhältnisse vor; sie verbrannten die städtischen Archive in Jerusalem, um die Schuldunterlagen zu vernichten, und eröffneten eine Terrorkampagne gegen die Hauptrepräsentanten der oberen Klassen. Diese hatten mit einer Revolte nicht viel im Sinn, und manche gaben sich zumindest in den ersten Phasen des Aufstandes alle Mühe, die in Bewegung geratenen Massen aufzuhalten. Viele hochgestellte Juden hatten berechtigtes Interesse an der römischen Obrigkeit; andere, vielleicht sogar die meisten Angehörigen der höheren Schichten waren bitter enttäuscht von der Amtsführung des Florus, der den wohlhabenden Juden Caesareas großes Unrecht zugefügt hatte und, im Unterschied zu seinen Vorgängern, der Priesteroligarchie von Jerusalem enge Schranken zog. Nach dem Sieg der Aufständischen über den syrischen Statthalter ließen sich auch die Mitglieder der jüdischen Oberschicht von der allgemeinen Begeisterung mitreißen. [...]

Hatten die Aufständischen auf militärischen Beistand seitens anderer Feinde Roms gehofft, so sahen sie sich schwer enttäuscht. Gewiß, unter Nero waren die Römer im Osten in eine langwierige und ungewisse kriegerische Auseinandersetzung mit den Partherreich verwickelt, bei der es um die Vorherrschaft in Armenien ging, und einmal wurden ihre Legionen sogar von den Parthern besiegt. Aber kurz vor dem Ausbruch des jüdischen Aufstandes beendeten beide Parteien ihren Streit und schlossen Frieden. [...]

Die unmittelbare Ursache des Großen Aufstandes lag, wie bereits dargelegt, unter anderem in den ständig gespannten Beziehungen zwischen Juden und Nichtjuden in Caesarea und in der gewohnheitsmäßigen Mißachtung jüdischer Empfindlichkeiten durch den Prokurator Florus. Als die nichtjüdischen Einwohner von Caesarea vor dem kaiserlichen Gerichtshof in Rom einen Prozeß in Sachen Bürgerrechte gegen die Juden gewannen, traten die griechischen Syrer immer selbstbewußter auf. Sie sagten den Juden offen den Kampf an, die nun die Stadt in hellen Scharen verließen und sich ins nahegelegene Narbata zurückzogen. Die Kunde von den Ereignissen in Caesarea löste in Jerusalem heftige Empörung aus, und als dann auch noch Florus Geld aus dem Tempelschatz entnahm, kam es zu Kämpfen zwischen den jüdischen Massen und römischen Truppeneinheiten. Florus gestattete seinen Leuten, den „oberen Markt" zu plündern, und viele Juden fanden den Tod (im Jahre 66). Als aus Caesarea zwei weitere Kohorten eintrafen, wiederholte sich das Blutvergießen. Die Juden blockierten die Verbindungen zwischen dem Tempelberg und der Antonia-Festung, in der die römische Garnison stationiert war. Florus verließ die Stadt. [...]

Gemäß dem Vorschlag von Eleasar ben Hananja wurde beschlossen, fortan keine Opfer mehr zum Wohle des römischen Volkes und Kaisers darzubringen. Aus dem Konflikt der Gemäßigten und Extremisten gingen die letzteren als Sieger hervor, und die römische Garnison in Jerusalem wurde vernichtet. [...]

Cestius Gallus, der Legat in Syrien, zog in Akko eine große Streitmacht aus Legionären und Hilfseinheiten zusammen und marschierte 66 gegen Jerusalem. Die römischen Truppen erreichten die Außenbezirke der Stadt, doch angesichts des erbitterten Widerstands der Insurgenten fühlte sich Gallus nicht stark genug, die Stadt mit Gewalt zu nehmen, und befahl den Rückzug. Der Rückzug verwandelte sich in eine wilde Flucht des römischen Heeres, das bei Bet-Horon im Nordwesten Jerusalems von den Aufständischen angegriffen wurde.

Die politischen Folgen dieses Ereignisses waren gewaltig. Viele Juden, die bislang gezögert hatten, sich den Rebellen anzuschließen, faßten jetzt neuen Mut. Die Woge der nationalen Erregung erfaßte nun auch einen großen Teil der Priesterschaft und der jüdischen Oberschicht. Eine zeitweilige Regierung, der das gesamte jüdische Palästina unterstellt war, wurde unter einer einheitlichen Führung gebildet. Das Land wurde in verschiedene Militärdistrikte eingeteilt; in Galiläa übernahm Josef ben Mattatias den Oberbefehl. Außerhalb der jüdischen Landesteile hatten die Aufständischen allerdings nur wenig Erfolg. Ihr Versuch, die Stadt Aschkelon gewaltsam einzunehmen, schlug trotz aller Anstrengungen fehl.

Der Kampf gegen die Legionen des Vespasian

Nero konnte nun der jüdischen Revolte nicht mehr gleichmütig zuschauen. Die Insurgenten waren eine Gefahr für die römische Herrschaft in Judäa, jener Provinz, die Syrien mit Ägypten verband und das Herzstück eines der wichtigsten Gebiete des Reiches darstellte. Die Niederlage des syrischen Statthalters machte die Entsendung zusätzlicher Legionen notwendig. Das Kommando wurde Vespasian übertragen, einem der erfahrensten Generäle des Imperiums. An der Spitze einer 60 000 Mann starken Armee marschierte Vespasian in Galiläa ein. [...]

Nach der Besetzung von Jotapata und Westgaliläa hatten die Römer freie Hand für militärische Operationen gegen Ostgaliläa und die entlegeneren Gebiete des Landes. Als vorrangig erschien ihnen ein Angriff auf die jüdischen Truppen in Jaffa, welche die römischen Seewege längs der palästinischen und phönizischen Küste bedrohten und die Verbindungen mit Ägypten störten. Eine römische Einheit eroberte Jaffa, und die jüdische Flotte wurde in einer Seeschlacht vor der Stadt vernichtet. [...]

Nach der Überwindung des jüdischen Widerstands auf dem Berg Tabor und in Gischala in Obergaliläa war der galiläische Feldzug praktisch abgeschlossen (im Jahre 67), und die Römer konnten nunmehr ihre gesamte Armee gegen Jerusalem führen.

Vespasian wußte, daß sich in Jerusalem Scharen von tapferen Männern eingefunden hatten, die bereit waren, ihr Leben für ihre Stadt und den Tempel hinzugeben, und daß die Befestigungsanlagen der Stadt ungewöhnlich stark waren. Er zögerte deshalb, zum Angriff überzugehen, bevor er die letzten Inseln des jüdischen Widerstands im übrigen Palästina beseitigt hatte. Dabei sollte man doch meinen, die Situation in der Stadt sei für die Römer günstig gewesen und hätte einen Sturmangriff angezeigt erscheinen lassen, denn Niederlagen auf dem Schlachtfeld und das zweideutige Verhalten von Josef ben Mattatias hatten der jüdischen Führung einen schweren Schlag versetzt. Die Jerusalemer Zeloten wollten das Kommando übernehmen und Hanan ben Hanan, Josua ben Gamla und die anderen Anführer ausschalten. Im Verlauf eines bewaffneten Zusammenstoßes zwischen den Zeloten und ihren Widersachern wurden die Zeloten von diesen auf dem Tempelberg eingeschlossen und belagert. Erst mit Unterstützung einer mehrtausendköpfigen Streitmacht aus Idumäa, die den Zeloten zu Hilfe kam, konnte der Belagerungszustand beendet werden, und die Zeloten, denen sich Johannes von Gischala angeschlossen hatte, rissen die Macht in der Stadt an sich. Die gegnerischen Anführer, darunter die ehemaligen Hohenpriester Hanan ben Hanan und Josua ben Gamla wurden hingerichtet.

Unterdessen hatten die Römer mehr oder weniger das ganze Land besetzt, einschließlich des jüdischen Transjordaniens. Nur die Festung Machairos im Süden gab ihren Widerstand noch nicht auf. Mit dem Hauptteil des römischen

Heeres eroberte Vespasian selber die Toparchien von Lydda, Emmaus und Timna. In Jericho stieß er auf die Truppeneinheit, die Transjordanien überwunden hatte. Wegen der ungewissen Lage im römischen Imperium nach Neros Tod (9. Juni 68) verschob Vespasian seine militärische Aktion gegen Jerusalem. Anfang Juli 69 wurde er von den im Osten stehenden Legionen zum Kaiser ausgerufen, doch erst nach seinem endgültigen Sieg über seinen Rivalen Vitellius im Dezember desselben Jahres entschied sich, daß er der Herrscher des Römischen Reiches sein würde. Und erst im Frühjahr 70 war Titus, der älteste Sohn des Kaisers, in der Lage, den Oberbefehl im Feldzug gegen Jerusalem zu übernehmen.

Die Eroberung von Jerusalem und das Ende des Aufstandes

Die Verteidiger Jerusalems nutzten den Aufschub nicht zum Zusammenschluß unter einer einheitlichen Führung und zur Verbesserung ihrer militärischen Lage. Die drei Rebellenführer – Johannes von Gischala, Eleasar ben Simeon, das priesterliche Oberhaupt der Jerusalemer Zeloten, und Simeon bar Giora, der Anführer der gesamten palästinischen Unterschicht, der sich einen Zugang nach Jerusalem erzwungen und sich in der Oberstadt festgesetzt hatte – blieben hoffnungslos in ihre Zwistigkeiten verstrickt. Sie waren nicht nur unfähig, sich vor der Belagerung auf einen gemeinsamen Verteidigungsplan zu einigen, sondern bekämpften einander auch weiterhin, wodurch sie – zum Vorteil der Römer – die militärische Stärke der Juden untergruben.

Dem Kommando des Titus unterstanden jetzt die Legionen, mit denen sein Vater Galiläa erobert hatte, und weitere Verstärkungen. Im Frühjahr 70 schlugen die Römer in der Nähe von Jerusalem ihr Lager auf; die Belagerung dauerte bis zum Ende des Sommers im selben Jahr. In diesen fünf Monaten setzte Titus seine militärische Überlegenheit ein, um den Widerstand der Juden zu brechen. Der Angriff begann, wie gewöhnlich, mit einer Einkreisung der Stadt von

Norden her. Zuerst wurde die dritte Mauer überwunden, einige Tage darauf die zweite. Jetzt eröffneten die Römer die Belagerung der Antonia-Festung, die Johannes von Gischala verteidigte, und der Oberstadt, wo Simeon bar Giora das Kommando führte. Die Legionäre begannen mit der Errichtung von Feldschanzen, doch waren diese kaum fertig, als sie bei einem jüdischen Gegenangriff völlig zerstört wurden. Daraufhin beschloß Titus, die Stadt mit einer Mauer zu umgeben, die in kürzester Zeit fertig war und die noch verbliebenen Nachschubwege abschnitt, was in der belagerten Stadt eine furchtbare Hungersnot zur Folge hatte. Alle Kräfte der Römer konzentrierten sich nun auf die Festung Antonia, die im Frühsommer eingenommen und geschleift wurde. Durch ihre Eroberung war der Weg frei für einen Angriff auf den Tempelberg; zu Beginn des Monats Ab gelang es den Römern, den nachhaltigen Widerstand der jüdischen Verteidiger endgültig zu brechen. Auf Befehl des römischen Feldherrn wurde der Tempel niedergebrannt. Damit sollte die Keimzelle aller Unruhen beseitigt und verhindert werden, daß der Tempel noch einmal zum Ausgangspunkt von Rebellionen würde. Diese Zerstörung raubte den Juden die letzten Siegeshoffnungen. Die noch überlebenden Verteidiger flohen in die Oberstadt, die den Römern am achten Tag des Elul ebenfalls in die Hände fiel.

Mit der vollständigen Besetzung Jerusalems war der große Krieg zwischen Juden und Römern praktisch beendet. Nur wenige Festungen leisteten noch Widerstand: Machairos am Ostufer des Toten Meeres und Masada auf der westlichen Seite. Masada wurde von den letzten Sicarii unter Eleasar ben Jaïr bis zum Jahre 73 (oder sogar 74) gehalten. Das heroische Sterben der Verteidiger von Masada, die bis zum Schluß ihren hohen Prinzipien treu blieben und den Tod von eigener Hand der Gefangenschaft vorzogen, war ein würdiger Epilog des Großen Aufstandes.

3. Die Zeit der Rabbinen

Shmuel Safrai
Die Juden im Land Israel von 70 bis 220

Die Erholung des Landes nach der Zerstörung

Der Große Aufstand, der länger als vier Jahre dauerte und alle Teile des Landes erfaßte, die verschiedenen Belagerungen, die Eroberung Jerusalems und die Zerstörung des Tempels – all dies war ein schwerer Schlag für das jüdische Volk und für die Städte und Dörfer des Landes Israel. Tausende verloren ihr Leben in den Kämpfen, und viele Städte wurden niedergebrannt oder geschleift, entweder noch während des Krieges oder bei Rache- oder Einschüchterungsaktionen. Am stärksten war die Landwirtschaft betroffen. Die Obstplantagen an den Hängen und in den Ebenen lagen verwüstet da. Vielerorts wurden römische Soldaten mit dem ausdrücklichen Befehl ausgeschickt, die Obstbäume zu fällen. [...]

Die demographische und wirtschaftliche Ausblutung der Bevölkerung hielt jedoch nicht lange an; die jüdischen Bewohner des Landes Israel blieben von der totalen Vernichtung verschont. Schon ein Menschenalter nach der Zerstörung konnten sie wieder einen großen Krieg führen, und am Ende des 1. Jahrhunderts hatte sich das Volk zahlenmäßig und wirtschaftlich in erstaunlichem Maße erholt.

Viele von denen, die im Krieg in Gefangenschaft gerieten, wurden in Israel und in den Städten der Diaspora, in die man sie als Sklaven verkauft hatte, von ihren Glaubensbrüdern freigekauft. Andere erlangten auf anderem Wege ihre

Freiheit wieder. Viele ehemalige Gefangene ließen sich an den Orten ihrer Verbannung nieder, aber viele andere kehrten auch in die Heimat zurück. Selbst die Städte, die von Vespasian und Titus erobert und nachweislich dem Erdboden gleichgemacht worden waren, gingen nicht völlig unter. [...]

Doch trotz dieser erstaunlichen Genesungskraft befand sich das Volk in einer schwierigen politischen und sozialen Lage. Nicht weniger ernst war die geistige Depression infolge der Besetzung des Landes, der Eroberung Jerusalems und der Zerstörung des Tempels. [...]

Rabban Johanan ben Zakkai

Der Wiederaufbau des jüdischen Gemeinschaftslebens in Palästina nach der Zerstörung ist verbunden mit der Person von Rabban Johanan ben Zakkai. Er war einer der führenden Weisen Jerusalems vor der Zerstörung, einer der höchsten Pharisäer und der Sprecher der Sekte in den Disputen und Auseinandersetzungen mit den Sadduzäern, überdies Stellvertreter von Rabban Simeon ben Gamaliel, dem Oberhaupt des Sanhedrins und der Regierung, die nach der Vertreibung des Cestius Gallus in Jerusalem gebildet wurde. [...]

Rabban Johanan ben Zakkai war während der Belagerung in Jerusalem, verließ die Stadt jedoch vor ihrer Eroberung. Da die Zeloten jedes Entweichen zu verhindern suchten, bedienten sich die Schüler einer List und schmuggelten ihn in einem Sarg hinaus. [...]

Nach älteren palästinischen Zeugnissen geriet Rabban Johanan offenbar zunächst in Gefangenschaft und wurde gegen seinen Willen nach Jabne gebracht, das wie andere Städte, zum Beispiel Aschdod und Gophna, als Internierungslager für Juden diente, die sich den Römern ergeben hatten. [...]

Rabban Johanan ben Zakkai begann jedenfalls, mit oder

ohne Wissen der Obrigkeit, das Leben der Juden neu zu organisieren und die durch die Zerstörung des Tempels entstandene Lücke auszufüllen. Er berief den Sanhedrin wieder ein und verkündete fortan von Jabne aus die Neumondtage und die Schaltjahre. [...]

Im Vergleich zu dem, was eine Generation später in Jabne geschah, waren Rabban Johanans Wirken und sein Betätigungsfeld dort allerdings begrenzt. Wir erfahren nichts von einer Entwicklung von Beziehungen zur Diaspora, von einer Kontrolle der Gemeinden im Land Israel oder einer Beschäftigung mit dem Zivilrecht, um nur einige Gebiete zu nennen, auf denen die nächste Generation der Jabne-Gelehrten so aktiv werden sollte. Das hatte freilich seinen Grund nicht darin, daß Rabban Johanan untätig gewesen wäre. Zunächst wurde er durch äußere Umstände gehemmt; denn in den ersten Jahren nach dem Krieg hatten die römischen Behörden sicherlich ein besonders wachsames Auge auf alles, was in Israel geschah. [...]

Ungünstige Verhältnisse innerhalb der Nation kamen hinzu. Nur ein kleiner Teil der Weisen war Rabban Johanan nach Jabne gefolgt. Die meisten führenden Thorakenner, die sich während der Belagerung außerhalb Jerusalems aufgehalten oder den Untergang der Stadt überlebt hatten, hielten sich von der ersten Jabne-Generation merklich fern. [...]

Offenbar konnten die meisten Weisen Rabban Johanan nicht verzeihen, daß er Jerusalem während der Belagerung verlassen und sich der Gnade des Kaisers ausgeliefert hatte. Rabban Gamaliel hingegen, der später die Patriarchendynastie fortsetzte, konnte wieder auf die Mitarbeit der Weisen zählen.

All dies tut indes der großen Leistung Rabban Johanans keinen Abbruch: der Begründung des nationalen Zentrums, das sich in den nachfolgenden Generationen weiterentwikkelte. In jener schweren Zeit, da der Zusammenbruch der nationalen und religiösen Strukturen noch von obrigkeitlichen Restriktionen und wirtschaftlichen Schwierigkeiten, von Verfolgung und Verzagtheit begleitet war, legte Rabban Johanan, der sich von den Zeloten wie von der Priester- und Geldaristokratie fernhielt und sich bis zu einem gewissen Grade sogar in der Welt der Rabbinen isolierte, das Fundament für die geistige und gesellschaftliche Erneuerung des Volkes.

Rabban Gamaliel

Rabban Johanan ben Zakkai blieb nicht bis zu seinem Lebensende in Jabne. In seinen letzten Jahren leitete er die Akademie von Bror Hajil im Süden. Sobald die Umstände zuließen, daß Rabban Gamaliel ihn ablöste, mußte er Jabne verlassen und den Platz für ihn räumen. [...]

Unter Rabban Gamaliel wurde die nationale Führung der Juden von den Römern anerkannt. Er übernahm sein Amt zwar nicht mit der ausdrücklichen Zustimmung Roms, sondern stieg, als der richtige Zeitpunkt gekommen war, zum Führer des Volkes auf und wurde daraufhin von den Römern de facto, vielleicht sogar de jure anerkannt. In der Mischna heißt es, daß er sich nach Antiocheia begab, um seine Bestallung aus den Händen des Statthalters entgegenzunehmen, und mehrere Überlieferungen wissen von Reisen nach Rom, die er gemeinsam mit den Oberhäuptern des Sanhedrins, R. Elieser ben Hyrkanos, R. Eleasar ben Asarja, R. Josua und R. Akiba, unternahm. Dabei ist die Rede von seinen Besuchen bei der dortigen jüdischen Gemeinde und von seinen Zusammenkünften mit hochgestellten Personen des heidnischen Rom und des Kaiserhauses. Andere Quellen berichten, daß Bevollmächtigte des Kaisers beauftragt wurden, sich dem Studium des jüdischen Zivilrechts zu widmen, das inzwischen wiedereingeführt worden war und allgemein angewandt wurde.

Der Hauptunterschied zu der Zeit von Johanan ben Zakkai bestand jedoch nicht in der Anerkennung der jüdischen Führung durch das römische Imperium, sondern darin, daß der Sanhedrin in Jabne und sein Oberhaupt Rabban Gamaliel in weiten jüdischen Kreisen Israels und der Diaspora weitaus größere Autorität besaßen als bisher. Rabban Gamaliel scharte alle jene Weisen um sich, die Rabban Johanan ihre Gefolgschaft verweigert hatten. Unter Gamaliel übernahm das Zentrum in Jabne die meisten der Funktionen, die in der Zeit des Tempels der Sanhedrin wahrgenommen hatte. [...]

Während der gesamten Jabne-Periode, die gleich nach der Zerstörung des Tempels begann und bis zum Aufstand des Bar Kochba dauerte (70–132), wurden viele Maßnahmen eingeleitet, die entscheidenden Einfluß auf den Zusammenhalt der Nation unter zeitgemäßen Bedingungen hatten. Es gelang den Weisen, die verschiedenen, im Volk miteinander wetteifernden Gruppen und Strömungen unter ihre Kontrolle zu bringen. Sekten wie die Sadduzäer oder Essener machten nicht mehr von sich reden. Sie fanden zwar immer noch vereinzelte Anhänger, aber als sozialer oder politischer Faktor, der Macht oder Einfluß anstrebte, spielten sie keine Rolle mehr. Mit Entschlossenheit ging man nun auch daran, das Christentum vom Judentum zu trennen. Die verschiedenen judenchristlichen Sekten hielten an ihrer Zugehörigkeit zur jüdischen Nation im allgemeinen fest und verstärkten nach dem verlorenen Krieg noch ihre Missionstätigkeit, denn die Zerstörung des Tempels hatte sie in ihrem Glauben bestätigt. Das Judentum wehrte sich jedoch nachdrücklich gegen den Ansturm der Christen, indem es jeden Kontakt mit ihnen mied und Maßnahmen ergriff, die darauf abzielten, den Glauben an die ewige Gültigkeit der Thora und ihrer Gebote zu festigen. So wurde in das *Amida*-Gebet ein zusätzlicher neunzehnter Segen, *Birkat Haminim* („Segen gegen die Häretiker"), eingefügt, der sich in seiner ältesten palästinischen Form vor allem gegen die Judenchristen richtete, welche keine Hoffnung haben dürften in ihrem Glauben, daß der Messias bereits auf Erden erschienen sei. Einige Mitglieder dieser jüdisch-christlichen Sekten kehrten zum

Judentum zurück, während sich andere vollständig aus dem jüdischen Volksverband lösten. [...]

Der Bar Kochba-Aufstand

Mit der Thronbesteigung Hadrians (117) setzte im Osten eine Befriedungs- und Restaurierungskampagne ein, mit der die Respektierung der nationalen Eigenarten und Bedürfnisse der Provinzen einherging. Die judäischen Juden profitierten von diesem Trend. In seinem Bestreben, die Schäden in den zerstörten Städten und verwüsteten Regionen wiedergutzumachen, versprach der Kaiser den Juden, er werde Jerusalem wiederaufbauen und ihnen zurückgeben und die Errichtung eines neuen Tempels gestatten. [...]

Doch schon wenige Jahre darauf dachte der Kaiser anders über die Wiederherstellung Jerusalems als jüdischer Stadt und über den Neubau des Tempels. Über die Motive dafür kann man nur Mutmaßungen anstellen; vielleicht schreckte er vor den emotionalen Reaktionen der Juden zurück und vor den politischen Konsequenzen, die sich aus einer Umwandlung Jerusalems in eine jüdische Stadt ergeben würden. Möglich ist auch, daß seine Sympathie für die Juden und das Judentum sich gewandelt hatte; jedenfalls vertrat er seit Beginn des zweiten Jahrzehnts des 2. Jahrhunderts bis zum Ende seiner Regierungszeit eine eindeutig panhellenische Tendenz und förderte in allen Ländern des hellenistischen Ostens nachdrücklich den Hellenismus. Die Quellen bestätigen, daß er die „fremdländischen", das heißt orientalischen Religionen verabscheute – eine Haltung, die ihn bewog, die Beschneidung zu verbieten, weil sie für ihn eine Art Kastration darstellte, die bei Todesstrafe untersagt war. Das Verbot richtete sich nicht speziell gegen die Juden, sondern galt gleichermaßen auch für andere Volksgruppen. Hadrian war nunmehr bestrebt, Jerusalem in eine heidnisch-römische Stadt zu verwandeln, ohne Rücksicht auf die Vergangenheit der Stadt oder ihren Stellenwert im jüdischen Denken und

Fühlen. Der Kaiser scheint den Ehrgeiz gehabt zu haben, im Orient eine griechische Welt zu schaffen. Da er vor seiner Thronbesteigung im Osten gelebt hatte (er war Statthalter von Syrien gewesen) und mit dem Judentum in Berührung gekommen war, muß er sich über die Auswirkungen seiner Maßnahmen auf die Juden im klaren gewesen sein; er setzte sich jedoch über deren Empfindlichkeiten bewußt hinweg.

Hadrians Anordnungen, welche die Hoffnungen auf den Wiederaufbau Jerusalems und des Tempels mit einem Schlag zunichte machten, empörten die Juden und hatten zur Folge, daß man sich auf einen Krieg gegen Rom vorbereitete. [...]

Solange Hadrian sich in Israel oder in der Nähe aufhielt (128–132), wagten die Juden keinen offenen Aufstand. Doch auch in dieser Zeit kam es immer wieder zu schweren Terrorakten, die allmählich solche Ausmaße annahmen, daß die römische Garnison der Situation nicht mehr gewachsen war und eine zusätzliche Legion, die Sechste Ferrata, in Israel eintraf. Die Sechste Legion blieb auch nach der Revolte im Lande stationiert, und zwar in der Jesreelebene. Zudem wurde die Zehnte Legion mit Rekruten aus den benachbarten Ländern verstärkt. Sobald Hadrian den Orient verlassen hatte, begann die Erhebung im großen Stil [...]

In den Anfangsstadien der Erhebung und in den Unruhen, die ihr vorausgingen, traten – wie im Großen Aufstand – lokale Heldengestalten und verschiedene Bewerber um die messianische und königliche Herrschaft auf. Als dann der Aufstand seinen Lauf nahm, wurden sie alle überschattet von der messianischen Gestalt des Simon bar Kosiba. Er stieg zum unbestrittenen Rebellenführer und Oberhaupt des Volkes auf; Münzen, die während des Aufstandes geprägt wurden, tragen die Inschrift „Simon, Fürst von Israel". Christliche Quellen berichten, daß er als Bar Kochba („Sohn des Sterns") bezeichnet wurde, weil man ihm messianische Eigenschaften zuschrieb. Selbst R. Akiba anerkannte seinen messianischen Charakter und verkündete: „Dies ist der König und Messias!"

In Höhlen in der judäischen Wüste sind Dokumente und Briefe aus der Zeit des Krieges gefunden worden; sie gehörten Flüchtlingen aus En-Gedi und benachbarten Städten, die in der Wüste Zuflucht gesucht hatten. Aus diesen Urkunden geht hervor, daß Simon bar Kosiba, der Fürst von Israel, Anweisungen und Befehle erteilte und unter seinem Namen Pachtverträge für öffentlichen Grundbesitz ausstellte. Doch trotz seines Titels regierte er nicht wie ein gesalbter König; ihm stand ein Priester zur Seite, so wie auch die Befehlsgewalt in En-Gedi einem Duumvirat übertragen wurde. Im übrigen tragen viele Münzen aus der Zeit des Aufstandes nicht nur den Namen Simons, sondern auch den des Priesters Eleasar – vermutlich Eleasar von Modeïn, einer der Jabne-Gelehrten, den die talmudische Überlieferung mit Bar Kosiba und mit Örtlichkeiten in Betar verbindet. Sanhedrin und Patriarchat befanden sich in Betar; ja, Rabban Simeon ben Gamaliel, der Nassi der nächsten Generation, wurde in Betar erzogen. Welcher Art Beziehungen zwischen Simon bar Kosiba und dem Patriarchat bestanden und ob der Sanhedrin an der Regierung beteiligt war, ist uns nicht bekannt.

Der eigentliche Aufstand begann im Jahre 132. Die allgemeine Wehrpflicht wurde eingeführt, und die jüdischen Christen, die den Kriegsdienst verweigerten, wurden hart bestraft. Zunächst kämpften die Juden gegen die Zehnte und Sechste Legion und deren Hilfstruppen. Es gelang Bar Kochba, ganz Judäa, einschließlich Jerusalems, sowie einen großen Teil des restlichen Landes Israel zu besetzen. In allen eroberten Gebieten bildete er autonome jüdische Regierungsbehörden. Er ließ Münzen mit hebräischen Inschriften prägen, deren Datierung vom Jahr der „Befreiung Israels", der „Freiheit Israels" oder der „Freiheit Jerusalems" ab berechnet wurde. Die königlichen Domänen und der staatliche Grundbesitz – Ländereien, die die römischen Behörden beschlagnahmt hatten – wurden von der jüdischen Obrigkeit übernommen und von Bar Kochbas Beamten in seinem Namen verpachtet.

Die zweite Phase des Aufstandes begann, als Publius Marcellus, der Statthalter von Syrien, mit den Legionen des syrischen stehenden Heeres eintraf, die durch in Ägypten und Arabien stationierte Legionen und Hilfseinheiten verstärkt worden waren. Selbst über diese Streitmacht trugen die Juden den Sieg davon; die aus Ägypten gekommene Zweiundzwanzigste Legion wurde vernichtend geschlagen und ging vollständig unter. In diesem Stadium erreichten die Juden die Küste, und die Römer begannen den Seekrieg gegen sie.

Zu Beginn der dritten, entscheidenden Phase traf Julius Severus, der Statthalter von Britannien, mit seinen eigenen Legionen und denen der Donauprovinzen ein. Inzwischen hatte sich die Zahl der Legionen und Truppeneinheiten, die in den Feldzug eingriffen, auf ein rundes Dutzend erhöht, und die Hauptwucht des Krieges mit seinen verheerenden Auswirkungen konzentrierte sich auf Judäa. Nach und nach wurden die Rebellen in ihre letzte Bastion zurückgedrängt in das südwestlich von Jerusalem am Fuße einer Bergkette (direkt unterhalb des heutigen Araberdorfes Bittir) gelegene Betar. Zwischen dem Großen Aufstand und dem Bar-Kochba-Aufstand war Betar eine blühende Stadt, denn nach dem Untergang Jerusalems hatte es dank seiner Nähe zur Hauptstadt die Funktion eines regionalen Zentrums und Marktes übernommen. Während des Aufstands war die jüdische Führung nach Betar übergesiedelt, wahrscheinlich in der Absicht, dort das Hauptquartier der Rebellen einzurichten, vielleicht aber auch nur, weil diese gezwungen waren, Jerusalem zu verlassen. Im Verlauf des Krieges wurde die Stadt befestigt, und jüdische Quellen bezeichnen den Aufstand zuweilen als den „Krieg von Betar".

Die ganze Rebellion dauerte dreieinhalb Jahre und endete mit dem Fall Betars nach einer langen Belagerung im Sommer 135. Nach tannaitischer Überlieferung wurde Betar am 9. Ab erobert, dem Jahrestag der Zerstörung des Ersten und des Zweiten Tempels. Mit dem Fall von Betar und dem Tod Bar Kochbas war der Krieg beendet, auch wenn es hinterher noch zu Scharmützeln und Belagerungen in der judäischen Wüste kam, in deren Höhlen sich die überlebenden Krieger nach dem Untergang Betars zurückgezogen hatten – genauso wie die Rebellen im Großen Aufstand nach dem Untergang Jerusalems in Festungen wie Masada den letzten erbitterten Widerstand geleistet hatten [...]

Der Krieg hatte einen schweren demographischen und territorialen Rückschlag zur Folge. Die Zahl der Toten war gewaltig, noch größer die der Kriegsgefangenen, die jetzt die Sklavenmärkte in Israel und anderswo füllten. Besonders berüchtigt war der Terebinthe-Markt nördlich von Hebron, wo jüdische Sklaven in solchen Massen verkauft wurden, daß man, wie es in einem Bericht heißt, einen Juden für die Futterration eines Pferdes erstehen konnte. Viele Städte und Dörfer, vor allem in Judäa, lagen in Schutt und Asche und wurden nie wiederaufgebaut. Das zentrale Bergland von Judäa hatte seine jüdische Bevölkerung weitgehend eingebüßt. Im tannaitischen Schrifttum aus der Zeit nach dem Aufstand kehren Wendungen wie „Wer die Städte Judäas erblickt in ihrer Zerstörung...“ oder „Nachdem Judäa zerstört worden ist, möge es bald wieder aufgebaut werden...“ ständig wieder. Jerusalem wurde tatsächlich wiederaufgebaut, allerdings als heidnische Römerstadt Aelia Capitolina, so benannt nach dem Kaiser Aelius Adrianus und dem Schutzgott Roms. Den Juden war es untersagt, in der Stadt zu leben; sie durften sie nur einmal im Jahr, am 9. Ab, besuchen, um auf den Trümmern ihres heiligen Tempels zu trauern. Um die Erinnerung an die Verbindung zwischen den Juden und dem Land auszulöschen, änderte Hadrian den Namen der Provinz von „Iudaea“ in „Syria-Palaestina“ – eine Bezeichnung, die in der nichtjüdischen Literatur allgemein gebräuchlich wurde. Für die Juden, die im Lande blieben, begann eine Zeit schwerer religiöser Verfolgung. Viele [...] wurden umgebracht; andere waren gezwungen, zu fliehen und sich in der Heimat oder im Ausland zu verstecken, bis sie nach mehreren Jahren zurückkehren konnten [...]

Nach dem katastrophalen Ausgang des Bar-Kochba-Aufstands war der beharrliche Widerstand des Volkes gegen die römische Herrschaft weitgehend gebrochen. Zum erstenmal wurden Stimmen laut, die sich für eine Hinnahme der Fremdherrschaft bis zum Tage der Erlösung aussprachen, doch die meisten Rabbinen – und mit ihnen die Mehrheit des Volkes im Land Israel – widersetzten sich weiterhin dem fremden Regime und weigerten sich, seine Legitimität anzuerkennen. Das beweisen die wiederholten Putschversuche bei jeder günstig erscheinenden Gelegenheit. Die restriktiven Maßnahmen der Römer blieben während der letzten Regierungsjahre Hadrians (135–138) voll in Kraft und wurden erst nach der Thronbesteigung des Antoninus Pius teilweise gemildert. Der neue Kaiser stellte zwar nicht etwa durch eine Aufhebung der von seinem Vorgänger erlassenen Gesetze gleich wieder die Situation her, die vor der Revolte bestanden hatte, doch läßt sich anhand des römischen Rechts eindeutig belegen, daß er den Juden die Beschneidung gestattete, obwohl das generelle Verbot weiter bestehen blieb. Die Abschaffung des Verbots erstreckte sich nicht auf die Samaritaner, die ihre Kinder noch lange Zeit heimlich beschnitten und dabei ein großes Risiko auf sich nahmen. Immerhin, mit der Lockerung der den Juden auferlegten Restriktionen wurde wieder ein organisiertes jüdisches Leben möglich.

Das neue Zentrum des Judentums in Galiläa

Die ersten Anzeichen der Normalisierung zeigten sich in Galiläa, das im Krieg weniger gelitten hatte als Judäa und jetzt zum Mittelpunkt jüdischen Lebens wurde. Sanhedrin und Patriarchat blieben von nun an ständig in Galiläa, wo sie zunächst von Ort zu Ort zogen – etwa nach Bet-Schearim und Sepphoris –, bis sie sich im 3. Jahrhundert endgültig in der Bezirkshauptstadt Tiberias niederließen [...]

Rabban Simeon ben Gamaliel aus Jabne war in der ersten

Phase nach der Wiedereinrichtung des Sanhedrins noch nicht in Uscha tätig. Wie viele seiner Kollegen mußte er in den Untergrund gehen und mehrere Jahre lang im verborgenen leben. Später finden wir ihn jedoch als Leiter des Sanhedrins in Uscha wieder.

Es war eine in jeder Hinsicht schwierige Zeit, in der Rabban Simeon ben Gamaliel lebte und wirkte. Um die Mitte des 2. Jahrhunderts, auch nach der teilweisen Aufhebung der antijüdischen Gesetze, hatte sich die politische Lage der Juden in Palästina noch keineswegs stabilisiert. Von den römischen Behörden wurden sie weiterhin mit Verachtung und Argwohn betrachtet [...]

Dem Nassi und den Gelehrten von Uscha gelang es, ein neues Haus der Ratsversammlung zu schaffen, die Beziehungen zur Diaspora wieder anzuknüpfen und die Vorherrschaft über Palästina wiederherzustellen. Die erneute Unterordnung der Diaspora unter das Land Israel war weitgehend das Werk von Rabban Simeon [...]

Die babylonische Gemeinde akzeptierte aufs neue die Autorität des Landes Israel. Rabban Simeon gelang es auch, die Zusammenarbeit der Rabbinen mit dem Nassi und des gesamten Kultzentrums mit den Leitern der örtlichen Gemeinden sicherzustellen [...]

Das Patriarchat von Rabban Simeons ältestem Sohn, dem „Fürsten" R. Juda (auch einfach „Rabbi", „unser heiliger Rabbi" oder „Nassi" genannt), war für die jüdische Gemeinschaft in Palästina eine Zeit wirtschaftlicher und politischer Prosperität. R. Juda wurde geboren, als Rabban Simeon noch im Untergrund lebte. Der Beginn seiner Herrschaft als Nassi fiel in die Zeit der Antoninen, die 192 endete, aber der größte Teil seiner Amtsperiode deckte sich mit der Severischen Dynastie (193–235), und die Haggada spricht von den guten Beziehungen, die zwischen dem Haus des Nassi und der kaiserlichen Familie bestanden. Das Verhältnis der palästinischen Juden zu den Severern war überhaupt von Anfang an durchweg gut. Hingegen behandelte Pescennius Niger, der Rivale des Septimius Severus, die Juden mit großer Härte. Als die Bewohner Palästinas ihn einmal um eine Steuererleichterung ersuchten, erwiderte er, er würde am liebsten noch ihre Atemluft besteuern, wenn er könnte. Er verhängte schwere Strafen über die Städte, die Severus unterstützten, und die Juden in Stadt und Land bekamen die Folgen seines Unwillens zu spüren. Besonders schlimm erging es dem Süden des Landes mit seiner jüdischen Hauptstadt Lydda. Die in Jerusalem stationierte Zehnte Legion stellte sich auf Nigers Seite und vergrößerte noch das Leid der Juden in diesem Gebiet. Daher empfand man den Sieg des Severus als Erlösung. Wir kennen zahlreiche Zeugnisse für die Dankbarkeit, die das Volk den Severern entgegenbrachte. In der jüdischen Überlieferung erscheinen sie in günstigem Licht, und es gibt literarische und epigraphische Belege dafür, daß Synagogen in Palästina und in der Diaspora Mitgliedern des severischen Kaiserhauses gewidmet worden sind – eine Ehre, die seit dem Untergang des Tempels keinem römischen Herrscher zuteil geworden war [...]

Die wirtschaftliche Prosperität, deren sich die palästinischen Juden unter der Severerdynastie erfreuten, hatte eine Ausdehnung der landwirtschaftlichen Nutzflächen nach Norden und Süden zur Folge, und auch die Urbanisierungspolitik der severischen Kaiser wirkte sich günstig aus. Die Auswanderungsbewegung wurde jetzt von einer Immigration aus der Diaspora abgelöst; zu den Einwanderern gehörten Männer mit Erfahrung, Kapital und Initiative, die neue landwirtschaftliche Erwerbszweige, etwa den Anbau von Flachs, und die entsprechenden Gewerbe (Weben und Färben) einführten [...]

Die Ara des „Rabbi“, seines Sohnes Rabban Gamaliel und seines Enkels R. Juda *Nessia* erhält ihre Bedeutung durch ihre Gesetzgebung, durch die Zusammenfassung und Vollendung der Halacha und zumal durch die auf alle jüdischen Lebensbereiche bezogenen Entscheidungen, in denen der Zeitenwandel seinen Niederschlag gefunden hat. [...]

Günter Stemberger
Der Rabbi

1. Die Anfänge des Rabbinats

Die frühesten Belege für den Titel Rabbi stammen aus der Zeit unmittelbar nach der Zerstörung des Tempels im Jahre 70. Der Titel ist aus der ursprünglichen Anrede des traditionskundigen Lehrers als Rabbi im Sinn von „mein Lehrer, mein Herr, mein Meister“ erwachsen. So wird z. B. Jesus im Neuen Testament oft als Rabbi angeredet. Doch bald verliert die Endung des Wortes Rab ihre ursprüngliche Bedeutung als Suffix für das Possessivpronomen „mein“, so daß dann Rabbi auch ohne diesen direkten Bezug zwischen Meister und Schüler als Titel verwendet werden kann. Dieser Wandel ist nach dem Jahre 70 eingetreten. [...]

Das Aufkommen der Bezeichnung Rabbi als Titel ist nicht nur eine unbedeutende sprachgeschichtliche Entwicklung; vielmehr ist dies mit dem Aufkommen einer neuen Führungsschicht im Judentum nach 70 und mit einem gewandelten Selbstverständnis ihrer Vertreter verbunden. Der Rabbi fühlt sich als Nachfolger und Ersatz des Priesters, der mit der Zerstörung des Tempels seine einmalige Aufgabe verloren hat. Ein solcher Wandel im Verständnis der eigenen Position konnte natürlich nicht plötzlich eintreten. Doch relativ schnell gewöhnten sich zumindest bestimmte Kreise im Judentum daran, daß der Tempel nicht so rasch wiederaufgebaut werde, daß die Zeit des Tempels für lange vorbei sei und eine neue Ära im Judentum angebrochen sei, die man dann später nach den Rabbinen als die „rabbinische Zeit“ bezeichnet hat.

Der Rabbi hat natürlich historische Vorläufer. Im allgemeinen sieht man ihn als den Nachfolger des Pharisäers, näherhin des Gruppenmitglieds in der pharisäischen Gemeinschaft, des *chaber* oder „Genossen“. Damit ist jedoch nicht das breite Spektrum des Rabbinats erklärt, das über das pharisäische Erbe hinaus vor allem auch das Ideal des früheren Schriftgelehrten übernommen hat.

Beide, Pharisäer wie Schriftgelehrte, vertraten schon vor 70 eine religiöse Haltung, die dann den Verlust des Tempels leichter überwinden ließ. Die Pharisäer machten mit der Vorstellung von Israel als dem „heiligen Volk“ ernst, in dessen Mitte Gott weilt. Daher konnten ihnen die Reinheitsvorschriften, die den Zutritt zum Tempel und die Teilnahme an seinem Kult regelten, nicht nur im engen Tempelbereich gelten, sondern waren etwas, das das tägliche Leben bestimmte. Die Einhaltung der Reinheitsvorschriften des Tempels im täglichen Leben war eine der Grundhaltungen der Pharisäer, die dann die Rabbinen übernommen haben. [...]

Die zentrale Stellung der Tora und ihres Studiums in der rabbinischen Bewegung ist hingegen eher das Erbe der Schriftgelehrten – die übrigens auch vor 70 nicht eine Gruppe neben den Pharisäern waren, sondern diesen zum Teil sogar angehörten, sich aber nicht völlig mit ihnen deckten. Während die Pharisäer versuchten, die Vorschriften der rituellen Reinheit für den Tempelkult in das tägliche Leben zu übernehmen, und so dem Tempel seine ausschließliche Bedeutung nahmen, sahen die Schriftgelehrten in der Tora und ihrem Studium geradezu einen Ersatz für den Tempel und seinen Kult. Beide Tendenzen vereinten und verstärkten sich gegenseitig nach dem Jahre 70. [...]

2. Wie wird man Rabbi?

Im Unterschied zur nachtalmudischen Zeit ist das Rabbisein in den Jahrhunderten nach 70 kein Beruf, sondern eine Lebensform. In den ersten Jahren der Bewegung hat es sicher keine formalen Voraussetzungen gegeben, durch die man den Status eines Rabbi erlangen konnte: Mitglieder der pharisäischen Gemeinschaften und Schriftgelehrte, beide Träger einer bestimmten religiösen Bildung, waren zwar die

Hauptbeteiligten am Aufbau der neuen Bewegung; doch war diese auch für andere offen, die sich mit ihren Zielen identifizierten und ihre Lebensweise – vor allem in Hinsicht auf Speise- und Reinheitsvorschriften sowie die genaue Entrichtung aller in der Bibel vorgeschriebenen Abgaben – übernahmen.

Doch schon sehr bald kam es zu einer eigenen Schulung des künftigen Rabbi. Nach Beendigung der Grundschule, sobald also jemand lesen und schreiben konnte und die Bibel wie auch die Grundelemente der jüdischen Tradition kannte, durfte er sich einem Rabbi als Jünger anschließen und wurde somit ein *talmid chakham*, ein „Gelehrtenschüler" und rabbinischer Gelehrter im eigentlichen Sinn. [...]

Die Jüngerschaft, die das Studium von Bibel und Tradition zur Vollendung bringt, wird in den rabbinischen Texten als „Dienst" der Gelehrtenjünger bezeichnet. Bei einem Rabbi in die Lehre gehen heißt ihm dienen. Dies ist nicht nur eine Redensart, sondern wörtlich zu nehmen. [...]

Die Jüngerschaft dauert Jahre und ist vielfach mit einer Art Lebensgemeinschaft oder einem gemeinsamen Haushalt verbunden, besonders dann, wenn der Jünger nicht aus dem Ort seines Meisters stammt. Dann schiebt er auch während der Zeit seines Studiums gewöhnlich die Familiengründung auf, die an sich relativ früh – mit achtzehn Jahren – stattfinden sollte. Wenn er aber schon verheiratet ist, sieht er seine Familie oft Monate, in Extremfällen auch Jahre lang nicht, wie z. B. die Legende von Rabbi Aqiba erzählt.

Nur wer diese Jüngerschaft mitgemacht hat, galt als vollwertiges Mitglied der rabbinischen Gesellschaft. Wer hingegen nie einem Gelehrten gedient hat, mochte noch so viel studiert haben, er galt dennoch als *am ha-arets,* als Ungebildeter, wie verschiedene Gelehrte betonten. [...]

Im täglichen Beisammensein mit seinem Meister lernte der Schüler des Rabbi nicht nur Theorie, sondern vor allem das rechte Verhalten. Er aß mit dem Meister und lernte dabei die in rabbinischen Kreisen so geschätzten Segenssprüche über die einzelnen Speisen. Er ahmte den Meister auch in der Kleidung nach, in der Sprechweise und in allen Formen des täglichen Lebens. Man legte besonderen Wert auf gepflegte Kleidung, gute Schuhe, Sauberkeit und Ordnung, und unterschied sich auch immer mehr in der Kleidung und sogar in der Sprechweise von der gewöhnlichen Bevölkerung. Es ist nur zu natürlich, daß sich in dieser fast monastischen Lebensgemeinschaft, die das Vorbild des Meisters in allem so ernst nahm, ein ausgeprägter Traditionalismus entwickelte. Natürlich hatte dieses enge Zusammenleben auch negative Auswirkungen. Vor allem berichten die Quellen immer wieder vom Konkurrenzkampf der Rabbinen um möglichst viele Jünger, denen sie auch nicht gerne erlauben, den Lehrer zu wechseln. Eifersucht spielt eine große Rolle, ebenso auch das Verächtlichmachen und Beschimpfen anderer Rabbinen. [...]

Trotz dieser Spannungen zwischen den einzelnen Rabbinen und ihren Jüngern bildete sich ein ausgeprägtes Klassenbewußtsein des Rabbi heraus, das vielfach auch zur Erblichkeit des rabbinischen Standes führte. [...]

Ziel der Ausbildung, für die es keine bestimmte Dauer gab, war die Befähigung, nun selbst in Fragen des religiösen Rechts frei und selbständig entscheiden und Jünger ausbilden zu können. In Babylonien mochte dies mit dem Eintritt in den Dienst des Exilarchen verbunden sein; in Palästina war das angestrebte, jedoch schwer erreichbare Ziel die Ordination, die *Semikha.* Mit ihr war das Recht verbunden, den Titel Rabbi zu tragen. [...]

Wenn die Ordination im vollen Umfang erteilt wurde, autorisierte sie zur selbständigen Entscheidung und Unterweisung in der Halakha, zur Ausübung des Gerichts sowie zur Erlaubnis der Erstlinge für den profanen Gebrauch, weiter zur Lösung von Gelübden und zur Teilnahme am Gericht, das die Einfügung eines Schaltmonats vornahm, sowie zur Verhängung des Banns.

Was die Befugnis zur Erteilung der Ordination betrifft, ist

sie ursprünglich wohl Sache jedes einzelnen Rabbinen gewesen, der damit das Jüngerverhältnis seines Schülers abschloß. Doch war mit der Ordination auch die Aufnahme in den Sanhedrin verbunden, dessen Mitgliederzahl sicher auch später beschränkt war. Damit behielt sich der Patriarch das Recht zur Ordination vor, wobei er die anderen Mitglieder des Sanhedrin manchmal befragte [...]

Die Ordination und damit auch der Titel eines Rabbi wurde mit der Zeit – vor allem auch wegen der damit verbundenen Steuerbefreiung, die nicht beliebig vielen Leuten erteilt werden konnte; in der Zeit Rabbis und seiner Nachfolger gab es offenbar eine feste Quote dafür – für viele, oft auch sehr gelehrte Männer, ein unerreichbares Ziel. Somit bildete sich neben den Rabbinen in Palästina eine Gruppe von Männern heraus, die alle Voraussetzungen für einen Rabbi mitbrachten, ohne voll „praktizieren" zu können, da sie nicht ordiniert waren.

Um die Mitte des vierten Jahrhunderts, unter dem Patriarchen Hillel II., spätestens jedoch mit dem Ende des Patriarchats um 425, hörte dann der Brauch der Ordination, die so lange ein heiß umkämpftes Privileg war, auf; offenbar haben andere Formen, einen Gelehrtenjünger für selbständig zu erklären, inzwischen ihre Stelle eingenommen.

3. Aufgaben und wirtschaftliche Stellung des Rabbi

Das Ideal des Rabbi ist das Studium der Tora, der er seine ganze Zeit widmen soll. Die Kenntnis der Tora soll nicht eine Krone sein, die einem Ansehen verschafft, noch soll sie als Spaten mißbraucht werden, mit dem man seinen Lebensunterhalt verdient. Das bedeutet, daß der Rabbi ursprünglich von seinem Vermögen lebte (dagegen wendet sich Gamaliel III. in Abot II, 2 mit der Begründung, das Studium des Gesetzes ohne Beschäftigung führe zur Sünde) oder – und das war die Regel – er mußte neben seinem Torastudium einem Beruf nachgehen.

Von vielen Rabbinen wissen wir, daß sie als einfache Handwerker gelebt haben, als Schmied, Gerber, Wäscher, Schneider, Schuster usw. Einzelne haben auch den näherliegenden Beruf des Schreibers ausgeübt (so z. B. R. Meir). Wichtiger für das Wirtschaftsleben der Rabbinen waren hingegen Landwirtschaft und Handel. [...]

Seit der Zeit des Antoninus Pius (138–161) waren Ärzte, Lehrer und Philosophen von persönlichen Steuer- und Dienstleistungen befreit. Dies ließ sich im Prinzip auch auf die Rabbinen anwenden, ebenso auch die Steuerbefreiung der Priester der im römischen Reich anerkannten Religionen. Wieweit diese Befreiung sämtliche Steuerleistungen und Dienstleistungen aus dem gesamten Besitz und sämtlichen Unternehmungen des Begünstigten betraf oder nur dessen persönliche Verpflichtungen erfaßte, läßt sich nicht mit Sicherheit klären. Jedenfalls ist die den Philosophen und Religionsdienern gewährte Steuerfreiheit ein so großer wirtschaftlicher Vorteil gewesen, daß sich sehr viele, besonders auch reiche Unternehmer, um die Anerkennung als Rabbinen bemühten. [...]

Im Prinzip blieb die Steuerfreiheit der unter der Autorität der Patriarchen stehenden Rabbinen noch lange bestehen. Doch dürfte es bald nicht mehr so leicht gewesen sein, die Steuerbefreiung für geschäftliche Unternehmungen auszunützen; denn schon R. Jochanan schränkte den Kreis derer, die für die Ordination in Frage kamen, beträchtlich ein: nach seiner Meinung sollte man nur den als Vorsteher über eine Gemeinde setzen, der in allen Gebieten des Religionsgesetzes versiert ist; und nur dem sollen die Ortsbewohner die Arbeit abnehmen, der sich selbst völlig religiösen Aufgaben widmet.

Mit der weitgehenden Verarmung Palästinas im dritten Jahrhundert und dem ständig wachsenden Umfang des rabbinischen Wissensstoffes kam es dazu, daß viele Rabbinen und ihre Jünger sich nicht mehr imstande sahen, für ihren Lebensunterhalt aufzukommen, wenn sie nicht eine Stellung als Gemeindeverwalter oder Richter erhielten, für die zwar kein Gehalt, aber doch der Verdienstentgang bezahlt wurde. Früher haben noch Männer wie Simeon bar Jochai amtliche Funktionen und ebenso auch Geschenke des Patriarchen ablehnen können. [...]

Bald aber werden die Rabbinen immer mehr von der Unterstützung durch das Patriarchenhaus oder auch von den Spenden einzelner frommer Leute abhängig, was natürlich Gefahren in sich birgt. Derselbe R. Eleasar, der zu Spenden für die Gelehrten aufruft, weiß auch, daß ein Talmudschüler, der Spenden vom Volk annimmt, bei diesem nicht mehr so geachtet ist. So war also die wirtschaftliche Lage der Rabbinen durchaus nicht gleichförmig, sondern individuell sehr verschieden und auch einer zeitlichen Entwicklung unterworfen.

4. Der Einfluß der Rabbinen

Wenn man die Zeit des Talmud auch als die Zeit des rabbinischen Judentums bezeichnet, erweckt dies leicht den Eindruck, daß die Rabbinen im damaligen Judentum das alles beherrschende Element gewesen sind. Diesen Eindruck nährt vor allem auch die rabbinische Literatur, die natürlich die Standpunkte, Wünsche und Ideale der Rabbinen wiedergibt, während die breite Masse des Volkes keine Literatur hinterlassen hat. Was wir erfahren, ist also vor allem die Selbsteinschätzung der Rabbinen.

Es ist jedoch unwahrscheinlich, daß sich das jüdische Volk so schnell und widerspruchslos der neuen Führungsschicht nach dem Untergang des Tempels unterworfen hätte; auch der zahlenmäßig geringe Umfang der rabbinischen Bewegung zog hier natürliche Grenzen. [...]

Es ist also eine relativ kleine Gruppe, die sich einerseits durch ihre Torakenntnisse weit über die gewöhnliche Bevölkerung, den *am ha-arets,* erhaben fühlt, andererseits jedoch von diesem wirtschaftlich in vielfacher Weise abhängig ist und diesen auch für die eigenen Ideen und die eigene Auffassung vom jüdischen Gesetz gewinnen möchte. Die Erfolgsaussichten waren dabei nicht so schlecht, wie es die Größenverhältnisse vermuten ließen, waren doch die Rabbinen die einzige gutorganisierte Gruppe im Judentum der damaligen Zeit.

Die pharisäische Bewegung hatte ihren Einfluß auf das Volk vor allem durch die Synagogen und die Schulen gewonnen. Nunmehr waren jedoch die Rabbinen nicht mehr führend am Synagogenleben beteiligt; oft mußten sie dort sogar manches tolerieren, was ihnen nicht paßte, was sie aber auch nicht ändern konnten. [...] In den gewöhnlichen Schulen unterrichtete meist auch nicht der Rabbi, da ihm die Kinderlehrer an Bildung unterlegen waren und er sie deshalb verachtete.

Somit blieben als Einflußbereich vor allem das Gericht und die Gemeindeverwaltung; hier hatten die Rabbinen eine gewisse Bedeutung im Verwaltungsapparat des Exilarchen, während sie sich in Palästina erst langsam gegen die alte Führungsschicht der reichen Bürger durchsetzen mußten. Erstrebenswert war auch das Amt eines *Parnas,* dem vor allem die Fürsorge und Armenversorgung innerhalb der Gemeinde zustand. Hier hatten die Rabbinen in gewissen Gegenden offenbar fast ein Monopol, was natürlich ihren Einfluß gerade in den Kreisen der ärmeren Bevölkerung stärkte, die schon der Rückhalt der Pharisäer gewesen war.

Gewiß erlangten die Rabbinen als Kenner der Bibel und als Ausleger des biblischen Rechts Ansehen und Anerkennung; ihre nicht direkt auf die Bibel oder zumindest auf uralte Tradition gestützten Lehrmeinungen ließen sich hingegen beim Volk nur schwer durchsetzen. Im täglichen religiösen Leben hing der Einfluß der Rabbinen völlig von dem guten Willen der Bevölkerung ab, der gegenüber sie keine Machtmittel besaßen. [...]

Unbegrenzten Einfluß hatten die Rabbinen nur im eigenen Jüngerkreis; doch dieser ließ sich nicht beliebig erweitern, auch wenn man in Babylonien in den Institutionen von Pirqa und Kalla Mittel fand, sich mit der rabbinischen Unterweisung auch an eine breite Öffentlichkeit zu wenden. Nur langsam kamen die Gelehrten dem Ideal eines Volkes näher, das aus lauter Gelehrtenjüngern besteht und ganz die eigenen Gruppenideale übernimmt; völlig verwirklichen kann man dieses Ideal jedoch naturgemäß nie.

Günter Stemberger
Judengesetze im Codex Theodosianus

Aus der Zeit von Konstantin bis zu Theodosius II. sind uns insgesamt etwa fünfzig die Juden betreffende Gesetze erhalten (die Zahl ist nicht genau, da einzelne Gesetze im Codex Theodosianus in thematische Einheiten zerstückelt oder aber gelegentlich auch doppelt gebracht werden). Nur zehn dieser Gesetze stammen aus der Zeit vor Theodosius I., somit der größeren Hälfte der hier behandelten Periode. Je zwanzig Gesetze wurden in den Regierungszeiten von Theodosius I. beziehungsweise Arkadius und Honorius in den Jahren 384–404 sowie unter Theodosius II. zwischen 408 und 429 erlassen. Novelle 3 des Theodosius von 438 faßt dann einige wesentliche Bestimmungen zusammen.

Rein von der Zahl der Gesetze her gesehen ist das Judentum also seit der Erklärung des Christentums zur Staatsreligion im Jahr 380 viel stärker in das Blickfeld des Gesetzgebers geraten, als dies in den ersten Jahrzehnten christlicher Herrschaft im römischen Reich der Fall war. Was bedeutet dies für die tatsächliche Lage der Juden? [...]

Ein Überblick über die einschlägigen Gesetze zeigt, daß ihnen keine vorausschauende und planende Judenpolitik der christlichen Kaiser zugrunde liegt. Vielmehr waren es gewisse Vorkommnisse und Interventionen einzelner, welche zu

Gesetzen führten; diese hatten vielfach nur regionale und zeitlich begrenzte Gültigkeit, wie schon aus zahlreichen Wiederholungen und Widersprüchen bei Gesetzen zur selben Thematik deutlich wird. Deshalb ist es im Einzelfall immer wichtig, auch den Ort, wo ein Gesetz erlassen wurde, und den Adressaten zu berücksichtigen. Viele Texte waren für Palästina von vornherein bedeutungslos und gewannen hier erst nach Promulgation des Codex Theodosianus Geltung (was noch immer nichts über ihre praktische Durchsetzung aussagt).

Grundthemen der Gesetzgebung schon ab Konstantin sind der Schutz jüdischer Konvertiten zum Christentum vor Nachstellungen ihrer ehemaligen Religionsgenossen – eine praktische Auswirkung der von Konstantin proklamierten Religionsfreiheit –, das Verbot, daß Juden christliche Sklaven beschneiden (vielleicht in Kontinuität früherer römischer Gesetze hinsichtlich der Beschneidung, auf jeden Fall aber auch zum Schutz der Christen gedacht), und auf der anderen Seite die Befreiung jüdischer Religionsdiener von den Verpflichtungen der Kurie, des Stadtrates.

Es fällt auf, daß die Mehrzahl der *Konversionen betreffenden Gesetze* im Westen des Reiches erlassen wurden; dort war das Problem offensichtlich aktueller als im Osten. Eine direkte Beziehung zu Palästina ist nicht nachzuweisen und auch aus den literarischen Zeugnissen der Zeit nicht herauszulesen. Konversionen von Juden zum Christentum waren in erster Linie ein Problem der Diaspora.

Aber auch in der Diaspora waren Konversionen kein einseitiges Phänomen. Dies geht aus CTh XVI,8,7 von 353 hervor, wonach ein zum Judentum übergetretener Christ sein Vermögen an die Staatskasse verliert. Dreißig Jahre später mußte Kaiser Gratian nochmals zum Thema Stellung nehmen. [...]

Ebenfalls im Westen, nämlich in Ravenna, erlassen ist CTh XVI,8,19 vom 1. 4. 409 gegen die Sekte der „Himmelsverehrer“, eine in Nordafrika entstandene Gruppe, die sich an das jüdische Gesetz hielt. Diese Leute „wagen den Glauben so sehr zu mißbrauchen, daß sie gewisse Christen zwingen, den abscheulichen und häßlichen Namen ‚Juden' anzunehmen". Sie sind zu ermahnen, „damit nicht in die christlichen Mysterien eingeweihte Personen gezwungen werden, eine Perversität anzunehmen, die jüdisch und dem römischen Reich fremd ist, nachdem sie schon Christen geworden waren... Es wiegt schwerer als Tod und ist grausamer als Mord, wenn jemand aus dem christlichen Glauben von jüdischer Ungläubigkeit befleckt wird." Das Problem der Judaizanten, das auch Johannes Chrysostomus einige Jahre zuvor zu seinen Predigten gegen die Juden gereizt hatte, war somit auch im Westen des Reiches aktuell.

Andererseits spricht CTh IX,45,2, 397 von Arkadius in Konstantinopel erlassen, von Juden, die aus nichtreligiösen Gründen im Christentum Zuflucht suchen und erst nach Bezahlung ihrer Schulden beziehungsweise nach Erweis ihrer Unschuld aufgenommen werden dürfen. Man hat also erkannt, daß mit einer forcierten Begünstigung des Christentums das Risiko verbunden ist, nur verdächtige Subjekte anzuziehen. Noch CTh XVI,8,23 von 416 (Ravenna) erlaubt die Rückkehr von Konvertiten zum Judentum, wenn ihre Motive nicht religiöser Art waren. Demnach zeigen die Gesetze über Konversionen das Christentum, obwohl inzwischen Staatsreligion, eher in einer Verteidigungsstellung, seiner Sache durchaus nicht sicher. [...]

Im Osten wurde die Frage durch CTh XVI,9,4 vom 10. 4. 417 neu aufgegriffen: „Ein Jude darf einen christlichen Sklaven weder kaufen noch als Geschenk erwerben"; tut er es dennoch, verliert er den Besitz, und der Sklave, der die Tatsache angezeigt hat, geht zur Belohnung frei.

Ein Grundsatz der Gesetze, die Juden den Besitz von christlichen Sklaven untersagen, ist die Verteidigung des christlichen Glaubens; wirtschaftliche Motive sind höchstens sekundär. Allerdings klingt immer mehr durch, daß jüdische Herrschaft über Christen allgemein abzulehnen ist.

Gegen *Mischehen* zwischen Juden und Christen geht CTh IX,7,5 vom 14. 3. 388 vor. Das von Theodosius I. in Thessaloniki erlassene Gesetz stellt sicher aus religiösen Gründen eine Mischehe zwischen Juden und Christen dem Verbrechen des Ehebruchs gleich: „Keine Jude nehme eine christliche Frau zur Ehe und kein Christ schließe die Ehe mit einer Jüdin." Für einen traditionsbewußten Juden war es selbstverständlich, eine nichtjüdische Frau nur nach deren Konversion zum Judentum zu heiraten; Adressaten des Gesetzes waren demnach wohl in erster Linie Randschichten des Judentums, besonders in der Diaspora. Das immer stärker unter rabbinischem Einfluß stehende Judentum Palästinas war kaum davon betroffen.

Im frühen 5. Jahrhundert wurden in gewissen Gebieten die Christen offenbar empfindlicher gegen manche jüdischen Bräuche und die Juden in der verschärften Auseinandersetzung wohl auch aggresiver. Das dokumentiert CTh XVI,8,18 vom 29. 5. 408, in Konstantinopel erlassen, wonach die Provinzstatthalter den Juden verbieten sollen, zu Purim im Andenken an frühere Ereignisse eine Art Kreuz zu verbrennen (den Hamansgalgen) „in Verachtung des christlichen Glaubens und mit gotteslästerlicher Einstellung... Sie sollen in ihre Scherze nicht das Zeichen unseres Glaubens mischen, dürfen aber – ohne Verachtung des christlichen Gesetzes – ihre Riten beibehalten; doch werden sie ohne Zweifel das bisher Erlaubte verlieren, wenn sie sich nicht von Unerlaubtem zurückhalten." [...]

Primär innerchristliche Interessen verfolgt auch CTh XV,5,5, am 1. 2. 425 in Konstantinopel erlassen, wonach an Sonntagen und christlichen Feiertagen in allen Städten Theater und Zirkus verboten sind, damit sich die Christen ganz dem Gottesdienst widmen. In einem Seitenhieb gegen Juden und Heiden heißt es: „Wenn auch jetzt noch Leute im Wahnsinn jüdischer Gottlosigkeit oder im Irrtum des einfältigen Heidentums verfangen sind, sollen sie wissen, daß es Zeiten für das Gebet und andere Zeiten für Lustbarkeiten gibt." Traditionstreue Juden hatten mit Zirkus und Theater nichts zu schaffen; der Ausfall gegen sie gehört zur gehässigen Rhetorik so mancher Gesetze dieser Jahre. Es fällt auf, daß sich solch gehässige Sprache gegen die Juden gerade in jenen Gesetzen bemerkbar macht, die christliche Interessen verteidigen, also wohl auf kirchliche Kreise oder kirchlich gesinnte Beamte zurückgehen. Der manchmal judenfeindliche Ton wirkte sicher bedrohlich; für das tägliche Leben der Juden ergaben sich jedoch daraus kaum Konsequenzen. Aus jüdischer Sicht waren die Sklavengesetze und die Gesetze über Konversionen, die ja unter anderem auch in das Erbrecht eingriffen, bedenklicher; doch ist uns von irgendwelchen Folgen für die jüdischen Gemeinden Palästinas nichts bekannt.

Die bisher genannten Gesetze zielten im Grunde auf eine Abgrenzung der christlichen Gemeinschaft von der jüdischen im Interesse des Christentums. Aus christlicher Sicht bemühten sie sich um eine Wahrung des Bestandes; Durchlässigkeit soll es nur von der jüdischen zur christlichen Seite geben, nicht aber umgekehrt.

Ein zweiter großer Komplex von Gesetzen galt hingegen den Juden direkt, ihren Privilegien, ihrer Selbstverwaltung, ihrer Kult- und Religionsfreiheit. Seit konstantinischer Zeit gibt es in diesem Zusammenhang Gesetze nur in der Frage der Verpflichtung zur *Kurie* [...]

Die *innerjüdische Selbstverwaltung* wurde schon durch Konstantins CTh XVI,8,2 von 330 gestärkt, wonach jüdische Religionsdiener nur bei Bindung an Patriarchen und Älteste von der Kurie dsipensiert waren. [...]

Die Einschränkung der innerjüdischen Jurisdiktion auf religiöse Fragen und auf das Schiedsgericht (CTh II,1,10 von 398) ist nicht als judenfeindliche Maßnahme zu sehen, sondern gehört zu den Bestrebungen der Regierung, die Rechtslage zu vereinheitlichen. Zu betonen ist, daß noch 396 ein von Arkadius an die Juden gerichtetes Gesetz (CTh XVI,8,10 vom 27. 2. 396) diesen und ihren Führern das alleinige Recht zuspricht, ihre Marktpreise festzulegen: „Es ist nämlich gerecht, jedem seine eigene Sache zu überlassen." Einmischungen Außenstehender werden mit Strafe bedroht. [...]

Der gravierende Eingriff in die innerjüdische Organisation erfolgte erst mit der Aufhebung das Patriarchats zwischen 415 und 429.

Synagogen erkannte der Gesetzgeber ausdrücklich als religiöse Gebäude an. Ab 395 wurden Gesetze zu ihrem Schutz notwendig. [...]
CTh XVI,8,25 von 423 brachte eine eindeutige Verschlechterung für die Juden zugunsten der Christen, die sich Übergriffe auf Synagogen hatten zuschulden kommen lassen: Wenn ihre Interessen es zu verlangen schienen, brauchten die Christen die Synagoge nicht mehr zurückzugeben, sondern konnten Ersatzgrundstücke anbieten; auch Gegenstände aus den Synagogen konnten sie gegen finanzielle Entschädigung behalten. Von Strafandrohungen gegen Christen war keine Rede mehr, den Juden hingegen wurde der Bau neuer Synagogen verboten. XVI,8,26, wenig später erlassen, beschimpft die Juden, ehe es den gesetzlichen Schutz der Synagogen bestätigt, und droht ihnen dann Bestrafung an, falls sie Nichtjuden zu beschneiden wagten.

Das Jahr 423 war somit eindeutig ein Tiefpunkt für die Juden. Da der Gesetzgeber sie bei wiederholten christlichen Übergriffen auf ihre Synagogen nur noch halbherzig schützte und den Neubau von Synagogen verbot, wurden seine Zusagen, daß „die Religionsgemeinschaft der Juden durch kein Gesetz verboten ist" (CTh XVI,8,9 von 393) und „die Juden an ihre eigenen Zeremonien gehalten seien" (CTh XVI,8,13 von 397), zumindest zeitweilig ausgehohlt.

Eine für die Juden folgenschwere Entwicklung bahnte sich mit ihrem schrittweisen *Ausschluß aus dem öffentlichen Dienst an.* [...] So folgenreich diese Gesetzgebung für die weitere Entwicklung der Rechtsstellung der Juden in christlichen Ländern sein sollte, ist doch zu betonen, [...] daß sie für das jüdische Kerngebiet Palästinas nur von geringer Bedeutung war. [...] Schon aus religiösen Bedenken mußte eine Karriere im Staatsdienst eher die Ausnahme bleiben; höchstens die Funktion eines Anwalts konnte im Interesse der eigenen Gemeinde erstrebenswert erscheinen.

Die *dritte Novelle des Theodosius,* vom 31. 1. 438, faßt eine Reihe der judenfeindlichen Bestimmungen aus den vorausgegangenen Jahren zusammen, ohne aber damit schon eine systematische Fixierung der theodosianischen Judenpolitik zu sein. Der Text wirkt eher wie eine feierliche programmatische Aussage anläßlich des dreißigjährigen Regierungsjubiläums des Kaisers; dazu würde die Präambel passsen, in der er die Sorge um die wahre Religion als ein Hauptanliegen seiner Regierung bezeichnet [...]

Wer würde, so heißt es im Text weiter, angesichts der wunderbaren Naturordnung nicht nach dem Urheber eines solchen Werkes fragen? „Dies wagen die in den Sinnen geblendeten Juden, die Samaritaner, Heiden und die übrigen Arten von häretischen Monstern." Daß die Beschuldigung, zumindest in solch allgemeiner Form, auf Juden und Samaritaner nicht zutrifft, stört den Kaiser nicht. Vielmehr leitet er daraus als ewiges Gesetz ab: Juden und Samaritaner dürfen keine Ehren und Würden erlangen, keine städtischen Verwaltungsämter, ja nicht einmal das Amt des Verteidigers der Stadt ausüben. Wer der höchsten Majestät und den römischen Gesetzen feindlich gegenübersteht, kann nicht als Rächer dieser Gesetze auftreten. Es wäre für den Glauben beleidigend, könnten solche Leute Urteile gegen Christen und sogar gegen Bischöfe fällen. Des weiteren verbietet Theodosius den Neubau von Synagogen; nur direkt vom Einsturz bedrohte Synagogen dürfen restauriert werden. Wer einen Christen, Sklaven oder Freigeborenen, zu einem anderen Glauben verführt, wird mit Todesstrafe und Verfall des Vermögens bedroht. Wer ein Amt erschlichen hat, soll die Würde nicht besitzen, wer eine Synagoge errichtet hat, wissen, „daß er zum Vorteil der katholischen Kirche gearbeitet hat".

Erschlichene Ehren sind wirkungslos, Bauarbeiten an einer Synagoge, die nicht bloße Reparatur sind, mit fünfzig Pfund Gold zu bestrafen; außerdem wird das Gebäude beschlagnahmt. Schließlich sieht die Novelle vor, daß Angehörige ganz gleich welcher Religionsgemeinschaft weiterhin im Interesse des Gemeinwohls die Lasten der Kurie und auch die Pflichten eines Gerichtsdieners *(cohortalinus)* auf sich nehmen müssen. [...]

Die in rhetorischem Stil und voller Wiederholungen formulierte Novelle ist der schärfste Rundumschlag eines Kaisers gegen sämtliche Nichtkatholiken. [...] Doch bleibt die Frage, wie wirksam die Novelle in der Praxis gewesen ist. [...]

Wie *A. H. M. Jones* betont, nimmt man allzu leichtfertig an, daß römische Bürger die Gesetze befolgten: „Mein eigener Eindruck ist, daß viele, wenn nicht die meisten Gesetze nur von Zeit zu Zeit und sporadisch durchgesetzt wurden; ihr wesentlicher Quellenwert liegt im Nachweis, daß die Mißbräuche, die sie beseitigen sollten, der Zentralregierung bekannt waren. Die Gesetze lassen meiner Ansicht nach auf die Schwierigkeiten des Reiches schließen und belegen die Bestrebungen der Regierung, nicht aber, was sie erreichte." Und an anderer Stelle schreibt *Jones:* „Abgesehen von ihrem Ausschluß aus dem öffentlichen Dienst und vom Amt des Verteidigers erlitten die Juden somit bis zur Herrschaft Justins keine ernsthaften Benachteiligungen in ihren Bürgerrechten." Trotz des steigenden Drucks der öffentlichen Meinung sei die Regierung den Juden gegenüber relativ tolerant geblieben.

Eine allgemeine Antwort auf die Frage nach den Konsequenzen der Gesetze, vor allem der dritten Novelle, im täglichen Leben ist nicht möglich. Es fehlen die Unterlagen dafür. Mit einiger Vorsicht wird man behaupten dürfen, daß die Berufsverbote am ehesten duchgesetzt wurden, was auch verschiedene Kirchenvätertexte aus dieser Zeit belegten. Schwieriger war es schon, das Verbot des Besitzes christlicher Sklaven und der Konversion zum Judentum zu überwachen. Darum wird sich in erster Linie die Kirche gekümmert haben, die jede etwaige Übertretung der Behörde denunzierte. Was den Neubau von Synagogen betrifft, können wir mit Sicherheit feststellen, daß dieses Verbot in Palästina höchstens kurzfristig eingehalten wurde und in den folgenden Jahrhunderten zahlreiche neue Synagogen entstanden. Insgesamt war wohl das Diasporajudentum von der Gesetzgebung stärker betroffen als die jüdische Gemeinde Palästinas; diese war in erster Linie von der Aufhebung des Patriarchats berührt, wußte aber offenbar auch ohne dieses seine Einheit zu wahren. [...]

Was den Osten des Reiches betrifft, ist in der Gesetzgebung eine vor allem atmosphärische Verschlechterung für die Juden erst in den Jahren 423–425 unter dem Praefectus praetorio Asklepiodotus festzustellen, auch wenn dieser von fanatischer christlicher Seite noch immer als zu judenfreundlich denunziert wurde. Ein weiterer Tiefpunkt kam dann mit dem Jahr 438 und seiner dritten Novelle. Doch auch mit der Promulgation des Codex Theodosianus war die Gesetzeslage durchaus nicht voll vereinheitlicht. Dies bezeugen zum Beispiel voneinander abweichende Regelungen in der Frage christlicher Sklaven bei jüdischen Besitzern, die nebeneinander in das Gesetzeswerk aufgenommen wurden und so den Behörden einen gewissen Spielraum ließen. Strikte Befolgung des Codex Theodosianus und seiner Gesetze darf man auch nach 438 nicht unbedingt voraussetzen. Sonst wäre es nicht notwendig gewesen, auch in den folgenden Jahrzehnten immer wieder Gesetze zu Fragen zu erlassen, die eigentlich schon gesetzlich geregelt waren.

II.
Die Juden im Mittelalter

Günter Stemberger

Das jüdische Mittelalter

Das jüdische Mittelalter läßt sich nicht ohne weiteres abgrenzen. Als Anfang mag die arabische Expansion im 7. Jahrhundert gelten, auch wenn in gewisser Beziehung schon die Christianisierung des römischen Reiches ab Konstantin das jüdische Mittelalter vorbereitet, besonders was die Rechtsstellung der Juden betrifft. Das Ende des Mittelalters, allgemein mit der Entdeckung Amerikas angesetzt, kommt im Judentum viel später und regional verschieden. Ansätze zu einem Umschwung sind schon in der italienischen Renaissance gegeben, werden dann aber besonders im 17. Jahrhundert deutlich (Spinoza, die messianische Bewegung des Schabbetai Zwi und der polnische Kosakenaufstand unter Chmielnicky im Jahr 1648); ein endgültiges Ende des jüdischen Mittelalters kommt aber erst ein Jahrhundert später, mit Moses Mendelssohn und seinen Schülern.

Schon in der rabbinischen Periode war die jüdische Welt geteilt, standen einander römischer und persischer Bereich gegenüber. Im Mittelalter verläuft die Grenze zwischen christlicher und islamischer Welt, wobei in der ersten Hälfte der Periode (bis ins 13. Jh.) das Schwergewicht im islamischen Raum liegt und sich dann ins christliche Europa verschiebt.

Die *arabische Eroberung*, die 638 Jerusalem erreichte, 712 schon ganz Nordafrika und die Iberische Halbinsel einerseits, den Großteil Asiens bis zum Indischen Ozean auf der anderen Seite überschwemmt hatte, vereinte nicht nur die beiden bisher politisch getrennten jüdischen Zentren Palästina und Babylonien, sondern brachte nach modernen Schätzungen mehr als neunzig Prozent des Weltjudentums unter eine (relativ kurzfristig) einheitliche Regierung und eine einheitliche Kultur unter der arabischen Sprache.

Die Entwicklung des Judentums in der islamischen Welt hängt weitgehend mit der Stellung des Islam zur jüdischen Religion zusammen. Weitaus toleranter als das Christentum, hat der Islam die Juden als Buchreligion anerkannt und ihnen unter bestimmten Bedingungen, die Omar I. 637 erlassen haben soll, die zum größten Teil jedoch sicher jünger sind, ein freies Leben gewährt. Zwar gab es zahlreiche Benachteiligungen der Juden gegenüber den Moslems (vor allem steuerlicher Art) und kam es gelegentlich sogar zu Judenverfolgungen. Doch haben diese den Aufstieg begabter Juden in mächtige Ämter nie verhindern können. Die spanischen Juden haben eine ganze Reihe hervorragender Führerpersönlichkeiten hervorgebracht, z. B. Chasdai Ibn Schaprut im 10., Samuel ha-Nagid im 11. Jahrhundert. Als sich die Lage in Spanien verschlechterte, konnte immerhin der von dort stammende Mose ben Maimon in Ägypten Hofarzt des Kalifen werden und großen politischen Einfluß erlangen. Die dermaßen arrivierten spanischen Juden hielten sich einen regelrechten Hof, an dem sie Dichter und Philosophen förderten; somit waren sie für die Entwicklung der jüdischen Literatur von größter Bedeutung.

In Babylonien konnten die Juden die in rabbinischer Zeit schon entwickelten oder zumindest grundgelegten Formen der Selbstverwaltung weiterpflegen. Der Exilarch als politischer Vertreter der Juden war am Kalifenhof zu Bagdad offiziell anerkannt; die Führer der beiden rabbinischen Schulen von Sura und Pumbedita, die Geonim (Einzahl Gaon), galten im ganzen islamischen Raum als die geistigen Oberhäupter der jüdischen Gemeinden, denen sie in zahlreichen Sendschreiben und talmudischen Rechtsgutachten (Responsen) ihre Auffassungen mitteilten. Erst mit ihrem Niedergang zu Beginn des 11. Jahrhunderts verschob sich das Schwergewicht der jüdischen Kultur endgültig nach Spanien und Nordafrika. Palästina hat in der ersten Hälfte des jüdischen

Mittelalters eine Reihe von Midraschim und anderen Schriften hervorgebracht und großen Einfluß besonders auf die Juden Süditaliens ausgeübt, jedoch nie mehr den Glanz der talmudischen Zeit erreicht.

Der Islam hat zusammen mit dem Christentum den Juden in eine Umwelt versetzt, die durchaus monotheistisch war. Zu dieser religiösen Einheitlichkeit kommt in der islamischen Welt die Einheit der arabischen Sprache. Haben die Geonim noch Jahrhunderte zumindest für den internen Gebrauch an der aramäischen Sprache festgehalten, so verschwindet diese ab dem 10. Jahrhundert schlagartig zugunsten des Arabischen: die Übernahme der arabischen Sprache, welche die Anhänger Mohammeds als *die* heilige Sprache und den Inbegriff jeglicher Kultur betrachteten, ist für den Juden mehr als eine praktische Notwendigkeit gewesen; sie bedeutete die Annahme der Herausforderung durch den Islam, die Bereitschaft, sich mit dem religiösen Gegner auf dessen ureigenem Boden zu schlagen, was nur im Bewußtsein der Überlegenheit der eigenen Tradition möglich war. So wurde eine weitgehende kulturelle Symbiose zwischen Juden und Arabern möglich, wie sie erst wieder dem deutschen Judentum gelingen sollte.

Das Ende dieser kulturell so fruchtbaren Zusammenarbeit kam mit dem Niedergang der islamischen Macht, mit der Kreuzzugsbewegung und der christlichen Rückeroberung der Iberischen Halbinsel im 12. bis 15. Jahrhundert. Die Reconquista hat dem spanischen Judentum für einige Zeit noch neuen Lebensraum offengelassen, endete jedoch letzthin mit der Vertreibung der Juden aus Spanien (1492) und Portugal (1497). Die glanzvolle spanisch-jüdische (= sefardische) Kultur erlebte noch einige späte Höhepunkte in den Niederlanden, in Nordafrika und in Palästina, wohin viele spanische Juden ausgewandert waren; das kulturelle Zentrum des Judentums lag nun aber endgültig im christlichen Raum.

In der *christlichen Welt* waren die Juden zu Beginn des Mittelalters eine kleine Minderheit, deren Zentren Byzanz,

Griechenland, vor allem jedoch Süditalien waren, das mit Palästina in reger Verbindung stand. Erst später (ab dem 8. Jh.) entwickelten sich bedeutendere jüdische Siedlungsgebiete in der Provence, in Nordfrankreich und am Rhein sowie in England, dessen jüdische Gemeinde, 1290 schon wieder aus dem Land vertrieben, kulturell bedeutungslos blieb. In ihrer ersten Blütezeit haben sich die aschkenasischen (d.h. deutsch-französischen) Juden vor allem in Bibel- und Talmudauslegung hervorgetan, später auch in der liturgischen Dichtung. Ihre Literatur ist viel stärker als die ihrer Brüder im arabischen Raum traditionsgebunden geblieben; nie hat sie dieselbe Offenheit und Größe erreicht, was aus der relativen kulturellen Rückständigkeit Europas und der viel geringeren Zahl der Juden wie auch ihrer viel gefährdeteren Lage in der christlichen Welt zu verstehen ist.

Die europäischen Juden, rechtlich durch die Judengesetzgebung des Codex Theodosianus (438) und des Codex Justinianus (534) benachteiligt, die die Grundlage aller späteren Judengesetze wurden, haben sich, ähnlich wie im arabischen Raum, vor allem in den Städten niedergelassen, da ihnen die Landwirtschaft aus verschiedenen Gründen verwehrt war; diese Konzentration der Juden in den städtischen Gemeinden erklärt zum Teil ihren übergroßen Anteil am kulturellen Leben ihrer Gastländer. Ihren Lebensunterhalt erwarben sie vor allem durch den Handel, in geringem Umfang durch Handwerk; die Abdrängung in das Geld- und Pfandleihgeschäft erfolgte erst mit den Kreuzzügen.

Der erste Kreuzzug (1096) bedeutete einen schweren Einschnitt in der ohnedies stets prekären Situation der Juden. Es folgte eine Zeit der wiederkehrenden Judenverfolgungen und -vertreibungen aus verschiedenen Ländern, eine deutliche Verschlechterung der rechtlichen Lage der Juden im Mainzer Reichslandfrieden von 1103 und dann in der Kammerknechtschaft (1236) und eine immer steigende Judenfeindschaft im Volk, die in verschiedenen Beschuldigungen (Ritualmord, Hostienraub, Brunnenvergiftung) ihren Ausdruck fand und zu weiteren Judenverfolgungen führte. Das Ergebnis ist nach außen eine ständige Wanderung des Judentums nach Osten, vor allem nach Polen, nach innen eine um so stärkere Treue zur Tradition, eine von den Martyrien geprägte Geschichtsbetrachtung und eine tiefe Neigung zur Mystik. Erst die Reformation brachte eine Besserung; mit dem steigenden kulturellen Niveau Deutschlands nahm die jüdische Wanderung wieder die Richtung in den Westen, was zugleich zur Loslösung von der mittelalterlichen Tradition mit ihrer total religiösen Bindung führen sollte.

Die kulturelle Bedeutung des mittelalterlichen Judentums liegt zu einem großen Teil in seiner Brückenfunktion zwischen den beiden Kulturräumen, in denen es zu Hause war, und drückt sich in einer reichen Übersetzertätigkeit aus. Diese beginnt mit dem 12. Jahrhundert, als immer mehr spanische Juden nach Frankreich, Italien und Deutschland ziehen und dort als Übersetzer arbeiten. Ihre Übersetzungen sind vor allem aus dem Arabischen in das Hebräische erfolgt, also für die jüdischen Gemeinden bestimmt gewesen, denen es so möglich wird, den kulturellen Vorsprung der Juden aus dem islamischen Raum irgendwie auszugleichen. Unter den frühen Übersetzungen ins Hebräische befinden sich vor allem die Werke des Maimonides und andere jüdische Klassiker, jedoch auch arabische Philosophen wie al-Farabi (ca. 870–950) und Ibn Ruschd (= Averroes, 1126–1198) mit ihrer Aristotelesdeutung, die Werke des Aristoteles selbst, aber auch medizinische, mathematische und astronomische Schriften, schließlich auch „schöne" Literatur, wie die Erzählungen von Sindbad dem Seefahrer oder Kallila und Dimna.

Die großen wissenschaftlichen Texte der Araber wurden dann oft sofort vom Hebräischen ins Lateinische weiterübersetzt, ebenso auch die philosophischen Schriften, auch wenn bei diesen häufig christliche Gelehrte unter Mitwirkung jüdischer Dolmetscher die lateinische Übersetzung direkt aus dem Arabischen erarbeiteten: Zentrum dieser Tätigkeit war vor allem Palermo unter Roger II. und Friedrich II. Auf diesem Weg lernte Europa nicht nur die kulturellen Errungenschaften der arabischen Welt kennen, sondern kam auch wieder in Kontakt mit den fast vergessenen Klassikern der griechischen Philosophie, ehe im 15. Jahrhundert die Originaltexte in das lateinische Abendland kamen. Bedeutete die Übersetzungstätigkeit für das Judentum vor allem eine Vereinheitlichung seiner Kultur und eine Bereicherung seiner hebräischen Sprache, deren philosophische Terminologie in diesem Prozeß geprägt wurde, jedoch auch die Stellung des unentbehrlichen Mittlers zwischen den Kulturen, so brachte sie der christlichen Welt die Voraussetzungen nicht nur für die Hochscholastik, sondern auch schon für die Renaissance.

1. Juden in der Welt des Islam

Alfred Morabia
Die klassische Zeit des Islam

Die Geschichte der Juden auf islamischem Boden kann in drei große Abschnitte eingeteilt werden: das sogenannte klassische Zeitalter, die Periode der jüdisch-moslemischen Symbiose (7. bis 11. Jh.); die nachklassische Epoche, die insgesamt, freilich mit bedeutenden Ausnahmen, eine Phase der Stagnation oder des Verfalls der jüdischen ebenso wie der moslemischen Gemeinden darstellt (12. bis 18. Jh.); und schließlich die moderne Zeit, in der zumeist eine jüdisch-moslemische Konfrontation stattfand und viel tiefere Kluften als zuvor entstanden.

In der sogenannten klassischen Epoche finden wir in den Bereichen des gesellschaftlichen, ökonomischen, geistigen und kulturellen Lebens eine tatsächliche Veränderung der Lage der Juden. Einige Umstände wirkten sich günstig für die vom Islam lehnsabhängigen „Kinder Israels“ aus:

– der Empfang, den sie im allgemeinen den Eroberern, Semiten wie sie, bereitet hatten;

– die Tatsache, daß Mesopotamien alsbald zum Mittelpunkt des moslemischen Reiches wurde;

– die Erarbeitung von Gesetz und Dogma des Islam in Babylonien, das auch die Wiege des Talmud war;

– ihre Zugehörigkeit zu dem einen islamischen Staat, was ihrer Abkapselung ein Ende setzte;

– ihre Unabhängigkeit von den umliegenden Mächten. Von ihrer Seite war nicht zu befürchten, daß sie eine fünfte

Kolonne im Schoß des arabisch-moslemischen Staates bilden könnten;

– und schließlich die Tatsache, daß der Status als „Tributpflichtige", den ihnen die neuen Herren mit allen dazugehörenden Einschränkungen gegeben hatten, ihre vorherige Situation nicht verschlimmerte. Das traf auf die Christen und die Zoroastrier, die Anhänger der altpersischen Religion, nicht zu, die die Masse der neuen Untertanen des moslemischen Staates ausmachten.

Über die Lage der jüdischen Gemeinden während der ersten beiden moslemischen Jahrhunderte sind wir nur wenig informiert. Was den unmittelbar darauffolgenden Zeitabschnitt betrifft, befinden wir uns auf viel sichererem Boden dank der Dokumente der Geniza von Kairo.

Zur Zeit der arabischen Eroberung Mesopotamiens lebten dort viele Juden, die sich dem Ackerbau widmeten. Im Lauf der ersten beiden moslemischen Jahrhunderte wurden diese Juden allmählich von ihrem Land vertrieben oder verließen es freiwillig, um den schweren Auflagen zu entgehen. Das begünstigte eine schnelle Verstädterung: die benachteiligten Schichten wandten sich vielfältigen handwerklichen Tätigkeiten zu, während sich die wohlhabenderen Kreise – im Einklang mit ihren moslemischen und christlichen Artgenossen – in die „bürgerliche Revolution" stürzten. (Goitein) Die Elite der jüdischen Händler ersetzte an der Spitze der Gemeinden immer mehr die aristokratischen Familien wirklich oder angeblich davidischer Abstammung. Bankiers und Kaufleute wurden Mäzene der „Geonim", der Oberhäupter der beiden großen babylonischen Akademien in Sura und Pumbeditha.

Die arabische Eroberung hatte zum ersten Mal seit vielen Jahrhunderten die gesamten Handelswege West- und Zentralasiens, des Indischen Ozeans und des Roten Meeres und fast das ganze östliche Mittelmeer wieder einer Autorität unterstellt. Konkurrierend mit seinem Rivalen Konstantinopel wurde Bagdad zu einer Drehscheibe des internationalen

Handels; und die jüdische Bevölkerung war dort zahlreich und aktiv. So verhielt es sich auch später mit anderen Handelsstädten wie Kairo, Alexandria, Kairuan oder Cordoba, die alle kommerzielle und kulturelle Zentren waren, in denen das Judentum blühte.

Viele Juden trieben Finanzgeschäfte als Wechsler, Steuereinnehmer, Bankiers, begünstigt durch das im islamischen Reich gebräuchliche Doppelwährungssystem (Dinar aus Gold und Dirhem aus Silber). Es entfalteten sich moderne Formen des Transfers von Schulden und Vergütungen zwischen den Händlern: Schuldbriefe, Wechsel und Kreditbriefe. Es wäre ein Irrtum, daraus zu schließen, Finanz und Handel wären in irgendeinem Moment ein Monopol der Juden gewesen. Gewiß hatten sie Vorteile durch ihre politische Neutralität, ihre internationalen Verbindungen und Beziehungen und ihren Unternehmergeist, den sie der jahrhundertelangen Situation als Minderheit verdankten. Sie konnten leichter als Moslems und Christen die Grenzen passieren. Es ist eine zufällige Rolle, die den Juden erst spät, im 10. Jahrhundert, aufgedrängt wurde. Ein ähnliches Phänomen werden wir in einer anderen Epoche auf christlichem Boden kennenlernen. Außerdem hatten das gemeinsame Leben und die gemeinsamen Gefahren bei den Juden einen Geist der Zusammengehörigkeit geschaffen. Daher die enorme Beweglichkeit der jüdischen Gemeinden innerhalb und außerhalb des großen moslemischen Reiches. Das erleichterte die wirtschaftlichen, kulturellen, geistigen, sogar familiären Beziehungen zwischen den auf islamischem Gebiet lebenden Juden und ihren Glaubensbrüdern unter christlicher Oberhoheit.

Es muß erwähnt werden, daß im klassischen Zeitalter jüdische Personen Zugang zu sehr hohen Ämtern im Zentrum des moslemischen Staatsapparates hatten. Zum Beispiel: Chasdaï ibn Schaprut (gestorben 970), Arzt und Berater des Kalifen von Cordoba, der mutmaßliche Autor des berühmten Briefes an den König der Khazaren über die Tugenden der jüdischen Religion. Jacob ibn Killis, ein Zeitgenosse Chasdaïs, gestorben 991, war eine hochgestellte Persönlichkeit des fatimidischen Ägypten; er wurde Wesir in Kairo, nachdem er zum Islam übergetreten war, und einer der Gründer der großen Moschee und Universität Azhar, deren Ruhm bis in unsere Zeit reicht. Des weiteren Abu Sa'd ibn Sahl de Tustar, gestorben 1047, Bankier und Berater der Fatimiden; über ihn soll ein moslemischer Dichter berühmte Verse geschrieben haben, in denen er – mit scharfer Ironie – seine Glaubensbrüder aufruft, das Judentum anzunehmen, um Zugang zu den hohen Ämtern zu erlangen, denn, so fügte er hinzu, „der Himmel selbst ist jüdisch geworden!“ Schließlich Samuel ibn Naghrela, bekannt unter dem Namen Samuel ha-Nagid, Dichter, Staatsmann und Militärkommandeur des moslemischen Granada, gestorben 1055/56. Sein Sohn, Joseph, folgte ihm nach als Wesir des Nassridenherrschers der spanischen Stadt, aber er wurde 1066 hingerichtet, und seiner Hinrichtung folgte ein Judenmassaker in der ganzen Region.

Die Toleranz nährte also in dem Maße, wie sie „Ungläubigen“ erlaubte, sich Reichtum oder glänzende Karrieren zu schaffen, auch die Intoleranz. Noch dazu, wenn man – in flagrantem Widerspruch zu den Grundprinzipien des islamischen Rechts und zur großen Empörung der Masse der Gläubigen – Ungläubige ermächtigte, die Finanz- und Steuerverwaltung der moslemischen Gegenden zu kontrollieren. Die meisten Juden, die in der islamischen Verwaltung zu höchsten Würden kamen, hatten ernstliche Schwierigkeiten oder fanden einen tragischen Tod in Aufständen, für die die jüdischen Gemeinden zur Rechenschaft gezogen wurden.

Die Leiter der jüdischen Gemeinden, die Exilarchen, wurden von den Kalifen beibehalten und genossen beachtliche Privilegien. Da sie sich als direkte Nachkommen des davidischen Königshauses bezeichneten und der Koran David als gesandten Propheten betrachtet, dem Gott die Psalmen offenbarte, war ihr hohes Amt von einer Aura der Heiligkeit umgeben. Aber das Amt der Geonim, der Oberhäupter der jüdischen Lehrhäuser (Akademien), bekam bald eine größere Bedeutung als das Exilarchat, und die Beziehungen zwischen den Inhabern dieser beiden Ämter waren zuweilen gespannt. Die religiösen Führer waren unter anderem für den Einzug der Steuern verantwortlich und regierten ihre Untergebenen in allem, was das Gemeinschaftsleben und den Rechtsstand der Person betraf. Das war eine interne Autonomie unter wachsamer moslemischer Kontrolle, die man optimistisch als „mittelalterliche religiöse Demokratie" (Goitein) bezeichnet hat.

Der Erfolg einer neuen semitischen Religion, die vielfache Ähnlichkeit mit dem Judentum aufwies, etwa in Hinsicht auf den strengen und starren Monotheismus, auf Ernährungsvorschriften, Beschneidung, Waschungen usw., und die den Juden den gleichen Status gab wie ihren früheren Unterdrückern, erweckte Hoffnungen auf Erlösung. Dies erklärt das Entstehen zahlreicher Bewegungen ausgesprochen messianischen Charakters und eine Vermehrung schismatischer Sekten nach der arabischen Eroberung. Wir erwähnen nur Abu Isa aus Isfahan (Ende des 7. Jh.), der sich zum Propheten und Verkünder des Messias erklärte, und Jehuda Judghan (8. Jh.), der sich als Bote des Himmels bezeichnete und der Thora einen allegorischen Sinn zuschrieb. Beide sind in gewisser Weise Vorläufer von Anan ben David in der zweiten Hälfte des 8. Jahrhunderts, in dem man den Wortführer einer geheimen Bewegung gegen die Exegese des Talmud und für ein „Zurück zu den Quellen", in diesem Fall zur Heiligen Schrift, sehen sollte.

Der im 6./7. Jahrhundert vollendete babylonische Talmud hatte sich drei Jahrhunderte später verbreitet, begünstigt durch die Konstituierung des arabischen Reiches und das Verschwinden der Grenzen innerhalb der orientalischen Welt. Die Verbindungen der jüdischen Gemeinden untereinander ermöglichten es, daß die Lehre des Talmud allmählich Europa erreichte.

Im 9. Jahrhundert förderten die abbasidischen Herrscher von Bagdad eine breite Übersetzungsbewegung, um indisches und griechisches Gedankengut über das Syrische und über Pehlewi in die arabische Sprache zu übertragen. Das war der Beginn einer Periode heftiger intellektueller, doktrinärer und politischer Erregung, sowohl unter den Moslems als auch unter ihren jüdischen, christlichen oder zoroastrischen „Schützlingen". In der Tat nahmen die rechtlich-theologischen Ideen des Islam und des Judentums im Verlauf ihrer Herausbildung eine parallele Entwicklung, ohne daß man präzise, sichere Abhängigkeiten festmachen könnte. Die Ähnlichkeiten sind noch manifester bei den ostjüdischen, den Talmud verwerfenden, „karaitischen" Denkern, die stark beeinflußt sind von der dogmatischen Theologie der moslemischen Schule der Mutaziliten, einer Schule, die den Glauben verstandesmäßig zu unterbauen suchte. Und die karaitische Herausforderung zwang die rabbinischen Gelehrten, auf eine rationalistische Argumentation zurückzugreifen, wodurch die theologische Reflexion im jüdischen Milieu wieder belebt und angeregt und von volkstümlichem Aberglauben befreit wurde. In diesen Zusammenhang muß man den entscheidenden und außergewöhnlichen Beitrag von Saadia Gaon zum rabbinischen Denken stellen und das Aufblühen einer echten jüdischen Theologie, die sich der großen Probleme der Theodizee, der Gotteserkenntnis und der Versöhnung von Vernunft und Religion annahm. Diese „scholastische" Strömung gab dem traditionellen Judentum eine metaphysische Basis und begründete einen jüdischen Humanismus, der in das monumentale Werk des Moses Maimonides münden sollte.

Über die eigentlich religiöse Reflexion hinaus wirkte die intellektuelle Erregung im moslemischen Herrschaftsbereich, am Kreuzungspunkt so vieler Wege, zurück auf die jüdischen Denker, deren Werk zum größten Teil arabisiert war. Das Aufblühen des jüdischen Denkens im Schoß dieser moslemischen Kultur, die selbst ein Schmelztiegel verschiedener orientalischer Elemente war, bedrohte weder die Integrität noch die Unabhängigkeit des Judentums, im Gegensatz zu dem, was sich auf christlichem Boden abspielte, wo die Gefahr, absorbiert zu werden, groß war. Das erklärt ein scheinbares Paradox: Der Beitrag des von den Juden abgelehnten griechischen Denkens im hellenisierten Alexandria Philons im ersten Jahrhundert unserer Zeitrechnung hinterließ eine tiefe Spur im mittelalterlichen Judentum, und zwar über den Umweg arabischer Übersetzungen und der theologischen Reflexion im islamischen Bereich.

Die bewundernswertesten Erscheinungen auf kulturellem Gebiet bewirkte die Symbiose von Judentum und Islam auf der Iberischen Halbinsel. Der Neuplatonismus eines Salomon ibn Gabirol, in der westlichen Welt unter dem Namen Avicebron bekannt (gestorben um 1058), die pietistische Askese eines Bahya ibn Paquda (gestorben um 1080), die poetische, orthodox-religiöse und synthetische Wirksamkeit eines Jehuda ha-Levi (gestorben 1141), der rationale Enzyklopädismus eines Abraham ben David (gestorben um 1180), die rationalistische, aristotelische Philosophie eines Maimonides (gestorben 1204) – um nur die berühmtesten Namen aufzuführen –, legen Zeugnis davon ab. Alle diese Persönlichkeiten waren inmitten einer moslemischen Umwelt von einer tief jüdisch-talmudischen Kultur geprägt.

Heinrich Heine
Jehuda Halevy

Fragt man nach dem Dreigestirn,
Nach Jehuda ben Halevy,
Nach dem Salomon Gabirol
Und dem Moses Iben Esra –

Fragt man nach dergleichen Namen,
Dann mit großen Augen schaun
Uns die Kleinen an – alsdann
Stehn am Berge die Ochsinnen.

Raten möcht ich dir, Geliebte,
Nachzuholen das Versäumte
Und Hebräisch zu erlernen –
Laß Theater und Konzerte,

Widme ein'ge Jahre solchem
Studium, du kannst alsdann
Im Originale lesen
Iben Esra und Gabirol

Und versteht sich den Halevy,
Das Triumvirat der Dichtkunst
Das dem Saitenspiel Davidis
Einst entlockt die schönsten Laute.

Alcharisi – der, ich wette,
Dir nicht minder unbekannt ist,
Ob er gleich, französ'scher Witzbold,
Den Hariri überwitzelt

Im Gebiete der Makame,
Und ein Voltairianer war
Schon sechshundert Jahr' vor Voltaire –
Jener Alcharisi sagte:

‚Durch Gedanken glänzt Gabirol
Und gefällt zumeist dem Denker,
Iben Esra glänzt durch Kunst
Und behagt weit mehr dem Künstler –

Aber beider Eigenschaften
Hat Jehuda ben Halevy,
Und er ist ein großer Dichter
Und ein Liebling aller Menschen.'

Heinrich und Marie Simon
Moses ben Maimon

Zu den bedeutendsten jüdischen Gelehrten des Mittelalters gehört Moses ben Maimon (1135–1204), auch als Maimonides oder Maimuni bekannt. Nach den Anfangsbuchstaben seines Namens, Rabbi Moses ben Maimon = RMBM, wird er auch als Rambam bezeichnet. Sein wissenschaftliches Werk hat nicht nur die Entwicklung des Judentums in außerordentlich starkem Maße beeinflußt, sondern auch auf die europäische Scholastik, namentlich auf Albertus Magnus und Thomas von Aquino eingewirkt.

Maimonides sah es als seine Aufgabe an, aristotelische Philosophie und Offenbarungsreligion zu einer Synthese zu bringen, und zwar nicht auf dem Wege der weitgehenden Identifizierung, wie es Abraham ibn Daud letztlich erfolglos versucht hatte, sondern durch die Abgrenzung des wissenschaftlich Erweisbaren von demjenigen, das als Offenbarung hingenommen werden muß. [...]

Über das Leben des Maimonides sind wir relativ gut informiert, besser als über das der anderen jüdischen Denker des Mittelalters. Er wurde in Cordova geboren und entstammte einer vornehmen und einflußreichen Gelehrtenfamilie. Sein Vater war Mitglied des Rabbinatskollegiums und hat sich durch eine Reihe wissenschaftlicher Werke einen Namen gemacht. Als im Jahre 1148 Cordova in die Hand der vor allem gegen Andersgläubige intoleranten Almohaden fiel, verließ die Familie die Stadt und hielt sich einige Jahre in verschiedenen Orten Spaniens auf. Gegen 1159 siedelte sie dann nach Fes in Nordafrika über. Da auch diese Stadt zum Herrschaftsbereich der Almohaden gehörte, ist es nicht klar, warum die Familie des Maimon sich gerade dorthin wandte, denn die Verhältnisse dürften in Fes im Prinzip kaum günstiger gewesen sein als in Spanien. Für die häufig vertretene

Ansicht, die Familie habe zum Schein den Islam angenommen, gibt es keine Beweise. [...]

Die Familie des Maimon hat die Konsequenz gezogen, allerdings erst einige Zeit später: 1165 verließ sie Nordafrika und segelte nach Akko. Nach kurzem Aufenthalt in Palästina nahm sie dann in Fustat (Altkairo) ihren ständigen Wohnsitz. In Ägypten, das damals unter der Herrschaft der Fatimiden stand, war die Lage der Juden günstiger; die persönliche Situation des Maimonides jedoch wurde bald schwierig. Der Vater starb kurz nach der Ankunft in Ägypten, und nicht viel später kam der jüngere Bruder des Maimonides, der durch einen Juwelenhandel die Familie erhielt, auf einer Geschäftsreise nach Indien bei einem Schiffbruch ums Leben. Bis dahin hatte sich der Denker ausschließlich seinen Studien widmen können, nun mußte er danach trachten, seinen Lebensunterhalt zu verdienen. So begann er, als Arzt tätig zu sein. Im Gegensatz zum christlichen Europa stand ja im arabischsprachigen Raum die Medizin im engen Verhältnis zur Philosophie, und der Erwerb medizinischer Kenntnisse gehörte zur philosophischen Ausbildung, so daß Maimonides entsprechende theoretische Kenntnisse besaß, die er nun praktisch anwenden konnte.

Er war als Arzt sehr erfolgreich und brachte es schließlich bis zur Position eines Leibarztes am Hof der Ajjubiden, die das Fatimidenkalifat beseitigt hatten (1171) und Ägypten de facto souverän beherrschten. Auf Grund seines großen talmudischen Wissens nahm Maimonides außerdem eine führende Position innerhalb der jüdischen Gemeinschaft in Ägypten ein und wurde später auch offiziell das geistige und politische Oberhaupt der ägyptischen Juden, so daß er eine sehr große Arbeitslast zu bewältigen hatte. Er starb in Fustat (1204); seine Leiche wurde nach Tiberias in Palästina gebracht, wo sein Grab heute noch erhalten ist.

Die Werke des Maimonides lassen sich grob in drei Hauptgruppen einteilen: seine Arbeiten auf talmudischem Gebiet, seine philosophischen Schriften und seine medizinischen Abhandlungen. Damit ist das Arbeitsgebiet des Maimonides nur sehr ungenau umrissen, wenn man nicht berücksichtigt, daß zur Philosophie im mittelalterlichen Sinne auch die gesamte Naturwissenschaft gehört und daß die Verzweigtheit des talmudischen Stoffes den auf diesem Gebiet Tätigen auf Themen aus allen Lebensbereichen führen kann. Uns mögen diese drei Hauptarbeitsgebiete des Maimonides als äußerst heterogen erscheinen; für Maimonides selbst jedoch besteht zwischen ihnen ein sehr enger Zusammenhang. Die Grundlage des Lebens der Menschen sind die Satzungen, die für die Juden ihre Kodifizierung im Talmud gefunden haben. Folglich befaßt sich die Arbeit des Maimonides auf talmudischen Gebiet im Grunde mit der Reglementierung des Lebens des einzelnen und der Gesellschaft, also mit letztlich ethischen Fragen. Die philosophischen Schriften des Maimonides beschäftigen sich mit dem Sinn und Zweck der Gesetze; sie geben die rationale theoretische Begründung für die Verbindlichkeit der rechtlichen Normen. Die Medizin erhält bei Maimonides eine ethische Fundierung und wird dadurch in seine philosophische Gesamtkonzeption einbezogen. Da das Übel in der Welt etwas Negatives ist und die gottgewollte Harmonie der Welt stört, hat der Mensch die Aufgabe, durch den Kampf gegen das Übel an der Verwirklichung der göttlichen Absicht mitzuwirken. Auf diese Weise wird der Kampf gegen die Krankheit, und vor allem auch die Erhaltung der Gesundheit, zur religiösen Pflicht. [...]

Noch während seines Aufenthaltes in Spanien begann Maimonides, in arabischer Sprache einen Kommentar zur Mischna, der mündlichen Lehre, zu verfassen, den er im Jahre 1168 in Ägypten zum Abschluß brachte. Dieser Kommentar, dessen hebräische Übersetzung vielen Mischnaausgaben beigedruckt ist, zeichnet sich durch das Bemühen um eine Systematisierung des Stoffes aus. Maimonides liebt es, die allgemeinen Regeln und Grundsätze jeweils zusammenzufassen und geordnet darzustellen. Das geschieht besonders in den Einleitungen, die er dem ganzen Werk und der Behandlung einzelner Mischnatraktate voranstellt. Unter philosophischem Aspekt sind besonders die „Acht Kapitel" von Interesse, die Einleitung zum Traktat Awot, den „Sprüchen der Väter", einer Sammlung von Sentenzen jüdischer Schriftgelehrter. In dieser Einleitung bietet uns Maimonides einen Abriß seiner Ethik, deren Aufgabe es sei, die Eigenschaften des Menschen zu veredeln und seinen Charakter zu vervollkommnen. Er behandelt in diesem Zusammenhang auch die menschliche Seele und ihre Kräfte, die Frage der menschlichen Willensfreiheit, die Prophetie und die Gotteserkenntnis als Ziel des menschlichen Daseins.

Auch das religionsgesetzliche Hauptwerk des Maimonides, der hebräisch geschriebene Mischne Tora, zeigt das Bemühen, Lehren der Religion mit dem Stand der Wissenschaft zu harmonisieren, und ist darum in philosophischer Hinsicht ebenfalls wichtig. Der im Jahre 1180 abgeschlossene Mischne Tora – der Titel ist dem Bibeltext entnommen, und die Septuaginta übersetzt die Worte mit „Deuteronomion" – ist ein Talmudkompendium, das den gesamten gesetzlichen Lehrstoff zusammenfaßt und systematisiert. Die literarische Anlage des Talmuds, in dem den Lehrsätzen der Mischna, der mündlichen Lehre, sich jeweils die Diskussionen der Gelehrten, die Gemara, anschließen, machen dieses Werk außerordentlich unübersichtlich, da sich die Diskussionen oft weit von den Problemen entfernen, von denen sie ausgehen. Daher erscheinen Rechtsentscheidungen der Gelehrten häufig in Zusammenhängen, wo sie nicht zu erwarten sind. Da jedoch der Talmud die Grundlage des gesamten Rechts bildete und der Richter aus ihm seine Entscheidungen abzuleiten hatte, waren äußerst subtile Kenntnisse erforderlich, die nicht immer ohne weiteres vorausgesetzt werden konnten. Maimonides begründet die Notwendigkeit seines Werkes mit dem Rückgang der rabbinischen Bildung und stellt darum die dem Talmud zu entnehmenden juristischen Entscheidungen nach sachlichen Gesichtspunkten und infolgedessen übersichtlich zusammen. Der Intention nach umfaßt der Mischne Tora alle Vorschriften des Judentums. [...]

Nicht nur durch die systematische Zusammenfassung des Zusammengehörigen unterscheidet sich der Kodex des Maimonides von der talmudischen Darstellungsweise, sondern auch dadurch, daß der Verfasser nur die Ergebnisse der talmudischen Diskussionen bietet und abweichende Ansichten der Gelehrten unberücksichtigt läßt. Da es indessen im Talmud nicht nur klare Entscheidungen gibt, sondern vielfach die Festlegungen verschiedene Auslegungsmöglichkeiten offenlassen, ist die Tatsache, daß Maimonides Entscheidungen fällt, ohne anzumerken, worauf sich diese stützen, bereits bei seinen Zeitgenossen auf Kritik gestoßen.

Maimonides hat den Talmud nicht nur systematisiert, er hat ihn auch modernisiert, indem er alles das übergeht, was seiner Meinung nach vom Standpunkt der Wissenschaft nicht mehr haltbar ist. Dazu gehören Lehren und Schlußfolgerungen, die auf dem Glauben an Dämonen beruhen, und astrologische Anschauungen, die die Menschenschicksale von Gestirnkonstellationen abhängig machen. Ebenso ließ er solche Lehren aus, die den seit der talmudischen Zeit erheblich gewachsenen medizinischen Kenntnissen widersprachen. Statt dessen nutzt er die naturwissenschaftlichen Kenntnisse seiner Zeit und baut sie in sein Werk ein. Daher ist der Mischne Tora nicht nur eine Zusammenfassung der bereits vorliegenden talmudischen Vorschriften, sondern das Werk steht auch gleichzeitig auf der Höhe der Wissenschaft der Zeit, indem es sich griechischer Wissenschaft und griechischer, und zwar aristotelischer Philosophie bedient. Das Vorgehen des Maimonides ist wie das Wirken jedes Reformers heftig angegriffen worden und hat auf der anderen Seite auch leidenschaftliche Befürworter gefunden. Der Autor selbst rechtfertigte sein Vorgehen einmal in einem Brief mit den Worten: „Die Augen sind vorne und nicht hinten."

Seine Absicht, die rechtlichen Vorschriften des Talmuds mit dem neuesten Stand der Wissenschaft zu verbinden, wird in seinem Religionskodex vor allem daran sichtbar, daß er das erste Buch dieses aus 14 Büchern bestehenden Werkes zunächst den Problemen der Physik und der Metaphysik widmet, das infolgedessen eine Art religionsphilosophisches Lehrbuch darstellt. Der Autor sammelt und systematisiert in diesem „Buch der Erkenntnis" genannten ersten Buch seines Religionskodex Mischne Tora nicht nur dasjenige, was sich an philosophischen Gehalten verstreut im Talmud findet, sondern bringt vieles, was im Talmud nicht nur nicht enthalten, sondern ihm auch nicht gemäß ist. Da das Judentum eine Gesetzesreligion ist, geht es bei einer Kodifizierung weniger um weltanschauliche Lehrmeinungen als um die Reglementierung des Handelns. Daher ist es zunächst nicht ohne weiteres ersichtlich, warum Physik und Metaphysik in diesen Rahmen gehören. Besonders betrifft das den Bereich der Physik, die ganz im Sinne der aristotelischen Philosophie von Maimonides behandelt wird. Er findet aber einen Weg, diese dem Judentum ursprünglich fremden Anschauungen als Voraussetzung für die Rechtsvorschriften sinnvoll einzubauen, indem er die Physik ethisiert. Maimonides knüpft sie an das Gebot der Gottesliebe und der Ehrfurcht vor Gott: Nur wenn wir das Weltall betrachten, können wir zur Liebe Gottes gelangen, denn aus der Ordnung der Welt, aus dem Verständnis ihres Aufbaus und ihres Funktionierens wird uns Gottes Weisheit bewußt, die uns dazu bringt, Gott zu lieben. Ebenso erwächst in uns, wenn wir unser kleines Ich dem großen All gegenüberstellen, ein Gefühl der Ehrfurcht Gott gegenüber. Die Behandlung der Metaphysik, besonders des Problems der Gotteserkenntnis, erklärt sich durch die rationalistische Einstellung des Maimonides, daß die Liebe zu Gott aus der Gotteserkenntnis resultiere. Auch Probleme der Ethik werden im ersten Buch des Mischne Tora behandelt. Obwohl die Grundlegung der Ethik auf der Religion beruht, hält sich Maimonides im einzelnen weitgehend an die Nikomachische Ethik des Aristoteles. Er übernimmt die Aristotelische Einteilung der Tugenden in ethische und dianoetische und erkennt den letzteren wie Aristoteles den Vorrang zu. Die Aristotelische Definition der Tugend als Mitte zwischen zwei Extremen findet Maimonides bereits in der Bibel, indem er den Satz „Richte gerade das Geleise deines Fußes“ (Sprüche 4,26) im Sinne des Wägens versteht, bei dem die Wagschalen ins Gleichgewicht gebracht werden. Der Einbau philosophischer Lehren in ein religionsgesetzliches Werk machen den Mischne Tora zu etwas unerhört Neuartigem, so daß sich schon zu des Maimonides Lebzeiten der Kampf der Orthodoxie gerade gegen das erste Buch dieses Kodex richtete.

Als das [...] bedeutsamste Werk des Denkers gilt sein „Führer der Unschlüssigen“, der gegen 1190 vollendet wurde. Das in arabischer Sprache geschriebene Buch, dessen Originaltitel „Leitung der Ratlosen“ lautet, wurde bereits zu Lebzeiten des Maimonides von Samuel ibn Tibbon, der in der Provence lebte, ins Hebräische übertragen. [...] Wenig später wurde durch den Dichter Jehuda Alcharisi eine zweite Übersetzung des „Führers“ hergestellt, die sich von der des Samuel ibn Tibbon durch größere sprachliche Eleganz, aber geringere Genauigkeit unterscheidet. Sie ist insofern zu philosophiehistorischer Bedeutung gelangt, als sie, nicht aber die Übersetzung des Samuel ibn Tibbon, zur Grundlage der lateinischen Version wurde, aus der die europäische Scholastik ihre Kenntnis der Lehren des Maimonides bezogen hat. [...]

Die Aufgabe, die sich Maimonides im „Führer der Unschlüssigen“ stellt, ist die Leitung derer, die sich nicht entscheiden können, welchen Weg sie einschlagen sollen, die zwischen demjenigen schwanken, was die religiöse Überlieferung vorschreibt, und dem, was die Ratio, das philosophische Denken für wahr erkennt. Es geht dem Autor also um das für das Mittelalter zentrale Problem des Verhältnisses von Glauben und Wissen. Das ist eine durchaus philosophische Fragestellung, trotzdem aber ist es schwer, den „Führer“ ein philosophisches Werk zu nennen. [...]

Die Absicht des Maimonides ist im Grunde theologisch: Das heißt aber nicht, daß er die Bedeutung der Philosophie bestritten hätte. Wenn sie auch nach seiner Meinung als Gesamtsystem zur Erklärung der Welt unzureichend sei und ihre Behauptungen nicht beweiskräftig seien, so akzeptiert er sie dort, wo ihre Beweise stichhaltig sind. Insoweit Aristoteles für die Erklärung bestimmter Probleme stringente Beweise geliefert hat, macht sich Maimonides diese zu eigen, und in diesem Sinne ist er als Aristoteliker zu bezeichnen, weil der Aristotelismus als Philosophie die richtige ist. [...]

Der „Führer der Unschlüssigen" ist im Gegensatz zu den anderen Werken des Autors nicht für eine breite Öffentlichkeit bestimmt, sondern richtet sich an eine intellektuelle Elite, die durch die Kenntnis der Wissenschaften in Konflikt mit den biblischen Anschauungen gekommen ist. Maimonides geht es darum, diesen Personenkreis dazu zu befähigen, den Bibeltext nicht in seinem äußeren Wortsinn zu verstehen, sondern die Geheimnisse des Gesetzes, den eigentlichen Sinn und die richtige Interpretation der Offenbarungslehren zu erfassen. Unter Geheimnissen der Bibel sind im wesentlichen zwei Problemkomplexe zu verstehen, die Lehre vom Schöpfungswerk und die Lehre vom göttlichen Thronwagen, im Anschluß an die Vision des Propheten Ezechiel. Beide Themen wurden bereits in talmudischer Zeit diskutiert, doch stellten sie eine Geheimlehre dar und durften nicht vor einem breiteren Publikum behandelt werden. [...]

Maimonides identifiziert die Thematik der Schöpfung mit dem Gegenstand der Physik, die theosophische Spekulation mit dem der Metaphysik, er behandelt also in seinem „Führer" Fragen der Metaphysik und Prinzipien der Physik, wobei er aber das beiseite läßt, was seiner Meinung nach der Aristotelismus bewiesen hat, und sich auf Probleme beschränkt, die darüber hinausgehen.

Um das talmudische Verbot nicht zu verletzen, über Physik und Metaphysik in der Öffentlichkeit zu handeln, schickt Maimonides dem Werk einen Brief an seinen Schüler

Josef ben Jehuda voraus, so daß die Fiktion aufrechterhalten wird, der „Führer" sei nur für *eine* Person bestimmt. Auch hält sich Maimonides an die Vorschrift, nur die Hauptpunkte mitzuteilen, und überläßt es dem entsprechend vorgebildeten Leser, aus Andeutungen den Sinn zu erfassen. Dadurch ist der „Führer" ein nicht leicht lesbares Buch [...]

Das System, das Maimonides aufgebaut hat, um den Schwankenden den Weg zu zeigen, wie sie, ohne ihre Traditionen aufzugeben, im Sinne der Zeit wissenschaftlich gebildet sein konnten, ist seinem Wesen nach eine Synthese, die einen Ausgleich zwischen zwei im Grunde heterogenen Elementen zu schaffen sucht. Dieser Ausgleich ist dadurch möglich, daß Maimonides strikt die irdische Welt vom Bereich des Übersinnlichen scheidet und der Vernunft soweit Raum gibt, wie ihre Möglichkeiten gehen, unanfechtbare Beweise zu liefern. Der Autor ist bereit, jeden Gedanken und jede Meinung vorurteilslos zu prüfen und jedes traditionelle Denkschema aufzugeben, sofern beweiskräftige Gegengründe vorhanden sind. So modifiziert er von den Offenbarungslehren des Judentums her den Aristotelismus und schränkt seine Geltung ein, die Religion wird von ihm jedoch rational systematisiert und zu einer Art philosophischem System gemacht. Maimonides versteht das Judentum als ein rationales Gebäude, in dem sich Glauben und Wissen ergänzen. Er teilt nicht die Ansicht der arabischen Aristoteliker, daß die Philosophie und die Religion zwar dieselbe Wahrheit aussprechen, diese aber nur von der Philosophie klar formuliert werde, so daß der Glaube gegenüber dem Wissen abgewertet wird, das Wissen jedoch nur wenigen zugänglich ist. Auf der anderen Seite ist für Maimonides die Vernunft auch nicht eine bloße Vorstufe des Glaubens, sondern er sucht Glauben und Wissen in der Weise zu verbinden, daß das Geglaubte Aufgabe der Erkenntnis sein müsse, daß der unreflektierte Glaube Vorstufe der Erkenntnis sei. Dabei hat aber die Philosophie dort ihre Grenze, wo die Möglichkeit stringenter Beweise aufhört. Dem philosophischen Denken wird einerseits das Recht der Spekulation verwehrt, andererseits wird ihm der Bereich des Beweisbaren uneingeschränkt freigegeben. Auf diese Weise vermeidet Maimonides eine antithetische Gegenüberstellung von Glauben und Wissen und befreit die Philosophie insofern aus ihrer sektenhaften Rolle, die sie in der arabischen Gesellschaft spielte, als er die Allgemeinheit nicht prinzipiell von der richtigen Erkenntnis, von der philosophischen Interpretation der Offenbarungslehren ausschließt, sondern im Gegenteil es zur religiösen Pflicht aller macht, zu einer philosophisch geläuterten und rational verstandenen Religion zu gelangen. [...]

So hat Maimonides nach beiden Seiten Konzessionen gemacht, indem er sowohl die Philosophie als auch die jüdische Religion umgestaltet und radikal umgebogen hat. Seine Synthese ist letztlich nur auf dem Wege des Kompromisses möglich, und in gewisser Weise gehört Maimonides selbst zu den Schwankenden, deren Führer sein Werk sein wollte. Als religiöser Reformer war er radikal: Ohne Sentimentalität, dabei aber durchaus des Wertes der Tradition eingedenk, stand er mit kritischem Verstand der historisch gewordenen Gestalt der Religion gegenüber. Auf die weitere Entwicklung des jüdischen Denkens hat sein Werk außerordentlich befruchtend gewirkt, weil in der Folgezeit niemand an dem von Maimonides aufgeworfenen Problem vorbeigehen konnte, wie man die gesicherten Ergebnisse der Wissenschaft akzeptieren kann, ohne die eigene Tradition preiszugeben. Der Denker hat mit sicherem Blick erkannt, daß der Kern der jüdische Religion, den es auf jeden Fall zu bewahren gilt, die Beziehung des Menschen zur Tora und die damit gegebene Ausrichtung auf Gott ist, und hat sich nicht gescheut, alle Bestandteile des Judentums, die dem Stand der wissenschaftlichen Erkenntnis nicht entsprechen, in einer Weise zu interpretieren, die auch vom Standpunkt der Wissenschaft unanfechtbar war.

Das Vorgehen des Maimonides, der philosophisches Denken zu einer religiösen Pflicht macht und der das Judentum als eine Vernunftreligion versteht und es entsprechend aus- und umbaut, hat ebenso leidenschaftliche Zustimmung als auch Ablehnung gefunden. Die Vertreter der Orthodoxie bekämpften vor allem den „Führer" und das erste Buch seines Religionskodex Mischne Tora, weil ihnen die philosophische Fundierung der Offenbarung als gefährliche Neuerung erschien. Das rationale Element gewinnt im System des Maimonides ein so starkes Übergewicht, daß letztlich der Glaube dem Verstande unterworfen wird; zugleich aber werden dem Verstand Schranken gesetzt, die den Bestand der Religion garantieren sollen. Die Auffassung, daß das Judentum eine Vernunftreligion sei, verbindet sich für die Folgezeit mit Wirkung und Autorität des Maimonides. [...]

Die Bedeutung des Maimonides liegt vor allem in seiner systematisierenden Leistung. Er hat den Grundstein dafür gelegt, daß sich das Judentum in einer Weise verstehen ließ, die es ermöglichte, die jüdische Tradition dem wissenschaftlichen Fortschritt und dem jeweiligen Erkenntnisstand unschwer zu akkommodieren.

Nicht nur auf die weitere Entwicklung des Denkens im Judentum hat Maimonides einen wesentlichen Einfluß ausgeübt, sondern die Wirkung seiner geistigen Leistung ist auch im Bereich der christlichen europäischen Scholastik in starkem Maße spürbar. Als sich teils auf Grund der Übersetzungen aus dem Arabischen, teils auch durch direkt aus dem Griechischen stammende Übertragungen die Kenntnis der Philosophie des Aristoteles im christlichen Europa ausweitete, stand die Kirche vor der Aufgabe, sich mit dem Problem des Verhältnisses von Glauben und Wissen auf der Basis des neuen philosophischen Materials und seiner arabischen Interpretationen erneut auseinanderzusetzen. Auf die Einbeziehung des Aristotelismus in die religiösen Lehren des Abendlandes ist das Werk des Maimonides – auch dort, wo seine Lösungen nicht unbedingt akzeptiert wurden – von maßgeblichem Einfluß geworden.

Bernard Lewis
Jüdische Wanderungen in der Türkei

Der laufende Zuwachs an jüdischen Untertanen wurde auf zweifache Weise noch beschleunigt, nämlich durch Eroberung und Einwanderung. Der erstgenannte Grund traf genauso auf viele andere Gemeinden zu, die durch das Vorrükken der osmanischen Armeen und die Ausdehnung osmanischer Macht zu osmanischen Untertanen wurden. Der zweite beschränkte sich fast ausschließlich auf die Juden, die damit sozusagen den Vorzug genossen, durch eigene freie Wahl osmanische Untertanen zu werden. Jahrhundertelang wanderten Juden aus verschiedenen Teilen des christlichen Abendlandes in die osmanischen Gebiete aus, angelockt von Berichten über die größere Toleranz und die besseren Chancen, die von der osmanischen Regierung geboten wurden.

Diese Wanderbewegungen erfolgten jedoch nicht immer ganz freiwillig. Manchmal führen die Register Gruppen von Juden auf, die als *sürgün* bezeichnet werden, was auf türkisch Exil oder Deportation oder einfach Zwangsumsiedlung bedeutet. Der *sürgün* war ein im osmanischen Staat durchaus geläufiges Verfahren; es konnte auf eine Einzelperson oder eine Familie angewendet werden oder auch auf eine Gruppe von Einzelpersonen oder Familien, auf einen Nomadenstamm, auf ganze Einwohnerschaften, manchmal sogar auf ganze Distrikte. Es gab zwei Arten von *sürgün*. Die eine, seltenere, hatte Strafcharakter; daß heißt, eine Person oder eine Gruppe wurde vertrieben oder zwangsweise umgesiedelt wegen irgendeines Deliktes, das sie begangen hatten. Häufiger wurde der *sürgün* verhängt aus Gründen der Staatsräson, weil man meinte, es diene den Interessen des Reiches, bestimmte Einwohnerschaften umzusiedeln

Diese Praxis beschränkte sich keineswegs auf Juden, sondern war gegenüber vielen anderen Elementen im Reich durchaus gängig, so auch für Muslime und Christen.

Manchmal scheint das Motiv wirtschaftlicher Natur gewesen zu sein, beispielsweise wenn es sich um landwirtschaftliche Siedler oder um nomadisierende Hirten handelte. Mitunter hatte es strategische Hintergründe, wenn Einwohnerschaften von fragwürdiger Loyalität in Grenzgebieten gegen andere ausgetauscht wurden, die sowohl kämpferisch als auch verläßlich waren. Juden wurden nicht selten durch solche Zwangsumsiedlungen betroffen.

Nach der Eroberung Konstantinopels im Jahre 1453 wird von einer derartigen Aktion berichtet, wobei auf Befehl des Herrschers zahlreiche Juden in der nunmehrigen osmanischen Hauptstadt Istanbul angesiedelt wurden. Man verfrachtete sie aus osmanischen Provinzstädten in Anatolien und auf dem Balkan, wo viele Orte fast ihre sämtlichen jüdischen Einwohner einbüßten, wie aus den osmanischen Katasterverzeichnissen ersichtlich. Etwa hundert Familien wohlhabender Genueser Juden , die zum Zeitpunkt der Eroberung in Pera lebten, wurden damals offenbar ebenfalls über das Goldene Horn in die Altstadt von Istanbul gebracht. Anscheinend bezweckte man damit, eine wirtschaftlich aktive und zugleich politisch zuverlässige Bevölkerung hereinzuholen. Auf diese Weise konnte man die Entwicklung der Stadt fördern, ohne den vermutlich illoyalen christlichen Kaufleuten ein riskantes Übergewicht im Wirtschaftsbereich zu lassen. Ein türkischer Volkszählungsreport von 1477 zeigt, daß Istanbul damals 1647 jüdische Haushaltungen besaß, was elf Prozent der Gesamtbevölkerung ausmachte. Diese Zahlen erhöhten sich nach der Ankunft der iberischen und italienischen Juden beträchtlich, wie aus späteren Schätzungen hervorgeht. Ein türkisches Register von 1535 führt 8070 Haushalte in der Hauptstadt auf. Ende des 15. Jahrhunderts beziffert der deutsche Pilger Arnold von Harff die Anzahl der Juden in Istanbul auf 36000; ein spanischer Reisender schätzt Mitte des 16. Jahrhunderts 10000 Haushalte; ein englischer Kaufmann wiederum, der Istanbul 1594 besuchte, spricht von „Juden in der Stadt und ihrer Umgebung, mindestens 150000 an der Zahl"; Frauen sind in diesen Zahlen nicht enhalten. An der Schwelle des 16. Jahrhunderts verfolgte man in Saloniki, das 1430 von den Osmanen erobert worden war, die gleiche Politik. Im Mittelalter hatte es dort eine jüdische Gemeinde gegeben, deren Mitglieder jedoch die Stadt verließen, als sie unter venezianische Herrschaft kam. Sofern überhaupt welche zurückblieben, gehörten sie wahrscheinlich zu den nach Konstantinopel Umgesiedelten. Das erste osmanische Verzeichnis für Saloniki, das 1478 erstellt wurde, enthält eine große Anzahl Griechisch-Orthodoxer, einige Katholiken und ein paar Muslime, jedoch keine Juden. Die folgenden wiesen eine rasche Zunahme der jüdischen Bevölkerung aus. Ein Register von 1519 verzeichnet vierundzwanzig jüdische Gemeinden, die meist die Namen südeuropäischer Städte oder Länder tragen und zusammen mehr als die Hälfte der Gesamtbevölkerung von 4073 Haushalten ausmachen. Bis 1613 sind die Gemeinden auf fünfundzwanzig angewachsen, mit einer Liste von 5163 Namen: 2933 Haushalte und 2230 Junggesellen. Mittlerweile stellten sie 68 Prozent der Einwohner. Aus anderen Quellen wissen wir, daß die osmanischen Behörden bestrebt waren, jüdische Bevölkerungsgruppen in neu eroberten christlichen Städten anzusiedeln. Die Juden wurden manchmal überredet, manchmal auch gezwungen, sich dort niederzulassen.

Nachdem die Türken 1523 Rhodos und 1571 Zypern erobert hatten, kamen jeweils Befehle des Herrschers, Juden in den neu erworbenen Provinzen anzusiedeln. Der Fall von Zypern ist insofern interessant, als er erstaunlich gut durch Urkunden belegt wird. Die osmanischen Unterlagen für den Zeitraum unmittelbar nach der Eroberung enthalten eine Anzahl von Deportationsanweisungen für die Umsiedlung von Einwohnerschaften nach Zypern. Dazu gehörten türkische Bauern, die auf die Insel geschickt werden sollten, um das Land nicht ausschließlich Griechen und Christen zu überlassen, sondern zum Teil auch Türken und Muslimen. Es gab Befehle, turkmenische Stämme – türkische nomadisierende Hirten – aus Anatolien umzusiedeln, so daß Viehzucht und Versorgung mit Schlacht- und Zugvieh sicher in muslimischer Hand ruhten. Und etwa ab 1567 finden sich Anweisungen, Juden nach Zypern zu schicken. So instruiert ein Befehl aus diesem Jahr den Gouverneur von Safed in Palästina, „1000 reiche und wohlhabende Juden ... mit ihrem Hab und Gut und mit ihren Familien" nach Zypern zu schicken. Etwas später spricht eine 1577 datierte Order von „500 jüdischen Familien unter den reichen und wohlhabenden Juden von Safed", die nach Zypern umgesiedelt werden sollen. Ein anderes, an den Generalgouverneur von Zypern adressiertes Dokument, avisiert ihm die Ankunft dieser Juden und weist ihn an, für deren Unterbringung zu sorgen. Die Order beginnt mit einem bemerkenswerten Satz: „Im Interesse der erwähnten Insel ist mein erlauchter Befehl ergangen..., 500 der jüdischen Familien aus Safed zu rekrutieren und zu entsenden." Bezweckt wurde, „den Interessen der erwähnten Insel" zu dienen, was natürlich hieß, den Interessen des osmanischen Staates auf der erwähnten Insel. Dem Gouverneur von Safed wurde eingeschärft, reiche und nicht etwa arme Juden zu schicken: „Wenn im Laufe der Rekrutierung und Registrierung der vorgeschriebenen Anzahl von Juden irgendeiner Protektion erhält oder wenn jemand von der Liste gestrichen wird und an seine Stelle andere treten, so daß nicht reiche, sondern arme Juden rekrutiert werden, gibt es dafür Eurerseits keine Entschuldigung ..." Weiterhin wurde dem Gouverneur bedeutet, daß er dann nicht nur seine Entlassung, sondern außerdem strenge Bestrafung zu gewärtigen habe. All das gewährt einen interessanten Einblick in die Absichten und Modalitäten der Umsiedlung.

Tatsächlich aber blieben die Juden aus Safed verschont. Sie hatten einflußreiche Freunde in Istanbul, die mit Mitteln, über die in den Archiven bedauerlicher-, wenngleich keineswegs überaschenderweise nichts zu lesen ist, die Behörden zu bewegen vermochten, diesen Plan fallenzulassen. Der

Generalgouverneur von Zypern jedoch, der offenbar sehr auf dessen Verwirklichung erpicht war, wurde 1597 wenigstens zum Teil durch eine Order entschädigt; sie ermächtigte ihn, eine Gruppe von Juden, die er auf dem Weg von Saloniki nach Safed an der Weiterfahrt gehindert hatte, dort zu behalten und wieder anzusiedeln.

Für diese strategische Siedlungspolitik wurden Juden gebraucht. Wenn die etablierten Gemeinden im Reich sich weigerten und die freiwillige Einwanderung nicht ausreichte, ließen sich weitere Juden durch das Recht des Siegers beschaffen.

Nach der türkischen Eroberung von Belgrad im Jahre 1521 und von Buda im Jahre 1524 wurden dort ansässige Juden und Christen zu Tausenden in osmanische Städte umgesiedelt – nach Edirne, Izmir, Saloniki und Istanbul. Mit den Worten eines osmanischen Chronisten der Eroberung von Buda: „Unter den ansässigen ungläubigen Rajahs und Juden befanden sich etliche tausend, die darum ersucht hatten und die man mitsamt ihren Familien auf Schiffe verfrachtete und als *sürgün* ins Reich des Islam entsandte. Man siedelte etliche Familien im Bezirk Yedikule (in Istanbul) an; von den Juden schickte man einige nach Saloniki und die übrigen an andere Orte."

Die gleiche Geschichte berichtete auch der europäische jüdische Chronist Joseph ha-Kohen und bestätigt, daß es sich bei den jüdischen Umsiedlern um Freiwillige handelte und daß sie auf Schiffen befördert wurden, vermutlich donauabwärts. Gemeinden von „Juden aus Buda" oder von „*sürgün* aus Buda" werden ordnungsgemäß in den osmanischen Registern von Saloniki, Edirne, Istanbul und anderen Städten aufgeführt. Es gibt Berichte über ähnliche Umsiedlungen im 17. Jahrhundert, als die Osmanen in Polen einfielen. Einem zeitgenössischen Beobachter zufolge war die kleine Stadt Kırk Kilise, zwischen Istanbul und Edirne gelegen, „fast ganz von Juden beherrscht, die durch Sultan Mohammed aus Podolien umgesiedelt worden und die immer noch das gleiche falsche Deutsch sprechen wie in Polen". Die Register in Istanbul und anderen Städten, die jüdische Gemeinden spezifizieren und deren Mitglieder aufführen, enthalten gewöhnlich separate Listen derjenigen, die zwangsweise umgesiedelt wurden, und derjenigen, die aus freien Stücken kamen. Die ersteren wurden als *sürgün* registriert, die letzteren als *kendi gelen,* wörtlich „selbst gekommen". Die *sürgün* stammten vorwiegend aus Gebieten, die von den osmanischen Streitkräften besetzt oder auch überfallen worden waren; dazu zählten viele Orte in Anatolien, in Griechenland und auf dem Balkan und auch welche in Mitteleuropa. Bei den *kendi gelen* handelte es sich um freiwillige Einwanderer aus den christlichen Ländern Europas, die meisten aus Spanien, Portugal und Italien, etliche jedoch auch aus Deutschland und Ungarn. Solche Ansiedlungsmuster sind in mehreren osmanischen Städten anzutreffen, in Europa ebenso wie in Vorderasien.

2. Juden in der christlichen Welt

Haim Hillel Ben-Sasson
Im zweifelhaften Schutz des Kaisers

Etwa im Jahr 825, in der Zeit Ludwigs des Frommen, des Sohnes Karls des Großen, entstand eine Reihe von Urkunden, mit denen die Rechte einzelner jüdischer Gruppen festgelegt wurden [...] Die Freibriefe, die etwa aus dem Jahre 825 stammen, geben den Juden Erlaubnis, „nach ihrem Gesetz“ zu leben; sie sagen ihnen Schutz für Leib und Besitz sowie Bewegungs- und Handelsfreiheit zu, inbegriffen den Sklavenhandel außerhalb des Reiches, und gestatten ihnen auch die Beschäftigung von christlichen Arbeitskräften in ihrem Haus. Eine Reihe von Juden wird sogar durch Gesetz von der Prüfung durch Gottesurteil, der Feuer- oder Wasserprobe, befreit. Diese Begünstigungen wurden im allgemeinen den Fernkaufleuten zuteil, deren Handel und Präsenz dem Kaiser sehr recht war.

Den gegen die Juden gerichteten Klagebriefen des Erzbischofs Agobard von Lyon ist zu entnehmen, daß ein spezieller Beamter für „die jüdischen Ungläubigen“ eingesetzt war. Und ebenso, daß die Stellvertreter des Kaisers in Lyon dem gegen die Juden wetternden Erzbischof entgegneten, die Juden seien am kaiserlichen Hof keineswegs mißachtet, vielmehr seien sie dem Kaiser „teuer“, ja, „wertvoller“ noch als die Christen. Selbst wenn wir annehmen, daß der Erzbischof hier übertrieben haben mag, um diese Beamten anzuschwärzen, lassen solche Berichte doch erkennen, welches Ansehen die jüdischen Kaufleute bei Hof genossen. Die Juden wiesen auch zwei kaiserliche Handschreiben vor, die an den Erzbischof und den *vicecomes* von Lyon gerichtet waren. Agobard beklagt sich, daß ihnen die Erlaubnis zum Bau von zwei neuen Synagogen erteilt und außerdem der Markttag ihretwegen vom Samstag auf den Sonntag verlegt wird. Agobards Schmähungen bestätigen also das in Dokumenten vorliegende Beweismaterial dafür, daß der Kaiser den Juden Schutz gewährte und daß bestimmte Rechte, so das Recht zum Bau von Synagogen, eher Gemeinden zugebilligt wurden als Einzelpersonen. Heftig wandte sich der Erzbischof auch gegen die angesehene Stellung der Juden innerhalb der christlichen Gemeinde; er glaubte, dieser böse Einfluß sei zum Teil der wohlwollenden Behandlung der Juden am kaiserlichen Hof zuzuschreiben. Aber auch das Volk lobte die jüdischen Prediger, und manche Edelleute baten sie sogar um ihren Segen. Die Juden rühmten sich ihrer alten Abstammung und pochten darauf, daß es kein Kirchengesetz gebe, das Christen verbiete, sich jüdischer Gastfreundschaft zu erfreuen.

Agobards Klagen über den geistigen Einfluß der Juden und das Verhalten der oberen Gesellschaftsklassen beruhten keineswegs auf Einbildung. Dies beweist der Übertritt des gelehrten jungen Diakons Bodo zum jüdischen Glauben sowie dessen Flucht ins muslimische Spanien im Jahr 838/39 und seine antichristliche Aktivität. Kurz, in der ersten Hälfte des 9. Jahrhunderts begünstigte die Politik des Kaisers die jüdischen Kaufleute und ihre kommerzielle Tätigkeit, einschließlich ihres Sklavenhandels, und auch die öffentliche Meinung war ihnen wohlgesonnen, wie sich aus den Freibriefen und den Bezichtigungen gleicherweise entnehmen läßt [...]

Der Druck auf die Juden begann sich auch im Westen von mehreren Seiten her zu verstärken. Im 10. und 11. Jahrhundert wurde das Christentum fraglos zum Glauben der breiten Schichten. Die reformistischen Mönche von Cluny erzielten mit ihrer Frömmigkeit und Selbstdisziplin bedeutende Wirkungen: Christliche Männer schlossen sich zu geistlichen Verbänden zusammen, überzeugt, daß sie verpflichtet seien, für das Christentum mit dem Schwert zu kämpfen [...]

In die größte Bedrängnis gerieten die Juden durch das einfache Volk, das zunehmend tiefer vom christlichen Glauben erfaßt wurde und nun die Juden für die einzigen verbliebenen Gegner des allgemein übernommenen Glaubens hielt. Die christliche Lehre räumte ein, daß die Juden die Wahrer des Alten Testaments seien, welches alle christlichen Wahrheiten enthalte und in dem das Christentum seine Wurzeln habe. Da die Juden Städter waren und lesen und schreiben konnten, sah die große Menge des Volkes in ihrer Zurückweisung des christlichen Glaubens die böswillige Verleumdung dessen, was sie aus dem Studium der Heiligen Schriften erkannt haben mußten. Den hebräischen *Pijutim* (liturgischen Dichtungen) jener Zeit ist zu entnehmen, wie stark dieser Druck, zum Christentum überzutreten, von den Juden empfunden wurde; so zum Beispiel ruft Rabbenu Gerschom, die Leuchte des Exils, zur Ablehnung des Christentums auf: „Der Sterbliche, Abtrünnige, Neugekommene [Jesus], welche Sicherheit kann er mir bieten?" Es kam zu Übergriffen und Ermordungen, aber auch zu Zwangsübertritten oder Märtyrertum, wie 930 in Otranto in Süditalien: „Als sie durch jene grausame Verfolgung überwältigt wurden, stieß sich Rabbi Isaia mit den eigenen Händen ein Messer in den Hals und wurde geschlachtet wie ein Lamm im Tempelhof; und Rabbi Menachem stürzte... in die Grube, und unser Meister Elija wurde erdrosselt." Im Jahr 1007 fanden auch in Frankreich Judenverfolgungen statt, und der Überlieferung zufolge führte die Vertreibung der Juden aus Mainz im Jahr 1012 zu zahlreichen Übertritten in der Stadt.

Trotz dieser Repression spielten die Juden noch immer eine bedeutende Rolle. Von den weltlichen wie auch den geistlichen Obrigkeiten wurden sie für gewöhnlich besonderer Rechte und den Schutzes für würdig befunden. Noch 1084, nur zwölf Jahre vor den Massakern von 1096, erhielten die Juden vom Bischof von Speyer einen Schutzbrief, dessen Einzelheiten darauf deuten, daß man ihnen einen Anreiz bieten wollte, sich in dieser Stadt niederzulassen. Einem jüdischen Bericht entnehmen wir, daß es sich hier um Juden aus Mainz handelte, die aufgrund ihrer Erfahrungen einen Ort suchten, wo man ihnen durch Errichtung von festen Mauern um ihren Wohnsitz Schutz und Verteidigungsmöglichkeit biete. Dies wurde ihnen vom Bischof zugesagt. 1090, nur sechs Jahre vor den Gemetzeln, erneuerte Kaiser Heinrich IV. das Speyerer Privileg und erteilte der Gemeinde von Worms ein gleiches. Trotz erheblicher Abweichungen sichern beide Dokumente den Juden Handelsfreiheit innerhalb der Stadt sowie das Recht zur ungehinderten Religionsausübung zu. Besonders deutlich kommt dies in den Privilegien für Speyer zum Ausdruck, dessen Bischof ein Anhänger des Kaisers war.

Der Erste Kreuzzug war zweifellos der Höhepunkt des Erfolges im päpstlichen Programm zur Führung der Christenheit. Es war Papst Urban II., der 1095 auf dem Konzil zu Clermont zu diesem Kreuzzug aufrief. Neben dem gemeinen Volk nahmen Ritter und fürstliche Würdenträger aller Rangstufen an ihm teil; Monarchen waren jedoch nicht darunter. Ein jüdischer Chronist aus dem 12. Jahrhundert bediente sich zur Beschreibung der Situation folgender Worte aus Salomos Sprüchen (30,27): „Die Heuschrecken – sie haben keinen König, dennoch ziehen sie aus in Ordnung." Der Feldzug war Ausdruck der von der Kirche abgesegneten ritterlichen Ideale, die nun, über Europa und die christlichen Bruderkriege hinaus auch für den Krieg gegen die Ungläubigen zur Eroberung des Heiligen Landes Gültigkeit hatten. Rache für Jesu Blut lautete die Devise der Kreuzfahrerpoesie, und sie war auch das Thema der Volkspredigten und Briefe, die zum Kreuzzug aufriefen und auch die Schwärme von Kreuzfahrern gegen die Juden aufbrachten. Der eben erwähnte jüdische Chronist berichtet:

„... Als sie durch die Städte zogen, in denen Juden waren,

sagten sie zueinander: Nun ziehen wir so weiten Weg, das ‚Haus der Schwachen und Vernichteten‘ [eine hebräische Bezeichnung für das heilige Grab] aufzusuchen und an den Ismaeliten Rache zu nehmen; und siehe, hier mitten unter uns wohnen die Juden, deren Väter ihn unschuldig schlugen und kreuzigten. Wohlan, rächen wir uns zuerst an ihnen und rotten sie aus unter den Völkern, daß des Namens Israel nicht mehr gedacht werde; oder sie sollen so werden wie wir und sich zum ‚Sohn der Unzucht‘ [jüdische Bezeichnung für Jesus] bekennen“. [...]

Das Unheil begann in Rouen in Frankreich, scheint sich jedoch in jener Region nicht ausgebreitet zu haben. Die Gemeinden des Rheingebiets wurden gewarnt, konnten sich indes Ausbrüche von Gewalttätigkeit, gegen die selbst der Schutz der Bischöfe und des Kaisers nichts fruchtete, nicht vorstellen. Im April und im Juni 1096 kam es in der Rheinebene zu furchtbaren Ausschreitungen. Die jüdischen Führer appellierten an den Kaiser und die Bischöfe und andere Oberhäupter in den Städten sowie an die Besitzer von Befestigungen innerhalb und außerhalb der Städte. Sie zahlten riesige Summen an diese potentiellen Beschützer, die ihnen in vielen Fällen tatsächlich befestigte Bauwerke zur Verfügung stellten, in denen sie sich verteidigen konnten, und ihnen sogar eine Wachtruppe zum Schutz gaben. Die Städte indes öffneten den Kreuzfahrern die Tore. Die christlichen Wachen hatten keine Neigung, Ungläubige gegen ihre Brüder zu verteidigen, die in einen heiligen Krieg zogen und, nach ihrer Ansicht, den Juden die Wahl ließen zwischen dem wahren, christlichen Glauben und der Rache für ihre Verstocktheit. In manchen Orten, zum Beispiel in Speyer und Köln, blieben die Bischöfe fest, geboten den Übergriffen schon im Anfangsstadium Einhalt und straften die Gewalttäter mit Tod oder Abhacken der Hände. Doch in den verschiedenen Orten herrschten jeweils andere Verhältnisse, so z. B. mußte der Erzbischof in Mainz, der versucht hatte, die Juden zu schützen, selbst fliehen [...]

Nachdem eine ganze Anzahl von Schutz- und Freibriefen sowie auch die früheren Schutzmaßnahmen nahezu wirkungslos geblieben waren, wie sich 1096 erwiesen hatte, suchten die Herrscher nach neuen Methoden, die Juden zu schützen. 1103 bemühten sie sich, die Juden in die Bestimmungen des „Reichslandfriedens von Mainz" einzubeziehen. Die Einrichtung des „Landfriedens" beruhte auf christlichen Vorstellungen vom „Gottesfrieden", der die infolge von Adels- und Königsfehden gespaltenen christlichen Länder einen sollte. Man wollte vor allem die unbewaffneten, nicht an den Kämpfen beteiligten Mitglieder der christlichen Gesellschaft schützen. Doch war die versuchte Einbeziehung der Juden bald vergessen, denn eben der schon seiner Definition nach christliche Begriff „Landfrieden" scheint einer Einbeziehung der Juden widersprochen zu haben.

Aufs neue stellte man den Juden nun Privilegien und Schutzbriefe aus. Doch von nun an spiegeln sie den klerikalen Druck wider, der auf die größtmögliche Demütigung der Juden und ihren Ausschluß aus bestimmten Tätigkeitsbereichen wie der des Geldhandels abzielte – er war nach kirchlicher Meinung unvereinbar mit der ihnen unter Christen zukommenden Position. Besonders heftig wurde gegen die Tätigkeit der Juden in solchen Berufen opponiert, die ihnen eine geachtete Stellung unter den Christen oder sogar Macht über diese verschafft hätten. Fortan setzte man sie zunehmend unter Druck, indem man den Pöbel gegen sie aufhetzte. [...]

Zu jener Zeit begann die Funktion der Juden als Geldverleiher in den Freibriefen immer mehr Raum einzunehmen.

In diesen Freibriefen taucht anläßlich der Umstände, unter denen sie formuliert wurden, ein neuer Begriff auf, der auch in den päpstlichen Schreiben Verwendung findet und bei der Anstiftung der Volksmenge seine Funktion erfüllt: die Idee von der Knechtschaft der Juden. Dieses Konzept lieferte die theoretische Basis für die Demütigung der Juden und ihre zunehmende Unterwerfung unter den Willen der

Obrigkeiten. Gleichzeitig gewährte es aber den Juden vermehrten Regierungsschutz; daraus spricht sowohl das Interesse der Herrschenden an der Unbeschadetheit dieser „Knechte“, die so wesentliche Beiträge zur Anreicherung der Schatzkammer leisteten, als auch die Sorge um die eigene Rangstellung und das eigene Ansehen in ihren Landen.

Erstmals artikulierte sich diese Einstellung im christlichen Spanien, wo es bereits 1176 in den Gesetzen der Stadt Teruel heißt, daß die Juden „Leibeigene des Königs“ seien und absolut zu den Besitztümern der Königlichen Kammer gehörten. Die während der Reconquista bestehenden Verhältnisse waren den Juden günstig, und so hielten sich die möglichen negativen Rückwirkungen dieser Knechtschaft in Grenzen. Und wiewohl in den Königreichen der Iberischen Halbinsel unterschiedliche praktische Konsequenzen aus ihr gezogen wurden, waren diese doch weniger extrem und hart als später gegen Ende der Rückeroberung. [...]

Auch in Deutschland wurde in der zweiten Hälfte des 12. Jahrhunderts entschieden, daß „die Juden der Kaiserlichen Kammer gehören“. Kaiser Friedrich I. ging bei der Aufzählung der Rechte und Pflichten der Regierung ihren Untertanen gegenüber von diesem Besitzrecht der Kaiserlichen Kammer aus. In einer Urkunde, mit der er den Juden von Regensburg im Jahr 1182 ihre Rechte bestätigt, heißt es:

„Es ist die Pflicht Unserer Kaiserlichen Majestät wie auch eine Erfordernis der Gerechtigkeit und des Verstandes, daß wir einem jeden unserer treuen Untertanen bewahren, was ihm zusteht, nicht nur den Anhängern des christlichen Glaubens, sondern auch jenen, die von unserem Glauben abweichen und nach den Bräuchen ihrer Vorfahren leben. Wir wollen Sorge tragen, daß sie an ihren Sitten festhalten und Frieden haben für sich und ihr Eigentum. Deshalb verkünden Wir, daß Wir Uns das Wohlergehen der in Unserem Reich lebenden Juden, die dank Unseres besonderen Hoheitsrechtes Knechte der Kaiserlichen Kammer sind, angelegen sein lassen.“

Kaiser Friedrich II. machte vor allem wegen seines Kampfes mit dem Papst um die Führung der Christenheit von der Formel „Knechtschaft der Juden" Gebrauch. Die Bezeichnung „Kaiserliche Kammerknechte" prägte er erstmals auf Sizilien, und ab 1236 wurde sie überall im nördlich der Alpen gelegenen Teil des Heiligen Römischen Reiches verwandt. Herrschaftsansprüchen der Kirche über die Juden begegnete er mit einer Erklärung aus dem gleichen Jahr, derzufolge die Juden ihm gemäß Gesetz unmittelbar unterstellt seien, „im Kaiserreich wie im Königreich". 1237 erklärte er in einem Privileg für die Stadt Wien, es sei der „unerträglichen Sünde" der Juden zuzuschreiben, daß er, Erbe der römischen Kaiser, ihr Herr wäre, „da kaiserliche Gewalt diesen Juden seit altersher ewige Knechtschaft als Strafe für die Sünde" der Kreuzigung Jesu „auferlegt hat". [...]

Schon seit den Tagen der Kirchenväter hatte die Kirche behauptet, Israel, das Jesus nicht anerkannt und ihn umgebracht habe, sei geradezu das Ebenbild des Kain, der seinen Bruder erschlug. Auch habe die Zerstreuung der Juden Furcht und ewige Knechtschaft über sie gebracht. Der Vergleich mit Kain wurde von den Predigern systematisch weiterverbreitet. Er gab auch den Herrschern ein ideologisches Fundament für ihre Definition der jüdischen Knechtschaft. Doch beanspruchte die Kirche eben unter Berufung auf Kain für sich das ausschließliche Recht der Kontrolle über die Juden im gesamten christlichen Bereich. Gleichzeitig war sie willens, den christlichen Herrschern die unmittelbare Überwachung dieser Knechtschaft in ihren jeweiligen Territorien zu überlassen. Dementsprechend erklärte Innozenz III. im Jahr 1205: „Gott mißbilligt es nicht, sondern heißt gut, daß die zerstreuten Juden unter katholischen Königen und christlichen Fürsten leben und dienen sollen." Die Kirche hielt sich in ihrer erhabenen Position als geistige Oberhoheit für ausersehen, die Einstellung der Gläubigen zu den Juden durch Instruktionen zu lenken. Manchmal diente dies auch den Juden zum Schutz. Zum Beispiel veröffentlichte

Papst Innozenz III. 1199 eine *Constitutio pro Judaeis.* Unter Verwendung der von früheren Päpsten zum gleichen Thema gebrauchten Terminologie sah der Erlaß vor, daß den Juden kein leiblicher Schaden zugefügt und ihr status quo weder zu ihrem Vorteil noch zu ihrem Nachteil verändert werden durfte. Dieser Schutz wurde ihnen indes „aus Milde christlicher Frömmigkeit ... im Sinne seiner Vorgänger" gewährt. Übereinstimmend damit erließ er Befehl, die Juden nicht gewaltsam zur Taufe zu zwingen, denn gewiß könne man keinem trauen, daß er den wahren Christenglauben besitze, der nicht willentlich, sondern durch Gewalt die christliche Taufe empfangen habe.

Der gleiche Papst verbot auch, Juden zu erschlagen oder zu verletzen oder ihr Eigentum zu beschädigen und ihre Feiertage zu entweihen: „Niemand sollte ihre Gottesdienste mit Stöcken oder Steinen stören... Gegen die Habsucht und Schlechtigkeit der Menschen verfügen Wir, niemand soll die Friedhöfe der Juden schänden oder auf der Suche nach Geld dort bestattete Tote ausgraben." Und der Papst drohte jedem mit Exkommunikation, der diesen Verfügungen zuwiderhandele. [...]

So brachte die kirchlich befürwortete Knechtschaft der Juden zwar schwerwiegende Beschränkungen, aber auch begrenzten Schutz mit sich, der sich freilich, sorgfältig präzisiert, lediglich auf bestimmte Aspekte des Lebens erstreckte.

Zusammenfassend läßt sich sagen, daß die ideologische Basis für die jüdische Knechtschaft in der generellen Grundhaltung zu suchen ist, die sich das Christentum in bezug auf das Judentum zu eigen gemacht hatte – Behauptungen, die mit der wachsenden Macht der Kirche zunehmend strenger und schärfer formuliert wurden. Im Laufe des 13. Jahrhunderts führte diese Feindseligkeit zu praktischen Forderungen der Kirche und zu Gegenforderungen der Monarchen, die sich ihrerseits aus dem Prinzip des allen Untertanen ohne Rücksicht auf ihren Glauben zu gewährenden Schutzes oder aus materiellen Erwägungen der Herrscher herleiteten. Das

Zusammenwirken dieser Faktoren wie auch die Gegensätzlichkeiten zwischen ihnen führten zur Entwicklung der Formel „Kammerknechte“. Während sie die soziale, rechtliche und menschliche Demütigung der Juden gewährleistete, verschaffte sie den Herrschern rechtliche und materielle Vorteile. Aber sie war den Interessen der Juden insofern dienlich, als sie ihnen eine klare Formulierung ihrer Stellung lieferte, auf die sie sich, wenn es um ihre Sicherheit an Leib, Leben und Besitz ging, berufen konnten.

Hartmut Boockmann (Hg.)
„Hostienfrevel“

(aus der Weltchronik des Heinrich von Herford)

Von der Stimme, die das Sakrament des Herrn zeigte. Ein Bauer, der in der oben genannten Stadt Möckmühl eines Nachts auf seinem Lager ruhte und schlief, hörte eine Stimme, die ihm sagte: „Wachst Du?“ Er antwortete ihr: „Ich wache.“ Darauf sagte die Stimme: „Geh zum Priester und sag ihm, daß er zum Haus des Juden Wivilin gehen und unter der Schwelle seiner Tür, durch die man zum Abtritt geht, suchen soll, und dort wird er das Sakrament des Herrn finden.“ Der Bauer aber wollte in der ersten Nacht nicht gehorchen, weil er glaubte, es mit einem Wahngebilde zu tun zu haben. In der nächsten Nacht kam die Stimme wiederum, fragte wie vorher, ob er schlafe, und sagte: „Geh und sag dem Priester, daß er zum Haus des Wivilin geht. Dort wird er an dem vorgenannten Ort den Leib des Herrn finden.“ Der Bauer antwortete: „Ich will das willig ausführen.“ Am folgenden Tage ging er zum Priester und sagte zu ihm: „Herr, in den beiden vorangegangenen Nächten kam zu mir eine Stimme und sagte: ‚Sag dem Priester, daß er zum Haus des Juden Wivilin geht, und er wird dort das Sakrament des Herrn empfangen'." Ihm antwortete der Priester: „Komm schnell mit mir zum Schultheißen." Und als sie zum Schultheißen kamen, sagte ihm der Priester der Reihe nach, was er von dem Bauern gehört hatte. Darauf holte der Schultheiß viele seiner Knechte herbei und ging mit dem Priester zu dem Haus des Juden. Sie suchten sorgfältig etwa eine Stunde lang und fanden nichts. Der Schultheiß sagte zu dem Priester: „Dieser Bauer ist betrunken und wird vom Teufel verspottet. Wir wollen zurückkehren." Mit diesen Worten ging er fort. Als der Priester ebenfalls weggehen wollte, konnte er seine Füße nicht vom Boden heben. Schnell wurde der Schultheiß zurückgerufen, und der Priester sagte zu ihm: „Wahrlich, ich kann meine Füße nicht heben und mich nicht von diesem Ort entfernen. Deshalb rate ich, daß wir sorgfältiger suchen." Das geschah, und sogleich fanden sie fünf durchstochene und an einem Band aufgehängte Hostien. Nach dem Fund der Hostien ließ der Schultheiß die Juden in scharfe Haft nehmen und schloß 76 in einem festen Haus und ließ sie und das Haus ohne Gnade durch den Schlächter Rindfleisch verbrennen...

Zur selben Zeit verschaffte sich ein Jude von einem verkommenen Christen das verehrungswürdige Sakrament. Jener Jude ließ eines Tages einige ihm liebe Juden zu seinem Haus kommen. Und als sie gekommen waren, zog er jene geweihte Hostie hervor und legte sie vor ihren Augen auf den Tisch und sagte: „Das ist der Gott der Christen." Und mit schnellem Zugriff faßte er ein Messer, um an der Hostie zu erproben, ob sie das wahre Sakrament des Herrn sei. Als er sie aber so verwundet hatte, floß ein breiter Blutstrom fortwährend aus ihr heraus. Da sagte der Jude: „Das ist der wahre Christengott." Nichtsdestoweniger stach er das Eisen oder Messer noch einmal in die Hostie. Da fing sie an zu weinen wie ein Knabe von ungefähr drei Jahren. Der Jude verwundete sie danach noch öfter, und die Hostie schrie oftmals. Die Nachbarn wunderten sich aber sehr über das Geheul und Geschrei des Knaben, weil es im Haus des Juden einen solchen Knaben nicht gab. Der Jude beachtete das jedoch nicht. Und so sagte er wieder: „Die Christen sagen von ihrem Gott, er sei dreifach und einzig, und das will ich sofort erproben.“ Er ergriff das Messer und trennte die Hostie in drei Teile, diese kehrten jedoch sofort an ihre Stelle zurück. Der Jude durchbohrte die Hostie abermals, und wiederum ließ ein kleines Kind eine Klagestimme ertönen. Die Frauen in dem Nachbarhaus wunderten sich wieder über das Weinen des Knaben und sagten zueinander: „Eine von uns soll zur Tür des Juden gehen.“ Eine jüngere ging also rasch zur Tür des Juden und wollte genauer hören und sehen, warum sie einen solchen Knaben so oft quälten. Es fügte sich aber, daß der erwähnte Schlächter Rindfleisch vorbeiging. Den rief die Frau herbei und sagte ihm: „In diesem Haus schreit ein kleiner Junge, und ich glaube, daß ihn die Juden eben ermordet haben.“ Der Fleischer rief an der Tür. Aber die Juden wollten ihm nicht freiwillig antworten. So schnell wie möglich versteckten sie die Hostie sorgfältig. Da rief der Schlächter ganz laut, und die armen Nachbarn kamen rasch zusammen, zerbrachen die Tür des Judenhauses schnell, fingen die Juden und schleppten sie vor Gericht. Da brachten die Juden falsche christliche Zeugen bei, die deren Unschuld beweisen wollten. Aber die Juden konnten nichts beweisen und wurden rechtmäßig zum Tode verurteilt. In der Zwischenzeit und bevor die Juden zum Hinrichtungsort gebracht wurden, drangen die Armen in die Häuser der Juden ein, plünderten ihren Besitz und rissen die Häuser von Grund auf nieder. Als die Bauern der benachbarten Dörfer das hörten und sahen, ahmten sie jene nach und fingen die bei ihnen wohnenden Juden gleichfalls, plünderten ihren Besitz und machten Häuser und Leiber der Juden durch die Flamme zu Asche.

Heinrich Heine
Der Rabbi von Bacherach

Seinem geliebten Freunde, Heinrich Laube, widmet die Legende des Rabbi von Bacherach, heiter grüßend, der Verfasser

Unterhalb des Rheingaus, wo die Ufer des Stromes ihre lachende Miene verlieren, Berg und Felsen, mit ihren abenteuerlichen Burgruinen, sich trotziger gebärden, und eine wildere, ernstere Herrlichkeit emporsteigt, dort liegt, wie eine schaurige Sage der Vorzeit, die finstre, uralte Stadt Bacherach. Nicht immer waren so morsch und verfallen diese Mauern mit ihren zahnlosen Zinnen und blinden Warttürmchen, in deren Luken der Wind pfeift und die Spatzen nisten; in diesen armselig häßlichen Lehmgassen, die man durch das zerrissene Tor erblickt, herrschte nicht immer jene öde Stille, die nur dann und wann unterbrochen wird von schreienden Kindern, keifenden Weibern und brüllenden Kühen. Diese Mauern waren einst stolz und stark, und in diesen Gassen bewegte sich frisches, freies Leben, Macht und Pracht, Lust und Leid, viel Liebe und viel Haß. [...]

Der herrschaftliche Vogt saß auf der hohen Burg Sareck, und wie sein Falke schoß er herab wenn man ihn rief und auch manchmal ungerufen. Die Geistlichkeit herrschte im Dunkeln durch die Verdunkelung des Geistes. Eine am meisten vereinzelte, ohnmächtige und vom Bürgerrechte allmählig verdrängte Körperschaft war die kleine Judengemeinde, die schon zur Römerzeit in Bacherach sich niedergelassen und späterhin, wahrend der großen Judenverfolgung, ganze Scharen flüchtiger Glaubensbrüder in sich aufgenommen hatte."

Die große Judenverfolgung begann mit den Kreuzzügen und wütete am grimmigsten um die Mitte des vierzehnten Jahrhunderts, am Ende der großen Pest, die, wie jedes andre öffentliche Unglück, durch die Juden entstanden sein sollte. [...]

Eine andere Beschuldigung, die ihnen schon in früherer Zeit, das ganze Mittelalter hindurch bis Anfang des vorigen Jahrhunderts, viel Blut und Angst kostete, das war das läppische, in Chroniken und Legenden bis zum Ekel oft wiederholte Märchen: daß die Juden geweihte Hostien stählen, die sie mit Messern durchstächen bis das Blut herausfließe, und daß sie an ihrem Paschafeste Christenkinder schlachteten, um das Blut derselben bei ihrem nächtlichen Gottesdienste zu gebrauchen. Die Juden, hinlänglich verhaßt wegen ihres Glaubens, ihres Reichtums, und ihrer Schuldbücher, waren an jenem Festtage ganz in den Händen ihrer Feinde, die ihr Verderben nur gar zu leicht bewirken konnten, wenn sie das Gerücht eines solchen Kindermords verbreiteten, vielleicht gar einen blutigen Kinderleichnam in das verfemte Haus eines Juden heimlich hineinschwärzten, und dort nächtlich die betende Judenfamilie überfielen; wo alsdann gemordet, geplündert und getauft wurde, und große Wunder geschahen durch das vorgefundene tote Kind, welches die Kirche am Ende gar kanonisierte. Sankt Werner ist ein solcher Heiliger, und ihm zu Ehren ward zu Oberwesel jene prächtige Abtei gestiftet, die jetzt am Rhein eine der schönsten Ruinen bildet, und mit der gotischen Herrlichkeit ihrer langen, spitzbögigen Fenster, stolz emporschießender Pfeiler und Steinschnitzeleien uns so sehr entzückt, wenn wir an einem heitergrünen Sommertage vorbeifahren und ihren Ursprung nicht kennen. Zu Ehren dieses Heiligen wurden am Rhein noch drei andre große Kirchen errichtet, und unzählige Juden getötet oder mißhandelt. Dies geschah im Jahre 1287, und auch zu Bacherach, wo eine von diesen Sankt-Wernerskirchen gebaut wurde, erging damals über die Juden viel Drangsal und Elend. Doch zwei Jahrhunderte seitdem blieben sie verschont von solchen Anfällen der Volkswut, obgleich sie noch immer hinlänglich angefeindet und bedroht wurden.

Je mehr aber der Haß sie von außen bedrängte, desto inniger und traulicher wurde das häusliche Zusammenleben, desto tiefer wurzelte die Frömmigkeit und Gottesfurcht der Juden von Bacherach. Ein Muster gottgefälligen Wandels war der dortige Rabbiner, genannt Rabbi Abraham, ein noch jugendlicher Mann, der aber weit und breit wegen seiner Gelahrtheit berühmt war. Er war geboren in dieser Stadt, und sein Vater, der dort ebenfalls Rabbiner gewesen, hatte ihm in seinem letzten Willen befohlen, sich demselben Amt zu widmen und Bacherach nie zu verlassen, es seie denn wegen Lebensgefahr. Dieser Befehl und ein Schrank mit seltenen Büchern war alles was sein Vater, der bloß in Armut und Schriftgelahrtheit lebte, ihm hinterließ. Dennoch war Rabbi Abraham ein sehr reicher Mann; verheuratet mit der einzigen Tochter seines verstorbenen Vaterbruders, welcher den Juwelenhandel getrieben, erbte er dessen große Reichtümer. Einige Fuchsbärte in der Gemeinde deuteten darauf hin, als wenn der Rabbi eben des Geldes wegen seine Frau geheuratet habe. Aber sämtliche Weiber widersprachen und wußten alte Geschichten zu erzählen: wie der Rabbi, schon vor seiner Reise nach Spanien, verliebt gewesen in Sara – man hieß sie eigentlich die schöne Sara – und wie Sara sieben Jahre warten mußte, bis der Rabbi aus Spanien zurückkehrte. [...]

Bei der Erwähnung Spaniens pflegten die Fuchsbärte auf eine ganz eigne Weise zu lächeln; und das geschah wohl wegen eines dunkeln Gerüchts, daß Rabbi Abraham auf der hohen Schule zu Toledo zwar emsig genug das Studium des göttlichen Gesetzes getrieben, aber auch christliche Gebräuche nachgeahmt und freigeistige Denkungsart eingesogen habe, gleich jenen spanischen Juden, die damals auf einer außerordentlichen Höhe der Bildung standen. Im Innern ihrer Seele aber glaubten jene Fuchsbärte sehr wenig an die Wahrheit des angedeuteten Gerüchts. Denn überaus rein, fromm und ernst war seit seiner Rückkehr aus Spanien die Lebensweise des Rabbi, die kleinlichsten Glaubensgebräuche übte er mit ängstlicher Gewissenhaftigkeit, alle Montag und Donnerstag pflegte er zu fasten, nur am Sabbat oder anderen Feiertagen genoß er Fleisch und Wein, sein Tag verfloß in Gebet und Studium, des Tages erklärte er das göttliche Gesetz im Kreise der Schüler, die der Ruhm seines Namens nach Bacherach gezogen, und des nachts betrachtete er die Sterne des Himmels oder die Augen der schönen Sara. Kinderlos war die Ehe des Rabbi; dennoch fehlte es nicht um ihn her an Leben und Bewegung. Der große Saal seines Hauses, welches neben der Synagoge lag, stand offen zum Gebrauche der ganzen Gemeinde: hier ging man aus und ein ohne Umstände, verrichtete schleunige Gebete, oder holte Neuigkeiten, oder hielt Beratung in allgemeiner Not; hier spielten die Kinder am Sabbatmorgen während in der Synagoge der wöchentliche Abschnitt verlesen wurde; hier versammelte man sich bei Hochzeit- und Leichenzügen, und zankte sich und versöhnte sich; hier fand der Frierende einen warmen Ofen und der Hungrige einen gedeckten Tisch. Außerdem bewegten sich um den Rabbi noch eine Menge Verwandte, Brüder und Schwestern, mit ihren Weibern und Kindern, so wie auch seine und seiner Frau gemeinschaftliche Öhme und Muhmen, eine weitläuftige Sippschaft, die alle den Rabbi als Familienhaupt betrachteten, im Hause desselben früh und spät verkehrten, und an hohen Festtagen sämtlich dort zu speisen pflegten. Solche gemeinschaftliche Familienmahle im Rabbinerhause fanden ganz besonders statt bei der jährlichen Feier des Pascha, eines uralten, wunderbaren Festes. [...]

Im großen Saale seines Hauses saß einst Rabbi Abraham, und mit seinen Anverwandten, Schülern und übrigen Gästen beging er die Abendfeier des Paschafestes. Im Saale war alles mehr als gewöhnlich blank; über den Tisch zog sich die buntgestickte Seidendecke, deren Goldfranzen bis auf die Erde hingen; traulich schimmerten die Tellerchen mit den symbolischen Speisen, sowie auch die hohen weingefüllten Becher, woran als Zierat lauter heilige Geschichten von getriebener Arbeit; die Männer saßen in ihren Schwarzmänteln und schwarzen Platthüten und weißen Halsbergen; die Frauen, in ihren wunderlich glitzernden Kleidern von lombardischen Stoffen, trugen um Haupt und Hals ihr Gold- und Perlengeschmeide; und die silberne Sabbatlampe goß ihr festlichstes Licht über die andächtig vergnügten Gesichter der Alten und Jungen. Auf den purpurnen Sammetkissen eines mehr als die übrigen erhabenen Sessels und angelehnt, wie es der Gebrauch heischt, saß Rabbi Abraham und las und sang die Agade, und der bunte Chor stimmte ein oder antwortete bei den vorgeschriebenen Stellen. Der Rabbi trug ebenfalls sein schwarzes Festkleid, seine edelgeformten, etwas strengen Züge waren milder denn gewöhnlich, die Lippen lächelten hervor aus dem braunen Barte, als wenn sie viel Holdes erzählen wollten, und in seinen Augen schwamm es wie selige Erinnerung und Ahnung. Die schöne Sara, die auf einem ebenfalls erhabenen Sammetsessel an seiner Seite saß, [...] sah beständig nach den Augen ihres Mannes; dann und wann schaute sie auch nach der vor ihr liegenden Agade, dem hübschen, in Gold und Samt gebundenen Pergamentbuche, einem alten Erbstück mit verjährten Weinflecken aus den Zeiten ihres Großvaters, und worin so viele keck und bunt gemalten Bilder, die sie schon als kleines Mädchen, am Pascha-Abend, so gerne betrachtete, und die allerlei biblische Geschichten darstellten, als da sind: wie Abraham die steinernen Götzen seines Vaters mit dem Hammer entzweiklopft, wie die Engel zu ihm kommen, wie Moses den Mizri totschlägt, wie Pharao prächtig auf dem Throne sitzt, wie ihm die Frösche sogar bei Tische keine Ruhe lassen, wie er Gott sei Dank versäuft, wie die Kinder Israel vorsichtig durch das Rote Meer gehen, wie sie offnen Maules, mit ihren Schafen, Kühen und Ochsen vor dem Berge Sinai stehen, dann auch wie der fromme König David die Harfe spielt, und endlich wie Jerusalem mit den Türmen und Zinnen seines Tempels bestrahlt wird vom Glanze der Sonne!

Der zweite Becher war schon eingeschenkt, die Gesichter und Stimmen wurden immer heller, und der Rabbi, indem er eins der ungesäuerten Osterbröte ergriff und heiter grüßend emporhielt, las er folgende Worte aus der Agade: „Siehe! das ist die Kost, die unsere Väter in Ägypten genossen! Jeglicher, den es hungert, er komme und genieße! Jeglicher, der da traurig, er komme und teile unsere Paschafreude! Gegenwärtigen Jahres feiern wir hier das Fest, aber zum kommenden Jahre im Lande Israels! Gegenwärtigen Jahres feiern wir es noch als Knechte, aber zum kommenden Jahre als Söhne der Freiheit!"

Da öffnete sich die Saaltüre, und hereintraten zwei große blasse Männer, in sehr weite Mäntel gehüllt, und der eine sprach: „Friede sei mit Euch, wir sind reisende Glaubensgenossen und wünschen das Paschafest mit Euch zu feiern." Und der Rabbi antwortete rasch und freundlich: „Mit Euch sei Frieden, setzt Euch nieder in meiner Nähe." Die beiden Fremdlinge setzten sich alsbald zu Tische und der Rabbi fuhr fort im Vorlesen. Manchmal, während die übrigen noch im Zuge des Nachsprechens waren, warf er kosende Worte nach seinem Weibe, und anspielend auf den alten Scherz, daß ein jüdischer Hausvater sich an diesem Abend für einen König hält, sagte er zu ihr: „Freue dich, meine Königin!" [...]

Derweilen nun die schöne Sara andächtig zuhörte, und ihren Mann beständig ansah, bemerkte sie, wie plötzlich sein Antlitz in grausiger Verzerrung erstarrte, das Blut aus seinen Wangen und Lippen verschwand, und seine Augen wie Eiszapfen hervorglotzten; – aber fast im selben Augenblicke sah sie, wie seine Züge wieder die vorige Ruhe und Heiterkeit annahmen, wie seine Lippen und Wangen sich wieder röteten, seine Augen munter umherkreisten, ja, wie sogar eine ihm sonst ganz fremde tolle Laune sein ganzes Wesen ergriff. Die schöne Sara erschrak wie sie noch nie in ihrem Leben erschrocken war, und ein inneres Grauen stieg kältend in ihr auf, weniger wegen der Zeichen von starrem Entsetzen, die sie einen Momentlang im Gesichte ihres Mannes erblickt hatte, als wegen seiner jetzigen Fröhlichkeit, die allmählig in jauchzende Ausgelassenheit überging. Der Rabbi schob sein Barett spielend von einem Ohre nach dem andern, zupfte und kräuselte possierlich seine Bartlocken, sang den Agadetext nach der Weise eines Gassenhauers, und bei der Aufzählung der ägyptischen Plagen, wo man mehrmals den Zeigefinger in den vollen Becher eintunkt und den anhängenden Weintropfen zur Erde wirft, bespritzte der Rabbi die jüngern Mädchen mit Rotwein, und es gab großes Klagen über verdorbene Halskrausen, und schallendes Gelächter. Immer unheimlicher ward es der schönen Sara bei dieser krampfhaft sprudelnden Lustigkeit ihres Mannes, und beklommen von namenloser Bangigkeit, schaute sie in das summende Gewimmel der buntbeleuchteten Menschen, die sich behaglich breit hin und her schaukelten, an den dünnen Paschabröten knoperten, oder Wein schlürften, oder miteinander schwatzten, oder laut sangen, überaus vergnügt.

Da kam die Zeit wo die Abendmahlzeit gehalten wird, alle standen auf um sich zu waschen, und die schöne Sara holte das große, silberne, mit getriebenen Goldfiguren reichverzierte Waschbecken, das sie jedem der Gäste vorhielt, während ihm Wasser über die Hände gegossen wurde. Als sie auch dem Rabbi diesen Dienst erwies, blinzelte ihr dieser bedeutsam mit den Augen, und schlich sich zur Türe hinaus. Die schöne Sara folgte ihm auf dem Fuße; hastig ergriff der Rabbi die Hand seines Weibes, eilig zog er sie fort, durch die dunkelen Gassen Bacherachs, zum Tor hinaus, auf die Landstraße, die den Rhein entlang, nach Bingen führt. [...] Die schöne Sara trug in der rechten Hand das silberne Waschbecken, ihre linke hielt der Rabbi noch immer gefaßt, und sie fühlte wie seine Finger eiskalt waren und wie sein Arm zitterte; aber sie folgte schweigend, vielleicht weil sie von jeher gewohnt, ihrem Manne blindlings und fragenlos zu gehorchen, vielleicht auch weil ihre Lippen vor innerer Angst verschlossen waren.

Unterhalb der Burg Sonneck, Lorch gegenüber, ungefähr wo jetzt das Dörfchen Niederrheinbach liegt, erhebt sich eine Felsenplatte, die bogenartig über das Rheinufer hinaushängt. Diese erstieg Rabbi Abraham mit seinem Weibe, schaute sich um nach allen Seiten, und starrte hinauf nach den Sternen. Zitternd, und von Todesängsten durchfröstelt stand neben ihm die schöne Sara, und betrachtete sein blasses Gesicht, das der Mond gespenstisch beleuchtete, und worauf es hin und her zuckte, wie Schmerz, Furcht, Andacht und Wut. Als aber der Rabbi plötzlich das silberne Waschbecken ihr aus der Hand riß und es schollernd hinabwarf in den Rhein: da konnte sie das grausenhafte Angstgefühl nicht länger ertragen, und mit dem Ausrufe: „Schadai voller Genade!“ stürzte sie zu den Füßen des Mannes und beschwor ihn das dunkle Rätsel endlich zu enthüllen.

Der Rabbi, des Sprechens ohnmächtig, bewegte mehrmals lautlos die Lippen, und endlich rief er: „Siehst du den Engel des Todes? Dort unten schwebt er über Bacherach! Wir aber sind seinem Schwerte entronnen. Gelobt sei der Herr!“ Und mit einer Stimme, die noch vor innerem Entsetzen bebte, erzählte er: wie er wohlgemut die Agade hinsingend und angelehnt saß, und zufällig unter den Tisch schaute, habe er dort, zu seinen Füßen, den blutigen Leichnam eines Kindes erblickt. „Da merkte ich“ – setzte der Rabbi hinzu – „daß unsre zwei späte Gäste nicht von der Gemeinde Israels waren, sondern von der Versammlung der Gottlosen, die sich beraten hatten jenen Leichnam heimlich in unser Haus zu schaffen, um uns des Kindermordes zu beschuldigen und das Volk aufzureizen uns zu plündern und zu ermorden. Ich durfte nicht merken lassen, daß ich das Werk der Finsternis durchschaut; ich hätte dadurch nur mein Verderben beschleunigt, und nur die List hat uns beide gerettet. Gelobt sei der Herr! Ängstige dich nicht, schöne Sara; auch unsre Freunde und Verwandte werden gerettet sein. Nur nach meinem Blute lechzten die Ruchlosen; ich bin ihnen entronnen und sie begnügen sich mit meinem Silber und Golde.

Komm mit mir, schöne Sara, nach einem anderen Lande, wir wollen das Unglück hinter uns lassen, und damit uns das Unglück nicht verfolge, habe ich ihm das Letzte meiner Habe, das silberne Becken, zur Versöhnung hingeworfen. Der Gott unserer Väter wird uns nicht verlassen. – Komm herab, du bist müde; dort unten steht bei seinem Kahne der stille Wilhelm; er fährt uns den Rhein hinauf.

Hartmut Boockmann
Die Juden in den Städten des Spätmittelalters

Die in Deutschland lebenden Juden waren nach Jahrhunderten einer ungefährdeten Existenz zur Zeit und im Zusammenhang der Kreuzzüge an vielen Orten verfolgt und oft umgebracht worden, falls es den zuständigen – meist kirchlichen – Obrigkeiten nicht gelungen war, sie vor ihren fanatisierten Verfolgern zu schützen. In der Folgezeit wurden die Juden unter den Schutz des Königs gestellt. Obwohl sie diesen Schutz mit hohen Abgaben zu erkaufen hatten, waren sie vor den schweren Verfolgungen in der Mitte des 14. Jahrhunderts doch nicht sicher, zumal König Karl IV. an einigen Orten die Zerstörung der jüdischen Wohnviertel und die Ermordung oder Vertreibung ihrer Bewohner sogar legalisierte. Trotzdem haben sich Juden in den meisten Städten wieder angesiedelt. Doch waren die jüdischen Gemeinden des 15. Jahrhunderts im allgemeinen kleiner als die der früheren Zeit, und sie bestanden oft auch nur während weniger Jahrzehnte. Die Existenz der Juden war nun ständig gefährdet, und bis zum Ende des Jahrhunderts wurden sie aus fast allen deutschen Städten vertrieben: Sie wanderten in ländliche Siedlungen aus, meistens jedoch nach Osteuropa, wo sie in Gestalt des Jiddischen wesentliche Elemente des spätmittelalterlichen Deutsch konservieren sollten.

Der Exodus der Juden aus dem Deutschland des 15. Jahrhunderts hängt offensichtlich mit wirtschaftlichen Veränderungen zusammen. In dem Maße, in welchem deutsche Kaufleute am internationalen Handel und insbesondere am Geldgeschäft teilzuhaben lernten, wurden die jüdischen Händler und Bankiers entbehrlich bzw. wurden sie in Randgebiete der Wirtschaft abgedrängt, wie insbesondere in den Bereich der kleinen, kurzfristigen, risikoreichen und deshalb hoch verzinsten Kredite. Ein anderes Feld jüdischer Wirtschaftstätigkeit war der Altwaren-Handel. Die Handwerke waren den Juden längst verschlossen – zumal im 15. Jahrhundert die Handwerker-Organisationen sich auch gegen christliche Konkurrenten abgrenzten.

So waren es im 15. Jahrhundert eher die „kleinen Leute", die bei jüdischen Geldgebern Schulden hatten und, wenn sie die teueren Kredite nicht nach kurzer Frist zurückzahlen konnten, notwendigerweise in Schwierigkeiten gerieten. Zwar waren die zwischen 30 und 50% liegenden Jahreszinsen der jüdischen Kredite im Vergleich zu früheren Zeiten verhältnismäßig niedrig, doch konnten diese Zinsen, wenn die Kredite nicht schnell zurückgezahlt wurden, rasch über die Kreditsumme hinauswachsen, so daß die Schreckenszahlen, welche ein wohl aus Nürnberg stammender Druck nennt, keineswegs aus der Luft gegriffen sind, wenngleich die hier gemachte Voraussetzung, daß ein Kredit über zwanzig Jahre bestand und überdies keine Zinsen gezahlt wurden – so daß sich Zinseszinsverpflichtungen häuften –, einigermaßen unrealistisch gewesen sein dürfte. Es sind denn auch nicht die Kunden der jüdischen Geldleiher gewesen, an welche sich ein solches „Flugblatt" wendete. Ihnen wäre der lateinische Text nicht verständlich gewesen, ja sie hätten diesen schon wegen der dem wissenschaftlichen Stil folgenden Abkürzungen nicht lesen können. Dieses Blatt zielte auf diejenigen, welche eine Judenvertreibung politisch fördern und durchsetzen konnten.

Die Schicht der Empfänger von Juden-Krediten dürfte

wohl mehr von Blättern erreicht worden sein, welche die Feindschaft gegen die Juden religiös begründeten und zu diesem Zwecke mit vermeintlichen Ritualmorden und Hostienschändungen argumentierten, also den Juden vorwarfen, in gottesdienstlichen Handlungen das Blut gequälter und schließlich ermordeter christlicher Kinder verwendet und aus Haß gegen Christus dessen Leib durch die Verunehrung und Zerstörung von geweihten Hostien gemartert zu haben.

Daß solche Vorwürfe unwahr gewesen sind, dürfte nicht zu bezweifeln sein. Ritualmorde hätten sich schwer mit den jüdischen Reinheitsgeboten vertragen, wie schon bischöfliche und päpstliche Verlautbarungen des 13. Jahrhunderts feststellten. Man wird darüber hinaus aber damit rechnen dürfen, daß den Juden die seit den Kreuzzügen potentiell stets vorhandene Pogrom-Gefahr bewußt gewesen ist. Jedenfalls diese hätten Hostienschändungen verboten – es sei denn, daß der christliche Umgang mit der Hostie, der sich im ausgehenden Mittelalter verdinglichte und leicht abergläubische Elemente aufnehmen konnte, zu spiegelbildlichen Umkehrungen in Gestalt von abergläubischen Handlungen mit Hostien geführt hätte, die ausnahmsweise nicht von Christen, sondern auch von Juden verübt worden wären. Doch steht außer jedem Zweifel, daß Ritualmord- und Hostienschändungs-Vorwürfe immer wieder instrumentalisiert wurden und als Anlaß für längst gewollte Vertreibungen von Juden aus einer Stadt dienten.

Trotzdem muß man sich die Realität jüdischen Lebens in spätmittelalterlichen deutschen Städten als von Ort zu Ort durchaus unterschiedlich vorstellen. Nicht überall wohnten die Juden in abgeschlossenen Ghettos und nicht überall waren sie von ihren christlichen Mitbürgern – in vielen Städten hatten die Juden Bürgerrecht – durch eine besondere Kleidung getrennt. Weiterhin ist zu berücksichtigen, daß die Absonderung zwei Seiten haben konnte. Das Ghetto konnte Schutz vor Verfolgung bieten, und die besondere jüdische

Kleidung konnte jüdischen Abgrenzungswünschen entgegenkommen. Der so typische hohe Judenhut scheint nicht als diskriminierend gegolten zu haben, und die Maler des ausgehenden 15. Jahrhunderts liefern dort, wo sie offensichtlich jüdische Kleidung und jüdische Gesichtszüge wiedergeben, nicht notwendigerweise Karikaturen. Diskriminierend war dagegen der gelbe Fleck auf der Kleidung, doch wird er auf Abbildungen nur ganz selten gezeigt, obwohl andererseits die kirchlichen Vorschriften, welche auf einer besonderen Judenkleidung bestanden, im 15. Jahrhundert oft erneuert worden sind. [...]

Illustrierte Codices mit religiösen jüdischen Texten sind Zeugnisse dafür, daß die Juden im spätmittelalterlichen Deutschland sich einer ganz ähnlichen Bildersprache bedienten wie ihre christlichen Zeitgenossen, und für die Architektur gilt das gleiche. Anders als im 19. Jahrhundert waren die Synagogen keineswegs in einem orientalisierenden Baustil errichtet. Sie übernahmen vielmehr die Stilformen der einschlägigen zeitgenössischen, d. h. der christlichen Sakral-Architektur. So gewähren auch die Bilder aus jüdischen Handschriften des 15. Jahrhunderts in einer Weise, wie das z. B. die gleichzeitigen christlichen Bilder-Bibeln ebenfalls tun, immer wieder Einblicke in die Lebenswelt der spätmittelalterlichen Juden, und manchmal scheint es, als reflektierten diese Bilder auch die Gefährdungen, denen die Juden damals ausgesetzt waren.

In den spätmittelalterlichen Städten erinnern oft nur noch verdeckte Spuren an deren einstige jüdische Bewohner, es sei denn, daß der Besucher einer solchen Stadt in einem während des späteren Mittelalters neu angelegten großen Platz die durch eine Judenverfolgung freigelegte Fläche des einstigen Ghettos erkennt. Manchmal kommt das gute Gewissen der Verfolger in Denkmälern der Judenvertreibung zum Ausdruck: in Inschriften am Ort der einstigen Synagoge oder an einem ehemals jüdischen Haus.

Dieses gute Gewissen, mit der endgültigen Vertreibung

der Juden ein gottgefälliges Werk zu verrichten, hat sich besonders deutlich seit dem Jahre 1519 in Regensburg artikuliert, wo zwei Jahre nach Luthers erstem öffentlichen Hervortreten mit der Vertreibung der Juden noch einmal ein Beispiel für die tumultuarischen Formen spätmittelalterlicher Frömmigkeit und insbesondere vorreformatorischen Wallfahrtsbetriebes zustande gekommen ist, zugleich freilich auch schon ein Ereignis der Reformationsgeschichte. Martin Luther ist damals um eine Stellungnahme gebeten worden, und er hat sich drastisch gegen die hier, wie bei früheren Judenvertreibungen auch, einsetzende hektische Marienverehrung ausgesprochen, während ihn das Schicksal der vertriebenen Juden zu keiner Äußerung veranlaßte. Die Juden hatten von der Kirchenreformation nichts zu erhoffen. Ihre Geschichte bricht in den meisten deutschen Städten um 1500 ab, und es gibt nur wenige Orte, wo sie wie in Worms über diese Zeitgrenze hinaus weiterleben konnten.

Alfred Wendehorst
Juden in Würzburg

Wie manche andere, so wird auch die Würzburger Judengemeinde erstmals anläßlich des 2. Kreuzzuges erwähnt. Als Kreuzfahrer sich in der Stadt angesammelt hatten, wurden am 24. Februar 1147 Leichenteile eines gewissen Dietrich aus dem Main gezogen, und das Gerücht ging um, die Juden hätten ihn ermordet. Bischof Siegfried konnte nicht verhindern, daß der Rabbiner Isaak ben Eljakim und etwa zwanzig andere Juden erschlagen wurden. Er geriet selbst in Lebensgefahr, als er die geforderte Heiligsprechung des wundertätigen Dietrich verweigerte.

Urkunden über den Grundstücksverkehr in Würzburg zeigen, daß die Judengemeinde in der zweiten Hälfte des 12.

und in der ersten des 13. Jahrhunderts größer und wohlhabender wurde. Unter Bischof Otto I. von Lobdeburg (1207 bis 1221) erlangte der Jude Jechiel das Amt des Münzmeisters. Um die gleiche Zeit gehörten der Judengemeinde bedeutende Gelehrte an, die zum Teil den Titel ‚Chaver' führten, wie Elieser ben Joel ha-Levi, der Thora-Kommentator Elieser ben Mosche ha-Darschan, der Rabbiner und synagogale Dichter Samuel ben Menachem und Isaak ben Mosche Or Sarua, bei welch letzteren beiden „im Lehrhaus zu Würzburg" u. a. der junge, später in Rothenburg o. T. wirkende Me'ir ben Baruch studierte.

Die relativ ruhige Weiterentwicklung der Judengemeinde wurde durch die von Röttingen, wo angeblich eine Hostie geschändet worden war, auf ganz Franken übergreifende Pogrome im Sommer 1298 jäh unterbrochen. Dem Massaker, anläßlich dessen die Heidingsfelder Judengemeinde erstmals genannt wird, fielen in Würzburg an die 900 mit Namen im Nürnberger Memorbuch verzeichnete Juden zum Opfer. Auch Klagelieder hielten die Erinnerung an die Schreckenstage von 1298 lebendig („Trauernd werfe ich meinen Schmuck fort und schere kahl mein Haupt wegen des berühmten Würzburg, der fröhlichen Stadt, welche ein Raub der Flammen, des Hohns und der Plünderung wurde, so daß keiner übrig blieb in Jakobs Zelten, sondern alle zur Schlachtbank geschleppt wurden ...").

Die Gemeinde, die sich nach 1298 neu formierte, wurde in erster Linie von Zuwanderern aus den Städten am Rhein und des Südwestens gebildet.

Die Juden in Deutschland hatten für den Schutz des Königs hohe Steuern zu entrichten; ein Verhältnis, das seit der Stauferzeit mit dem Begriff der Kammerknechtschaft umschrieben wird. Doch war der Königsschutz alles andere als verläßlich und sicherte auch nicht vor Verpfändung. So versetzte auch König Heinrich Raspe 1247 die Würzburger Juden dem Bischof, unter dessen genausowenig wirksamen Schutz sie fortan standen. Zwar löste König Rudolf von

Habsburg einen Teil der Würzburger Judensteuer wieder für das Reich aus, aber Kaiser Ludwig der Bayer verpfändete 1333 das Judenschutzregal neuerlich dem Bischof, zu welchem die Juden während seiner Kämpfe mit der Stadt auch unter Opfern in Loyalität standen, ohne sich dadurch städtischen Besteuerungen entziehen zu können.

Einzige Erwerbsquelle auch der Würzburger Juden war seit der Zeit der Kreuzzüge das Kreditgeschäft. Wegen der Risiken der Rückzahlung waren die Zinsen von einer heute kaum vorstellbaren Höhe; für Würzburg sind Zinsen von 50% bezeugt, ein Satz, der an der unteren Grenze des Üblichen lag. Das Darlehnsgeschäft „identifizierte die Juden endgültig mit den Mißständen und Krisen des Frühkapitalismus, sie wurden deren Nutznießer und häufig deren Opfer" (Wolfgang Seiferth). Bischof Otto II. von Wolfskeel war bei den Juden mit einem Betrag verschuldet, dessen Höhe die Tilgung faktisch unmöglich machte. Er erreichte 1336 bei Papst Benedikt XII. eine Annullierung der Judenschulden, was eine weitgehende Enteignung der jüdischen Gläubiger bedeutete.

Dreizehn Jahre später, als zur Zeit des Schwarzen Todes das Gerücht umging, die Juden hätten die Brunnen vergiftet, haben wohl die meisten Würzburger Juden, als sie die Hoffnung auf Überleben aufgegeben hatten, sich in ihre Häuser eingeschlossen und diese angezündet. Auch die Synagoge ging in Flammen auf (21. April 1349). Am 30. September 1349 verkaufte König Karl IV. die gesamten Judengüter im Hochstift dem Bischof. An der Stelle der zerstörten Synagoge erbaute die Bürgerschaft eine Marienkapelle.

Seit 1377 waren wieder Juden in Würzburg ansässig. Nachdem sie sich von der Streichung der Judenschulden durch König Wenzel (16. September 1390) erholt hatten, erwarben sie 1446 von Bischof Gottfried IV. Schenk von Limpurg ihren Friedhof in der Pleich wieder zurück, und sie erbauten eine neue Synagoge für eine kleiner gewordene Gemeinde.

Nach mehreren kaum wirksam gewordenen Ausweisungsbestimmungen im späten 15. und frühen 16. Jahrhundert wies Bischof Friedrich von Wirsberg mit Mandat vom 23. September 1560 die Juden aus Stadt und Hochstift aus. Wenige Jahre später verließen die letzten Würzburg. Es waren abgewanderte Juden, die 1576 gegen den Bau des Juliusspitals auf dem Gelände des alten Judenfriedhofes beim Kaiser protestierten.

Nicht wenige Würzburger Juden waren in die benachbarte Stadt Heidingsfeld ausgewandert, von wo aus sie tagsüber gegen Entrichtung eines Leibzolles zu Geschäften nach Würzburg kommen durften.

Bald nach der Ausweisung setzte eine Welle von Judenkonversionen ein. Denn „der apostolische Eifer, den die... Gegenreformation entfacht hatte, (kam) auch der Judenmission zugute" (Peter Browe). Juden aus dem Hochstift Würzburg, welche das Christentum annehmen wollten, wurden gleich konversionswilligen Protestanten in der Regel in das Juliusspital eingewiesen, wo sie auf die Taufe vorbereitet wurden. Der Andrang war nicht gering, da die meist in drückenden Verhältnissen lebenden Juden durch die Annahme des Christentums ihre Daseinsbedingungen überhaupt zu verbessern hofften. Insgesamt wurden im Juliusspital in der Zeit von 1680 bis 1744 171 Juden und Türken getauft.

Dietmar H. Voges
Nördlingen – eine jüdische Kleingemeinde

Die erste sichere, archivalisch belegte Nachricht von Juden in Nördlingen datiert von 1290. In dem ältesten Nördlinger Stadtrecht von 1290 wird das Pfandrecht der Juden in der Stadt geregelt. „Darnah ist reht, daz man weder ze smitte, mule, ze sneideren, ze bade, ze karzin, noh ze juden sol (man) kaine pfant verbieten umb kainerlai gelt"; das heißt: Die Schmiede, Müller, Schneider, Bader und die Kawerschen (Geldhändler) und die Juden haben ein besonderes Pfändungsrecht (Pfändungsprivileg) hinsichtlich der ihnen für Handwerkslohn oder sonst übergebenen Pfänder.

Nach chronikalischer Überlieferung sollen noch im 13. Jahrhundert in Nördlingen Judenverfolgungen stattgefunden haben. 1290 und 1298. Wenn für 1290 Sebastian Münster berichtet, „die Burger (hätten) anno Christi 1290 im Höwmonat (Juli) auff ein Nacht biss in etlich hundert Juden und Jüdin erschlagen", so ist die Zahl sicherlich maßlos übertrieben, vielleicht, und das nicht ohne Grund, sogar der ganze Vorgang historisch nicht wahr. Dagegen wurden 1298 (wohl im September), veranlaßt durch die Beschuldigung der Hostienschändung durch den Edlen Rindfleisch zu Röttingen, in Nördlingen Juden erschlagen oder verbrannt, wenigstens elf Personen, deren Namen überliefert sind, und ebenso die Juden in Nürnberg, Gunzenhausen, Wassertrüdingen, Hohentrüdingen, Spielberg, Oettingen und Hürnheim, alle wegen der Beschuldigung der Hostienschändung, ein Vorwurf, der von dem Edlen Rindfleisch aus dem fränkischen Röttingen aufgrund einer angeblichen Vision erhoben worden war und den dieser zusammen mit einer wachsenden Schar fanatischer Anhänger wie eine Brandfackel mörderisch zu verbreiten wußte.

Trotz dieses Pogromes von 1298 scheint die Judengemeinde in Nördlingen bald wieder zu einer gewissen Größe gewachsen zu sein. Unter Ludwig dem Bayern (1314–1347, Kaiser 1328) erhalten die Nördlinger Juden 1331 das Privileg, mit vier ehrbaren Juden über andere, auch fremde, auswärtige Juden zu richten und sie zu strafen (bis zum Gliederabschneiden) nach der Gewohnheit der Juden zu Augsburg. 1333 nimmt Kaiser Ludwig der Bayer die Juden zu Nördlingen in seinen besonderen Schutz und betraut mit dieser Aufgabe die Grafen von Oettingen und die Stadt Nördlingen. Die Judensteuer von Nördlingen und von Ulm in Höhe von 1000 Pfund Heller hatte Ludwig der Bayer den Grafen von Oettingen schon zuvor im Jahr 1324 verpfändet. Um den Frieden zwischen den Christen und den Juden in Nördlingen zu sichern, bestimmt Kaiser Ludwig der Bayer 1342, daß die Juden zu Nördlingen zwei bis drei eigene Fleischbänke, die Judenbänke, haben sollen. Die Nördlinger Juden dürfen zu jeder Zeit in der Stadt und auf dem Lande Vieh aufkaufen, auch in ihren Häusern oder unter ihren Bänken schlachten, aber nur dort verkaufen und nur an Juden, sonst müssen sie hohe Bußen zahlen wie auch die christlichen Metzger, die von Juden geschlachtetes Fleisch irgendwie an Christen weiterverkaufen.

Lange hat der Frieden allerdings nicht gewährt. Aus Ostasien drang die Pest über Palästina nach Venedig und Genua vor und überzog von dort in einer verheerenden Seuchenwelle bis 1350 ganz Deutschland. Da die Juden wohl wegen größerer Hygiene und besserer Ärzte, die Kenntnisse in der arabischen Medizin hatten, zu Anfang vom sogenannten „großen Sterben" offenbar verschont blieben, warfen ihnen die Christen, namentlich die Geißler in ihrer frenetischen Bußbewegung, Brunnenvergiftung vor. Als zusammen mit dem Nahen der Pest auch Nachrichten über grausige Judenpogrome in der Schweiz und in Württemberg nach Nördlingen gelangten, wurden auch hier die Juden Ende November/ Anfang Dezember 1348 teils erschlagen, teils gefangen gesetzt, wenn sie nicht durch Flucht entkommen konnten, bis dann die Pest, der Schwarze Tod, alle ohne Unterschied, Christen und Juden, dezimierte.

Eigentum und Besitz der Juden in Nördlingen wurden 1348 geraubt, ihre Schuldscheine nahm der Rat an sich. Die Grafen von Oettingen bewirkten 1348 bei König Karl IV. (1346–1378, Kaiser 1355) einen Sühnebrief für und gegen die Stadt Nördlingen, sie ließen sich das Eigentum am Besitz der ermordeten und der zu ihnen geflohenen Juden übertragen und sie einigten sich darüber mit der Stadt am 24. Dezember 1348. Die Grafen von Oettingen verzichteten auf alle Ansprüche wegen des Mordes und des Raubes, aber die noch gefangen gehaltenen Juden sollten ihnen übergeben werden, dazu all ihr Besitz, sämtliche jüdischen Häuser und Hofstätten in Nördlingen, ebenso die auf auswärtige Juden ausgestellten Schuldscheine und die ihnen gehörigen Pfänder, darunter z. B. die vergoldete Krone der 1320 gestorbenen Herzogin von Niederbaiern, Judith (verh. mit Herzog Stephan, gest. 1310). Die Schulden der Nördlinger Bürger bei den Juden sollten erlassen sein, die Grafen den jüdischen Grundbesitz in der Stadt ohne zwischenzeitlich neue Bebauung innerhalb von drei Jahren nach dem Stadtrecht an Nördlinger Bürger verkaufen. Zudem mußten die Grafen von Oettingen die Reichsstadt Nördlingen für ein Jahr gegen alle Rechtsansprüche wegen der Juden vertreten, wegen 1700 Pfund Haller und noch anderer 300 Pfund Haller als der Stadt Schuld bei Nördlinger Juden und wegen 600 Pfund Haller, die sie aus dem Raub jüdischen Besitzes eingelöst hatte. Am 26. März 1349 sprach Karl IV. die Stadt dann wegen der Gewalttaten an den Juden und Jüdinnen los, nämlich wegen Mord, Gefangensetzung, Vermögensraub und Aufhebung aller Schulden der Stadt und ihrer Bürger, welche Übergriffe der König somit im nachhinein seiner Reichsstadt und ihren Bürgern zugestand. Am 19. April 1349 war die Vermögensübergabe des einbehaltenen Nördlinger Judengutes an die Grafen von Oettingen vollzogen. [...]

Wie genannt sind infolge des Pogromes von 1348 mehrere Vertrags- und Einigungsurkunden des deutschen Königs Karl IV., der Grafen von Oettingen und der Reichsstadt Nördlingen entstanden und überliefert worden. In diesen Urkunden der Jahre 1348/49 werden Schuldscheine, Schuldverschreibungen, Pfänder und Pfandobjekte in jüdischem Besitz und Schuldsummen von Bürgern und insbesondere der Reichsstadt Nördlingen bei ihren Juden genannt und aufgezählt. Neben der allgemein ebenso bekannten Tätigkeit der Juden als Viehhändler wird damit die Geld- und Pfandleihe der Juden als ihre schon im 14. Jh. zumeist ausgeübte

Tätigkeit überaus deutlich dokumentiert. Die Juden wurden in diese Tätigkeit der Geld- und Pfandleihe geradezu gedrängt, da es den Christen mit Berufung auf die Heilige Schrift nach kirchlicher und weltlicher Gesetzgebung bis in die Neuzeit hinein verboten war, für Darlehen irgendwelche Zinsen zu nehmen. Der vom Rat der Stadt 1407 und 1433 bei Darlehen an Nördlinger Bürger für die Juden durch Statut gebilligte Zinssatz betrug $34\frac{2}{3}$–$43\frac{1}{3}$%, 1447–1453 dann nur noch $17\frac{1}{3}$%. Bei Schuldnern, die nicht Nördlinger Bürger waren, lag die Höhe der Zinsen im Ermessen der Juden; so zahlten z. B. die Grafen von Oettingen für verschiedene Summen 1440: $69\frac{1}{3}$%, 1442: 52% und 1447: 26%, Der Bauer Conz Widenmann von Reimlingen als Nichtbürger 1488 ebenfalls $69\frac{1}{3}$% Zinsen. [...]

Wohl auf Bitten des Rates und wahrscheinlich gegen den Willen anderer Nördlinger Bürger erlaubt König Karl IV. (1346–1378, Kaiser 1355) nur sieben Tage nach dem Sühnebrief gegen die Stadt und nur sieben Tage auch nach der Vereinbarung zwischen den Grafen von Oettingen und der Stadt, am 31. Dezember 1348 der Stadt Nördlingen, erneut Juden aufzunehmen, sei es, daß Juden am Leben geblieben sind oder daß andere Juden in die Stadt ziehen wollen. Nördlinger Handwerker, die als Zünfte in eben diesem Jahr 1348 die Bestätigung und Anerkennung ihrer Organisationsform und die paritätische Beteiligung am Stadtregiment erreicht und durchgesetzt hatten – was zweifellos alles im Zusammenhang und in gegenseitigem Wechselspiel gesehen werden sollte –, sind jedoch dagegen, und am 26. Januar 1349 verpflichten sich die Zunftmitglieder der Schneider, Tuchscherer und Kürschner eidlich unter anderem, nicht für Juden in deren Häusern etwas zu arbeiten.

Wann genau Juden sich wieder in Nördlingen niedergelassen haben und wie viele, ist nicht bekannt; sicher ist aber, daß sich wieder Juden in Nördlingen niedergelassen haben, und zwar in der heutigen Judengasse, wo 1357 zum ersten Mal ihre Synagoge als Judenschule erwähnt wird. Aber weder vor noch nach 1348 wohnten alle Juden in der Judengasse und es wohnten auch nicht nur Juden, sondern ebenso auch Christen in der Judengasse. Die Judengasse ist mit diesem Namen erstmals 1394 und 1402 archivalisch belegt.

Auch diese Nördlinger Judengemeinde, die sich nach 1348/49 wohl in dieser Judengasse in der Reichsstadt wieder gebildet hat, endet mit einem Pogrom, mit der Judenschlacht von 1384. Auf Anstiften von elf Nördlinger Bürgern, deren Namen überliefert sind, darunter so ratsfähige Namen wie Schuler, Frickhinger, Zindel und Zimmermann, und mit deren Beteiligung „erschlugen die von Nördlingen all ir Juden zu tod, Man und Wib und Kind, und namen in alles ir Gut. Das tat der Pofel wider einen Raut", wie es in der Überlieferung heißt. Diese Judenschlacht, durch die die Nördlinger Judengemeinde offenbar völlig vernichtet worden ist, war wie in Weißenburg und Windsheim, wie in Nürnberg und Augsburg einerseits durch hohe Steuerforderungen des Königs, andererseits auch lokal durch die wirtschaftliche Zwangslage allgemein hoher Verschuldung bei den Juden ausgelöst worden und vielleicht wirklich ohne Wissen und ohne Billigung des Rates geschehen. [...]

Die elf Anstifter und an dem Pogrom Beteiligten [...] und als deren Mitwisser sogar ein Ratsherr (Cunz Swenterer), wurden auf ewig aus der Stadt Nördlingen und den anderen Städten des Schwäbischen Bundes verwiesen (1384, September 13); die verbannten Nördlinger fanden bei Herzog Stephan (III., dem Kneißl, gest. 1413) von Baiern-Ingolstadt Aufnahme; gegen Zahlung einer Buße kehrten einige nach 1389 sogar nach Nördlingen zurück. [...]

Wegen dieses Pogroms von 1384 haben die Juden die Stadt Nördlingen dann eine Zeitlang gemieden, aber die Absicht des Rates, anstelle der Synagoge in der Judengasse die Antoniter aus Memmingen eine Kapelle bauen zu lassen, konnte 1394 nicht mehr verwirklicht werden. 1401 privilegiert König Ruprecht (1400–1410) die Stadt Nördlingen, zehn Jahre lang Juden aufnehmen zu dürfen, wobei die

Hälfte der Judensteuern dem Reich, die andere Hälfte der Stadt zufließen. Zusätzlich zahlen jeder Jude und jede Jüdin über zwölf Jahre an den König jährlich einen fl. als Opferpfennig. So zahlen die Nördlinger Juden 1401 an König Ruprecht 50 fl. Huldigung und 12 fl. Goldenen Opferpfennig. Von 1401 bis zur Vertreibung im Jahre 1507 gab es eine ständige Judengemeinde in Nördlingen, die zwischen 10 und 15 Personen groß war. – Da mit diesen 10–15 Personen wahrscheinlich nur die Männer (über zwölf Jahre alt) gemeint sein dürften, kann es sich dann insgesamt wohl um 40–75 jüdische Personen gehandelt haben (Männer über 12 Jahre mal 4–5).

Im Jahre 1505 läßt der Rat den Juden verkünden, daß sie am Josephstag (19. März) daheim in ihren Häusern bleiben sollen und nur ihre Diener dürfen außerhalb der Zeit des christlichen Gottesdienstes Wasser holen. [...]

Der Rat verordnet zudem (wie zuvor ebenso 1437), daß die Juden sich von nun an

„bezaichnen, Man vnd Frawen namen, Namlich die Mann mit Gelben Ringlen vnd die frawen mit Gelben Strichlen vber die Schlair. Wölliches vnzaichnet get, stat In ains Rats straff."

Der Schulklopfer soll auch fremden Juden diese Verordnung bekannt machen. Wörtlich heißt es:

„Der Schulklopffer soll auch den frömbden Juden, So sie herein komen, sagen, das sie die zaichen, wöllen sie Alhie wandlen Auch an In tragen, als wol als die hieigen, oder söllen aber In das Judenloch gelegt werden."

So klein die jüdische Gemeinde im 15. Jahrhundert in Nördlingen nachweislich gewesen ist und so begierig der Rat jederzeit war und blieb, von den Juden im Verhältnis zu den Christen vielfach erhöhte Steuern, Bußen und Gebühren einzunehmen, war die Stadt Nördlingen doch bemüht, sich der Juden durch kaiserliches Privileg für immer zu entledigen. Erste Verhandlungen dazu werden 1502 (28. November) mit dem königlichen Sekretär Caspar Ziegler, einem

Sohn des Nördlinger Münzwardeins Friedrich Ziegler und Bruder des Reichsvizekanzlers Nikolaus Ziegler, geführt, aber als die Nördlinger hören, ein solches Privileg hätte Nürnberg 12000 fl., Ulm 5000 fl. und Schwäbisch Gmünd 1500 fl. an König Maximilian (1486–1519, Kaiser 1508) zu zahlen gekostet, lehnen sie mit Bedauern ab. Über den Schwager der Brüder Ziegler, den Nördlinger Stadtammann Stephan Wanner, laufen die Verhandlungen allerdings seit 1503 (13. Dezember) weiter und am 11. November 1506 erhält Nördlingen schließlich das königliche Privileg, den Juden für alle Zeiten die Stadt zu verbieten, wobei den Nördlinger Juden für ihren Abzug ein dreimonatiger Termin gesetzt wird. Für dieses Juden-Ausschaffungs-Privileg hat die Reichsstadt gezahlt: 700/800 fl. an König Maximilian, 200 fl. an Stephan Wanner und ein durch ihn selbst genau bezeichnetes Judenhaus für Nikolaus Ziegler.

Ferdinand Gregorovius
Die Juden im päpstlichen Rom

Solange nach dem Untergang der römischen Herrschaft noch der Senat, also eine bloß bürgerliche Behörde, das Regiment der Stadt führte, mochten die Hebräer sich eines besseren Loses zu erfreuen haben; aber mit der Herrschaft der Päpste waren sie dem Fanatismus preisgegeben, welcher sich nach und nach bis zu einer durch das Gesetz geregelten Barbarei steigerte. Doch war in den ersten Jahrhunderten des Mittelalters der Judenhaß noch nicht so groß, daß man die Hebräer als den Auswurf der Menschheit hätte betrachten und behandeln mögen. Auch gab es manchen Papst, der sie menschenfreundlich in Schutz nahm. Selbst noch zur Zeit Alexanders III. (1159–1185) lebten in Rom freie und angesehene Juden, zumal reiche Ärzte von großem Ruf. Benjamin von Tudela erzählt, daß er damals gegen 200 Juden in Rom gefunden habe, angesehene Männer, und keinem tributbar, worunter der Papst seine Diener habe. „Dort findet man", so sagt er, „sehr weise Leute, von denen der erste der große Rabbi Daniel, und Rabbi Dehiel des Papstes Minister sei, ein schöner Jüngling, klug und weise, der am Hof Alexanders aus und ein geht."

Noch merkwürdiger ist, daß der Gegenpapst Aneklet II. (gest. 1138), Pier Leone, eines getauften Juden Enkel war. Sein Geschlecht spielte in Rom als eine der angesehensten Patrizierfamilien eine glänzende Rolle, und durch lange Jahrhunderte. Dies Volk, von der Natur und durch den Widerstand, welcher den Witz verschärft, mit Talenten wie auch heute reich begabt, bei aller Unterwürfigkeit frech und zudringlich, wußte sich also bis in die Aula des Papsttums gleichsam einzuschmuggeln. Während Judenweiber in den Häusern des Adels wahrsagen und in geheimer Nacht Liebestränke verschmachtenden Edeldamen brauten, gingen Juden frank und frei bei den geldbedürftigen und verschuldeten Päpsten aus und ein, ihre Wechsler und Bankiers, endlich ihre Ärzte. [...]

Der erste in dieser Reihe ist Josua Halorki, Arzt des Gegenpapstes Benedikt XIII. (1394), eines Mannes, welcher die Juden besonders geliebt zu haben scheint. Halorki ließ sich später taufen und nannte sich Hieronimus de Sancta Fede; unter diesem Namen schrieb er ein Buch gegen die Juden [...]; sein Name wurde von der Synagoge verflucht, wie der Name Uriel Acosta. Aber auch Innocenz VII., dessen Gegenpapst Benedikt war, gab im Jahre 1406 Juden von Trastevere das römische Bürgerrecht, so dem Meister Elia di Sabbato, dem Meister Mose di Lisbona, dem Meister Mose di Tivoli, welche alle Ärzte waren. Sie hatten als solche große Vorrechte und waren auch von dem schimpflichen Judaszeichen befreit. Martins V. Colonna (1417 bis 1431) Leibarzt war Elias aus dem Ghetto Roms. Und bis ins 16. Jahrhundert finden sich jüdische Leibärzte im Vatikan trotz aller

Bannbullen dieses oder jenes judenfeindlichen Papstes. Als Orientalen, als Verwandte der Araber standen die Juden überhaupt in aller Welt, auch bei Fürsten und Kaisern, im höchsten Ansehen ärztlicher Wissenschaft. Samuel Sarfadi, ein spanischer Rabbiner, war Leos X. Arzt, ein grundgelehrter und beredter Mann. [...]

Es hatten schon viele Konzilien im frühesten Mittelalter die Trennung der Juden von den Christen anbefohlen und ihnen ein Schandabzeichen zu tragen auferlegt; dies Gebot erneuerte Innocenz III. im Jahre 1215, ebenso andere Päpste. Solche Edikte umgingen die Juden meistens oder sie kauften sich davon los. Bald auch stieß ein gnädiger Papst um, was ein feindlicher verordnet hatte. Johann XXII. hatte die Juden verfolgt, endlich auch ihren Talmud untersagt und öffentlich verbrennen lassen. Innocenz VII. dagegen war ihnen gnädig, und am meisten schützte sie Martin V., ein Römer von Geburt. Er gewährte ihnen wieder das Privilegium, Ärzte sein zu können, und befahl, daß alle Hebräer im Kirchenstaate zur Karnevalsbeisteuer, welche ehedem die Juden Roms aufzubringen hatten, mit beitragen sollten. Aber schon sein Nachfolger Eugen IV. Condolmieri, ein Venezianer und, wie die meisten Päpste venezianischer Herkunft, dem handellustigen Volk Israel feind, beschränkte die Juden auf das äußerste. Er verbot ihnen, mit Christen zu verkehren, zu essen oder zu wohnen, oder sie als Ärzte zu behandeln. Er untersagte ihnen, in der Stadt umherzustreifen, er verbot ihnen, neue Synagogen zu bauen oder irgendein öffentliches Amt zu bekleiden; auch durfte eines Juden Zeugnis gegen einen Christen nicht gültig sein. An die kapitolinische Kammer hatten sie jährlich 1130 Gulden zu zahlen, außer anderen Gefällen und Beisteuern zu den Karnevalslustbarkeiten.

Für diese karnevalistischen Spiele auf der Piazza Navona, am Hügel Testaccio und auf dem Corso hatte sich nach und nach die Sitte festgestellt, die Juden zur Volksbelustigung zu mißbrauchen. Nicht allein mußten sie sich der Entehrung unterwerfen, einen Trupp ihrer Ältesten, in Jacken oder Wämser gekleidet, der Kavalkade der Senatoren voranschreiten zu lassen, wenn diese den Corsozug eröffneten, sondern sie selbst mußten zur Schau rennen. Paul II., ein Venezianer, war es, welcher im festlich begangenen Friedensjahr 1468 den Römern zuerst die Corso-Rennschauspiele zum besten gab und auch die Juden öffentlich rennen ließ.

Als Paul dieses Fest gab, liefen an jedem der acht Karnevalstage Pferde, Esel und Büffel, Greise, Jünglinge, Kinder und Juden. Man gab den Juden, wie man auch später zu tun pflegte, ehe sie rannten, reichlich zu essen, um den Lauf ihnen selbst beschwerlicher, dem Volk aber ergötzlicher zu machen. Sie liefen vom Arco Domiziano bis zur Kirche S. Marcus am Ende des Corso in voller Furie und unter dem Hetzgeschrei und dem Jubelgelächter Roms, während der Heilige Vater auf dem reichverzierten Balkon stand und herzlich lachte. Zwar möchte es scheinen, daß die allgemeine Teilnahme an dem Wettrennen, welchem sich auch Römer, Greise, Jünglinge und Kinder unterzogen, den Charakter der Entehrung entfernt habe; doch muß man wohl bedenken, daß dasselbe Vergnügen, welches Römern eine willige Lust war und als ein olympisches Spiel angesehen wurde, für die Juden als Schimpf galt.

Gerade zwei Jahrhunderte lang erduldeten die Juden Roms diese empörende Entehrung, bis sie nach immer wiederholtem Flehen durch päpstliches Edikt davon erlöst wurden. Clemens IX. Rospigliosi befreite sie davon im Jahre 1668 und legte ihnen auf, statt des Rennens jährlich 300 Skudi zu bezahlen, und statt des Vorschreitens vor der Kavalkade des Senators, in der Thronkammer vor den Konservatoren Huldigung zu leisten und die Karnevalsprämien zu überreichen.

Es fehlte im Mittelalter nicht an anderen Huldigungszeremonien, die den Juden auferlegt waren. Beim Fest der Besitznahme des erwählten Papstes vom Lateran mußten sie in festlicher Deputation ihm entgegenkommen, und man will wissen, daß sie schon den alten Kaisern in ähnlicher Weise verehrend sich darstellten.

Als nun an die Stelle der Kaiser die Päpste getreten waren, wechselten nur die Formen, nicht das Wesen der Zeremonien. Bei jeder Huldigung eines Papstes erschienen die Abgesandten der römischen Judenschaft, mit dem Pentateuch auf der Schulter, an dem Wege, wo der päpstliche Triumphzug vorüberkam. Man betrachtete sie nach dem Ausspruch des heiligen Hieronymus gleichsam als die Bibliothekare der christlichen Religion, weil sie das Alte Testament oder vielmehr das Gesetz in ihrer Bundeslade verwahrt gehalten hatten; und indem sie dem neuerwählten Papst als Schutzflehende nahten, taten sie dies, wie man sagt, teils weil ihre Väter in solcher Gestalt vor den Kaisern erschienen waren, teils weil sie, auf einen Messias und Befreier aus der Gefangenschaft hoffend, den jedesmaligen Papst daraufhin betrachteten, ob nicht er es sei, der sie von ihrem Joch befreien würde.

Der Ort, an welchem die Juden sich aufstellten, wechselte. In der Zeit des älteren Mittelalters war es die Region Parione, einer der ältesten und wichtigsten Stadtteile Roms, diesseits der Hadrianischen Brücke gelegen, wo die Judenschaft den nach dem Lateran ziehenden Papst erwartete. So erzählt schon das alte lateinische Gedicht des Kardinals Giacoma Stefaneschi, welches die Huldigungsfeier Bonifacius VIII. im Jahr 1295 beschreibt:

Schon hatte er die marmorne Tiberbrücke hoch zu Roß überschritten. Als er am Turm vorüber war, kam ihm die wahnsinnige Judenschaft, Blindheit im Herzen, vom Campus her unter der Führung des Pario selbst entgegen und zeigte das Christus ärgerliche und schattenreiche Gesetz des Moses. Jener ehrte die Rolle, reichte sie hinter sich und sprach in wohlgemessener Rede: „Gott ist der Judenschaft unbekannt, obwohl er ihr einst bekannt war. Einst war er vom Volke geliebt, jetzt verhaßt. Dieser Gott und König muß sich verdunkeln lassen, denn du ziehst es vor, den Gegenwärtigen zu verachten, den du für einen vergänglichen

Menschen hältst, und hoffst auf den Zukünftigen. Gott selbst aber bleibt dir verborgen."

Schon damals hatte dies Schauspiel dieselben Formen, wie sie später beobachtet wurden. Die Juden, Loblieder singend, warteten des im Triumphzug daherreitenden Papstes; sie boten ihm die Gesetzrolle dar, der Papst nahm sie, las einige Worte darin, reichte sie dann hinter sich und sagte: „Wir bestätigen das Gesetz, aber das jüdische Volk und seine Auslegung verdammen wir." Hierauf ritt er weiter, und die Juden kehrten in ihre Wohnungen zurück. Niedergeschmettert oder zur Hoffnung belebt, je nach dem, was sie mit scheuer Furcht in den Augen des Papstes gelesen hatten. Entweder standen sie hinter der Hadriansbrücke oder, wie es häufig geschah, an dem Platz, welcher Monte Giordano heißt. Obwohl dieser aus Schutt entstandene Hügel seinen Namen von Giordano Orsini, einem Edlen dieses alten römischen Geschlechts, empfangen hatte, der dort seinen Palast baute, so wählte man vielleicht um des Namens Jordan willen gerade diesen Ort für die Judenzeremonie; und dort standen die Nachkommen Israels, den prachtvoll in Gold gebundenen, mit einem Schleier bedeckten Pentateuch haltend, umringt vom verhöhnenden Volk und allen Mißhandlungen des Spottes oder Hasses ausgesetzt, bis der Papst erschien, und sie ihm kniend das Gesetz überreichten. Mit der Zeit wurde die Mißhandlung der Juden bei dieser Gelegenheit so groß, daß ihrem dringenden Flehen nachgegeben ward, und ihnen Innocenz VIII. Cibo zuerst im Jahre 1484 erlaubte, im innern Raum des Kastells Sant Angelo zu erscheinen. Die Feierlichkeit beschreibt der Zeremonienmeister Burkhard: „Als der Papst vorüberkam, hielt er nahe am Kastell Sant Angelo an, und die Juden, welche sich an die untersten Zinnen im Winkel des genannten Kastells gegen das Erdgeschoß zurückgezogen hatten, im Ornat und mit ihrem Gesetz, reichten es dem heiligen Vater zur Anbetung und Verehrung, mit hebräischen Worten ungefähr dieses Sinnes den Papst anredend: ‚Allerheiligster Vater, wir hebräischen Männer flehen Eure Heiligkeit im Namen unserer Synagoge an, daß wir gewürdigt werden möchten, daß uns das Gesetz, vom allmächtigen Gott dem Moses, unserm Priester, auf dem Berge Sinai übergeben, möge bestätigt und gebilligt sein, wie auch andere erhabene Päpste, die Vorgänger Eurer Heiligkeit, es bestätigt und gebilligt haben.‘ Es antwortete der Papst: ‚Wir billigen das Gesetz, aber euren Glauben und eure Auslegung verdammen wir, weil der, von dem ihr sagt, er werde kommen, gekommen ist, unser Herr Jesus Christus, wie die Kirche uns lehrt und predigt.‘ Nach vollendeter Zeremonie zogen sich die Juden zurück.“

Erinnert man sich, daß jenes Kastell Sant Angelo das Grabmal Hadrians war, des Kaisers, welcher Jerusalem zum zweitenmal von Grund aus zerstört und die Juden in die Sklaverei verkauft hatte, so stand auch dieser Ort zur Geschichte Israels in einer kränkenden Beziehung; denn das Andenken Hadrians hassen die Juden wie das des Titus.

Ausnahmweise empfing Pius III. im Jahre 1503, weil er krank war, die Juden in einem Saal des Vatikans selbst. Julius II. empfing ihre Huldigung wieder am Grabmal des Hadrian, wobei sie einen langen Sermon machten, und besonders der spanische Rabbi Samuel, der Leibarzt des Papstes, mit Beredsamkeit sprach. Der Papst antwortete „prout in libello“, das heißt nach Vorschrift des Zeremoniensbuchs.

Auch Leo X. Medici, dessen Huldigungsfeier im Jahr 1513 die glänzendste war, die je ein Papst erlebte, empfing die Juden am Kastell Sant Angelo. Der Zeremonienmeister Paris de Grassis beschreibt die Szene. Die Juden standen am Tor des Kastells auf einem hölzernen Gerüst, welches mit Goldbrokat und seidenen Teppichen bedeckt war, und worauf acht weiße Wachskerzen brannten. Dort hielten sie die Gesetztafeln. Als der Papst auf seinem weißen Roß vorbeigeritten kam, baten die Juden um die gewohnte Bestätigung. Er nahm das offene Buch aus ihren Händen, las darin und sagte darauf: „Wir bestätigen, aber wir stimmen nicht bei (Confirmamus sed non consentimus)"; dann ließ er das Buch zur Erde fallen und setzte seinen Zug fort.

Dies war das letzte Mal, daß die Zeremonie am Kastell stattfand; seitdem wurde sie durch den vorgeschrittenen Geist der Zeit oder durch andere unbekannte Ursachen abgeschafft.

Martin Luther
Zwei Briefe an seine Frau

Eisleben, 1. Februar 1546

Meiner herzlieben Hausfrauen, Katherin Lutherin, Doktorin, Zülsdorferin, Säumarkterin, und was sie mehr sein kann.

Gnad und Friede in Christo und meine arme, alte Liebe und, wie Euer Gnaden weiß, unkräftige, zuvorn. Liebe Käthe! Ich bin ja schwach gewesen auf dem Weg hart vor Eisleben, das war meine Schuld. Aber wenn Du wärest dagewest, so hättest Du gesagt, es wäre der Juden oder ihres Gottes Schuld gewest. Denn wir mußten durch ein Dorf hart vor Eisleben, da viel Juden inne wohnen; vielleicht haben sie mich so hart angeblasen. So sind hie in der Stadt Eisleben itzt diese Stund uber funfzig Juden wohnhaftig. Und wahr ist's, da ich bei dem Dorf fuhr, ging mir ein solcher kalter Wind hinten zum Wagen ein auf meinen Kopf, durchs Barett, als wollt mir's das Hirn zu Eis machen. Solchs mag mir zum Schwindel etwas geholfen haben. Aber itzt bin ich, gottlob, wohl geschickt, ausgenommen, daß die schonen Frauen mich so hart anfechten, daß ich weder Sorge noch Furcht habe fur alle Unkeuschheit.

Wenn die Häuptsachen geschlichtet wären, so muß ich mich dran legen, die Juden zu vertreiben. Graf Albrecht ist ihnen feind und hat sie schon preisgegeben. Aber niemand tuet ihnen noch ichts. Will's Gott, ich will auf der Kanzel

Graf Albrechten helfen und sie auch preisgeben. Ich trinke Naumburgisch Bier, fast des Schmacks, den du von Mansfeld mir etwa hast gelobet. Es gefället mir wohl, macht mir des morgens wohl 3 Stühl in dreien Stunden. Deiner Sohnchen sind gen Mansfeld gefahren ehegestern, weil sie Hans von Jena so demutiglich gebeten hatte. Weiß nicht, was sie da machen; wenn's kalt wäre, mochten sie helfen frieren. Nu es warm ist, konnten sie wohl anders tun oder leiden, wie es ihnen gefället. Hiemit Gott befohlen samt allem Hause, und grüße alle Tischgesellen. Am Tage vor Mariae Reinigung 1546.

Martin Luther, Dein altes Liebchen.

Eisleben, 7. Februar 1546

Meiner lieben Hausfrauen Katherin Lutherin, Doktorin, Säumarkterin zu Wittenberg, meiner gnädigen Frauen zu Handen und Fußen.

Gnad und Friede im Herrn! Liese, Du liebe Käthe, den Johannem und den kleinen Katechismum, davon Du zudem mal sagtest: Es ist doch alles in dem Buch von mir gesagt. Denn Du willst sorgen fur Deinen Gott grade als wäre er nicht allmächtig, der da kunnte zehen Doktor Martinus schaffen, wo der eine alte ersöffe in der Saal oder im Ofenloch oder auf Wolfes Vogelherd. Laß mich zufrieden mit Deiner Sorge, ich hab einen bessern Sorger, denn Du und alle Engel sind, der liegt in der Krippen und hänget an einer Jungfrauen Zitzen, aber sitzet gleichwohl zur rechten Hand Gottes, des allmächtigen Vaters. Darum sei zufrieden, Amen.

Ich denke, daß die Helle und ganze Welt musse itzt ledig sein von allen Teufeln, die vielleicht alle um meinenwillen hie zu Eisleben zusammengekommen sind, so fest und hart stehet die Sache. So sind auch hie Juden, bei funfzig in einem Hause, wie ich Dir zuvor geschrieben. Itzt sagt man, daß zu Rißdorf, hart vor Eisleben gelegen, daselbst ich krank ward im Einfahren, sollen aus- und einreiten und -gehen bei vierhundert Juden. Graf Albrecht, der alle Grenze um Eisleben her hat, der hat die Juden, so auf seinem Eigentum ergriffen, Preis gegeben. Noch will ihnen niemands nichts tun. Die Gräfin zu Mansfeld, Witwe von Solms, wird geachtet als der Juden Schutzerin. Ich weiß nicht, ob's wahr sei. Aber ich hab mich heute lassen horen, wo man's merken wollte, was meine Meinung sei, groblich gnug, wenn's sonst helfen sollt. Betet, betet, betet und helft uns, daß wir's gut machen. [...]

Knut Schulz

Der Berliner Hofjude Lippold

In den Tagen, in denen Thurneisser gerade seinen Dienst in Berlin antrat, wurde eine andere, ebenfalls etwas schillernde Gestalt in übler Vergeltung für die dem verstorbenen Kurfürsten geleisteten Dienste verhaftet und zwei Jahre später grausam hingerichtet – der Jude Lippold. Nach der Vertreibung der Juden aus der Mark Brandenburg im Jahre 1510 war es seit den 30er Jahren wieder zur Zulassung einzelner Juden durch den Landesherrn gekommen. Wie schon früher forderten die Stände gemeinsam wiederholt, aber ohne Erfolg, vom Kurfürsten deren Ausweisung.

Mit Michel, Jude aus Derenburg am Harz, hatte Joachim II. 1543 erstmals einen Hofjuden im eigentlichen späteren Wortsinn berufen, „ein Geldmann..., der sich die Finanzierung der geldbedürftigen Fürsten und Dynasten im großen Stil angelegen sein ließ". Als sich Michel 1549 bei einem Sturz in seinem Haus den Hals brach, bekam den angestauten Haß seine Witwe Merle mit ihren neun Kindern und die märkische Judenschaft insgesamt zu spüren, die Joachim II. zwar vor Verfolgung schützen konnte, sie aber 1551 ausweisen mußte.

Gerade in dieser kritischen Situation, nämlich 1550, kam Lippold der Jude mit Vater und Brüdern aus Prag nach Berlin an den Hof und fungierte als Vertrauter des Kurfürsten, der ihn 1556 zum Obersten der märkischen Juden, mit der Aufgabe der Schutzgeldeinziehung, ernannte. Lippold war nicht wie sein Vorgänger Michel der Finanzier im großen Stil, er erledigte vielmehr für seinen Herrn die delikaten Geschäfte. Neben den Geschenken an die kurfürstlichen Mätressen, die „Wulffin" und „Bendelin", wie sie hießen, erledigte er vor allem die Zuwendungen an Anna Sydow, die schöne Gießerin, zu der der Kurfürst ein eheähnliches, öffentliches Verhältnis unterhielt.

Es handelte sich um die Tochter des kurfürstlichen Amtmannes Andreas Sydow, Ehefrau und später Witwe des Vorstehers der kurfürstlichen Geschütz- und Glockengießerei, Nikolaus Dieterich. Anna begleitete in Männerkleidung den Kurfürsten bei seinen so sehr geschätzten Jagdausflügen, vor allem zum Jagdschloß Grunewald, was wohl zu der Legende beigetragen hat, daß sie dort von Johann Georg, dem Sohn und Nachfolger des Kurfürsten, bei lebendigem Leibe eingemauert worden wäre und deshalb dort umgehe. Tatsächlich hatte der Sohn jedoch schon zu Lebzeiten des Vaters einen Schutzbrief für Anna und ihre Kinder, einschließlich ihrer Besitzungen unterzeichnen müssen, woran er sich allerdings nicht hielt, sondern sie bis zu ihrem Tode 1575 in der Festung Spandau gefangen hielt. Die Aufzeichnungen der Zahlungen, wie sie Lippold sorgfältig vornahm, vermitteln einen Einblick in diese Beziehungen, wenn es dort etwa heißt: „Frau Anna 40 Thaler" oder „Churfürstliche Gnaden in der Gießerin Haus geben zum Spiel 20 Thaler". Reiche Geschenke gingen auch an Magdalena, die gemeinsame Tochter.

Lippolds Aktivitäten beschränkten sich jedoch nicht auf die Verwaltung der Privatschatulle Joachims II., vielmehr erhielt er 1565 die kurfürstliche Münze übertragen und prägte als Münzmeister der Mark Brandenburg von 1568–71 unter seinem Wappen, dem Davidsstern, märkische Goldgulden. Daneben betrieb er eine Pfandleihe, zwar nur im kleinen Stil, aber unter Erfassung eines breiten Publikums sowohl des Hofes als auch des Bürgertums der Residenzstadt, was ihn im besonderen Maße verhaßt machte. Als es nach dem Tode des Kurfürsten im Januar 1571 zu einem Ausbruch des Hasses gegen die Juden kam, wurde Lippold im Auftrage des neuen Kurfürsten verhaftet und die in seinem Hause vorgefundenen Pfänder zur Besänftigung des Tumults den Schuldnern wieder ausgehändigt. Da die Überprüfung der Tätigkeit Lippolds als Privatfinanzier und Münzmeister Joachims II. keine Unregelmäßigkeiten erbrachte, erzwang man von ihm auf der Folter das Eingeständnis der Zauberei, des Verkehrs mit dem Teufel und der Vergiftung des Kurfürsten, dem er in seiner Todesstunde zur Seite gestanden hatte. Daraufhin wurde er im Januar 1573 auf grausame Weise hingerichtet.

Da der neue Kurfürst Johann Georg ganz im Gegensatz zu seinem Vater vorrangig darauf bedacht war, die gänzlich zerrütteten Staatsfinanzen wieder in Ordnung zu bringen, also eine Sparpolitik betrieb, war ohnehin kein Platz mehr für die Hofjuden in der zuvor ausgeübten Funktion.

Jörg K. Hoensch

Restriktive Judengesetzgebung in Böhmen

Bereits im Januar 1623 hatte Kaiser Ferdinand II. den Juden Prags und der böhmischen Länder die alten Privilegien bestätigt, wodurch ihnen freier Aufenthalt, die Ausübung von Handel und Geschäften sowie Schutz vor Vertreibung garantiert worden war, und er hatte diese Zusagen 1627 für Böhmen und Schlesien, 1629 für Mähren mit der Auflage einer jährlichen Kontributionsleistung von 40 000 bzw. 12 000

Gulden wiederholt. Doch schon 1636 kam es zu einer ersten Initiative der königlichen Städte Mährens, den Kaiser zu einer Rücknahme seiner Judenprivilegien zu veranlassen; da sich die Judenschaft aber stets loyal gezeigt und sich 1648 bei der Verteidigung Prags ausgezeichnet hatte, bestätigte auch Kaiser Ferdinand III. ihre alten Rechte mit der Zusicherung, „daß sie in Unserem Erb-Königreich Böheimb und königlichen Städten ..., wo sie von altershero ihre Wohnung gehabt, unter Unserem ... Schutz verbleiben und wohnen können, ... ohne Unser ... Vorwissen und Willen nicht ausgetrieben werden dürfen". 1657 wurde auch die Rechtsstellung der mährischen Juden mit dem Ziel festgeschrieben, ihnen den freien Zugang zu den Märkten zu ermöglichen und eine Benachteiligung den christlichen Kaufleuten gegenüber auszuschließen. Die Landtage und die königlichen Städte wurden jedoch nicht müde, den Tätigkeitsbereich der Juden als Verwalter oder Pächter von Zöllen, Mauten, öffentlichen Gerechtsamen und Immobilien einzuschränken und Maßnahmen zu treffen, alle nach dem 1. 1. 1618 zugewanderten Israeliten des Landes zu verweisen. Leopold I. gab den wachsenden Pressionen anfangs aber nicht nach, weil er eine weitere Schwächung der Wirtschaftskraft der königlichen Städte und Einnahmeverluste glaubte befürchten zu müssen, konnte doch davon ausgegangen werden, daß fast alle vertriebenen Juden in den Städten und Gutsherrschaften des Adels Aufnahme finden oder sich als Schutz- und Hausjuden sogar der Geistlichkeit unterstellen würden. 1703, 1708 und 1719 wurden die ferdinandeischen Judenprivilegien von Leopold I , Joseph I. und Karl VI. für die böhmischen Kronländer aber nur noch unter einem Vorbehalt bestätigt, der dem Herrscher jederzeit eine Korrektur oder den vollständigen Widerruf des von ihm garantierten Rechtsschutzes ermöglichte.

Die von einem Teil der Geistlichkeit unterstützten Klagen der Stadtbevölkerung über die Juden waren in Prag besonders laut, zumal nachdem 1680 im überfüllten Ghetto die

Pest heftig gewütet und 1689 dort eine verheerende Brandkatastrophe zahlreiche Straßenzüge der Altstadt eingeäschert hatte. Die Juden stellten um 1700 mit etwa 11 000 Menschen die Hälfte aller Altstadtbewohner und über ein Viertel der gesamten Prager Einwohnerschaft. Die Pestepidemie von 1713 drückte die Zahl der Prager Juden allerdings auf unter 8000; dennoch wurden von einer 1714 von Karl VI. eingesetzten Kommision unter Oberstkämmerer Graf Kolowrat Pläne verfolgt, fortan nur noch 620 „systematisierte" Familien unter strenger staatlicher Aufsicht in Prag mit der Verpflichtung wohnen zu lassen, künftig eine Jahressteuer von 100 Gulden zu entrichten. In einem Gutachten vom November 1719 empfahl die Böhmische Statthalterei zudem eine drastische Reduzierung der auf dem Land lebenden Juden durch Ausweisung der weniger begüterten oder der erst kürzlich eingewanderten Familien. Auch jetzt verhinderte allein der massive Einspruch der für die Finanzverwaltung zuständigen Böhmischen Kammer und der Wiener Hofkammer die Ausführung dieser bereits weit gediehenen Vertreibungspläne; doch auch in den Folgejahren wurden Forderungen nach einer bedeutsamen Verringerung der Zahl der Juden und fühlbaren Auflagen für die Geschäftsfähigkeit diskutiert. Als 1724 die Krone konkrete Propositionen vorlegte, lehnte der Landtag die judenfeindlichen Empfehlungen jedoch mit der Überlegung ab, daß die danach zu erwartende empfindliche Minderung des Steueraufkommens zu einer Mehrbelastung der untertänigen Bauern und der Städter führen werde. Immerhin haben die dann 1726/27 ohne Landtagsbilligung erlassenen Familiengesetze die Zahl der jüdischen Familien in Böhmen auf 8541, in Mähren auf 5106 limitiert und restriktive Maßnahmen auf wirtschaftlichem Gebiet verordnet. Obschon wegen der bald zutage tretenden wirtschaftlichen Folgen nach 1729 einige Modifikationen an der antijüdischen Gesetzgebung vorgenommen werden mußten, waren vorerst die Zeiten einer vom Monarchen verbürgten Rechtssicherheit und der freien ökonomischen Entfaltung vorbei. Die 1738 von Karl VI. verfügte Vertreibung der Juden aus Schlesien machte zudem die Gefahren auch für den weiteren Fortbestand des Judentums in den böhmischen Ländern deutlich.

Die verhärtete Haltung den Juden gegenüber, die 1740 bei einer Gesamteinwohnerzahl von etwa 4,8 Mill. (jeweils um die 2 Mill. in Böhmen und Schlesien sowie rd. 800 000 Einwohner in Mähren) in Böhmen um 35 000, in Mähren unter 25 000 Köpfe zählten, mag auch eine Reaktion auf die wachsende Abhängigkeit des Wiener Hofes von den jüdischen Hoffaktoren gewesen sein, die – wie Samuel Oppenheimer bis zum Bankrott seines Bankhauses 1703 und nach ihm Samson Wertheimer – dem Kaiser bis 1739 im Jahresdurchschnitt Anleihen von 2 Mill. Gulden zu Verfügung stellten. Auch der Hocharistokratie leisteten jüdische Angestellte wertvolle Dienste bei der Verwaltung ihrer Güter und dem Betreiben ihrer Geld- und Handelsgeschäfte. Die Sternberg, Czernin, Eggenberg und, nach deren Aussterben, die Schwarzenberg, die 1719 den umfangreichen südböhmischen Besitz als Herzogtum Krumau übernahmen, verfügten dank strenger Wirtschaftsführung und unternehmerischer Erfolge über Millionenvermögen, mit dem nicht nur ihr aufwendiger Lebensstil im diplomatischen Dienst des Kaisers, bei Hofe in Wien oder auf ihren böhmischen Besitzungen bestritten wurde; ihr Reichtum erlaubte ihnen auch eine rege und kostspielige Bau- und Mäzenatentätigkeit und versetzte sie außerdem in die Lage, dem Kaiser beträchtliche Summen zu leihen, wie es beispielsweise die Familien Czernin zwischen 1691 und 1724 mit über 4 Mill. Gulden tat.

Nikolaus Ludwig Graf von Zinzendorf
Am Schábbas sind wir stille

[Mel. die braut spricht zu dem etc.]

Am *Schábbas** sind wir stille, und ruhen in der K'hille**; wir thun uns was zu gut; wir acheln † von dem Tólah°, der für uns ward ein Olah††, und trinken auch von seinem blut.

* Sabbath. ** Gemeine. † essen. †† opfer. [° der Gekreuzigte]

2. Er ward für uns zum fluche; drum haben wir *Menúche**: wir sind *gebenschte*** leut; er macht in uns *Hadlóke*†, und sein Sechus†† und Z'dóke††† ist unser schmuk und *Schabbas*-kleid.

* ruhe. ** gesegnete. † zündet das licht in uns an. †† verdienst. ††† gerechtigkeit.

3. Die *Pársche* und *Haptóre** ist immer nur die *B'sóre***: *daß Gottes einger Sohn am creuz für uns gestorben,* und uns mit blut erworben. Man singt und *dárschet*† nur davon.

* der text am sabbath. ** botschaft, evangelium. † predigt.

Jüdisches im Kirchenlied

Johann Wolfgang von Goethe
Die Frankfurter Judengasse

Zu den ahnungsvollen Dingen, die den Knaben und auch wohl den Jüngling bedrängten, gehörte besonders der Zustand der Judenstadt, eigentlich die Judengasse genannt, weil sie kaum aus etwas mehr als einer einzigen Straße besteht, welche in frühen Zeiten zwischen Stadtmauer und Graben wie in einen Zwinger mochte eingeklemmt worden sein. Die Enge, der Schmutz, das Gewimmel, der Akzent einer unerfreulichen Sprache, alles zusammen machte den unangenehmsten Eindruck, wenn man auch nur am Tore vorbeigehend hineinsah. Es dauerte lange, bis ich allein mich hineinwagte, und ich kehrte nicht leicht wieder dahin zurück, wenn ich einmal den Zudringlichkeiten so vieler, etwas zu schachern unermüdet fordernder oder anbietender Menschen entgangen war. Dabei schwebten die alten Märchen von Grausamkeit der Juden gegen die Christenkinder, die wir in Gottfrieds „Chronik" gräßlich abgebildet gesehen, düster vor dem jungen Gemüt. Und ob man gleich in der neuern Zeit besser von ihnen dachte, so zeugte doch das große Spott- und Schandgemälde, welches unter dem Brükkenturm an einer Bogenwand, zu ihrem Unglimpf, noch ziemlich zu sehen war, außerordentlich gegen sie: denn es war nicht etwa durch einen Privatmutwillen, sondern aus öffentlicher Anstalt verfertigt worden.

Indessen blieben sie doch das auserwählte Volk Gottes, und gingen, wie es nun mochte gekommen sein, zum Andenken der ältesten Zeiten umher. Außerdem waren sie ja auch Menschen, tätig, gefällig und selbst dem Eigensinn, womit sie an ihren Gebräuchen hingen, konnte man seine Achtung nicht versagen. Überdies waren die Mädchen hübsch, und mochten es wohl leiden, wenn ein Christenknabe, ihnen am Sabbat auf dem Fischerfelde begegnend, sich freundlich und aufmerksam bewies. Äußerst neugierig war ich daher, ihre Zeremonien kennenzulernen. Ich ließ nicht ab, bis ich ihre Schule öfters besucht, einer Beschneidung, einer Hochzeit beigewohnt und von dem Laubhüttenfest mir ein Bild gemacht hatte. Überall war ich wohl aufgenommen, gut bewirtet und zur Wiederkehr eingeladen: Denn es waren Personen von Einfluß, die mich entweder hinführten oder empfahlen.

Johann Wolfgang von Goethe
Gedichte von einem polnischen Juden

Zuvörderst müssen wir versichern, daß die Aufschrift dieser Bogen einen sehr vorteilhaften Eindruck auf uns gemacht hat. Da tritt, dachten wir, ein feuriger Geist, ein fühlbares Herz, bis zum selbständigen Alter unter einem fremden rauhen Himmel aufgewachsen, auf einmal in *unsere* Welt. Was für Empfindungen werden sich in ihm regen, was für Bemerkungen wird er machen, er, dem alles neu ist? Auch nur das flache, bürgerliche, gesellige und gesellschaftliche Leben genommen, wieviel Dinge werden ihm auffallen, die durch Gewohnheit auf euch ihre Wirkung verloren haben? Da, wo ihr an langer Weile schmachtet, wird er Quellen von Vergnügen entdecken; er wird euch aus eurer wohlhergebrachten Gleichgültigkeit reißen, euch mit euern eignen Reichtümern bekanntmachen, euch ihren Gebrauch lehren. Dagegen werden ihm hundert Sachen, die ihr *so gut* sein laßt, unerträglich sein. Genug, er wird finden, was er nicht sucht, und suchen, was er nicht findet. Dann seine Gefühle, seine Gedanken in freien Liedern, der Gesellschaft, Freunden, Mädchen mitteilen, und wenn er nichts Neues sagt, wird alles eine neue Seite haben. Das hofften wir, und griffen – – in Wind.

In den fast zu *langen* und zu *eitlen* Vorberichtsbriefen erscheint er in einer Selbstgefälligkeit, der seine Gedichte nicht entsprechen.

Es ist recht löblich ein polnischer Jude sein, der Handelschaft entsagen, sich den Musen weihen, Deutsch lernen, Liederchen ründen; wenn man aber in allem zusammen nicht mehr leistet, als ein christlicher étudiant en belles lettres auch, so ist es, deucht uns, übelgetan, mit seiner Judenschaft ein Aufsehen zu machen.

Abstrahiert von allem, produziert sich hier wieder ein hübscher junger Mensch *gepudert* und mit *glattem Kinn*, und *grünem goldbesetzten Rock,* der die schönen Wissenschaften eine Zeitlang getrieben hat, und unterm Treiben fand, wie artig und leicht das sei, Melodiechen nachzutrillern. Seine Mädchen sind die allgemeinen Gestalten, wie man sie in Sozietät und auf der Promenade kennenlernt, sein Lebenslauf unter ihnen der Gang von Tausenden; er ist an den lieben Geschöpfen so hingestrichen, hat sie einmal amüsiert, einmal ennuiert, geküßt, wo er ein Mäulchen erwischen konnte. Über diese wichtigen Erfahrungen am weiblichen Geschlecht ist er denn petit volage geworden, und nun, wenn er mehr Zurückhaltung bei einem Mädchen antrifft, beklagt er sich bitterlich, daß er nur den Handschuh ehrerbietig kosten, sie nicht beim Kopf nehmen und weidlich anschmatzen darf, und das alles so ohne Gefühl von weiblichem Wert, so ohne zu wissen was er will. [...]

Es ist vom polnischen Juden die Rede, den wir fast verloren hätten, auch haben wir nichts von seinen Oden gesagt. Was ist da viel zu sagen! durchgehends die, Göttern und Menschen verhaßte, Mittelmäßigkeit. Wir wünschen, daß er uns auf denen Wegen, wo wir unser Ideal suchen, einmal wieder, und geistiger begegnen möge.

Gotthold Ephraim Lessing
Die Ringparabel

Saladin:

Ich heische deinen Unterricht in ganz
Was anderem; ganz was anderem. – Da du nun
So weise bist: so sage mir doch einmal –
Was für ein Glaube, was für ein Gesetz
Hat dir am meisten eingeleuchtet?

Nathan:

Sultan,
Ich bin ein Jud'.

SALADIN:

Und ich ein Muselmann.
Der Christ ist zwischen uns. – Von diesen drey
Religionen kann doch eine nur
Die wahre seyn. – Ein Mann, wie du, bleibt da
Nicht stehen, wo der Zufall der Geburth
Ihn hingeworfen: oder wenn er bleibt,
Bleibt er aus Einsicht, Gründen, Wahl des Bessern.
Wohlan! so theile deine Einsicht mir
Dann mit. Laß mich die Gründe hören, denen
Ich selber nachzugrübeln, nicht die Zeit
Gehabt. Laß mich die Wahl, die diese Gründe
Bestimmt, – versteht sich, im Vertrauen – wissen,
Damit ich sie zu meiner mache. – Wie?
Du stutzest? wägst mich mit dem Auge? – Kann
Wohl seyn, daß ich der erste Sultan bin,
Der eine solche Grille hat; die mich
Doch eines Sultans eben nicht so ganz
Unwürdig dünkt. – Nicht wahr? – So rede doch!
Sprich! – Oder willst du einen Augenblick,
Dich zu bedenken? Gut; ich geb' ihn dir. –

SECHSTER AUFTRITT

Nathan allein

NATHAN:

Hm! hm! – wunderlich! – Wie ist
Mir denn? – Was will der Sultan? was? – Ich bin
Auf Geld gefaßt; und er will – Wahrheit. Wahrheit!
Und will sie so, – so bar, so blank, – als ob
Die Wahrheit Münze wäre! – Ja, wenn noch
Uralte Münze, die gewogen ward! –
Das ginge noch! Allein so neue Münze,
Die nur der Stempel macht, die man aufs Brett

Nur zählen darf, das ist sie doch nun nicht!
Wie Geld in Sack, so striche man in Kopf
Auch Wahrheit ein? Wer ist denn hier der Jude?
Ich oder er? – Doch wie? Sollt' er auch wohl
Die Wahrheit nicht in Wahrheit fordern? – Zwar,
Zwar der Verdacht, daß er die Wahrheit nur
Als Falle brauche, wär' auch gar zu klein! –
Zu klein? – Was ist für einen Großen denn
Zu klein? – Gewiß, gewiß: er stürzte mit
Der Türe so ins Haus! Man pocht doch, hört
Doch erst, wenn man als Freund sich naht. – Ich muß
Behutsam gehn! – Und wie? wie das? – So ganz
Stockjude sein zu wollen, geht schon nicht. –
Und ganz und gar nicht Jude, geht noch minder.
Denn, wenn kein Jude, dürft' er mich nur fragen,
Warum kein Muselmann? – Das war's! Das kann
Mich retten! – Nicht die Kinder bloß, speist man
Mit Märchen ab. – Er kömmt. Er komme nur!

Siebender Auftritt

Saladin und Nathan

Saladin:
(So ist das Feld hier rein!) – Ich komm' dir doch
Nicht zu geschwind zurück? Du bist zu Rande
Mit deiner Ueberlegung. – Nun so rede!
Es hört uns keine Seele. [...]

Nathan:
Vor grauen Jahren lebt' ein Mann in Osten,
Der einen Ring von unschätzbarem Werth'
Aus lieber Hand besaß. Der Stein war ein
Opal, der hundert schöne Farben spielte,
Und hatte die geheime Kraft, vor Gott
Und Menschen angenehm zu machen, wer

In dieser Zuversicht ihn trug. Was Wunder,
Daß ihn der Mann in Osten darum nie
Vom Finger ließ; und die Verfügung traf,
Auf ewig ihn bey seinem Hause zu
Erhalten? Nehmlich so. Er ließ den Ring
Von seinen Söhnen dem Geliebtesten;
Und setzte fest, daß dieser wiederum
Den Ring von seinen Söhnen dem vermache,
Der ihm der liebste sey; und stets der Liebste,
Ohn' Ansehn der Geburt, in Kraft allein
Des Rings, das Haupt, der Fürst des Hauses werde. –
Versteh mich, Sultan.

SALADIN:
Ich versteh dich. Weiter!

NATHAN:
So kam nun dieser Ring, von Sohn zu Sohn,
Auf einen Vater endlich von drey Söhnen;
Die alle drey ihm gleich gehorsam waren,
Die alle drey er folglich gleich zu lieben
Sich nicht entbrechen konnte. Nur von Zeit
Zu Zeit schien ihm bald der, bald dieser, bald
Der dritte, – so wie jeder sich mit ihm
Allein befand, und sein ergiessend Herz
Die andern zwey nicht theilten, – würdiger
Des Ringes; den er denn auch einem jeden
Die fromme Schwachheit hatte, zu versprechen.
Das ging nun so, so lang es ging. – Allein
Es kam zum Sterben, und der gute Vater
Kömmt in Verlegenheit. Es schmerzt ihn, zwey
Von seinen Söhnen, die sich auf sein Wort
Verlassen, so zu kränken. – Was zu thun? –
Er sendet in geheim zu einem Künstler,
Bey dem er, nach dem Muster seines Ringes,
Zwey andere bestellt, und weder Kosten
Noch Mühe sparen heißt, sie jenem gleich,
Vollkommen gleich zu machen. Das gelingt

Dem Künstler. Da er ihm die Ringe bringt,
kann selbst der Vater seinen Musterring
Nicht unterscheiden. Froh und freudig ruft
Er seine Söhne, jeden ins besondre;
Giebt jedem ins besondre seinen Seegen, –
Und seinen Ring, – und stirbt. – Du hörst doch, Sultan?

SALADIN:
(der sich betroffen von ihm gewandt.)
Ich hör, ich höre! – Komm mit deinen Mährchen
Nur bald zu Ende. – Wirds?

NATHAN:
Ich bin zu Ende.
Denn was noch folgt, versteht sich ja von selbst. –
Kaum war der Vater todt, so kömmt ein jeder
Mit seinem Ring', und jeder will der Fürst
Des Hauses seyn. Man untersucht, man zankt,
Man klagt. Umsonst; der rechte Ring war nicht
Erweislich; –
(nach einer Pause, in welcher er des Sultans Antwort erwartet.)
Fast so unerweislich, als
Uns itzt – der rechte Glaube.

SALADIN:
Wie? das soll
Die Antwort sein auf meine Frage?...

NATHAN:
Soll
Mich bloß entschuldigen, wenn ich die Ringe,
Mir nicht getrau' zu unterscheiden, die
Der Vater in der Absicht machen ließ,
Damit sie nicht zu unterscheiden wären.

SALADIN:
Die Ringe! – Spiele nicht mit mir! – Ich dächte,
Daß die Religionen, die ich dir
Genannt, doch wohl zu unterscheiden wären.
Bis auf die Kleidung; bis auf Speis' und Trank!

Nathan:

Und nur von Seiten ihrer Gründe nicht. –
Denn gründen alle sich nicht auf Geschichte?
Geschrieben oder überliefert! – Und
Geschichte muß doch wohl allein auf Treu
Und Glauben angenommen werden? – Nicht? –
Nun wessen Treu und Glauben zieht man denn
Am wenigsten in Zweifel? Doch der Seinen?
Doch deren Blut wir sind? doch deren, die
Von Kindheit an uns Proben ihrer Liebe
Gegeben? die uns nie getäuscht, als wo
Getäuscht zu werden uns heilsamer war? –
Wie kann ich meinen Vätern weniger,
Als du den deinen glauben? Oder umgekehrt. –
Kann ich von dir verlangen, daß du deine
Vorfahren Lügen strafst, um meinen nicht
Zu widersprechen? Oder umgekehrt.
Das nämliche gilt von den Christen. Nicht? –

Saladin:

(Bei dem Lebendigen! Der Mann hat Recht.
Ich muß verstummen.)

Nathan:

Laß auf unsre Ring'
Uns wieder kommen. Wie gesagt: die Söhne
Verklagten sich; und jeder schwur dem Richter,
Unmittelbar aus seines Vaters Hand
Den Ring zu haben. – Wie auch wahr! – Nachdem
Er von ihm lange das Versprechen schon
Gehabt, des Ringes Vorrecht einmal zu
Genießen. – Wie nicht minder wahr! – Der Vater,
Beteu'rte jeder, könne gegen ihn
Nicht falsch gewesen sein; und eh' er dieses
Von ihm, von einem solchen lieben Vater,
Argwohnen lass': eh' müss' er seine Brüder,
So gern er sonst von ihnen nur das Beste
Bereit zu glauben sei, des falschen Spiels

Bezeihen; und er wolle die Verräter
Schon auszufinden wissen; sich schon rächen.

SALADIN:
Und nun, der Richter? – Mich verlangt zu hören,
Was du den Richter sagen lässest. Sprich!

NATHAN:
Der Richter sprach: wenn ihr mir nun den Vater
Nicht bald zur Stelle schafft, so weis' ich euch
Von meinem Stuhle. Denkt ihr, daß ich Rätsel
Zu lösen da bin? Oder harret ihr,
Bis daß der rechte Ring den Mund eröffne? –
Doch halt! Ich höre ja, der rechte Ring
Besitzt die Wunderkraft beliebt zu machen;
Vor Gott und Menschen angenehm. Das muß
Entscheiden! Denn die falschen Ringe werden
Doch das nicht können! – Nun; wen lieben zwei
Von euch am meisten? – Macht, sagt an! Ihr schweigt?
Die Ringe wirken nur zurück? und nicht
Nach außen? Jeder liebt sich selber nur
Am meisten? – O so seid ihr alle drei
Betrogene Betrieger! Eure Ringe
Sind alle drei nicht echt. Der echte Ring
Vermutlich ging verloren. Den Verlust
Zu bergen, zu ersetzen, ließ der Vater
Die drei für einen machen.

SALADIN:
Herrlich! herrlich!

NATHAN:
Und also; fuhr der Richter fort, wenn ihr
Nicht meinen Rat, statt meines Spruches, wollt:
Geht nur! – Mein Rat ist aber der: ihr nehmt
Die Sache völlig wie sie liegt. Hat von
Euch jeder seinen Ring von seinem Vater:
So glaube jeder sicher seinen Ring
Den echten. – Möglich; daß der Vater nun
Die Tyrannei des *einen* Rings nicht länger

In seinem Hause dulden wollen! – Und gewiß;
Daß er euch alle drei geliebt, und gleich
Geliebt: indem er zwei nicht drücken mögen,
Um einen zu begünstigen. – Wohlan!
Es eifre jeder seiner unbestochnen
Von Vorurteilen freien Liebe nach!
Es strebe von euch jeder um die Wette,
Die Kraft des Steins in seinem Ring' an Tag
Zu legen! komme dieser Kraft mit Sanftmut,
Mit herzlicher Verträglichkeit, mit Wohltun,
Mit innigster Ergebenheit in Gott,
Zu Hülf'! Und wenn sich dann der Steine Kräfte
Bei euern Kindes-Kindeskindern äußern:
So lad' ich über tausend tausend Jahre,
Sie wiederum vor diesen Stuhl. Da wird
Ein weiserer Mann auf diesem Stuhle sitzen,
Als ich; und sprechen. Geht! – So sagte der
Bescheidne Richter.

Johann David Michaelis
Rezension über „Die Juden"

Der vierte Teil von Hrn. Lessings „Schriften" beträgt 312 Seiten, darauf wir zwei Lustspiele lesen. Das erste, „Der junge Gelehrte", ist schon vor 6 Jahren auf der Neuberischen Schaubühne zu Leipzig aufgeführt, aber noch nie gedruckt. [...]

Das zweite führt die Überschrift „Die Juden" und verdient wegen seiner Absicht eine nähere Bekanntmachung und Beurteilung als das vorige, obgleich jenes uns noch ausgearbeiteter vorkommt. Der Inhalt ist kurz dieser: ... Der Endzweck gehet auf eine sehr ernsthafte Sittenlehre, nämlich die Torheit und Unbilligkeit des Hasses und der Verachtung zu zeigen, damit wir den Juden meistensteils begegnen. Man kann daher dieses Lustspiel nicht lesen, ohne daß einem die mit gleichem Endzweck gedichtete Erzählung von einem ehrlichen Juden, die in Hrn. Gellerts „Schwedischer Gräfin" stehet, beifallen muß. Bei Lesung beider aber ist uns stets das Vergnügen, so wir reichlich empfunden haben, durch etwas unterbrochen worden, das wir entweder zu Hebung des Zweifels oder zu künftiger Verbesserung der Erdichtungen dieser Art bekanntmachen wollen. Der unbekannte Reisende ist in allen Stücken so vollkommen gut, so edelmütig, so besorgt, ob er auch etwan seinem Nächsten Unrecht tun und ihn durch ungegründeten Verdacht beleidigen möchte, gebildet, daß es zwar nicht unmöglich, aber doch allzu unwahrscheinlich ist, daß unter einem Volke von den Grundsätzen, Lebensart und Erziehung, das wirklich die üble Begegnung der Christen auch zu sehr mit Feindschaft oder wenigstens mit Kaltsinnigkeit gegen die Christen erfüllen muß, ein solches edles Gemüt sich gleichsam selbst bilden könne. Diese Unwahrscheinlichkeit störte unser Vergnügen desto mehr, je mehr wir dem edlen und schönen Bilde Wahrheit und Dasein wünscheten. Aber auch die mittelmäßige Tugend und Redlichkeit findet sich unter diesem Volke so selten, daß die wenigen Beispiele davon den Haß gegen dasselbe nicht so sehr mindern, als man wünschen möchte. Bei den Grundsätzen der Sittenlehre, welche zum wenigsten der große Teil desselben angenommen hat, ist auch eine allgemeinere Redlichkeit kaum möglich, sonderlich, da fast das ganze Volk von der Handlung leben muß, die mehr Gelegenheit und Versuchung zum Betruge gibt als andere Lebensarten. [...]

Moses Mendelssohn
Brief an Salomon Gumperz über Michaelis' „Juden"-Rezension

Mein Herr,

Ich überschicke Ihnen hier das 70. Stück der „Göttingschen gelehrten Anzeigen". Lesen Sie den Artikel von Berlin. Die Herren Anzeiger rezensieren den 4. Teil der Lessingschen Schriften, die wir so oft mit Vergnügen gelesen haben. Was glauben Sie wohl, daß sie an dem Lustspiele „Die Juden" aussetzen? Den Hauptcharakter, welcher, wie sie sich ausdrücken, viel zu edel und viel zu großmütig ist. Das Vergnügen, sagen sie, das wir über die Schönheit eines solchen Charakters empfinden, wird durch dessen Unwahrscheinlichkeit unterbrochen, und endlich bleibt in unsrer Seele nichts als der bloße Wunsch für sein Dasein übrig. Diese Gedanken machten mich schamrot. Ich bin nicht imstande, alles auszudrücken, was sie mich haben empfinden lassen. Welche Erniedrung für unsere bedrängte Nation! Welche übertriebene Verachtung! Das gemeine Volk der Christen hat uns von jeher als den Auswurf der Natur, als Geschwüre der menschlichen Gesellschaft angesehen. Allein, von gelehrten Leuten erwartete ich jederzeit eine billigere Beurteilung; von diesen vermutete ich die uneingeschränkte Billigkeit, deren Mangel uns insgemein vorgeworfen zu werden pflegt. Wie sehr habe ich mich geirrt, als ich einem jeden christlichen Schriftsteller so viel Aufrichtigkeit zutrauete, als er von andern fordert.

In Wahrheit! mit welcher Stirne kann ein Mensch, der noch ein Gefühl der Redlichkeit in sich hat, einer ganzen Nation die Wahrscheinlichkeit absprechen, einen einzigen ehrlichen Mann aufweisen zu können? Einer Nation, aus welcher, wie sich der Verfasser der „Juden" ausdrückt, alle Propheten und die größesten Könige aufstanden? Ist sein grausamer Richterspruch begründet? Welche Schande für das menschliche Geschlecht! Ungegründet? Welche Schande für ihn!

Ist es nicht genug, daß wir den bittersten Haß der Christen auf so manche grausame Art empfinden müssen; sollen auch diese Ungerechtigkeiten wider uns durch Verleumdungen gerechtfertiget werden?

Man fahre fort, uns zu unterdrücken, man lasse uns beständig mitten unter freien und glückseligen Bürgern eingeschränkt leben, ja man setze uns ferner dem Spotte und der Verachtung aller Welt aus; nur die Tugend, den einzigen Trost bedrängter Seelen, die einzige Zuflucht der Verlassenen, suche man uns nicht gänzlich abzusprechen. [...]

Sollte diese Rezension, diese grausame Seelenverdammung, nicht aus der Feder eines Theologen geflossen sein? Diese Leute denken der christlichen Religion einen großen Vorschub zu tun, wenn sie alle Menschen, die keine Christen sind, für Meichelmörder und Straßenräuber erklären. [...]

Was können uns unsere strengen Beurteiler, die nicht selten ihre Urteile mit Blute versiegeln, Erhebliches vorrücken? Laufen nicht alle ihre Vorwürfe auf den unersättlichen Geiz hinaus, den sie, vielleicht durch ihre eigene Schuld, bei dem gemeinen jüdischen Haufen zu finden frohlocken? Man gebe ihnen diesen zu; wird es denn deswegen aufhören, wahrscheinlich zu sein, daß ein Jude einem Christen, der in räuberische Hände gefallen ist, das Leben gerettet haben sollte? Oder wenn er es getan, muß er sich notwendig das edle Vergnügen, seine Pflicht in einer so wichtigen Sache beobachtet zu haben, mit niederträchtigen Belohnungen versalzen lassen? Gewiß nicht! Zuvoraus, wenn er in solchen Umständen ist, in welche der Jude im Schauspiele gesetzt worden.

Wie aber, soll dieses unglaublich sein, daß unter einem Volke von solchen Grundsätzen und Erziehung ein so edles und erhabenes Gemüt sich gleichsam selbst bilden sollte? Welche Beleidigung! So ist alle unsere Sittlichkeit dahin! So regt sich in uns kein Trieb mehr für die Tugend! So ist die

Natur stiefmütterlich gegen uns gewesen, als sie die edelste Gabe unter den Menschen ausgeteilt, die natürliche Liebe zum Guten! Wie weit bist du, gütiger Vater, über solche Grausamkeit erhaben! [...]

Überhaupt sind gewisse menschliche Tugenden den Juden gemeiner als den meisten Christen. Man bedenke den gewaltigen Abscheu, den sie für eine Mordtat haben. Kein einziges Exempel wird man anführen können, daß ein Jude (ich nehme die Diebe von Profession aus) einen Menschen ermordet haben sollte. Wie leicht wird es aber nicht manchem sonst redlichen Christen, seinem Nebenmenschen für ein bloßes Schimpfwort das Leben zu rauben? Man sagt, es sei Niederträchtigkeit bei den Juden. Wohl! wenn Niederträchtigkeit Menschenblut verschont, so ist Niederträchtigkeit eine Tugend.

Wie mitleidig sind sie nicht gegen alle Menschen, wie milde gegen die Armen beider Nationen? Und wie hart verdient das Verfahren der meisten Christen gegen ihre Arme[n] genennt zu werden? Es ist wahr, sie treiben diese beiden Tugenden fast zu weit. Ihr Mitleiden ist allzu empfindlich und hindert beinah die Gerechtigkeit, und ihre Mildigkeit ist beinah Verschwendung. Allein, wenn doch alle, die ausschweifen, auf der guten Seite ausschweifeten.

Ich könnte noch vieles von ihrem Fleiße, von ihrer bewundernswürdigen Mäßigkeit, von ihrer Heiligkeit in den Ehen hinzusetzen. Doch schon ihre gesellschaftliche Tugenden sind hinreichend genug, die „Göttingsche Anzeigen“ zu widerlegen; und ich betaure den, der eine so allgemeine Verurteilung ohne Schauern lesen kann. Ich bin etc.

Moses Mendelssohn
An Karl Gotthelf Lessing

[Februar 1781]

Alles wohl überlegt, mein Liebster! ist Ihr Bruder gerade zur rechten Zeit abgegangen; nicht nur in dem Plane des Weltalls zur rechten Zeit: denn da geschieht eigentlich nichts zur Unzeit, sondern auch in unserer engen Sphäre, die kaum eine Spanne zum Durchmesser hat, zur rechten Zeit. *Fontenelle* sagt von *Kopernikus:* „Er machte sein neues System bekannt und starb". Der Biograph Ihres Bruders wird mit ebendem Anstande sagen können: „Er schrieb ‚*Nathan den Weisen*' und starb". Von einem Werke des Geistes, das ebensosehr über „Nathan" hervorragte als dieses Stück in meinen Augen über alles, was er bis dahin geschrieben, kann ich mir keinen Begriff machen. Er konnte nicht höher steigen, ohne in eine Region zu kommen, die sich unsern sinnlichen Augen völlig entzieht; und dies tat er. Nun stehen wir da wie die Jünger des Propheten und staunen den Ort an, wo er in die Höhe fuhr und verschwand. Noch einige Wochen vor seinem Hintritte hatte ich Gelegenheit, ihm zu schreiben: er solle sich nicht wundern, daß der große Haufe seiner Zeitgenossen das Verdienst dieses Werks verkenne; eine bessere Nachwelt werde noch fünfzig Jahre nach seinem Tode daran lange Zeit zu kauen und zu verdauen finden. Er ist in der Tat mehr als *ein* Menschenalter seinem Jahrhunderte zuvorgeeilt.

III.
Die Juden in der Neuzeit

1. Zwischen Emanzipation und Antisemitismus

Wilma Eggers (Hg.)
Das mährische Toleranzpatent Josephs des Zweiten

Seit dem Antritte unserer Regierung haben Wir es einer unserer vorzüglichsten Augenmerke seyn lassen, daß alle unsere Unterthanen ohne Unterschied der Nazion, und Religion an dem öffentlichen Wohlstande, den Wir durch Unsere Sorgfalt zu vergrößern wünschen, gemeinschaftlichen Antheil nehmen, eine gesetzmäßige Freyheit genießen, und auf jedem ehrbaren Wege zu Erwerbung ihres Unterhalts und Vergrößerung der allgemeinen Ämsigkeit kein Hinderniß finden sollten.

Da nun mit dieser unserer gnädigsten Absicht die gegen die jüdische Nazion in Unserem Erbmarkgrafthum Mähren bestehenden Gesätze, und so genannten Juden-Ordnungen nicht durchaus zu vereinbaren sind, so wollen Wir dieselben kraft gegenwärtigen Patents in sofern abändern, als es die Verschiedenheit der Zeit und Umstände nöthig machen.

1tens jedoch gehet unsere höchste Absicht keineswegs dahin, durch diese neue Verordnung die Zahl der jüdischen Religions-Genossen in unserem Erbmarkgrafthum Mähren zu vergrössern, oder Fremde ohne wichtige Ursachen, und besondere für sie sprechende Verdienste herein zu ziehen. Wir wollen vielmehr ausdrücklich, daß in Absicht auf die Art, wie sie in unserem Erbmarkgrafenthum Mähren gegenwärtig sich befinden, es unverändert verbleiben, folglich auch die festgesetzte Anzahl nicht überschritten, noch, dort, wo niemals Juden ansäßig gewesen, auch künftig keinen sich ansäßig zu machen, zustehen soll, es sey denn, daß sie in irgend einem Dorfe, Markte, einer Stadt, oder allenfalls auf einem bisher noch unbebauten Grunde eine Fabrik errichten, ein nützliches Gewerb einführen wollten, oder Wir selbst nach Umständen und uns zureichenden Beweggründen mit einem oder anderen eine Ausnahme zu machen, zuträglich gefunden hätten.

2tens Eben so wenig ist unser höchster Wille der Judenschaft die Errichtung eigener Buchdruckereien zu erlauben, sondern ist dieselbe wegen ihres Bedürfnisses an Gebet- und anderen hebräischen Büchern an die schon errichtete jüdische Buchdruckerei in Brünn und Prag zu verweisen, wollten sie aber jüdische Bücher aus fremden Landen hereinbringen, so sind sie verbunden, in jedem besonderen Falle, weil diesfalls das allgemeine Verbot entgegen steht, die Bewilligung anzusuchen, und die fremden Bücher gleich allen übrigen Unterthanen der Censur zu unterwerfen.

Es bestehen demnach die Begünstigungen, welche der jüdischen Nazion durch gegenwärtige Abänderung zuflüssen in Folgenden; Da Wir dieselbe hauptsächlich durch besondere bessere Unterrichtung, Aufklärung ihrer Jugend, und durch Verwendung auf Wissenschaften, Künste, und Handwerke, dem Staate nützlicher und brauchbarer zu machen zum Ziele nahmen,

3tens So gestatten Wir ihnen bey jeder jüdischen Haupt-Synagoge des Landes eine eigene normalmässig eingerichtete mit Lehrern von ihren Religionsgenossen besetzte Schule auf ihre Kosten zu errichten, und zu diesem Ende einige taugliche junge Leute nach Anzahl ihrer Schulen auszusuchen, welche sie zum ordnungsmäßigen Unterricht in der Normal Lehrart an die Brünner Normalschul-Direktion anweisen wollen.

Diese ihre künftige Normalschulen werden unter der nämlichen Oberaufsicht, wie alle anderen deutschen Schulen stehen, und soll, was derselben nähere Einrichtung vorzüglich in Ansehung der moralischen Bücher betrifft, das Nöthige ehestens an sie erlassen werden, wir ihnen vorläufig zu erkennen geben, daß Wir um sie wegen ihrer Religionsübungen, Meynungen außer Besorgniß zu setzen, geneigt sind die Entwerfung der moralischen Bücher ihnen selbst zu überlassen, mit dem Vorbehalte jedoch, daß sie selbe zur Uibersehung und Bestättigung der Brünner Schul-Oberaufsicht zu überreichen haben.

4tens An jenen Orten, wo sie keine deutsche Schule haben, erlauben und befehlen wir ihnen, ihre Kinder in die christlichen Normal, Real- und Trivial-Schulen zu schicken, in welchen nach dem von Uns erlassenen strengen Befehle eine solche Einrichtung wird getroffen werden, daß die Jüdischen gleich den christlichen Kindern alles erlernen mögen, bei dem Religions-Unterricht hingegen aus der Schule entlassen, und während des Schulunterrichts selbst zu keiner ihrer Religions Übung widrigen Handlung gezwungen, oder verleitet werden sollen.

5tens Der vermöglicheren Jugend der jüdischen Nazion stellen wir frei, sich auch auf die höheren Wissenschaften auf den erbländischen Universitäten zu verwenden, und soll kein Anstand genommen werden, diejenige Juden Kinder, welche die Normal, Real, lateinische, oder höheren Schulen besuchen, in den privilegirten Königl. und anderen Municipal-Städten bey Christen wohnen zu lassen, wie dann den Eltern, wenn sie ihre studirende Kinder nur zuweilen, und auf eine kurze Zeit zu sehen kommen, bey Christen in solchen Städten Wohnung oder Nachtherberge zu nehmen, allerdings gestattet wird.

6tens Um ihnen die Wege ihres Unterhalts und der nöthigen Erwerbung desto mehr zu erleichtern, wird allen Juden, so der festgesetzten Zahl einer Gemeinde einverleibet sind, den Akerbau zu treiben vergönnt, und daher erlaubt, an sie mit Ausnahme der Gründe unterthäniger Kontribuenten Grundstücke auf 20 und mehrere Jahre pachtweise zu überlassen; und obwohlen Wir zwar nicht entgegen sind, daß auch bereits bearbeitete Grundstücke von ihnen gepachtet werden können; so werden Wir dennoch vorzüglich gerne sehen, wenn sie unbearbeitete Feldstücke, und sogenannte Öden zu übernehmen, und durch ihren Fleiß fruchtbar zu machen sich angelegen sein lassen. Alle Feldarbeiten auf diesen von ihnen gepachteten Grundstücken haben in Zukunft durch jüdische Hände zu geschehen. Würden sie aber Christen, so sollen sie auch das Eigenthum derselben gesätzmäßig erwerben können. Da sie aber anjetzt des Akerbaues, und Feldwirthschaft noch unkundig sind, so gestatten Wir ihnen, daß sie wenigstens durch die ersten Jahre, um sie in den Feldbau Arbeiten zu unterrichten, christliche Knechte, in Dienst nehmen, übrigens aber sich das zu dem Akerbau nötige Zug- und Melkvieh anschaffen, für solches die gemeine Weide mit genießen, nicht weniger die zu ihrem Wirtschafts-Triebe erforderlichen Chalupen oder Kleinhäuser bewohnen mögen.

7tens. Nebst dem, daß weiters der jüdischen Nazion das Fuhrwesen ungehindert zu betreiben erlaubet wird,

8tens ertheilen Wir derselben das allgemeine Befugniß zu allen Gattungen von Handwerken, und Gewerben, zu deren Erlernung sie sich bey christlichen Maystern in den privilegirten Königl. und anderen Municipal-Städten als Lehrjunge aufdingen, oder wenn sie schon unterrichtet sind, als Gesellen arbeiten, und jene (die christlichen Gewerbsleute) sie ohne Bedenken aufnehmen, und bey sich wohnen lassen können, welches jedoch nicht dahin zu deuten ist, als wollten Wir Juden und Christen darinnen einigen Zwang auflegen, sondern wir räumen beiden Theilen blos die Freyheit ein, sich hierüber nach Wohlgefallen untereinander einzuverstehen.

9tens. Auch zu dem Meisterrechte können jüdische Professionisten, wenn sie es verlangen, zugelassen werden, allein nur in jenen Orten, wo Judengemeinden sich befinden, und mit der Vorsicht, daß dadurch die festgesetzte Zahl der Juden-Familien nicht überschritten werde. Die Mahlerei, Bildhauerei, und die Ausübung anderer freyen Künsten ist denselben, wie den Christen überlassen. [...]

11tens. Da die Anlegung von Manufakturen, und Fabriken ihnen von jeher erlaubet war, so ergreifen Wir hier blos die Gelegenheit, indem Wir diese Erlaubniß gewissermaßen erneuern, sie zu solchen Gemeinnützigen Unternehmungen öffentlich aufzumuntern.

12tens. Wir gestatten ihnen ferners zu Unterbringung ihrer Kapitalien, und derer Sicherstellung auf liegende Güter, oder sogenannte Realitäten leihen zu dürfen, daß sie jedoch dieselben einschätzen zu lassen nicht befugt seyn sollen.

13tens. Bey so vielen der Judenschaft eröfneten Erwerbungswegen, und dem dadurch entspringenden manigfaltigeren Zusammenhange mit Christen fordert die Sorgfalt für die Aufrechterhaltung des gemeinschaftlichen Zutrauens, daß die hebräische und hebräisch mit deutsch vermengte sogenannte jüdische Sprache und Schrift abgeschaffet werde. Wir heben daher den Gebrauch derselben in allen öffentlichen inn- und außer gerichtlichen Handlungen ausdrücklich auf, und verordnen, daß sie statt derselben sich künftig der Landesüblichen Sprache bedienen! [...]

14tens. Nicht minder heben Wir nicht nur in den hierländigen königl. Städten die bisher bestandene jüdische Leibmauth, sondern auch die doppelten Gerichts-Taxen gänzlich auf, und erlauben den Juden zu Betreibung ihrer Geschäfte von Zeit zu Zeit den freien Eintritt in unsern königl. Städten, und zwar ohne, daß sie künftig Kost und Wohnung lediglich bei Juden oder jüdischen Garküchen zu nehmen gezwungen, sondern ihre Einkehr und Kost für ihr Geld, wo sie wollen, zu nehmen berechtiget sind: Wir halten uns jedoch gerechtest bevor, wegen Entschädigung derjenigen, welche die Leibmauth derzeit beziehen, von der Judenschaft ein minder beschwerliches Äquivalent einzuheben.

15tens. Uiberhaupt heben Wir alle bisher gewöhnlichen Merkmale, und Unterscheidungen, als das Tragen der Bärte, auszeichnender Kleidungen, das Verbot an Sonn- und Feyertägen vor 12 Uhr nicht auszugehen, öffentliche Belustigungs Örter zu besuchen, und dergleichen vollkommen auf, im Gegentheil wird den Honoratioren auch Degen zu tragen erlaubet.

16tens. Da Wir nun durch diese Begünstigungen die jüdische Nazion in Absicht auf ihre Nahrungswege, und den Genuß der bürgerlichen, und häuslichen Bequemlichkeiten anderen fremden Religions-Verwandten beinahe gleich setzen, so weisen Wir dieselben zugleich zur genauen Beobachtung aller politischen bürgerlichen, und gerichtlichen Landesgesätze ernstlich an. [...]

Gegeben in unserer königl. Stadt Brünn den 13ten Hornung im Jahre 1782.

Thomas Nipperdey
Auf dem Weg zur Gleichberechtigung

Die deutsche Aufklärung hat mit Lessing und Dohm die Toleranz, die „bürgerliche Verbesserung“ der Juden, die „Emanzipation“, die bürgerliche Gleichberechtigung und Anerkennung, und damit auch die Befreiung des einzelnen Juden aus der Bindung an ein jüdisches Kollektiv, auf die Tagesordnung gesetzt. Der Zustand der Juden galt als unerträglich, für sie selbst wie für die Christen und das Gemeinwesen überhaupt. Das Mensch-Sein der Juden wurde vor ihr Jude-Sein gesetzt, ihre Sonderart als Produkt traditioneller Judenpolitik erklärt. Die Emanzipation sollte diese Sonderart letzten Endes aufheben, die Juden in die bürgerliche Gesellschaft integrieren. Der Staat galt als der Protagonist und Hüter dieses Prozesses. Gegen die Aufnahme der Juden in die bürgerliche Gesellschaft und gegen die Auflösung ihrer eigenen abgeschlossenen Ordnung, die Aufhebung des jüdischen Mittelalters, mußten sich Widerstände der traditionellen christlichen wie jüdischen Welt richten.

Die Französische Revolution hat die Juden mit einem Gesetzgebungsakt auf einen Schlag rechtlich voll emanzipiert. Das wurde auf die linksrheinischen Gebiete, die napoleonischen Satellitenstaaten in West- und Norddeutschland und das Dalbergsche Frankfurt übertragen. Es gab nun in Deutschland zwei Modelle der Emanzipation. Einmal das französische, die sofortige Gewährung der Freiheit, die Emanzipation auf einen Schlag. Zum anderen und viel verbreiteter die langsame, stückweise Emanzipation, die von der allmählichen Überwindung der Vorurteile der Nicht-Juden und vor allem der korrigierenden Erziehung der Juden begleitet werden sollte, deren Fortschritte sich an den Erziehungsfortschritten, der „Besserung" der Juden messen sollte, ein Modell, das den aufklärerischen Vorstellungen von der Erziehungsfunktion des bürokratischen Staates sehr entsprach. Die Gleichzeitigkeit von Fürsorge und Abwehr verband sich unter der Vorstellung, daß eine schädliche Gruppe – wie die gegenwärtigen Juden – nur langsam in eine nützliche zu verwandeln sei, der plötzliche Sprung aus der Unterdrückung in die Freiheit hingegen die Ordnung erschüttere. Emanzipation war dann Sache der Bürokraten, war etatistisch; an eine integrierende Kraft der Gesellschaft glaubten die Anhänger dieses Modells nicht. Im rheinbündischen Deutschland kam es im Zuge der Integration der neuen Staaten auch zu neuen Judengesetzen, die die unendlich unterschiedlichen Rechtsordnungen vereinheitlichen sollten; der Emanzipation gegenüber blieben sie außerordentlich zurückhaltend. Anders war es in Preußen. Schon die Städteordnung von 1808 hatte den Juden das kommunale Bürgerrecht gewährt. Ein Edikt von 1812, von Hardenberg und Humboldt vorangetrieben, stellte – im Sinne der preußischen Reform – die bürgerliche Gleichberechtigung der Juden, dazu gehörte auch die Aufhebung der besonderen Gerichte, her, gewährte also Bürgerrecht, Freizügigkeit, Freiheit der Berufswahl, der Eheschließung, des Grunderwerbs – bei Annahme eines Familiennamens und Gebrauch der deutschen Sprache; aber es blieb eine wichtige Ausnahme:

der Zugang zu staatlichen Ämtern, außer den Lehrämtern, zu denen Juden zugelassen wurden – das sollte später geregelt werden. Die bürgerliche Freiheit galt zunächst für die Wirtschaftsgesellschaft – freilich nur für das kleine preußische Staatsgebiet von 1812 und also nur für eine kleine Zahl von Juden. [...]

Die Restaurationszeit stellte die älteren Bestrebungen gleichsam still. Nach 1815 tritt jetzt erstmals eine Kritik an der Emanzipation an die Öffentlichkeit und wird zu einem Faktor im politischen und geistigen Prozeß. Traditionelle Antipathie gegen Juden und neue, die sich an bestimmte Tendenzen im radikalen, neuen demokratischen Nationalismus anschließt, Fremdenhaß und Identitätsangst im „christlich-teutschen" Kreis, bei den dort führenden Professoren Rühs und Fries und einem Teil der frühen Burschenschaft, sind dafür so charakteristisch wie judenfeindliche (Hepp, Hepp!) Krawalle von Bauern und kleinen Bürgern 1819, eine Art Revolte der alten gegen die neue Zeit, Kehrseite der sozialen Wandlungen in einer Krise und auch Ausdruck der Unzufriedenheit gegenüber den Regierungen. Diese Bewegungen belasteten den Fortgang der Emanzipation mit dem „Damoklesschwert" des Volkszorns. In Preußen wurde das Edikt nicht auf die „neuen" Provinzen ausgedehnt; in der hierfür wichtigsten Provinz, Posen, galten noch Berufs-, Grunderwerbs- und Freizügigkeitsbeschränkungen, erst 1833 gab es dort überhaupt ein – nur individuelles – Naturalisierungsverfahren. Der Ausschluß von Staatsämtern wurde durch die Verwaltung extensiv gehandhabt, auf Provinziallandtage und Kommunalämter ausgedehnt, bestehende Möglichkeiten in Schulen und Universitäten wurden aufgehoben; die Trennung zwischen Juden und Christen, nicht die Gleichberechtigung, stand im Vordergrund. Die bürokratisch-liberale Gesellschaftspolitik freilich bot den Juden bessere Möglichkeiten als im Süden. Immerhin: 1846 lebten noch 36,7% der Juden in Preußen ohne bürgerliche Rechte in einer Art Schutzbürgerschaft, zumal in Posen. Der Versuch freilich, die Juden im Zuge der Politik des „Christlichen Staates" neu zu einer Korporation zu machen und damit de facto gegen die Gesellschaft abzuschließen, scheiterte vor 1848; auch zum Ausschluß vom Militärdienst kam es gegen einmütigen Protest der Juden nicht. Das preußische Judengesetz von 1847 wurde zu einem konservativ-liberalen Kompromiß; es schloß die Juden von obrigkeitlichen Ämtern aus, und für Posen gab es weiter viele Ausnahmen.

Im Süden stagnierte die Emanzipation lange Zeit, weil die Beamten sie an die Erziehungsfortschritte, die „Besserung" der Juden banden, Gesetze und Verwaltungspraxis auf „Korrektur" der Juden zielten und zudem allgemein die konservative Sozial-Politik, die Gesellschaft nicht oder nur eingeschränkt freizusetzen, dominierte. Bürgerliche Rechte waren von der Ausübung eines bürgerlichen Berufes abhängig, aber kommunale und staatliche Rechte wurden den Juden nicht gewährt. In Baden verlangte auch der Landtag die Aufgabe einer Reihe von religiösen Bräuchen, der „Nationalität", wie man sagte, als Voraussetzung wirklicher Staatsbürgerschaft. Auch die Liberalen hingen eher dem Erziehungsmodell an, dazu kamen Angst vor dem Volkszorn, aufklärerischer Antijudaismus gegen das Versteinerte und Fanatische, das Antisoziale und borniert Nationale der Juden, kam die typisch frühliberale Forderung nach voller Eingliederung der Juden wie jeder anderen Gruppe in die deutsch-liberale Gesellschaft.

In Preußen war es eher die Idee des christlichen Staates, im Süden und außerpreußischen Norden waren es die Wirtschafts- und Sicherheitsinteressen des agrarisch-handwerklichen Volkes, die der Emanzipation im Wege standen. In Hannover, Sachsen oder Mecklenburg herrschten noch ganz altertümliche Beschränkungen; Eheschließung und Freizügigkeit waren z. B. in Bayern, Österreich oder Frankfurt stark eingeschränkt; in Prag bestand noch das Ghetto; das Ortsbürgerrecht gab es gerade im liberalen Baden nicht, nur in Kurhessen war die Emanzipation weiter fortgeschritten.

Trotz solcher Hemmnisse und Rückschritte und aller Unterschiede haben sich doch im ganzen die rechtlichen Bedingungen für eine wachsende Zahl von Juden – Wegfall von Erwerbsbeschränkungen, Zulassung zu Schulen, Heimatrechte – verbessert. Die Emanzipation war gehemmt, aber sie kam auch weiter, in den 40er Jahren traten dann auch die Liberalen, die Mehrheit des gebildeten und besitzenden Bürgertums und ein guter Teil des Adels deutlicher für eine uneingeschränkte, eine volle Emanzipation ein. Erst 1848 aber setzt sich mit der allgemeinen Freisetzung und dem Ende diskriminierender Unterscheidungen, mit Bürgerfreiheit und Gleichheit vor dem Gesetz auch die Judenemanzipation als bürgerliche Gleichberechtigung prinzipiell durch; in der Paulskirche wie den Landtagen der Revolutionszeit ist sie fast unbestritten. Gewiß, auch 1848 gibt es im Südwesten auf dem Lande, in Hamburg, im Osten und Südosten (Prag) antijüdische Exzesse, stark von der bäuerlich-kleingewerblichen sozialen Unruhe geprägt; es sind vormoderne Bewegungen traditionellen, mittelalterlichen Typs. Aber für die politische, die bürgerliche Welt war dergleichen ein Relikt. Die Reaktion versuchte zwar durch Rücknahmen und Verwaltungseinschränkungen noch einmal eine Revision – die Abnahme des Eides z. B., damit aber das Richteramt, wurde auf Christen beschränkt –, aber den Grundsatz der Emanzipation konnte sie nicht mehr tilgen. Jetzt ist die Liberalisierung im Vormarsch. Seit der Neuen Ära ist sie auch von den Regierungen nicht mehr bestritten, und man setzt das Prinzip, Freiheit zu gewähren, vor alle Rücksicht auf Erziehungsmaßnahmen und -erfolge wie auf Volksstimmungen. 1861/1864 ist in Württemberg, 1861 in Bayern, 1862 in Baden, 1867 in Österreich, 1869 im Norddeutschen Bund die rechtliche Gleichstellung der Juden abgeschlossen. [...]

Wie haben sich unter diesen Umständen die Juden in Deutschland und wie hat sich das Verhältnis zwischen Deutschen und Juden entwickelt? Man kann das mit den Begriffen Verbürgerlichung und Assimilation beschreiben.

1820 gibt es im späteren Reich 270000 Juden, davon über die Hälfte in Preußen, von diesen 40% in Posen und weitere 20% in Westpreußen und Oberschlesien, in den Bundesgebieten Österreichs (Prag und Böhmen zumal) 85000. 1850 sind es 400000 und 130000, 1871 (1869) 512000 und knapp 200000. Das sind nun 1,25% der Bevölkerung im Deutschen Reich und 1,5% der Bevölkerung der österreichischen Bundesgebiete. Die süd- und westdeutschen Juden nehmen bis nach der Jahrhundertmitte stark an der Amerika-Auswanderung teil. Erst nach der Jahrhundertmitte setzt die Verstädterung, der enorme Zug vor allem in die Großstadt ein (Berlin 1837: 5645, 1866: 36000; Köln 615 bis 3172; Frankfurt 3300 bis 7600; Wien 2873 und [1869] 40230). 1880 waren in den alten Judenstädten Posen, Fürth und Frankfurt über 10% der Einwohner Juden, in Wien (1869) 6,1%, in Prag (1857) 10,7%, in Beuthen, Mannheim, Breslau und Mainz (1880) über 5%, in Berlin 4,8%, in München, Dresden oder Hannover entstanden überhaupt erst Judengemeinden.

Sozial gesehen können wir um 1815 drei Typen ausmachen, vor allem 1. ländliche Juden, die vom Hausier- und Not-, vom Geld- und Viehhandel leben, im Südwesten und Süden; im Osten denselben Typus, dazu aber 2. ländliches und städtisches Klein- und Hausgewerbe; und schließlich 3. die eigentlichen Stadtjuden: Händler und Geldleute, auch sie zunächst meist arm. Die Zahl der reichen und gebildeten, der „bürgerlichen“ Juden, die sich um die fürstlichen Geldmänner, die Bankiers wie die Rothschilds bildeten, war ganz gering. Das erstaunliche Phänomen unserer Jahrzehnte nun ist die Entpauperisierung, die Verbürgerlichung und der relativ starke Aufstieg in die wirtschaftlichen und geistigen Ober- oder oberen Mittelschichten, zumal seit den 40er Jahren. Die Großstädte waren bei dieser Entwicklung begünstigt, Landbezirke und der Osten hinkten nach. Dieser Aufstiegsprozeß ist phänomenal und unterscheidet sich durchaus von der generellen Überwindung des Pauperismus. Den Grund wird man wohl in der jahrhundertelang eingeübten

Wirtschaftsmoral und -praxis – Leistungszwang, Anpassung und Innovationsfähigkeit, nicht-zünftlerische, kapitalistische Wirtschaftsweisen – sehen, dazu vielleicht in der jüdischen Familienstruktur, die es ermöglichte, auch viele winzige Kapitalmengen dem einzelnen Aufsteiger zur Verfügung zu stellen. Die innere Sozialstruktur der verbürgerlichten Juden war anders als die der Nicht-Juden, der Sektor des Handels und des Geldgeschäftes blieb dominierend (über 50% der Beschäftigten 1870). In der Industrie spielen Juden, zumal in der entstehenden Konfektionsindustrie, dann überhaupt in der Textilindustrie, dazu der Nahrungs- und Druckindustrie eine große Rolle. Mit diesem bürgerlichen Aufstieg hängt dann der Eintritt in die Bildung zusammen. Der Anteil der jüdischen Gymnasiasten in Preußen stieg seit 1852 von 5,9% auf 8,4% (1866), während ihr Anteil an der Bevölkerung höchstens bei 1,34% lag, und bei den Studenten war der Anteil noch höher, in Wien und Prag waren 1872/73 11,6% der Studenten jüdisch. Der Einstieg in die Bildungsberufe war lange Zeit durch die Gesetzgebung behindert, kaum für Mediziner – seit dem späten 18. Jahrhundert wurden Juden zum Medizinstudium zugelassen – wohl aber für Juristen und Lehrberufe. Jüdische Privatdozenten (ohne Gehalt) gab es seit 1814, später in den 50er und 60er Jahren auch außerordentliche Professoren; ordentliche Professoren waren – von getauften Juden abgesehen – noch Ausnahmen (zuerst 1858).

Dieser Prozeß der Verbürgerlichung nun ist begleitet von dem der Eindeutschung, dem Eintritt in die deutsche Kultur, ihrer Übernahme. Um 1800 war die Zahl der Juden, die Aufklärung, Bildung, kulturelle Geselligkeit der Nicht-Juden begehrten, noch gering – so sehr diese Gruppe freilich Protagonist und Pionier der weiteren Entwicklung war. Die Mauern des Ghettos fielen, die Macht der Tradition schwand. Schule und Gesellschaft zogen die Juden in eine moderne Welt. Auch für die abnehmende Zahl der traditionsgebundenen Juden läßt sich dieser kulturelle Anschluß an das Deutschtum nachweisen. In Posen nehmen die Juden

1848 für die Deutschen und gegen die Polen Partei. Für die Masse des oberen und mittleren Bürgertums wurde die Assimilation zum Ziel. Das hieß nicht die Taufe. Sie war nicht das „Entréebillet" (Heine) für die europäische Kultur, sondern allenfalls zu Staatsämtern und Professuren; der Anteil der Getauften beträgt in Preußen 1848 nur 1,5%, vor 1840 war er ganz gering. Worum es ging, das war der national und liberal gesinnte Bürger mosaischer Konfession, der bewußte „deutsche Staatsbürger jüdischen Glaubens". Gabriel Riesser, einer der Männer der Paulskirche und einer der Wortführer der jüdischen Emanzipation, ist mit seinem emphatischen Eintreten für die deutsche, die liberal-nationale Sache durchaus repräsentativ, so wie der Schriftsteller Berthold Auerbach oder der Journalist Julius Rodenberg. Zudem nahmen Juden jetzt, in steigendem Maße, auch aktiv an der deutschen Kultur teil.

Dabei richtet sich diese Assimilation auf die mittelständischen Normen und Verhaltensweisen. Diese Art von Assimilation bedeutete freilich einen Bruch mit der jüdischen Tradition; denn das Judentum war, historisch bedingt, mehr als eine Religion oder gar „Konfession", es war eine abgeschlossene Lebens- und Sozialform; die Trennung von Weltlichem und Geistlichem (Religiösem) war ein Ergebnis der christlichen Tradition. Für das Judentum bedeutete das ein Stück Säkularisierung, war das Auseinandertreten von Volks- und Glaubensgemeinschaft eine Krise. Für viele Juden jedoch war die Assimilation Befreiung aus dem sozialkulturellen Ghetto. Die Probleme eines solchen Bruches beantwortete für die Mehrheit der bürgerlichen Juden das sogenannte Reformjudentum, der Versuch einer Erneuerung auf der Basis „reiner", kantisch interpretierter Religion, der Trennung von überkommenen Sozial- und Lebensformen, der Verabschiedung des jüdischen Mittelalters, der eigentümlichen „Nationalität" der Juden. Die damals entstehende „Wissenschaft des Judentums", die Historisierung und Verwissenschaftlichung der Tradition war die Kehrseite dieses

Bruches. Für die bürgerlichen Juden wurde ihr Glaube philosophisch-liberal ausgelegt, zu einer Sonderprovinz, einer Konfession innerhalb einer übergreifenden nationalen und bürgerlichen Kultur.

Von diesen Voraussetzungen bestimmt sich die politische Orientierung der Juden: im Vormärz in der Masse eher unpolitisch-loyal, konservativ bis abwartend – Toury schätzt den Anteil der Liberalen unter den Juden auf nur ein Drittel –, nach 1848, besonders seit Ende der 50er Jahre liberal. Man spricht für die Zeit bis in die 70er Jahre von einer jüdisch-liberalen Weggemeinschaft; Gleichberechtigung und Überwindung des Ständestaates, dieses Programm der Liberalen erhob die jüdischen Gruppenforderungen ins Universale; aber die assimilierten Juden waren nicht als Juden politisch aktiv, sondern als Bürger und Deutsche. Unter den politisch aktiven deutschen Juden freilich war der Anteil der Linken, der Radikalen und dann der Sozialisten, immer erheblich höher, von Heine bis zu Lassalle; vor 1848 waren ein Drittel radikal, 12% „sozialistisch". Das hängt gewiß mit der rechtlich-sozialen Diskriminierung der Juden, mit dem Bruch dieser Aktiven mit der eigenen jüdischen Tradition und mit ihrem sozialen Status als freier Intelligenz zusammen, von daher die Schärfe der Kritik und die utopische Radikalität der Forderung totaler Emanzipation.

Die aufhaltsame, aber vordringende Emanzipation und Assimilation hat die Isolierung und Fremdheit zwischen Deutschen und Juden abgebaut – bis zu einem gewissen Grade. Um 1800 wachsen die gesellschaftlichen Beziehungen in der Bildungsschicht; die Berliner und Wiener Salons der Rahel Levin, Henriette Hertz, Fanny Arnstein sind berühmt, Stätten intensiver deutsch-jüdischer wie bürgerlich-adliger, militärisch-ziviler Kontakte im Milieu des Reformbeamtentums und auf der Basis der Gleichberechtigung. Man kann in der Ober- und Bildungsschicht schon vor den 40er Jahren, dann im Bürgertum überhaupt eine breite und sich verbreitende Zone gesellschaftlicher Kontakte – in Vereinen zumal und in kommunalen Organisationen – feststellen, in Groß- und Mittelstädten jedenfalls, den eigentlichen Plätzen der Assimilation. Darüber hinaus hat auch der gemeinsame Militärdienst eine integrative Wirkung gehabt. Zugleich, in den ganz persönlichen Beziehungen vor allem, dauert die Distanz, das – gegenseitige – Gefühl der Andersartigkeit fort. [...]

Gemischte Ehen gar sind selten und führen noch oft zum Ausschluß aus der jüdischen Familie. [...]

Die Nähe der Juden zur Modernität – von Großstadt und Kapitalismus und traditionskritischer Intelligenz – nährte in einer Gesellschaft, die sich mit der Modernität noch nicht wirklich eingerichtet hatte, distanzierende, negative, kritische Gefühle und eine Überschätzung auffälliger, aber kleiner Gruppen – und darin lebten die alten Stimmungen weiter. Daß die Negativhelden in bürgerlichen Romanen, in ‚Soll und Haben' oder im ‚Hungerpastor', Juden sind, obwohl weder Raabe noch der überzeugte (und pro-emanzipatorische) Liberale Freytag Judenfeinde (oder Antisemiten) waren, ist kein Zufall. Dennoch: die Hauptlinie ist das nicht. Die Hauptlinie ist die Durchsetzung der Gleichberechtigung, der Gemeinsamkeit. Die antijüdischen Begleiterscheinungen der Frühjahrsunruhen von 1848, in denen sich wirtschaftlich-sozialer Protest mit Fremdenhaß und Religion mischte, galten als altmodisch, überholt, unschön – sie sollten die Annäherung zwischen Deutschen und Juden nicht stören. Die ‚Gartenlaube', das Massenblatt der Mittelklassen, und ihre Starautorin Marlitt schrieben im Geist liberaler Emanzipation, der Zugehörigkeit der Juden zur deutschen Kultur und Gesellschaft. Am Ende der 60er Jahre schien das Hineinwachsen der Juden in die deutsche Gesellschaft und Kultur – trotz ganz selbstverständlicher Spannungen – auf gutem Wege, so sah es auch die große Mehrheit der bürgerlichen Welt wie der Juden selbst.

Hans-Ulrich Wehler
Vom Hoffaktor zum Bankier

Während der ersten Hälfte des 19. Jahrhunderts besaßen die Privatbanken als „bedeutendste Finanzierungsinstitutionen" im deutschen Bankwesen den unbestreitbaren Vorrang. Mit Ausnahme der „Preußischen Seehandlung" waren die Staatsbanken weit weniger wichtig, und der Aufstieg der großen AG-Universalbanken setzte erst nach 1848/50 ein. Die Privatbankiers betrieben ihr Geschäft mit eigenem Kapital und unbeschränkter Haftung des gesamten Vermögens, daher auch mit „alleiniger Entscheidungsgewalt". Anstelle von eigenen Filialen in anderen Städten übernahmen befreundete Institute die auswärtige Interessenvertretung. Fast durchweg sind diese Banken im Zusammenhang mit anderen Unternehmen entstanden, wo hohe Gewinnspannen, Marktkenntnisse und Kundschaftsbeziehungen erworben werden konnten. Am wichtigsten waren in dieser Hinsicht Großhandel, Spedition, Reederei und Geldhandel. Erst seit der Jahrhundertwende wurden Banken als solche geründet wie etwa die Oppenheimsche oder Warburgsche. Der Regelfall dagegen zeigt, wie sich neben dem Großhandels-, Transport- und Kommissionsbetrieb, neben dem Geschäft mit Münzsorten oder fürstlichen Finanzbedürfnissen das Bankunternehmen allmählich an die Spitze schob und schließlich verselbständigte. In den Seestädten gab es auch deutsche „Merchant Bankers", d. h. Ex- und Importkaufleute, die Kredite und Darlehen gewährten, mit Wechseln und Akzepten arbeiteten, auch in öffentliche Anleihen placierten.

Eine Sonderstellung nahmen die jüdischen Hoffaktoren ein, deren Bedeutung man u. a. daran ablesen kann, daß bereits vor den deutschen Emanzipationsgesetzen rund 150 Faktorenfamilien geadelt worden sind. Aus dem Kreis der Hoffaktoren gingen im 19. Jahrhundert nicht selten die Gründer der großen jüdischen Bankhäuser hervor, die bis

1914, ja oft bis 1933 eine herausragende Stellung behauptet haben. Meyer Amschel Rothschild z. B., ursprünglich ein kleiner Geldwechsel-, Münzen-, Antiquitäten- und Textilienhändler aus dem Frankfurter Ghetto, legte das Fundament für den beispiellosen Erfolg seiner Finanzdynastie, als er sich innerhalb von dreißig Jahren zum einzigen Hoffaktor des Landgrafen bzw. Kurfürsten von Hessen-Kassel, eines der reichsten deutschen Landesherren, emporkämpfen konnte. Erst 1812 gründete er sein Unternehmen mit den fünf Söhnen als Teilhabern in eine Bank um, hinter der 1815 ein Vermögen von 3,3 Mill. fl. stand, das wegen der glänzenden Geschäfte mit Staatsobligationen, Kontributionen und Subsidien bis 1818 schon auf 42,5 Mill. fl. angestiegen sein soll. Neben dem Frankfurter Stammhaus entstanden Banken der Brüder Rothschild in London, wohin sich jahrzehntelang das Schwergewicht verlagerte, in Paris, Wien und später in Neapel. Nach außen arbeiteten diese Banken gemäß dem jeweils geltenden Landesrecht als selbständige Offene Handelsgesellschaften, nach innen bildeten sie durch Familienverträge, Entscheidungsgremien, gemeinsame Entschlüsse, Risiko- und Gewinnverteilung einen einzigen Konzern – ein frühes „multinationales Unternehmen" –, die damals vielzitierten „fünf Finger an einer Hand". Als die wichtigsten Vermittler von Staatsanleihen, die nach der Kriegsära in ganz Europa zur Sanierung der öffentlichen Finanzwirtschaft gebraucht wurden – allein zwischen 1814 und 1826 soll es sich nach dem kompetenten Urteil von Friedrich v. Gentz um 1,2 Mrd. fl. gehandelt haben! –, vermehrten die Rothschilds dank dieser Suprematie nicht nur ihr allseits bestauntes Gesamtvermögen auf 102 Mill. fl. im Jahre 1825 und eine halbe Milliarde fl. um 1850, sondern trugen auch als die „erste Großmacht unserer Tage", wie sie der preußische Diplomat v. Arnim nannte, zur finanziellen Konsolidierung und damit auch zur politischen Stabilisierung vor allem der konservativen Staaten im Restaurationszeitalter bei. Ihre Berliner Interessen wurden bis 1828 von J. Mendelssohn & Co. wahrgenommen, seit 1828 von dem 1803 gegründeten Bankhaus S. Bleichröder, dem Gerson, der Sohn des Gründers, die offizielle Vertretung in Preußen, später im Kaiserreich verschaffen konnte.

Ebenfalls aus Frankfurt stammte Salomon H. Oppenheim, Hoffaktor des in Bonn residierenden Kölner Kurfürsten; sein Enkel verlegte 1801 die 1789 geschaffene Bank als selbständiges Unternehmen nach Köln, wo sie bis heute ihre Stellung als größte westdeutsche Privatbank behauptet hat. Als württembergische und kurpfälzische Hoffaktoren hatten sich auch die Seligmanns bereits fest etabliert, ehe der Kurpfälzer Karl Theodor Bayern erbte, so daß Aron E. Seligmann auch noch bayerischer Hoffaktor und 1814 als Baron v. Eichthal geadelt wurde. Die Bankhäuser dieser Familie – in München, Karlsruhe und Augsburg – spielten in Süddeutschland eine bedeutende Rolle. Neben ihnen sind noch die Kaullas zu nennen, die ebenfalls schon als württembergische und bayerische Hoffaktoren fungiert hatten, als Karoline und Jakob Kaulla 1802 in Stuttgart eine Bank gründeten, an der sich der damalige Herzog Friedrich mit 50% des Kapitals (150000 T.) beteiligte. 1805 in „Königlich Württembergische Hofbank" umbenannt, blieb dieses Institut mit gleichbleibender Einlage des Königs eine halböffentliche Privatbank, die im vormärzlichen Württemberg ihren privilegierten Status zu nutzen verstand.

Diese Bankhäuser, die in räumlicher Konzentration in den älteren kommerziell-politischen Zentren wie Frankfurt, Leipzig, Berlin, Hamburg entstanden, wickelten den kommerziellen Zahlungsverkehr ab, betrieben den Wechsel- und Sortenhandel, brachten Pfandbriefe unter und gewährten auch kleinere gewerblich-industrielle Kredite; nicht wenige führten daneben noch ihre Handels- und Speditionsunternehmen weiter fort, die Bethmanns z. B. bis 1864. Häufig schufen diese Banken auch Geldsurrogate und trugen dadurch zur Kreditschöpfung bei. So setzten sich z. B. Bankwechsel, die direkt auf die Bank gegen Depositen oder

Überziehung gezogen wurden, seit 1815 weithin durch. Außerdem gaben die Banken eigenes Girogeld für Zahlungen von Kunden aus. Auch die Pfandbriefe der preußischen „Landschaften“ kursierten als vollwertiger Geldersatz. Um den Umfang zu verdeutlichen: In Preußen befanden sich 1835 für 50 Mill. T. Surrogate der Banken und für 100 Mill. T. Pfandbriefe im Umlauf; 1845 waren es bereits 130 bzw. 110 Mill. T.

Nach den napoleanischen Kriegen erwies sich das – den Hoffaktoren längst vertraute – Geschäft mit staatlichen Anleihen aus allen europäischen Ländern als besonders lukrativ. Im Kreis der Geschäftsfreunde, zunehmend auch über die Börse, wurden die Staatsschuldscheine untergebracht. Da Frankfurt zum wichtigsten deutschen Finanzplatz herangewachsen war, wo die Bankhäuser Rothschild, Gebr. Bethmann, Metzler, Gontard, de Neufville, Stern, Speyer u. a. unter 93 Privatbanken (1830) den Ton angaben, gewannen die Frankfurter Bankenwelt und Börse eine beherrschende Stellung für die Emission der zahlreichen in- und ausländischen Staatsobligationen, denen rund 25 Jahre lang der deutsche Kapitalreichtum unangefochten zustatten kam. In ungleich geringerem Ausmaß partiziperten die größeren Berliner Privatbanken – Gebr. Schickler, Mendelssohn & Co., Delmar & Co., Gebr. Benecke, Bleichröder –, die überregional bedeutenden Hamburger Banken – Parish, Heine, Goldschmidt, Warburg, Berendt, Merck, Berenberg, Gossler & Co. – und einige süddeutsche Banken – Seligmann-v. Eichthal, Kaulla, Hirsch in Würzburg – an dieser Hausse der Staatspapiere.

Heinrich Heine
Von getauften und assimilierten Juden

„Sind die Berliner denn Christen?“ rief Signora voller Verwundrung. „Es hat eine eigene Bewandtnis, mit ihrem Christentum. Dieses fehlt ihnen im Grunde ganz und gar, und sie sind auch viel zu vernünftig, um es ernstlich auszuüben. Aber da sie wissen, daß das Christentum im Staate nötig ist, damit die Untertanen hübsch demütig gehorchen, und auch außerdem nicht zuviel gestohlen und gemordet wird, so suchen sie mit großer Beredsamkeit wenigstens ihre Nebenmenschen zum Christentume zu bekehren, sie suchen gleichsam Remplaçants in einer Religion, deren Aufrechthaltung sie wünschen und deren strenge Ausübung ihnen selbst zu mühsam wird. In dieser Verlegenheit benutzen sie den Diensteifer der armen Juden, diese müssen jetzt für sie Christen werden, und da dieses Volk, für Geld und gute Worte, alles aus sich machen läßt, so haben sich die Juden schon so ins Christentum hineinexerziert, daß sie ordentlich schon über Unglauben schreien, auf Tod und Leben die Dreieinigkeit verfechten, in den Hundstagen sogar daran glauben, gegen die Rationalisten wüten, als Missionäre und Glaubensspione im Lande herumschleichen und erbauliche Traktätchen verbreiten, in den Kirchen am besten die Augen verdrehen, die scheinheiligsten Gesichter schneiden, und mit so viel hohem Beifalle frömmeln, daß sich schon hie und da der Gewerbsneid regt und die älteren Meister des Handwerks schon heimlich klagen: das Christentum sei jetzt ganz in den Händen der Juden.“

Heinrich Heine
Deutschland. Ein Wintermärchen

Caput 16

Das Stoßen des Wagens weckte mich auf,
Doch sanken die Augenlider
Bald wieder zu, und ich entschlief
Und träumte vom Rotbart wieder. [...]

Er frug nach Moses Mendelssohn,
Nach der Karschin, mit Intresse
Frug er nach der Gräfin Dubarry,
Des fünfzehnten Ludwigs Mätresse.

„O Kaiser", rief ich, „wie bist du zurück!
Der Moses ist längst gestorben,
Nebst seiner Rebekka, auch Abraham,
Der Sohn ist gestorben, verdorben.

Der Abraham hatte mit Lea erzeugt
Ein Bübchen, Felix heißt er,
Der brachte es weit im Christentum,
Ist schon Kapellenmeister.

Die Population des Hamburger Staats
Besteht, seit Menschengedenken,
Aus Juden und Christen; es pflegen auch
Die letztren nicht viel zu verschenken.

Die Christen sind alle ziemlich gut,
Auch essen sie gut zu Mittag,
Und ihre Wechsel bezahlen sie prompt,
Noch vor dem letzten Respittag.

Die Juden teilen sich wieder ein
In zwei verschiedne Parteien;
Die Alten gehn in die Synagog',
Und in den Tempel die Neuen.

Die Neuen essen Schweinefleisch,
Zeigen sich widersetzig,
Sind Demokraten; die Alten sind
Vielmehr aristokrätzig.

Marianne Krüll
Der Wanderjude Jakob Freud

Was auch immer Jakob Freud bewogen haben mochte, mit seinem Großvater als Wanderjude nach Mähren zu ziehen – es war vermutlich ein gewaltiges Erlebnis für ihn. Zwar blieben sie auf ihrer ca. 600 km langen Reise, die sie mit Pferd und Wagen zurücklegen mußten zweifellos zumeist mit Juden in Kontakt, übernachteten in jüdisch, d. h. koscher geführten Gasthäusern, reisten auch vielleicht als Gruppe mehrerer galizischer Handelsleute zusammen, dennoch war die Begegnung mit der anderen Welt außerhalb des galizischen Stetls gewiß beeindruckend. Vor allem, wenn Jakob in Tysmenitz noch nicht mit den Ideen der Aufklärung in Berührung gekommen war, muß die Begegnung mit den neuen Lebensformen, die Juden offenstanden und die in den mährischen Judengemeinden wahrscheinlich weiter verbreitet waren als im rückständigen Galizien, eine bedeutsame Erfahrung für ihn gewesen sein.

Man muß dabei auch bedenken, daß diese Reisen Jakob vielleicht zum erstenmal die Gelegenheit boten, sich der sozialen Kontrolle der Familie und der Gemeinde zu entziehen. Zwar reiste er mit seinesgleichen, doch war es den Wanderjuden sicher nicht möglich, alle Vorschriften einzuhalten, die ein frommer Stetl-Jude beachten mußte. [...]

Die Lage der Juden in Mähren unterschied sich erheblich von der ihrer Glaubensgenossen in Galizien. Hier war die Judenpolitik der österreichischen Regierung einerseits sehr viel stärker auf Assimilation ausgerichtet: In allen Judengemeinden waren Schulen eingerichtet worden, deren Besuch zwar teilweise gegen den Willen der Eltern von den Behörden erzwungen werden mußte, die aber dennoch verändernd auf das Leben in den Gemeinden gewirkt hatten.

Andererseits waren die antisemitischen, restriktiven Maßnahmen, die in der ersten Hälfte des 19. Jahrhunderts gesetzlich festgelegt worden waren, in Mähren sehr viel leichter durchzusetzen und zu kontrollieren als im fernen Galizien. Juden konnten außerhalb der 52 Judengemeinden Mährens nicht ansässig werden, und nicht-ansässige Juden durften sich nur mit besonderer Erlaubnis als „Tolerierte" in den Gemeinden aufhalten. Daraus erklärt sich, daß die Zahl der Juden in Mähren über mehrere Jahrzehnte fast konstant blieb.

Diese Restriktionen und Beschränkungen haben Jakob Freud und sein Großvater selbst am eigenen Leibe erfahren. [...] Da sie „Tolerierte" waren, mußten sie ständig darum kämpfen, ihre Aufenthaltserlaubnis für Mähren verlängert zu bekommen. Auch ihre Pässe wurden nur für eine kurze Gültigkeitsdauer ausgestellt. Das früheste Dokument, in dem Jakob Freud genannt wird, ist ein „Verzeichnis über die in der Stadt Freiberg sich aufhaltenden fremden Juden, nebst Darstellung, der mit diesem Aufenthalte in Beziehung kommende Umstände" vom 30. April 1844, in dem 13 Juden aufgeführt sind, unter ihnen, an neunter Stelle, Siskind Hofmann. [...]

Im selben Jahr, am 24. Juni 1844 beantragten Siskind Hofmann und Jakob Freud die „Duldung" in Freiberg:

„Loeblicher Magistrat

Wie bekannt, beschäftige ich mich mit dem Handel von Tüchern, Wolle, Honig, Talg etc. und halte mich seit mehreren Jahren theils in Freyberg, theils in der Umgebung in Handelsgeschäften auf. Meine Absicht geht dahin, mein gegenwärtiges Domizil in Freyberg aufzuschlagen, weil diese Stadt für meinen Handel aus mehr als einer Ursache vortheilhaft ist, weil 1tens solche an der Chaussee gelegen ist, 2tens die ganze Ansässigkeit sich meistens mit der Tucherzeugung befaßt und 3tens weil Freyberg in der Mitte der des Tuchmachergewerbe betreibenden Ortschaften liegt, und von hier aus der Verkehr günstig sich darstellt.

Da ich die Wolltücher in Freyberg und in der Umgegend ankaufe, solche daselbst färben, appretieren lasse, und als kaufmännisches Gut nach Galizien versende: dagegen wieder galizische Landeserzeugnisse, als: Wolle, Honig, Hanf und Talg in Freyberg in Absatz bringe, nach Freyberg selbst fremde Kaufleute kommen, die von mir diese Handelsartikel abnehmen, ich auch daselbst Gewölben in welcher diese Handelsartikel deponiert erliegen, gemiethet habe, so stellt sich die Nothwendigkeit meines bleibenden Aufenthalt in Freyberg dar.

Da ich als alter Mann, indem ich schon 69 Jahre zähle, die Beschwerlichkeiten des Handels nicht allein tragen kann, so habe ich meinen Enkel Kalman Freud als Handelskompagnion aufgenommen, welcher die auswärtigen Geschäfte leitet, wogegen ich nur in Freyberg den Einkauf und Verkauf besorge. In Absicht auf die Ausübung des Handels habe ich mir auch bey dem H. [hohen, M. K.] Lemberger Landesgubernium des sub ./. zuliegenden Reisepaß auf die Dauer eines Jahres sowohl für mich als meinen Enkel Kalman Freud erwirkt und stelle sonach die Bitte: Ein loeblicher Magistrat geruhe hohen Orts für uns beyde die Duldung für Freyberg auf die Paßdauer, nähmlich bis 18. May 845 gnädigst zu erwirken.

Freyberg, am 24. Juny 844.
Siskind Hoffman Koloman Jacob Freud."

Diesem Antrag wurde vom Magistrat der Stadt ein Gutachten beigefügt, das die Tuchmacherzunft zugunsten der beiden Händler ausgestellt hatte und in dem die „Notwendigkeit und Nützlichkeit" ihres Aufenthaltes in Freiberg bestätigt wurde.

Die zuständige Behörde, das Prerauer Kreisamt, bewilligte am 10. September 1844 die Duldung; allerdings mit der Auflage, für die einjährige Aufenthaltszeit eine „Duldungstaxe" in Höhe von zehn Gulden „Conventionelle Münze" pro Person zu zahlen. Beide protestierten gegen diese Auflage, und zwar legten sie nicht nur beim Magistrat der Stadt Freiberg Widerspruch ein, sondern wandten sich auch direkt an das „K. k. mährisch-schlesische Landesgubernium". In diesem Schreiben betonten sie, daß die Duldungssteuer für ihre Vermögensverhältnisse zu hoch bemessen sei. [...]

Diese Gesuch wurde abgelehnt. Am 29. Oktober zahlten beide „zwanzig Gulden Conv. Münze" in „baar in das heimortige Steueramt".

Ganz abgesehen von den vielen Informationen, die diese Dokumente über das Leben von Jakob Freud in Freiberg enthalten, legen sie auch Zeugnis ab von den extremen Beschränkungen, denen das Leben besonders der „tolerierten" Juden unterworfen war. Sicher mögen Jakob Freud und sein Großvater bei der Formulierung ihrer Bittschrift ihre Lage übertrieben schwarz gezeichnet haben, doch sind 20 Gulden in der Tat eine große Summe, wenn man bedenkt, daß beide wahrscheinlich nicht viel mehr als 1000 Gulden Umsatz (nicht Verdienst!) im Jahr hatten.

Jedes Jahr mußten sie ihren Aufenthalt auf diese Weise erneut beantragen. Im Jahre 1847, am 19. Oktober, stellte Jakob den Antrag auf Duldung nur noch für sich selbst. Er wollte sechs Monate in Freiberg bleiben. Wieder gab die Tuchmacherzunft ein positives Gutachten für Jakob und sieben andere Juden ab, das der Magistrat an das Kreisamt weiterleitete. Offenbar wurde ihm dieser Aufenthalt jedoch nicht für die sechs Monate bewilligt, denn am 22. Februar reichte er erneut einen Antrag ein, dem wieder eine Befürwortung der Tuchmacherzunft beigegeben war. [...]

Diesmal wurde Jakob die Duldung nur für drei Monate bewilligt. Das Prerauer Kreisamt teilte mit, daß die Pässe teilweise abgelaufen wären und daß die Juden nicht nachweisen könnten, daß sie die Erwerbssteuer auch tatsächlich an ihren Wohnorten entrichtet hätten. Der Magistrat von Freiberg wurde vom Kreisamt angewiesen, diese Juden nach drei Monaten oder „wenn sie den Paß und Polizey-Vorschriften nicht genügen sogleich in ihre Heimath abzuschaffen".

Diese Antwort des Kreisamtes war vom 10. Juli 1848, also fast drei Monate nach der März-Revolution, die ganz West-Europa erschütterte. In ihrer Folge wurden den Juden in Österreich alle politischen und bürgerlichen Rechte gewährt, Beschränkungen, besonders bezüglich der Freizügigkeit und der Eheschließung wurden aufgehoben. [...]

Daß Jakob drei Monate nach der Revolution von den Behörden noch nach alten Gesetzen behandelt wurde, verwundert nicht. Denn die neuen Bestimmungen wurden gewiß erst im Laufe des Jahres 1848 festgelegt.

Man kann mit großer Wahrscheinlichkeit annehmen, daß Jakob die Möglichkeiten, die die neuen Gesetze den Juden boten, sofort für sich ausnutzte und in Freiberg die Heimatrechte beantragte. 1852 jedenfalls ist er im Verzeichnis der Juden vermerkt als Besitzer eines Heimatscheins der Gemeinde Klogsdorf, die an Freiberg angrenzt. Jakob Freud hat wahrscheinlich nie in Klogsdorf gewohnt, sondern dort lediglich das Wohnrecht erworben, das möglicherweise in einem Dorf leichter erlangt werden konnte als in der Stadt.

Es ist sehr wahrscheinlich, daß das Jahr 1848 für Jakob Freud wie für so viele österreichische Juden die Wende in seinem Leben bedeutete. Es ist zu vermuten, daß er zu diesem Zeitpunkt den eigentlichen Schritt aus der Enge der jüdischen Orthodoxie in die bürgerliche Welt tat und nunmehr bestrebt war, alle Bindungen, die ihn noch an die alte Welt fesselten, zu zertrennen.

Werner Pöls (Hg.)

Über jüdische Viehhändler

Früher war allerorts auf dem Lande der Handel und die Vermittlung des Viehs (außer Schweinen) ausschließlich in Händen der Juden, welche gewöhnlich selbst Metzger waren oder mit Landesprodukten handelten. Man nannte sie Makler. Mit Vorliebe haben damals die Juden auf dem Lande die Produkte und das Vieh vermakeln geholfen. Durch ihre Waren- und Ortskenntnisse und ihre Gewandtheit waren dieselben gesucht. Die Geschäfte kamen im allgemeinen leichter zustande, wenn eine neutrale Person vermitteln half. In der Zeit, als es noch keine Zeitungen auf dem Lande gab und auch noch keine Bauernvereine bestanden, hatte fast jedes große Gut einen sogenannten Hofjuden, der alle Kaufgeschäfte vermittelte und den Vieh-Ein- und -Verkauf besorgte. Diese Hofjuden genossen ein großes Vertrauen, welches sich oft auf Generationen verpflanzte. Bei der Vermittlung wurde von beiden Seiten Makelsgeld verabfolgt. Nur im Hunsrück bezahlte der Verkäufer allein das Makelsgeld. Es betrug gewöhnlich für das Großvieh einen Taler. Auf diesem Gebiet fanden die Makler ihr bescheidenes Auskommen. Erst allmählich fingen die jüngeren Generationen an, mit Großvieh auf eigene Rechnung zu handeln. Doch kamen mit besonderem Erfolg wie überall immer nur einzelne vorwärts. Der eigene Handel wäre auch damals gewinnbringender geworden, wenn nicht die zahlreiche Vermehrung im eigenen Lager selbst eine wachsende Konkurrenz geschaffen hätte. Die Bauern wurden infolgedessen von den vielen Händlern überlaufen. Ich hörte wiederholt von einem alten Händler die Äußerung: „Mein Vater hat schon gesagt, alle fünf Stunden soll ein Jude wohnen, dann kann er sich anständig ernähren."

Wie haben sich die Händler oft abgeplagt, bis sie ihr Kaufgut richtig zu Markte brachten. Man bedenke nur, daß in den früheren Jahren die Bretzenheimer und Hechtsheimer Händler, als noch keine Eisenbahnen fuhren, nach Kreuznach oder in den Hunsrück gingen und ihr Vieh eigenhändig nach Hause trieben, wobei unterwegs einzelne Tiere nicht weiterkonnten. Oft haben die Händler von Trebur nachts um 1 Uhr ihre Kälber in den Nachen geladen, um auf der Schwarzbach in den Rhein und dann rechtzeitig zur Eröffnung des Viehhofes um 6 Uhr morgens nach Mainz zu gelangen. Selbst bei den ungünstigsten Witterungsverhältnissen wurde dies ausgeführt, und oft war auch der Verdienst dazu noch sehr fraglich. Wiederholt mußten die Ingelheimer Händler mit ihren Kälberfuhren umkehren, wenn sie morgens vor 3 Uhr auf der Chaussee angetroffen wurden, denn vor 3 Uhr morgens war es verboten, mit dem Fuhrwerk auf der Landstraße zu fahren. Wahrlich, die alten Händler waren in damaliger Zeit nicht zu beneiden. Die Verhältnisse beeinflussen meist den Charakter. Kein Wunder, daß die Händler außerordentlich sparsam und tätig waren. Auch waren alle mit einem unermüdlichen Handelsgeist erfüllt und auf Gelderwerb erpicht. Gegen erwiesene Gefälligkeiten waren sie stets dankbar und vergaßen sie nie. Mit solchen Eigenschaften muß man vorwärtskommen. Bei aufsteigenden Konjunkturen und Wirrnissen fällt dies am sichtbarsten in Erscheinung. Ihr Familienleben war im allgemeinen sympathisch zu nennen. Prozesse haben sie damals möglichst gemieden. Einem Prozeßmutigen wurde öfter gesagt: „Wer recht hat, weiß jeder, wer wissen will, wer recht bekommt, soll klagen.“ Mir gefiel es immer, wenn dieselben bei Differenzen äußerten: „Macht Beschore“, d. h. teilt euch in die Differenz, oder wenn jemand heftig wurde: „Roches gilt nichts.“ Immer waren ihre Äußerungen vernünftig und zutreffend. Als es noch keine Darlehnskassen und dergleichen gab, wurden die Juden auf dem Lande besonders beim Viehhandel um Kredite angesprochen. In dieser Eigenschaft wurden die Juden von der Allgemeinheit meist einseitig und mitunter ungerecht beurteilt. Wenn z. B. der Geldleiher einem

Bauer Sachen versteigern ließ, weil er trotz allen Wartens weder Zinsen noch Kapital erhalten konnte, dann hieß es allgemein: „Der schlechte Jude hat den armen Mann aufs Stroh gelegt." Oder wenn einem Kreditlosen mehr als fünf Prozent abverlangt wurden, dann wurde der Jude als Wucherer öffentlich gebrandmarkt. Wenn die großen Banken dasselbe taten, dann hatte man eine gelindere Beurteilung. Bei Borgen und Schuldenzahlen waren damals die Bauern im allgemeinen am saumseligsten. Die schlechten Ertragsjahre mögen hierbei stark mitgewirkt haben, zumal es damals noch keine Schutzzölle gab. Besonders hatten die Viehhändler unter dem angeborenen Borgen der Bauern am meisten zu leiden. Es gab auch Händler, die die Bauern zum Borgen verleiteten, um dieselben sicherer in ihre Hand zu bekommen.

Als in neuerer Zeit die Spar- und Darlehnskassen aufkamen, überboten sich in manchen Gemeinden die Bauern mit Einlagen bei denselben, während die Viehhändler und Handwerker oft jahrelang warten mußten, um dann nur unter Spektakel ihr rechtmäßiges Geld ohne Zinsen zu erhalten. Wie oft mußte der Geldleiher damals hören: „Wenn du nicht borgen kannst, dann gib dein Geschäft auf." Ein einzelner Fall sei erwähnt: Ein Bauer schuldete einem Händler mehrere hundert Mark für geliefertes Vieh. Eines Tages ließ derselbe Bauer bei demselben Händler außerhalb seiner Wohnung ein Zwanzigmarkstück wechseln. Der Händler konnte nur 18 Mark zusammenbekommen und sagte, er solle sich die restlichen zwei Mark bei ihm zu Hause geben lassen. Dies tat aber der Bauer nicht, sondern einige Tage darauf forderte er auf offener Straße im vollen Verkehr sein Guthaben mit der Bekräftigung: „Von euch schlechten Juden kann man nie sein Geld bekommen."

Im geschäftlichen Verkehr mit Vieh- und Fleischhandel habe ich wohl am stärksten von meinen Kollegen besonders mit den Pfälzer Juden verkehrt. Ich wurde meist vorgezogen, weil ich ihr Kaufgut am besten beurteilen konnte. Auf Pfälzer Ware war ich immer erpicht. Wohl 25 Jahre lang bis zum Schluß meines Geschäftes habe ich z. B. mit den Gebr. Hayum in Erbach und Hayum in Ockelheim fast wöchentlich gehandelt, ohne daß auch nur ein falsches Wort von einer Seite gefallen wäre, trotzdem der Handel bei umschlagender Konjunktur mitunter sehr hart war. Wir haben uns gegenseitig geachtet und beiderseits unsere Rechnung gefunden.

(Mainzer Metzgergewerbe. Erlebtes und Erlauschtes aus dem Mainzer Metzgergewerbe im 19. Jh., S. 32ff.)

Johannes Werner
Der jüdische Händler im Spiegel der Literatur

Niemand schien das, was einmal als typisch jüdisch galt, so sehr zu verkörpern wie der jüdische Händler, als er, eine wohlbekannte Gestalt, noch durch die Lande zog.

> „Armer Jude, der du wandeln
> Mußt, von Dorf zu Dorf hausierend,
> Schlecht genährt und bitter frierend,
> Allwärts rufend: ‚Nichts zu handeln?'"

Der mitleidige Blick, mit dem er hier – in Lenaus Gedicht ‚Der arme Jude' – bedacht und betrachtet wird, war aber eher die Ausnahme von der Regel. [...]

Mißachtung, ja Verachtung wurden dem Juden in Wirklichkeit weit häufiger zuteil. Davon wußte, aus reicher eigener Erfahrung, auch Johann Peter Hebel zu berichten – nicht zuletzt in seiner Geschichte ‚Einträglicher Rätselhandel', in der ein solcher armer Handelsmann gnadenhalber auf einem Rheinschiff mitfahren darf: „Im Anfang und von dem Wirtshaus ‚Zum Kopf' weg war man sehr gesprächig und lustig, und der Jude in seinem Winkel und mit seinem Zwerchsack an der Achsel, den er ja nicht ablegte, mußte viel leiden, wie mans manchmal diesen Leuten macht und versündiget sich daran." Doch auch ihm ist der Autor mehr gewogen als seine überheblichen Mitmenschen und Mitreisenden es sind, die ihn kurzerhand duzen und ‚Mausche' nennen, aber am Ende, infolge seiner weit überlegenen Intelligenz, dann doch den kürzeren ziehen.

Ein anderes Mal sind es die Dorfkinder, die – wiederum in einer von Hebels Geschichten – einem durchziehenden Händler das Leben erschweren: „Ein Hebräer aus dem Sundgau ging jede Woche einmal in seinen Geschäften durch ein gewisses Dorf. Jede Woche einmal riefen ihm die mutwilligen Büblein durch das ganze Dorf nach: ‚Jud! Jud! Judenmauschel!'" Und wiederum siegt der Schwächere durch eine List, indem er die Schreier für ihr Geschrei belohnt, das diese, als er eines Tages nicht mehr zahlt, dann erwartungsgemäß unterlassen.

Im ‚Buch der Kindheit' von Bogumil Goltz sind es nicht die Dorfkinder, sondern die vereinigten Dorfköter, die der Erscheinung „eines solchen Volksfavoriten, Dorfmerkurs und jüdischen Erdenwallers" aufs übelste mitspielen dürfen, was diesen aber nicht hindert, noch im Moment seiner Errettung seine raren Waren auszubreiten, „und herfür wie durch Zauber quoll nun ein Jahrmarkt von gleißenden Atlasbändern in allen Regenbogenfarben, im goldlügenden Orangengelb, im feuerglühenden Carmoisin, in Ponceau, in Blitzblau und Donnergrün. Herfür über die Dielen breiteten sich Tücher, Mützen, Spitzen und buntgedruckter Kattun. (...) Jetzt kamen die Quincailleriewaren ans Licht, eine, wie es meiner gärenden Phantasie deuchte, unermeßliche Menge von Messern, Spiegeln, Kämmen, Scheren, Bleifedern, Nadelbüchsen, gläsernen Petschaften, bleiernen Taschenuhren, Uhrketten und tombaknen Petschaften mit Achat, Schnupftabaksdosen aus gebrannter Pappe mit historischen Portraits, aber auch aus Zinn, mit durchsichtigen Firnisfarben verziert und inwendig mit Goldlack vergoldet und mit Spiegelglas ausgelegt". Und damit ist auch er schon wieder obenauf – er, dem die Sympathie des Autors nicht zuletzt deshalb gilt, „weil diese armen Teufel so poetisch durch Flur und Wald, über Berg und Tal wandeln, und den eigentlichen Extraktivstoff des jüdischen Charakters und somit den ewigen Juden und ein hausierendes Stück der Welt- und Gottesgeschichte repräsentieren".

Nicht anders als mit Sympathie gedachte auch Albert Schweitzer eines solchen Juden, nochmals „Mausche genannt, der Vieh- und Länderhandel trieb" und zuweilen durchs Dorf kam, auch er von der männlichen Dorfjugend verhöhnt und verfolgt. „So lief ich mit den andern hinter ihm und seinem Esel her und schrie wie sie ‚Mausche! Mausche!' Die Mutigsten falteten den Zipfel ihrer Schürze oder ihrer Jacke zu einem Schweinsohr zusammen und sprangen damit bis nahe an ihn heran. So verfolgten wir ihn vors Dorf hinaus bis an die Brücke. Mausche aber, mit seinen Sommersprossen und dem grauen Bart, ging so gelassen fürbaß wie sein Esel. Nur manchmal drehte er sich um und lächelte verlegen und gütig zu uns zurück. Dieses Lächeln überwältigte mich. Von Mausche habe ich zum ersten Male gelernt, was es heißt, in Verfolgung stille schweigen. Er ist ein großer Erzieher für mich geworden." [...]

Die hier zitierten Zeugnisse, deren Reihe sich leicht verlängern ließe, zeichnen in ihrer Gesamtheit ein genaues Bild des typischen jüdischen Händlers, wie er, eine ahasverische Figur, einst rastlos von Haus zu Haus, von Dorf zu Dorf zog; wie jeder ihn kannte, wie Johannes Bobrowski sich seiner entsann:

> „Wenn wir hockten am Waldrand,
> auf einen Grashalm reihten
> rote Beeren; mit seinem
> Wägelchen zog der graue
> Jude vorbei."

Auch er mochte Mausche geheißen und genug gelitten haben.

Die Zeugnisse zeigen zugleich, womit er typischerweise handelte; nämlich mit Grundstücken, mit Vieh, mit Trödel, Kram und Tand, mit Altkleidern und Abfällen, kurzum mit allem, wobei sich oft das eine aus dem anderen ergab. Stefan Zweig hat (in ,Ungeduld des Herzens') einen Juden namens Leopold Kanitz als einen Menschen geschildert, „der mit allem handelt, alles vermittelt und überall zwischen Angebot und Nachfrage die Brücke spannt. – Erst duldete man ihn. Bald begann man ihn zu bemerken und sogar schon zu brauchen. Denn er wußte von allem und kannte sich in allem aus; da war eine Witwe, die eine Tochter zu verheiraten suchte, sofort improvisierte er sich als Heiratsvermittler; dort einer, der nach Amerika auswandern wollte und dazu Auskünfte und Papiere brauchte: Leopold brachte sie zusammen. Außerdem kaufte er alte Kleider, Uhren, Antiquitäten, schätzte und tauschte Felder und Waren und Pferde, und wenn ein Offizier Bürgschaft benötigte, schaffte er sie herbei. Von Jahr zu Jahr erweiterten sich gleichzeitig seine Kenntnisse und sein Wirkungskreis". Zweig wußte wohl, wovon er sprach, denn sein eigener jüdischer Großvater „hatte Manufakturwaren vertrieben"; und so stand ihm „der ärmste Hausierer, der seinen Packen durch Wind und Wetter schleppt", selber noch nahe genug.

Ein solcher Händler mußte wendig, geschmeidig und hartnäckig sein, so wie der alte Krakauer, eine „sagenhafte Ghettogestalt", Inhaber eines Kleiderladens im Berliner Scheunenviertel. („Dumpfes fensterloses Lokal, mit Kleidungsstücken aller Art vollgestopft.") Dort kauft der Schuster Wilhelm Voigt die Uniform, die ihn dann zum „Hauptmann von Köpenick" macht – vielmehr wird sie ihm, mit vielen Schmeicheleien, aufgedrängt und aufgeschwätzt, und das Fehlende noch gleich dazu. „Dann fragense mal um die Ecke beim Kemnitzer, das is e Geschäftsfreund von mir. Was ich nich hab, hat er, und was er nicht hat, hab ich, hammer uns geeinigt und machen zusammen auf zehn Prozent, kriegt keiner e Roches aufn andern." Dieser Krakauer ist ein

Nachfahre des namenlosen jüdischen Händlers, bei dem die Titelfigur von Georg Büchners ‚Woyzeck' die Mordwaffe kauft, und jenes anderen, der in den ‚Soldaten' von Jakob Michael Reinhold Lenz zum wehrlosen Objekt eines üblen Streiches wird; nicht zu vergessen den Korallenhändler Nissen Piczenik bei Joseph Roth (‚Der Leviathan') und die hartgesottenen Hopfenhändler, von denen Hans Bender in einer autobiographischen Erzählung (‚Das Gasthaus') berichtet.

Die zitierten Zeugnisse zeigen den jüdischen Händler ebenfalls in der typischen Haltung dessen, der aus seiner sozialen Unterlegenheit das Beste zu machen versucht; nämlich durch Klugheit und Zähigkeit, durch Großzügigkeit und Großmut, Sanftmut und Demut; also durch Kompensation auf anderem Gebiet oder durch deutlichen Verzicht auf eine solche. Eduard von Keyserling hat (in ‚Abendliche Häuser') eine bezeichnende Szene beschrieben: „Nach einer Weile wurde die Türe vorsichtig geöffnet und der Jude Laibe schob sich in das Zimmer, er war fest in seinen grüngrauen Rock eingeknöpft, das graue Haar und der dichte, graue Bart waren glatt gestrichen und sein Gesicht verzog sich zu einem unendlich liebenswürdigen, freundlichen Lächeln. Er verbeugte sich mehrere Male, rieb sich die Hände und sagte: ‚Gut Schabbes, Herr Baron, gut Schabbes.'" Dieser Jude Laibe ist natürlich wieder ein reisender Händler, der beim Baron ein willkommenes Nachtlager gefunden hat und von sich selber sagt: „Ich war ein Bocher von fünfzehn Jahren, als der Vater mir das Bündel auf den Rücken hing und sagte: Geh verdienen" [...]

Daß der Jude auch noch ein Händler war, verstärkte nur die ohnehin vorhandene Geringschätzung, insofern die Funktion des Händlers, der sich zwischen Erzeuger und Verbraucher schiebt, oft von beiden nicht verstanden, für überflüssig gehalten und als die eines bloßen Schmarotzers mißverstanden wurde. Daß das eine mit dem anderen, daß also die Konfession mit der Profession zusammenfiel, war aber kein Zufall. In seinem nachgerade klassischen Buch über ‚Die Juden und das Wirtschaftsleben' hat Werner Sombart deutlich gemacht, daß die Juden durch die Eigenschaften, die sie im Lauf einer langen Geschichte hatten ausbilden müssen, zu Händlern besonders befähigt waren (ganz abgesehen davon, daß ihnen der Zugang zu anderen Berufen rechtskräftig verschlossen wurde). Dazu zählt, immer nach Sombart, ihre erworbene Veranlagung zur Abstraktion und also zur zahlenmäßigen Kalkulation; ihr Sinn für Zweckmäßigkeit und Nützlichkeit; ihre kombinatorische Phantasie. „Wer aber ein guter ‚Händler' sein will, der muß vor allem auch ein guter ‚Verhandler' sein. Und wer möchte sich besser zum ‚Verhandeln' eignen als die Juden? Die schon immer als geschickte Unterhändler im Verkehr bekannt gewesen sind. Anpassung, Anschmiegung an die Bedürfnisse des Marktes, an die besonderen Anforderungen der Nachfrage ist das eine, was verlangt wird: und das leistet doch das Volk der Anpassung gewiß tausendfältig so gut wie irgendein anderes. Und suggestive Kraft ist das andere, was dem Händler frommt, und sie ist abermals den Juden in hervorragendem Maße eigen dank ihrer Betriebsamkeit, ihrer Beweglichkeit, in Summa wiederum dank ihrem Einfühlungsvermögen." Dazu kam unter anderem dann noch, daß die Juden im Grunde nirgends, also überall zu Hause waren und damit eine Weitläufigkeit an den Tag legten, die ihrem Handel notwendig zugute kam. Sogar von den Pferdehändlern seiner schwäbischen Dorfheimat schrieb Fritz Frank, daß ihr Geschäft „sich bis Belgien, Holland, Frankreich, Ungarn ausdehnte und damit gewisse Sprachkenntnisse und Umgangsformen erforderte". – Fritz Frank war ein Jude aus Nordstetten, wie übrigens auch Berthold Auerbach, der volkstümliche Dichter der ‚Schwarzwälder Dorfgeschichten', der eindringlich beschrieb, wie sich sein Dorf für den Sabbat bereitete: „Wenn es nun allmählich Abend zu werden begann, zog Freude ins Dorf ein, die Gäugänger mit ihren Quersäkken kehrten heim und wurden von Frau und Kindern begrüßt, die Viehhändler kamen in Bernerwägelein angefahren, und mit Mitleid hörte man, daß der und jener über Schabbes nicht heimkommen könne" [...]

In diesem Sinn hat Adolf Freiherr von Knigge, der noch immer verkannte Aufklärer, in seinem Buch über den ‚Umgang mit Menschen' „von den Juden als den geborenen Handelsmännern" gesprochen und ihr typisches Geschäftsgebaren, das notwendig aus ihrer doppelten Sonderrolle resultierte, sehr verständnisvoll beschrieben, damit der Leser sich darauf einstellen könne. [...]

Verständnis gezeigt und um Verständnis geworben hat, als zweiter und ebenso verkannter Aufklärer, auch Johann Peter Hebel, dessen Geschichten hier nicht zufällig schon zweimal zu zitieren waren. In seinem ‚Sendschreiben' über die Juden versuchte er, weiter ausholend, deren gute und schlechte Eigenschaften aus ihrer orientalischen Herkunft zu deduzieren und so gleichsam zu nobilitieren. Ganz unvermittelt und unvermutet schließt das Schreiben mit den Worten: „Grüße mir den Thumringer Juden, und, wenn er noch lebt, den Scheitele in Lörrach, und den Nausel!" Damit mochten irgendwelche Händler und Hausierer gemeint sein, wie sie in den hier zitierten Zeugnissen immer wieder gezeigt wurden, und zumal von Hebel selbst: „die abgeraspelten und ausgeschiedenen Späne und Schlacken des Volks Gottes, wie sie mir im 49sten Grad nördlicher Breite durch den Fokus gehen".

Aber es kam auch vor, daß die Literatur im Händler den Juden nicht zeigen, sondern treffen wollte, daß sie ihn nicht porträtierte, sondern karikierte, daß sie nicht zum Verständnis, sondern zu Verachtung und Vernichtung aufrief. Daher muß nun noch eine zweite Reihe von Zeugnissen betrachtet werden, worin der jüdische Händler und Hausierer den angeblichen Unwert seiner ganzen Klasse und Rasse dartun soll. Ihre Reihe reicht weit zurück: zumindest bis zum spätmittelalterlichen Passionsspiel. In ihm erscheint Judas (dessen Name derartiges schon nahelegt) als Verkörperung des Juden überhaupt, zumal er ja als einziger der Jünger im Judentum verbleibt; als Verräter, dessen Tat durchweg mit Habsucht und Geldgier erklärt wird; als Gegenspieler Christi und der Christen überhaupt. Um diese Hauptfigur gruppieren sich viele andere, in denen das späte Mittelalter seinen Antisemitismus ausdrückt; darunter dann der sogenannte ‚appentecker', ein Apotheker oder besser Salbenhändler, bei dem die drei Marien ihre Spezereien kaufen. In seiner aufdringlichen, unaufhörlich schwätzenden und feilschenden Gestalt begegnet die erste, verzerrte Widerspiegelung des jüdischen Händlers in der deutschen Literatur [...]

Dasselbe gilt, in einem sehr gesteigerten Grad, für Wilhelm Raabes ‚Hungerpastor', erschienen 1864. Schon an seinem Anfang erscheint die ewig ungepflegte, ja geradezu ekelhafte Gestalt des alten Samuel Freudenstein, der sich nach einem unsteten, weitschweifenden Händler- und Hausiererleben in einem dumpfen Kellerladen niederläßt, den der Autor – nachdem er ein wenig vor dessen schmutzigem Schaufenster verweilt hat – wie folgt beschreibt: „Wenn man über die Schwelle getreten und die drei Stufen hinabgestolpert war, geriet man in eine Dämmerung, in welcher man anfangs keinen Gegenstand von dem anderen unterschied, und in eine Atmosphäre, welche ebenfalls aus mancherlei ununterscheidbaren Düften zusammengesetzt war. Nur ganz allmählich gewöhnten sich Auge und Nase an die Lokalitäten; nur ganz allmählich erkannte man, daß der Mensch hier alles loswerden konnte, was er nicht gebrauchte oder nicht länger gebrauchte, und daß er hier vieles fand, was er gebrauchte. Ein Gegenstand mochte durch noch so viele Hände gegangen sein, noch so viele Schicksale in auf- und absteigender Linie gehabt haben, Samuel Freudenstein brachte ihn doch im gegebenen Augenblick in Bewegung und an den rechten Mann." Dies ist nur ein kleiner Ausschnitt aus einem großen, breit angelegten Bild, soll aber hier genügen [...]

Im selben Sinne, nämlich zugleich als Ausdruck und Anreiz des Ressentiments, hatte bereits ein Buch gewirkt, das damals als ein Hausbuch des deutschen Volkes gelten durfte: Gustavs Freytags Roman ‚Soll und Haben', der 1855 erstmals erschien und zahllose Auflagen erlebte [...]

Es hat den Haß auf die jüdischen Händler (und somit auf die Juden überhaupt) nicht nur bezeugt, sondern auch erzeugt, nicht nur dargestellt, sondern auch hergestellt, und hat entscheidend dazu beigetragen, daß diejenigen, die es denunzierte, letzten Endes auch liquidiert wurden.

Jacob Katz
Antisemitismus – die österreichische Version

Der Begriff Antisemitismus wurde gegen Ende der siebziger Jahre des 19. Jahrhunderts in Deutschland eingeführt, um die ablehnende Haltung eines Teiles der damaligen Bevölkerung gegenüber Juden zu beschreiben. Es braucht kaum erwähnt zu werden, daß Judenfeindschaft in Deutschland und anderswo kaum ein unbekanntes Phänomen war. Warum brauchte man dann aber einen neuen Begriff? Um diese Frage zu beantworten, vielleicht nur vorläufig, müssen wir die Bedingungen untersuchen, die herrschten, als das Wort *Antisemitismus* seinen Platz in der modernen Sprache erhielt.

In dieser Zeit wurde die legale Judenemanzipation in Deutschland und Österreich-Ungarn abgeschlossen, jenen Ländern, in denen die Judenfrage Regierungen und öffentliche Meinung seit dem Ende des 18. Jahrhunderts beschäftigt hatte. Es ging um die Frage, ob man den Juden ihren Status als Fremde oder Halb-Bürger belassen oder ob ihnen das volle Bürgerrecht zugestanden werden sollte. [...]

Auf den ersten Blick hängt die Antwort davon ab, wie der neue Verfassungsstaat seine Beziehung zur christlichen Kirche definiert, von der die Juden ausgeschlossen sind. Wenn sich der Staat in irgendeinem Sinne als „christlich" verstand, dann wäre dies genug, um die Juden nicht als Vollbürger anzusehen. Wenn sich der Staat jedoch ausdrücklich als säkular verstand, dann müßte jedes religiöse Kriterium wegfallen, folglich dürfte zwischen Juden und anderen nicht unterschieden werden. Religion allein entschied allerdings nicht immer über die Stellung der Juden. Das Wort „Jude" rief in den Köpfen der meisten Europäer vielfältige, meist negative Assoziationen hervor, und man konnte Gründe für den Ausschluß der Juden finden, ohne sich direkt auf religiöse Argumente zu beziehen. Deshalb verlief die Einbürgerung der Juden nie ohne Schwierigkeiten, die Emanzipation war vielmehr überall von heftigen Kontroversen begleitet. [...]

Meistens schienen die Gegner der Emanzipation auf verlorenem Posten zu kämpfen, die Einbürgerung der Juden machte Fortschritte. In Frankreich wurde sie während der Revolution 1790/91 erreicht; in Holland und im westlichen Deutschland (Rheinland, Frankfurt, Hamburg) nach der französischen Besetzung 1796–1811; in Preußen als Teil der Reformen von 1812, ähnlich ein Jahr später in Bayern. Diese Emanzipation, die noch nicht so hieß, sondern mit so umständlichen Begriffen wie „die bürgerliche Verbesserung der Juden" bezeichnet wurde, war noch nicht vollständig; nirgendwo wurden die Juden anderen Bürgern völlig gleichgestellt, zum Teil war sie nicht von langer Dauer. [...]

In den norddeutschen Staaten, die unter Bismarcks Führung nach dem Sieg über Österreich 1866 vereinigt wurden, ist die Emanzipation voll durchgesetzt worden. Die Verfassung des vereinigten Staates von 1869 sah vor, daß die Rechte eines Bürgers unabhängig von der Zugehörigkeit zu einer bestimmten Religion waren. Mit der Reichsgründung 1871 wurde das Gleichheitsprinzip auf ganz Deutschland ausgedehnt. Mit der Vereinigung Deutschlands ging eine Lockerung der politischen Bindungen einher, die zwischen Österreich-Ungarn und den deutschen Staaten bestanden. Österreich und Ungarn, die innenpolitisch selbständig waren, hatten die Judenemanzipation schon 1869 durchgeführt. [...]

Jede Untersuchung der Stellung der Juden in den sechziger Jahren, als alle diese Ereignisse geschahen, mußte zu der vernünftigen Annahme führen, daß die europäische Judenheit auf dem Weg zur vollen Integration war. Die Angriffe der Emanzipationsgegner mußten wie das letzte Aufflackern eines Feuers erscheinen, das von selbst verlöschen würde, wenn sich die Naturalisierung der Juden erst überall vollzogen hatte. Tatsächlich wurde die Situation von den meisten Beobachtern damals, Juden wie Nichtjuden, genau so eingeschätzt. Und aus genau diesem Grund war es ein so fürchterlicher Schock, als in den siebziger Jahren Schriftsteller, Politiker und Wissenschaftler Juden erneut angriffen und in der öffentlichen Meinung ein so großes Echo auf ihre Angriffe fanden, daß eine regelrechte Bewegung entstand, die ihre Gegnerschaft zu Juden offen erklärte. [...]

Die Anhänger der Bewegung hatten unterschiedliche ideologische Hintergründe – christliche, säkulare und auch rassistische –, und sie unterschieden sich auch in Hinsicht auf die angestrebten soziopolitischen Ziele der Bewegung. Einige wollten die Uhr zurückstellen und die Emanzipation für ungültig erklären; andere wollten die Juden nur von bestimmten Stellungen ausschließen und sie auf bestimmte Berufe beschränken. Einzelne gingen sogar so weit, daß sie die Eliminierung der Juden mit allen zur Verfügung stehenden Mitteln forderten. [...]

Die Vertreter der neuen Bewegung wiesen den Vorwurf zurück, daß sie nur vergangenen Judenhaß fortführten. Sie behaupteten, daß die Grundlage für die frühere Gegnerschaft gegen Juden und Judentum vergangen sei. Früher sei die Religion der Grund für die Trennung zwischen Juden und Christen gewesen, Ursache für Entfremdung und Haß. Jetzt war der Einfluß der Religion entscheidend geschwächt oder ganz verschwunden. Es gab Antisemiten, die sich zum Christentum bekannten, aber auch sie wollten als Anhänger des Prinzips der religiösen Toleranz erscheinen, da dies allgemein akzeptiert war. Die Sprecher der neuen Bewegung suchten nach neuen Schlagworten, die zeigen sollten, wie modern ihr Ansatz war. Die Annahme des Begriffs „antisemitisch“ und nicht „antijüdisch“ sollte zu dem Glauben verleiten, daß nicht die Jüdischkeit, also die Religion, die Gegnerschaft hervorgerufen hatte, sondern bestimmte Eigenschaften der Juden, die sich in ihrem Verhalten zeigten. [...]

Trotz der geographischen und kulturellen Nähe Österreichs zu Deutschland, trotz ähnlicher wirtschaftlicher Unruhen lief die antisemitische Bewegung in Österreich nur langsam an. Der Börsenkrach begann in Wien 1873, und die zerstörerischen Nachwirkungen, vor allem für kleine Sparer, waren nicht weniger hart als in Deutschland; auch die jüdische Teilnahme an dem künstlichen Boom vorher war nicht weniger auffällig. Als man anfing, nachzudenken und nach Schuldigen zu suchen, wurden Juden erwähnt. Sie wurden aber nicht wie in Deutschland zu den allein Schuldigen gemacht. [...]

Ein wichtiger Unterschied der jüdischen Situation in Österreich und Deutschland ist in der unterschiedlichen sozialen Stellung der Liberalen oder zumindest ihrer politischen Führung zu sehen. Der Liberalismus in Deutschland war im wesentlichen ein Produkt der aufstrebenden Mittelschichten, zu denen die Juden gehörten. Einzelne Juden wie Ludwig Bamberger oder Eduard Lasker konnten in die Führung der liberalen Partei aufsteigen. Der österreichische Liberalismus dagegen wurzelte im Adel, ein Erbe aus der Zeit Josephs II. Diese Aristokraten nahmen bewußt an den Errungenschaften der wirtschaftlichen und sozialen Modernisierung teil, die durch jüdisches Kapital und durch jüdischen Erfindungsgeist gefördert wurde, behielten jedoch die politische Führung ihren eigenen Kreisen vor. [...] Die enge Verbindung mit dem Adel mag die Juden davor bewahrt haben, falsch dargestellt zu werden. Auf jeden Fall blieben in den ersten Jahren der Wirtschaftskrise Angriffe auf Juden noch auf die militant klerikalen Kreise um die Schule von Sebastian Brunner beschränkt.

Die ernsthafteren katholischen Denker, vor allem Karl von Vogelsang, hielten sich zunächst von der antijüdischen Kampagne fern. 1876 wurde Vogelsang gefragt, ob es nicht sinnvoll sei, wenn seine Wochenzeitung *Vaterland* sich ihrem Berliner Gegenstück, der katholischen *Germania*, anschlösse und die Zerstörung aufdeckte, die von Juden über das österreichische Leben gebracht würde, und er lehnte dies ab. [...]

Obwohl das gesellschaftliche System als solches Ziel der Kritik in Vogelsangs Kreisen war, heißt das nicht, daß man die Juden für unschuldig hielt. Als Vogelsang 1876 erklärte, warum er der antijüdischen Kampagne der *Germania* nicht beitrat, sagte er, daß die Situation in Österreich nicht durch Angriffe oder sogar den Ausschluß von Juden gebessert werden könnte. Der Liberalismus als solcher sei „durch und durch mit jüdischem Geist" durchtränkt, und die Gesellschaft könne nur durch eine Aufhebung der liberalen Institutionen von ihrem Übel befreit werden. Die Judenfrage würde dann von selbst verschwinden.

Die ideologischen Wurzeln dieser Einstellung sind in Vogelsangs Glaube an die Soziallehre der Kirche zu sehen, die alle gesellschaftlichen Schäden heilen könne, wenn sie der modernen Situation angepaßt würde. [...]

Sobald der Liberalismus durch eine „wirklich christliche Gesellschaft" ersetzt sei, würde das Judentum automatisch verschwinden. Und weil Vogelsang an eine radikale Verbesserung der Situation glaubte, hielt er es für unnötig, nach dem Muster der Berliner eine antjüdische Kampagne zu starten. Aber wenn er den Juden einen Platz in der Gesellschaft der Zukunft bestritt, dann war dies zugleich eine Verurteilung der jüdischen Existenz der Gegenwart. Die Verbreitung solcher Ideen konnte nur eine Atmosphäre schaffen, in der es normal wurde, aktiv gegen Juden vorzugehen, ein Kampf, an dem schließlich auch Vogelsang und seine Freunde teilnahmen.

Die ersten praktischen Folgerungen aus antijüdischen Gefühlen wurden in den Studentenverbindungen gezogen. Während des Liberalismus sahen jüdische Studenten in den Verbindungen eine Möglichkeit der sozialen Integration. Da sie einen beachtlichen Teil der Studentenschaft ausmachten – in Wien 1870 21 Prozent –, spielten Juden auch in den Verbindungen eine wichtige Rolle. [...]

Erste Ausschlüsse von Juden hat es wohl schon 1878 gegeben, aber die meisten Verbindungen begannen die Diskussion erst 1880. 1883 siegten die antijüdischen Mitglieder in der Teutonia, und am Ende des Jahrzehnts waren alle Verbindungen „judenrein" geworden.

Diese langsame Entwicklung in der österreichischen Studentenschaft unterscheidet sich von der in den deutschen Burschenschaften, wo Juden innerhalb weniger Monate an allen Universitäten ausgeschlossen wurden. Aber für Österreich ist eine solche langsame Entwicklung typisch; der Antisemitismus drang langsam, aber gründlich in die Organisationsstruktur der österreichischen Gesellschaft ein, nur gelegentlich von der Art spontaner Agitation begleitet, wie sie in Deutschland üblich war. Diese zurückhaltende Reaktion auf die Anregungen aus Deutschland ist um so erstaunlicher, als Österreich und vor allem Wien durchaus eigene Anlässe für Antisemitismus hatten. Das starke Anwachsen der jüdischen Gemeinschaft in Wien von 6200 im Jahr 1860 (2,2 Prozent) auf 72600 im Jahr 1880 (10 Prozent der Bevölkerung) – in Berlin zur gleichen Zeit von 3,5 auf 4,8 Prozent – mußte für Menschen, die den Juden mit Abneigung gegenüberstanden, eine Irritation sein. Zudem war die kirchlich inspirierte, antijüdische Indoktrination in Österreich unvermindert weitergegangen. Wenn sich der Antisemitismus dennoch nur langsam zu einem deutlichen politischen Trend entwickelte, dann muß der Grund in der besonderen sozio-politischen Situation des Landes gesucht werden.

Deutschland war seit Beginn der liberalen Ära in den späten fünfziger Jahren durch eine große gesellschaftliche und politische Mobilität gekennzeichnet. Politische Trends kamen in der Gründung von Vereinen und Parteien zum Ausdruck. Darum konnte der Antisemitismus in den Dienst politischer Ziele gestellt werden, wie Stoecker dies beispielhaft tat, und er spielte zumindest eine zusätzliche Rolle, die liberale Regierung abzulösen. In Österreich gründete die Regierung auf einem viel restriktiveren Wahlsystem, das nur etwa drei Prozent der Bevölkerung – dem Adel und dem Großbürgertum – eine Mitsprache durch Vertreter im Reichsrat erlaubte. [...]

Aber die Handwerker und Arbeiter, die von den Liberalen beiseite gelassen worden waren, dachten, daß die Zeit gekommen sei, eine Veränderung zu ihren Gunsten zu bewirken. Im Herbst 1880 fand in Wien eine erste Versammlung von Handwerkern statt, einberufen durch den Uhrmacher Buschenhager. Sie verlangte den Schutz ausgebildeter Handwerker vor der Konkurrenz durch jüdische Hausierer. Aus dieser Versammlung ging ein Jahr später die „Vereinigung für den Schutz der Handwerker" hervor; 1882 wurde diese der „Österreichische Reformverein" genannt.

Reformverein nannte sich auch die Vereinigung der deutschen Antisemiten, und es war eine bewußte Übernahme von deren Programm und Methoden, als der Name auf die Wiener politische Szene übertragen wurde. Die Führung lag jetzt nicht mehr in den Händen einfacher Handwerker, sondern wurde von Politikern wie dem Juristen Robert Pattai und Karl von Zeboni übernommen, dem Herausgeber der Wochenzeitung *Österreichischer Volksfreund*. In dieser Zeitung wurden die Ziele des Vereins propagiert, um durch die Mobilisierung weiter Volkskreise politische Macht zu gewinnen. [...]

Das neue Wahlsystem, das 1882 eingeführt wurde, gab jedem Mann, der mindestens fünf Gulden direkte Steuern zahlte, das Wahlrecht. Dadurch erhielt eine große Anzahl Menschen, die bisher politisch machtlos war, Zugang und Mitsprache in öffentlichen Angelegenheiten.

Die meisten Politiker, die jetzt auftraten, benutzten die

antisemitischen Gefühle nur zu gerne, von denen Wien voll war. Der Reformverein begann eine aktive Agitation. Er verlangte den Ausschluß von Juden aus ihren politischen, wirtschaftlichen und gesellschaftlichen Stellungen. Man sollte nicht für sie stimmen, nicht bei ihnen kaufen und überhaupt jeden Kontakt mit ihnen meiden. [...]

Im April 1882 erklärte ein Redner namens Franz Holubek vor einer Versammlung von mehreren hundert Menschen: „Die Juden haben sich der Emanzipation nicht würdig erwiesen... Der Jude ist nicht länger ein Mitbürger. Er hat sich zu unserem Herrn, zu unserem Unterdrücker gemacht... Wißt ihr, was diesen Menschen das Recht gibt, unseren Nacken zu beugen? Der Talmud, in dem ihr Christen Hunde, Esel und Schweine genannt seid." Diese Ausfälle führten zu einem Aufruhr, so daß die Polizei die Versammlung auflöste. Holubek wurde wegen religiöser Beleidigung angeklagt, aber in dem Prozeß, in dem er von Pattai verteidigt wurde, freigesprochen. Die Verteidigung plädierte, daß die angebliche Beleidigung eine wissenschaftliche Wahrheit sei, wie sie in der gelehrten Abhandlung *Der Talmudjude* behauptet werde, von August Rohling, Professor für Hebräisch an der Karlsuniversität in Prag. [...]

Samuel Bloch, Rabbiner des Wiener Vororts Floridsdorf, entschloß sich, die Gelegenheit zu nutzen und die angebliche wissenschaftliche Autorität Rohlings zu entlarven. [...]

Es begann eine öffentliche Kontroverse zwischen dem Professor und dem Rabbiner, die schon bald über den Fall Holubek hinausging. Denn inzwischen erregten die Nachrichten aus Tiszaezlár die Öffentlichkeit, und Rohling hatte sich erboten, vor dem Gericht in Ungarn unter Eid auszusagen, daß die jüdischen Religionsquellen tatsächlich eine Vorschrift für den Ritualmord an Christen enthielten. Rabbi Bloch warf Rohling einen versuchten Meineid vor, womit er den Professor zwang, ihn wegen Verleumdung zu verklagen.

Die Affäre endete mit einer moralischen Niederlage Rohlings. Er wußte, daß er seine Behauptung nicht beweisen konnte und so zog er seine Klage zurück, aber erst 1885. Selbst dann waren die, die antijüdische Vorurteile hatten, von Rohlings Versagen nicht überzeugt, und in der Zwischenzeit hatten sein *Talmudjude* und seine anderen Veröffentlichungen große Verbreitung gefunden. In der Tat erreichte dieser scharfe Antisemitismus in diesen Jahren in Österreich seinen Höhepunkt. Die Versuche der Regierung, ihn einzudämmen, hatten keinen Erfolg. [...]

Wie weitgehend die Situation davon bestimmt war, ist aus der Beobachtung Ernst Pleners ersichtlich, in welchem Dilemma sich die Führung der Liberalen befand. Weil die Partei von Juden unterstützt wurde, vor allem von der Intelligenz und in ethnisch gemischten Gebieten wie Mähren, erwartete man von ihr, daß sie in der Stunde der Gefahr für die Juden Stellung bezog. Aber dies zu tun, hätte die Stimmen des Kleinbürgertums gekostet, das immer noch zum liberalen Programm stand.

Die Zahl der liberalen Parteimitglieder, die austrat, muß enorm gewesen sein. Einige von ihnen halfen bei der Gründung anderer Parteien und nahmen im Lauf der Zeit eine antisemitische Haltung ein. Das bekannteste Beispiel ist Georg Ritter von Schönerer, Gründer der deutsch-nationalen Partei. Schönerers politisches Ziel war der Anschluß der deutschsprachigen Teile Österreichs an das Reich. [...]

Obwohl Schönerer sich für den Schutz des Landbesitzes und der produktiven Arbeit vor der „semitischen Geldherrschaft" einsetzte, fehlte ihm noch ein eigentliches antisemitisches Programm. Es gab Juden, die sich den nationalistischen wie den sozialen Teilen seiner Ideologie anschlossen und bei der Gründung der Partei beteiligt waren. Und die endgültige Formulierung ihrer politischen Ziele, das Linzer Programm von 1882, war ebenso das Werk des jüdischen Historikers und Publizisten Heinrich Friedjung wie das Schönerers.

Aber die starke Betonung des Nationalismus nach deutschem Vorbild schuf natürlich eine Nähe zum Antisemitismus. Und da sich der Antisemitismus im Aufwind befand, war es nur nützlich für jede Partei, ihn zu übernehmen. Von daher fügte Schönerer 1885 einen Absatz zum Parteiprogramm hinzu, in dem es hieß, daß die Verwirklichung des Programms den „Ausschluß des jüdischen Einflusses in allen Bereichen des öffentlichen Lebens" erforderte. [...]

Indem er Blut und Rasse zu den zentralen Begriffen seiner Propaganda machte, trat Schönerer bewußt in die Reihen der radikalen Antisemiten im Reich, Marr, Dühring und andere. [...]

Schönerer fand vor allem bei nationalgesinnten Studenten Anhänger für seinen durchgängig rassistischen Antisemitismus. In der breiteren Öffentlichkeit blieb der religiös gefärbte Antisemitismus eines Karl von Vogelsang beherrschend. Obwohl Vogelsang eher Ideologe als Organisator war, beteiligte er sich doch an der Gründung der Christlich-Sozialen Organisation 1887. Diese wollte, getreu der Vorstellung Vogelsangs, die notwendigen gesellschaftlichen Reformen auf einer positiv christlichen Grundlage durchführen, womit sie unvermeidlich ins antisemitische Fahrwasser geriet. [...]

Die Sprecher der Organisation zögerten nicht, auf alle gängigen antisemitischen Schlagworte zurückzugreifen, die seit Beginn der antisemitischen Bewegung im Umlauf waren. Ob es an dieser Agitation lag oder an dem sozialen Programm – jedenfalls hatte die Organisation großen Erfolg. Die Versammlungen wurden von ungewöhnlich vielen Menschen besucht, lokale Gruppen bildeten sich in verschiedenen Bezirken der Hauptstadt wie im Land. Wegen ihrer praktischen Wirkung trat einer der populärsten Politiker Wiens, Karl Lueger, der Organisation bei, die zum willigen Werkzeug seiner politischen Karriere wurde.

Lueger hatte wie Schönerer zum radikalen Flügel der Liberalen gehört. Die Mitglieder dieser Gruppierung hielten an den Prinzipien des Liberalismus fest, standen deren Anwendung durch die Partei in der Landesregierung wie in der

Wiener Stadtverwaltung aber kritisch gegenüber. Lueger und sein Kollege Ignatz Mandl, ein jüdischer Anwalt, kämpften im Stadtparlament gegen Korruption und Unfähigkeit sowie gegen die moralische Indifferenz des Establishments gegenüber den Leiden der unteren Klassen. Luegers soziale Einstellung, die viel mit der der christlichen Sozialisten gemeinsam hatte, brachte ihn in ihre Nähe, wobei er in der Judenfrage wohl keine festen Überzeugungen hatte. [...]

Erst 1887 nahm er eine Einladung an, auf einer der Versammlungen der Organisation zu sprechen, und bei dieser Gelegenheit übertraf er in seinen antijüdischen Äußerungen sogar seinen Vorredner, einen bekannten Antisemiten aus Ungarn. Jetzt wurde Lueger rasch im christlich-sozialen Lager aufgenommen. Er lernte Vogelsang kennen, akzeptierte seine geistige Führung und trat als loyal praktizierender Katholik auf. Dafür erhielt er die unbestrittene Leitung der Christlich-Sozialen und begann, eine wichtige Rolle im öffentlichen Leben des Landes und vor allem der Hauptstadt zu spielen. [...]

Unter dem Namen „Vereinigte Christen" schuf er eine lockere Koalition aller Fraktionen. Und obwohl der Name den positiv christlichen Aspekt hervorhob, wurde er zu einem Synonym für Antisemiten. Der Protest gegen die jüdische Vorherrschaft im öffentlichen Leben Wiens war es schließlich, der Kaiser Franz Joseph zwang, Lueger als gewählten Bürgermeister der Hauptstadt 1897 zu bestätigen, nachdem er dies mehrfach abgelehnt hatte.

Peter Altenberg
So wurde ich

Ich saß im 34. Jahre meines gottlosen Lebens, Details kann eine Tageszeitung unmöglich bringen, ich saß im Café Central, Wien, Herrengasse, in einem Raume mit gepreßten englischen Goldtapeten. Vor mir hatte ich das „Extrablatt" mit der Photographie eines auf dem Wege zur Klavierstunde für immer entschwundenen fünfzehnjährigen Mädchens. Sie hieß Johanna W. Ich schrieb auf Quartpapier infolgedessen, tieferschüttert, meine Skizze „Lokale Chronik". Da traten Arthur Schnitzler, Hugo von Hofmannsthal, Felix Salten, Richard Beer-Hofmann, Hermann Bahr ein. Arthur Schnitzler sagte zu mir: „Ich habe gar nicht gewußt, daß Sie dichten!? Sie schreiben da auf Quartpapier, vor sich ein Porträt, das ist verdächtig!" Und er nahm meine Skizze „Lokale Chronik" an sich. Richard Beer-Hofmann veranstaltete nächsten Sonntag ein „literarisches Souper" und las zum Dessert diese Skizze vor. Drei Tage später schrieb mir Hermann Bahr: „Habe bei Herrn Richard Beer-Hofmann Ihre Skizze vorlesen gehört über ein verschwundenes fünfzehnjähriges Mädchen. Ersuche Sie daher dringend um Beiträge für meine neugegründete Wochenschrift ‚Die Zeit!'" Später sandte Karl Kraus, auch der Fackel-Kraus genannt, weil er in die verderbte Welt die Fackel seines genial-lustigen Zornes schleudert, um sie zu verbrennen oder wenigstens „im Feuer zu läutern", an meinen jetzigen Verleger S. Fischer, Berlin W., Bülowstraße 90, einen Pack meiner „Skizzen", mit der Empfehlung, ich sei ein Original, ein Genie, einer, der anders sei, nebbich. S. Fischer druckte mich, und so wurde ich! Wenn man bedenkt, von welchen Zufälligkeiten das Lebensschicksal eines Menschen abhängt! Nicht? Hätte ich damals, im Café Central, gerade eine Rechnung geschrieben, über die seit Monaten nicht bezahlten Kaffees, so hätte Arthur Schnitzler sich nicht für mich erwärmt, Beer-Hofmann hätte keine literarische Soiree gegeben, Hermann Bahr hätte mir nicht geschrieben. Karl Kraus freilich hätte meinen Pack Skizzen unter allen Umständen an S. Fischer abgeschickt, denn er ist ein „Eigener", ein „Unbeeinflußbarer". Alle zusammen jedoch haben mich „gemacht". Und was bin ich geworden?! Ein Schnorrer!

Shmuel Ettinger
Herzl und der Zionismus

Zum Jahresanfang 1894 trat eine Konferenz zionistischer Vereinigungen mehrerer Länder in Paris zusammen, der es jedoch nicht gelang, eine dauerhafte Organisation zu gründen. Die Forderung nach Einberufung eines zionistischen Kongresses wurde zwar immer wieder erhoben, doch der erste Schritt zu ihrer Verwirklichung erst unternommen, als Dr. Theodor Herzl (1860–1904), eine Führerfigur von außergewöhnlicher geistiger Prägung, sich den Anhängern der zionistischen Ideologie anschloß.

Herzl, ein angesehener Journalist und Schriftsteller, entstammte einer assimilierten Familie, stand der hebräischen Kultur fern und wußte nichts von den auf einen Nationalstaat gerichteten Aktivitäten, die seinem eigenen Wirken vorangegangen waren. Seit einer Jugend war er sich der in Österreich herrschenden antisemitischen Einstellung bewußt, betrachtete hingegen Frankreich als das Land des Fortschritts und der Kultur. Wie er selbst bezeugte, war er daher von den antisemitischen Ausbrüchen wahrend der Dreyfusaffäre tief betroffen. (Herzl war damals Pariser Korrespondent der Wiener Tageszeitung „Neue Freie Presse".) Sein Stolz als Jude und Mensch, der dominierende Zug seines Charakters, hatte einen schweren Schlag erlitten. Dies führte dazu, daß er sich gründlich mit der „Judenfrage" auseinandersetzte, nach möglichen Lösungen suchte und in Kontakt zu verschiedenen jüdischen Persönlichkeiten wie den bekannten Schriftstellern Max Nordau und Israel Zangwill sowie zu aktiven Mitgliedern der Chowewe Zion in Westeuropa trat. Schon vorher, im Mai 1895, war er mit Baron de Hirsch zusammengetroffen und hatte erfolglos versucht, bei diesem Interesse für einen Plan zur Umsiedlung der Juden aus Europa in ein eigenes Vaterland zu wecken. Anfang Januar 1896 veröffentlichte Herzl in der Londoner „Jewish Chronicle" einen Artikel zu diesem Thema, und im Februar legte er seine Gedanken in einem Buch mit dem Titel „Der Judenstaat. Versuch einer modernen Lösung der Judenfrage" dar. Er vertrat die Ansicht, daß der Antisemitismus niemals verschwinden werde, und war zugleich der Auffassung, die Juden seien *ein* Volk. Deshalb könne es für die „Judenfrage" – die für ihn grundsätzlich eine nationale Frage war – keine andere Lösung geben als die Errichtung eines jüdischen Staates. Sie lasse sich auf folgende Weise erreichen: „Man gebe uns die Souveränität eines für unsere gerechten Volksbedürfnisse genügenden Stückes der Erdoberfläche, alles andere werden wir selbst besorgen." Um den Auszug der Juden aus den Ländern, in denen sie lebten, und ihre Ansiedlung in ihrer neuen Heimat zu erleichtern, sollten eine Society of Jews wissenschaftlicher und politischer Natur sowie eine Jewish Company für die Regelung der geschäftlichen Angelegenheiten gegründet werden.

Das Erscheinen des „Judenstaates" löste bei Zionisten in ganz Europa eine Welle der Begeisterung aus. Viele nahmen Kontakt mit Herzl auf, versicherten ihn ihrer loyalen Unterstützung und begannen ihm bei seinen Aktivitäten zu helfen. Dies brachte ihn in Verbindung mit zionistischen Projekten und mit Palästina. Da Baron de Hirsch inzwischen verstorben war, versuchte Herzl die Rothschilds für die Verwirklichung seiner Pläne zu gewinnen, doch diese weigerten sich, ihn zu unterstützen. Er reiste nach Konstantinopel, wo er der Hohen Pforte den Vorschlag unterbreiten wollte, die finanziellen Probleme des türkischen Reiches im Austausch für einen unabhängigen jüdischen Staat in Palästina zu lösen, doch der Sultan lehnte ab. Herzl hielt trotzdem entschlossen an seiner Überzeugung fest, daß es in dieser Frage Verhandlungsmöglichkeiten mit der türkischen Regierung gebe.

Der politische Zionismus und der Zionistische Kongreß

Herzl vertrat die Ansicht, der beste Weg zur Verwirklichung seines Planes bestehe in politischer Aktivität, und war entschieden gegen jede „Infiltration" Palästinas ohne ausdrückliche politische Garantien. Deshalb mißbilligte er das Siedlungsprojekt der Chowewe Zion in Palästina und die Pläne des Barons de Rothschild. Er versuchte die Führung des englischen Judentums für sein Programm zu interessieren, stieß aber selbst bei den Führern der dortigen Chowewe Zion auf Ablehnung. Auch seine Begegnung mit Rothschild verlief ergebnislos; der Baron erklärte, er habe kein Vertrauen zur türkischen Regierung und fürchte die übereilte Einwanderung von „Schnorrern", die dann finanziell über Wasser gehalten werden müßten.

Um seine Pläne zu fördern beschloß Herzl, alle Gesinnungsgenossen zu versammeln. Er gewann die Unterstützung mehrerer Berliner Chowewe Zion, und schließlich wurde Anfang März 1897 in Wien eine Konferenz österreichischer und deutscher Zionisten abgehalten. Auf dieser Zusammenkunft faßte man den Beschluß, für Ende August des Jahres einen Zionistenkongreß nach München einzuberufen. Ein Sonderbeauftragter wurde nach Rußland entsandt, um die dortigen Zionisten für das Vorhaben zu gewinnen, die sich tatsächlich in ihrer Mehrheit für den Vorschlag aussprachen. In Mittel- und Westeuropa dagegen meldete sich weithin Opposition, namentlich bei den angesehenen Rabbinern (von Herzl „Protestrabbiner" genannt). [...]

Der Erste Zionistenkongreß trat, unter Beteiligung von etwa 200 Delegierten, am 29. August 1897 in Basel zusammen. Er umfaßte das gesamte zionistische Aufgebot, von ein paar Skeptikern abgesehen, und erregte weitverbreitetes Interesse in jüdischen und europäischen Kreisen, denn das Erscheinen einer jüdischen Organisation, die ein eigenständiges politisches Projekt vorlegte, stellte innerhalb wie außerhalb der jüdischen Gemeinschaft eine revolutionäre Neuerung dar. In einer programmatischen Rede schilderte Max Nordau die Situation der Juden in der Welt mit Worten, die ein begeistertes Echo fanden und zu jüdisch-nationaler Aktivität anspornten. Der Kongreß nahm das „zionistische" oder „Basler Programm" an, dessen Hauptsatz lautete: „Der Zionismus erstrebt für das jüdische Volk die Schaffung einer öffentlich-rechtlich gesicherten Heimstätte in Palästina." Dies bedeutete, daß Herzls Überzeugung, das jüdische Projekt in Pälastina bedürfe internationaler Garantien, sich siegreich durchgesetzt hatte. Auf dem Kongreß schlug Professor Hermann Schapira die Schaffung eines „Nationalfonds" zum Ankauf von Land vor, eine Anregung, aus der sich die Idee des Jüdischen Nationalfonds entwickelte.

Nach Abschluß des Kongresses setzte Herzl seine diplomatischen Bemühungen fort und arbeitete an der Festigung der Organisation. Die Zahl zionistischer Vereinigungen nahm beträchtlich zu. Der Zweite Zionistenkongreß, im Sommer 1898, beschloß, die Ansiedlung in Palästina zu fördern (noch ehe politische Garantien erlangt waren) und auf kulturellem Gebiet tätig zu werden. Im November traf Herzl in Palästina mit Wilhelm II. zusammen, ohne den Kaiser allerdings für seine Sache gewinnen zu können. Auf dem Dritten Kongreß, 1899, erklärte er, das Ziel seiner Tätigkeit sei es, von der türkischen Regierung einen „Charter" für die jüdische Besiedlung Palästinas zu erlangen. Doch seine folgenden Reisen in die Türkei erbrachten wiederum kein Ergebnis. [...]

Opposition gegen Herzls Wirken hatte von Anfang an in zionistischen Kreisen bestanden, aber zunächst war Achad Haam der einzige, der sich über die Idee einer Zusammenführung der Mehrheit des jüdischen Volkes in einem eigenen Vaterland und über Herzls politische Projekte abschätzig äußerte. Herzl widmete sich weiterhin unbeirrt seinen diplomatischen Aktivitäten, da nach seiner Ansicht Politik „von oben" gemacht werde, doch da das Herzstück seiner Bemühungen – nämlich die Unterhandlungen mit der Hohen Pforte und die Kontakte mit verschiedenen europäischen Staatsmännern – keine Früchte trug, nahm die Zahl der Kritiker und Skeptiker zu.

Drei von Herzls Grundansichten stießen auf besondere Kritik. Die erste bestand in der Betonung diplomatischen Vorgehens, bei dem es sich in der Praxis fast immer um ein Ein-Mann-Unternehmen handelte. [...]

Es trifft zwar zu, daß Herzl die Türkei und andere Staaten nur um „einen Rahmen politischer Garantien" anging, den das jüdische Volk dann ausfüllen werde. Doch der erhoffte „Charter" war noch in weiter Ferne. So gelangte er zu einem zweiten Prinzip: Um die Mächte nicht zu verärgern oder gegen die zionistischen Bestrebungen einzunehmen, verlangte Herzl von den Zionisten, sich der Einmischung in deren interne politische Probleme zu enthalten. Diese Forderung verurteilte die Juden, besonders in Osteuropa, zur Untätigkeit in zahlreichen politischen Fragen von großer Bedeutung. [...]

Das dritte Prinzip war die Außerachtlassung der kulturellen Aktivität. Trotz seiner Erklärungen über die Notwendigkeit, zum Judentum zurückzukehren, und trotz der Beschlüsse des Zweiten Zionistenkongresses stand Herzl selbst der hebräischen Sprache und Kultur fern. In seinem utopischen Roman „Altneuland", 1902 veröffentlicht, in dem er die gesellschaftlichen und technischen Errungenschaften der künftigen jüdischen Palästinasiedlung prophezeite, befaßte er sich nicht eigens mit Problemen der Kultur und der Sprache. Herzl war der Auffassung, daß die Einwanderer die Sprachen der Länder, in denen sie gelebt hatten, in ihre neue Heimat mitbringen würden und daß die stärkste, vermutlich das Deutsche, sich durchsetzen werde. Die jüdische Natur dieser neuen Heimat wird in Herzls Beschreibungen nicht evident – diese könnten, bemerkte Achad Haam in seiner satirischen Kritik bitter, auf einen „Negerstaat" zutreffen. [...]

Alle diese Faktoren wirkten dahin, daß sich 1901 eine offene, aus jungen Intellektuellen, namentlich russischer Herkunft, bestehende Oppositionsgruppe bildete. Diese Gruppe trat auf dem Fünften Zionistenkongreß, im Dezember 1901 in Basel, unter dem Namen „Demokratische Fraktion" auf. Angeführt von Jakob Kogan-Bernstein, Leo Motzkin, Chajim Weizmann, Martin Buber, Berthold Feiwel und anderen, forderte sie eine stärkere Betonung der nationalen Elemente des Zionismus, Festigkeit gegenüber religiöser Voreingenommenheit, die Wahrung der inneren Demokratie in der Zusammensetzung der Kongresse und in zionistischen Institutionen, eine ideologische Klärung und eine verstärkte kulturelle Aktivität. Obwohl Herzl mit Entschiedenheit bei seinem Standpunkt blieb, kam schließlich ein Kompromiß zustande, und der Kongreß wählte Kulturkomitees für verschiedene Länder. Die Folge war, daß die orthodoxen Gegner der Fraktion sich organisierten und auf einer Konferenz, die sie im Februar 1902 abhielten, eine eigene Gruppe zu gründen beschlossen. Diese Vereinigung mit den Namen *Misrachi* (hebräische Abkürzung für „geistiges Zentrum") setzte sich zum Ziel, den politischen Zionismus zu verteidigen und sich gegen eine kulturelle Aktivität der zionistischen Organisation zu stellen. Der Misrachi wurde innerhalb kurzer Zeit zur zentralen Kraft des religiösen Lagers im Zionismus.

Der Fünfte Kongreß war ein Wendepunkt in der Entwicklung der zionistischen Bewegung und brachte einen Kurswechsel in Herzls politischer Aktivität. Er verzweifelte an einer Vereinbarung mit der Türkei und setzte seine Hoffnungen zunehmend auf Großbritannien. Die erste Möglichkeit bot sich ihm, als er 1902 aufgefordert wurde, vor der Königlichen Kommission zur Einwanderungsfrage auszusagen. Lord Rothschild, der der Kommission angehörte, lud ihn zu einer Unterredung ein, und so kam es zu einem Kontakt zwischen dem Führer des Zionismus und dem Hause Rothschild. Es gelang Herzl auch, Gespräche mit dem englischen Kolonialminister Joseph Chamberlain und mit Außenminister Lord Lansdowne zu führen, wobei er die Gelegenheit nutzte, einen Plan für eine jüdische Ansiedlung in El Arisch auf der Sinai-Halbinsel zu unterbreiten. Dieser kam jedoch ebenfalls nicht zur Ausführung.

In seiner Verzweiflung fand er sich im Sommer 1903 bereit, einen englischen Plan für eine Ansiedlung von Juden in Ostafrika zu diskutieren. Mittlerweile reiste Herzl nach Rußland, wo er die Regierung zu bewegen versuchen wollte, zugunsten seines Projekts beim Sultan zu intervenieren und offene zionistische Betätigung im Russischen Reich zuzulassen. Er wollte den jüdischen Massen in Rußland, die noch von den Pogromen in Kišinew erschüttert waren, Mut einflößen. Gegen diese Reise wurden viele Bedenken laut, sogar unter den zionistischen Führern in Rußland selbst, da direkte Verhandlungen mit dem russischen Innenminister Plehve, in dem man den unmittelbar Verantwortlichen für das Blutbad in Kišinev sah, kaum dazu angetan waren, das Prestige der zionistischen Bewegung in den Augen der russischen Gesellschaft zu heben. Tatsächlich hatte Plehve nicht die Absicht, die Aktivität der Zionisten zu legalisieren, aber Herzl verließ Rußland mit der Hoffnung, es bestehe eine gewisse Chance, die Lage der dortigen Zionistenbewegung zu erleichtern, vorausgesetzt, die Juden enthielten sich eigener politischer Aktivität. Tief beeindruckt war er von der furchtbaren Situation des russischen Judentums und den Hoffnungen, die die Menschen auf sein Wirken setzten – Massen von Juden bereiteten ihm auf seiner Fahrt einen stürmischen Empfang. Möglicherweise war dies der entscheidende Grund für ihn, dem Sechsten Zionistenkongreß, der kurz nach seiner Rückkehr aus Rußland im August 1903 in Basel stattfand, den Vorschlag für eine Ansiedlung in Uganda vorzutragen.

Der Vorschlag war eine Überraschung für die Delegierten, die von den Unterhandlungen mit der englischen Regierung nichts wußten. Viele waren unschlüssig, wie sie sich dazu stellen sollten, aber Herzl stieß auch auf starken Widerstand, namentlich bei den Mitgliedern der Demokratischen Fraktion unter den Delegierten aus Rußland. Der Hauptredner, der auf dem Kongreß für das Projekt eintrat, war, obwohl persönlich nicht davon begeistert, Max Nordau; er betonte, daß Palästina das Endziel des Zionismus bleibe und Uganda nur als „Nachtasyl" für die Hunderttausende verfolgter Juden dienen werde. Dem Kongreß wurde der Vorschlag unterbreitet, eine Delegation zu entsenden, die die Situation an Ort und Stelle prüfen solle. Er wurde mit 295 gegen 178 Stimmen bei 132 Enthaltungen angenommen. Die Delegierten, die dagegen stimmten, an ihrer Spitze Jechiel Tschlenow, einer der Führer des russischen Judentums, verließen den Sitzungssaal.

Die zionistische Organisation spaltete sich zwar nicht, aber die „Zionisten Zions" (oder „Nur-Palästinenser") setzten eine vehemente Kampagne gegen den Uganda-Plan in Gang. Bei einer Zusammenkunft, die im Oktober 1903 in Charkow unter dem Vorsitz von Menachem Ussischkin stattfand, beschloß man, Herzl ein Ultimatum zu schicken, in dem verlangt wurde, daß die zionistische Organisation sich mit keinerlei territorialen Projekten jenseits der Grenzen Palästinas und Syriens befasse. Mittlerweile zog die englische Regierung wegen der Kontroverse, zu der es in Großbritannien über den Plan gekommen war, ihr Angebot zurück. Bei einer Aktionskomiteesitzung im April 1904 hielt Herzl eine bewegte Rede und bekräftigte, daß er am Gedanken einer Siedlung in Palästina treu festhalte. Die Führer der Opposition erklärten in aller Form, daß sie mit den Bemühungen der Führung hinsichtlich Palästinas zufrieden seien. Der Friede in der Bewegung war wiederhergestellt, doch kurz danach, am 3. Juli 1904, starb Herzl.

Gershom Scholem
Unruhen in Palästina

Liebste Mutter, Jerusalem, 29. 8. 1929

Ich habe meiner Schwägerin telegraphiert, sie möchte dir telephonisch Bescheid geben, daß wir wohl und munter sind. Ich hoffe, sie hat es getan. Das waren strapaziöse und aufregende Tage hier. Die Sache fing an mit der Klagemauer, auf die die Moslems immer mehr Rechte beanspruchten bzw. immer stärker betonten, daß der Platz ihr Eigentum war, was ja juristisch stimmte. Durch die Schikanen waren die Juden gereizt und erregt, und das führte zu einer unklugen und überlauten Anmeldung ihrer Ansprüche, und das Resultat davon war, daß die Moslems jetzt behaupteten, die Juden wollten die Omarmoschee für sich. Es war leicht, unter diesem Schlagwort die Bewohner vieler Dörfer und in geringerem Maße auch Stadtbewohner zu einem bewaffneten Aufstand gegen die Juden zu verlocken. Wir sahen das alles und wußten auch, daß die Situation ernst war, aber trotzdem hätten wir das nie für möglich gehalten, daß an einem Freitag, als Demonstrationen drohten, die Araber plötzlich mitten am Tag in Mea Schearim stehen würden, bewaffnet mit

Knütteln und Dolchen. Ich saß gerade im Haus und Escha war noch in der Bibliothek, als ich die Nachricht bekam, und als ich herunterkam, war der Angriff schon abgeschlagen. Zum Glück hatten Juden und Polizisten dort Feuerwaffen, die Araber aber nicht, so daß sie nicht näherkommen konnten. Denke dir, das alles zwei Minuten von meiner Wohnung entfernt, im Herzen Jerusalems. – Seit dieser Zeit sind wir natürlich nicht recht mehr zur Ruhe gekommen. Zwar war die unmittelbare Gefahr von uns abgewendet worden, aber der allgemeine Zustand war recht unsicher und die Nachrichten sehr schlecht. Die Regierung, die zuerst gezögert hatte, die Demonstrationen zu verbieten, zögerte jetzt, Truppen in genügender Anzahl herbeizurufen, so daß uns eigentlich nur die relativ geringe Zahl der Waffen in arabischer Hand und die militärische Unerfahrenheit der Araber rettete. In Zukunft wird England hier viel mehr Militär halten müssen. – Es kam zu vielen Überfällen im ganzen Lande, die Araber wurden überall zurückgeschlagen, und viele Leute verloren ihr Leben dabei. In Hebron, wo Juden und Araber zusammen wohnen, gab es einen furchtbaren Pogrom, wobei viele Juden elend umkamen oder grausam zugerichtet wurden. Im ganzen soll (es) in ganz Palästina etwa 110 getötete Juden geben. Außerdem viele, viele verwundete. – Du kannst dir nicht denken, wie Jerusalem aussieht. Die ganze Stadt ist voll von Soldaten verschiedener Formationen. Bis gestern steckten noch aus den meisten Autos Gewehrläufe raus. Heute ist es ruhiger. Fast alle Außenviertel der Stadt und die gemischten Stadtteile sind von ihren jüdischen Bewohnern verlassen. [...]

In der Hoffnung auf bessere Zeiten

ganz der Deine
Gerhard und Escha

Jerusalem, 5. 9. 1929

Liebe Mutter, Donnerstag

Die Maschine ist besetzt, so bekommst Du Autographen! Wir haben Deinen Brief vom 27. 8. bekommen und begreifen vollkommen Eure Aufregung, die in diesem Falle übrigens einigermaßen berechtigt war, da in der Tat es hier höchst ungemütlich zugegangen ist. Zwar sind die Meldungen Deiner Voß aus London übertrieben und vor allem schlecht informiert (es ist alles doch ganz anders) und Du mußt schon die nächsten Nummern der jüdischen Rundschau lesen, um authentische Berichte zu finden, aber auch so bleibt genug. „Hunderte von Toten" in den ersten Tagen gab es nicht, immerhin haben wir 130 jüdische Tote, wovon allein 70 auf die entsetzlichste Weise in Hebron umgebracht worden sind, während die Zahl der arabischen Toten sich niemals feststellen lassen wird, da die Dörfler ihre Toten verbergen und mitnehmen, damit nicht herauskommt, aus welchem Dorf der Überfall gemacht wurde. Da aber, als es ernst wurde, die Juden, von der Regierung fast drei Tage schnöde im Stich gelassen, sich selbst verteidigen mußten und keinen Spaß verstanden und nachher auch das Militär gegen die plündernden Dörfer z. T. sehr scharf (leider nur viel zu spät) vorgegangen ist, werden die arabischen Verluste in Wirklichkeit wohl ein Vielfaches der jüdischen betragen. Safed mit den schönen Pensionen ist wohl für ein paar Jahre erledigt. Im ganzen sind jedoch grade die zionistischen Positionen (mit fünf oder sechs Ausnahmen, die den Arabern verflucht viel Geld kosten werden) wo junge Leute waren die wie die Araber wußten bereit waren zu schießen, unversehrt und in den *kolonisatorisch* wichtigsten Bezirken: in den Pflanzungsgebieten Judaeas und Samarias sowie im Emek und Jordantal, ist mit Ausnahme eines völlig mißglückten Angriffs auf Beth Alpha nichts passiert: sehr bemerkenswert ist, daß ein Araberscheich von allergrößtem Einfluß, der vor acht Jahren einen feierlichen Friedensschwur geschworen hatte, die Juden nicht mehr anzugreifen (was ihm damals 15 Jahre Zuchthaus erspart hat), seinen Schwur in diesen kritischen Tagen gehalten hat, und das allein hat schon genügt, um das Orangengebiet, in dem die größten Werte investiert sind, zu schützen, es ist kein Schuß dort gefallen. Also gibt es doch noch so etwas wie Ehre. Überhaupt muß man sagen, daß der Katzenjammer auf arabischer Seite nach dem Hebroner Pogrom, mit dem sie sich in der öffentlichen Meinung der Welt natürlich furchtbar ins Unrecht gesetzt haben (nicht die Zionisten, gegen die es angeblich ging, sondern die Talmudgelehrten, – Studenten und Frauen hat man dort ermordet), jetzt schon sehr groß ist. Der englische General hier war völlig entschlossen, Hebron auf diese Sache hin einfach in Grund und Boden schießen zu lassen, aber auch so ist die Stadt erledigt, da kein Jude mehr hingehen wird und sie furchtbar werden zahlen müssen. Jetzt kommen sie schon mit Angeboten an die Juden!!

In Talpioth sind von 84 Häusern 17 geplündert, nämlich die im äußersten Winkel gelegenen, darunter vier völlig, die übrigen sind unversehrt. Wygattner ist nichts passiert, aber *Agnons* Haus ist fast völlig geplündert. Jetzt werden die Dörfer, die beteiligt waren, mit Militär umstellt und durchsucht. Daß Talpioth überhaupt geräumt wurde, ist eine schwere Schuld der Engländer, welche die jüdische Selbstwehr gezwungen haben, wegzugehn – es wäre durchaus mit ein paar Gewehren zu halten gewesen. Übrigens sind die meisten Leute schon wieder zurück.

Die nächsten Jahre sind wir nach dieser Kraftprobe ja wohl sicher, da sowohl britisches Militär von jetzt ab hier bleiben wird als auch die arabischen Organisatoren der Revolten gemerkt haben, daß die Juden im Ernstfall stärker sind als sie erwartet hatten. Beim Überfall auf Mea Schearim, also zwei Minuten von uns, standen die arabischen Polizisten dabei, ohne sich zu rühren, und man hat den wilden Angriff dennoch mit drei oder vier Leuten zurückgeschlagen, so daß es nicht noch einmal versucht worden ist.

Die Universität ist ebenfalls heil davongekommen, obwohl dort oben sehr ungemütliche Ansammlungen waren. Die Araber glaubten aber, daß wir oben nicht nur große Waffen- und Munitionsvorräte hatten, sondern hatten offensichtlich vor der unheimlichen Möglichkeit des chemischen Instituts Angst, so daß kein Schuß gegen die Gebäude gefallen ist. In Wirklichkeit hatten wir für die beiden größten Gebäudekomplexe (jetzt ist doch auch die Bibliothek schon oben fertig) sage und schreibe drei (legale) Gewehre. Aber wir haben eben sehr geschickt geblufft.

Die eigentliche Erbitterung herrscht hier aber nicht gegen die Araber, die offensichtlich aufgehetzt und mit wilden Lügen fanatisiert worden sind, sondern gegen die Engländer, deren Bureaukratie hier kein sauberes Spiel spielt. Genauso ist es sonderbarer Weise auch im arabischen Lager. Große Erbitterung hat es erregt, daß die Regierung zuerst alle englischen Bürger und alle Regierungsbeamten bewaffnete, dann aber nach einigen Tagen die jüdischen Engländer entwaffnete, darunter höhere englische Offiziere. Du kannst Dir denken, wie das gewirkt hat.

Wir sind glücklich, daß viele Leute, die die Nerven völlig verloren hätten, verreist waren, so ist es z. B. sicher ein Glück, daß Lene Cohn weg war.

Was werden wird, kann man noch nicht sagen. Sicher ist, daß schon bei doppelt starker jüdischer Siedlung die Araber diese Sache nicht mehr gewagt hätten. Da gerade jetzt durch die neue Agency-Gründung die jüdische Sache hier einen großen Aufschwung und Machtzuwachs nehmen sollte, sind die Ereignisse zum Teil wohl absichtlich darauf berechnet gewesen, diese neue jüdische Position zu stürzen. Ob das bei der jüdischen Psychologie ein richtige Rechnung war, scheint mir doch fraglich. Natürlich wird es uns eine Zeitlang schaden, und ernstlich schaden, daß die Sicherheit gestört worden ist, aber gerade in den folgenden Jahren wird es in diesem Punkt ja besser werden als je vorher [...]

2. Holocaust und Wiedergeburt

Karl Wolfskehl
Herr! Ich will zurück

Herr! Ich will zurück zu Deinem Wort.
Herr! Ich will ausschütten meinen Wein.
Herr! Ich will zu Dir · ich will fort.
Herr! Ich weiß nicht aus und nicht ein!
Ich bin allein.

Allein in leerer · atemleerer Luft ·
Allein im Herzen · vor mir selber scheu.
Alle meine bunten Bälle sind verpufft.
All meine Weisheit ward Dunst und Spreu.
Ich bin arm · Gott! Neu

Neig Dich her wie den Vätern ·
Oder triff mich mit Deinem Strahl:
Auch den ärgsten Tätern
Warst Du nah einmal.

Zeig Dich · Gewölk oder Feuer ·
Hol uns zur Wüstenfahrt –
Herr · sind wir Dir nicht teuer:
Warum hast Du uns aufgespart?

Ist der falsche Tag nun verstrichen?
Brach die Nacht hinter uns entzwei?
Alle Sterne sind blind · sind verblichen:
Ruf uns · wir rufen Dich herbei –
Noch vorm Hahnenschrei
Kommen Deine Boten geschlichen ·
Ohne Laut geschlichen –

Juliane Wetzel

Auswanderung und jüdisches Selbstverständnis

Liegt das Heil in Palästina? Zionistische Propaganda gegen das Beharrungsvermögen der Assimilierten

In der Frage der Auswanderung schieden sich die Geister innerhalb der jüdischen Gemeinschaft. Trotz Verfolgung und antisemitischer Ausschreitungen plädierten etwa die Mitglieder des Reichsbunds jüdischer Frontsoldaten für den Verbleib in Deutschland, während andere ihre Aufgabe darin sahen, eine möglichst rasche Auswanderung ihrer Glaubensgenossen zu erreichen. Letztere, die zionistischen Organisationen, wurden von den Nationalsozialisten unterstützt, weil der Wille zur Auswanderung ihren – damaligen – eigenen Zielen sehr entgegenkam.

Die Zionisten nutzten das Entgegenkommen der NS-Regierung und waren bereit, die Emigration der Juden aus Deutschland zu fördern in der Hoffnung, damit die jüdischen Siedlungen in Palästina durch den deutschen Zustrom zu stärken. Das Organ der Zionistischen Vereinigung für Deutschland, die ‚Jüdische Rundschau', betrieb Werbung für diese Idee:

„Die Auswanderung der Juden aus Deutschland, die im Jahre 1933 eingesetzt hatte, steht unter dem besonderen Zeichen, daß Palästina das wichtigste Land für die Seßhaftmachung der Emigranten geworden ist. Durch eine Verknüpfung historischer Umstände und durch die jahrzehntelange Vorarbeit des Zionismus ist Palästina zu einem Land geworden, das erhebliche Menschenmengen aufnehmen und ihnen Heimat und Arbeitsstätte sein kann. Es hat sich gezeigt, welche Bedeutung der Einsatz nationalen Kapitals in Palästina besitzt und wie sehr dadurch die Entwicklung der Wirtschaft des Landes und seine Aufnahmefähigkeit für neue Einwanderer gesteigert werden kann."

Eine wichtige Komponente war also in den Augen der Zionisten die Stärkung Palästinas durch deutsch-jüdisches Kapital. Im Laufe der Jahre sollte sich allerdings zeigen, daß durch die NS-Restriktionen Geld von Emigranten nur noch in begrenztem Maße zur Verfügung stand. Deshalb bemühte sich die zionistische Organisation in erster Linie um die Menschen, die durch ihre Ausbildung für den Aufbau der neuen Heimat in Palästina geeignet erschienen.

Die berufliche Struktur des deutschen Judentums allerdings versprach in diesem Sinne keine großen Erfolge. Es blieb nur die Möglichkeit einer Umschulung auf landwirtschaftliche und handwerkliche Berufe. Und so traten denn die zionistischen Kreise keineswegs für eine überstürzte Massenauswanderung ein. Die Forderung, jene „Umschichtung" in Deutschland zu vollziehen und erst danach das Land zu verlassen, macht deutlich, daß auch die Zionisten die bevorstehenden Gefahren nicht erkannten.

Der Zionismus half seinen Anhängern bei der sozialen und kulturellen Ablösung von ihrer bisherigen Heimat und gab ihnen eine neue Identität: die Hoffnung auf eine neue, eine jüdische Heimat in Palästina. Nicht wenige im deutschen Sinne national denkende Juden gaben ihre Überzeugung auf und schlossen sich den zionistischen Gruppen an. Der 1919 in Kippenheim/Baden geborene und heute in Israel lebende Erich Valfer beschreibt seine innere Verwandlung als Weg „von einem Deutschen jüdischen Glaubens zu einem überzeugten Zionisten".

Dieser „Übertritt" war allerdings bei den meisten primär von der Hoffnung auf eine Erleichterung bei der Auswanderung getragen. Nach 1933 bedeutete zionistisches Bewußtsein nicht unbedingt eine politische Überzeugung. Es gab jedoch auch Menschen, die geradezu zum Zionismus konvertierten. Wie eine solche Verwandlung vor sich ging, schildert der ehemalige Gemeindevorsteher von Deutsch-Krone in Westpreußen, der 1934 nach Palästina ausgewanderte Edwin Landau, nach dem „Judenboykott" am 1. April 1933:

„Das war mein Abschied vom Deutschtum, meine innere Trennung vom gewesenen Vaterland – ein Begräbnis. Ich begrub 43 Jahre meines Lebens. Und wäre es nur der eine und einzige Tag solchen Erlebens gewesen, jetzt konnte ich kein Deutscher mehr sein. Und was war ich nun? Zwar war ich ein religiöser Jude, aber doch schon sehr assimiliert... Ich ahnte, daß nun der Centralverein deutscher Staatsbürger jüdischen Glaubens erledigt war, weil wir eine Rasse bilden und keine Glaubensgemeinschaft... Ich sah wie viele ‚Centralvereinler' zur neuen zionistischen Ortsgruppe übergingen... So wurde ich nach Jahren Zionist... Für mich selbst aber wurde es ein innerer Aufstieg. Ich wurde ruhiger und fand den Kontakt mit dem neuen Leben wieder."

Obgleich für die Zionisten eigentlich nur ein Auswanderungsziel in Frage kam, sahen sie doch die Notwendigkeit, alternative Möglichkeiten zu schaffen. Den nicht-zionistischen Kreisen, die in erster Linie um solche anderen Auswanderungsländer bemüht waren, gestand die zionistische Organisation allerdings nicht zu, dafür jüdische Gelder zu verwenden: „...Das Land und die Aufgabe sind da. Dies müssen wir gerade dann feststellen, wenn wir hören, daß in diesen Tagen Projekte realisiert werden, die in gewissen jüdischen Kreisen Deutschlands schon längere Zeit erörtert wurden und das Ziel haben, junge Menschen für eine landwirtschaftliche Siedlung außerhalb Palästinas auszubilden. Gewiß kann eine solche Ausbildung nützlich sein, aber wir fragen: Was soll ein solches Kollektiv-Unternehmen, das mit den Mitteln der Gesamtheit durchgeführt wird, wenn ihm das konkrete Ziel fehlt?

Dieser Streit um die Errichtung des Auswandererlehrgutes Groß-Breesen, des einzigen nichtzionistischen Schulungszentrums für Landwirtschaft und Gärtnerei, wurde in erster Linie in den beiden Organen der Kontrahenten, der ‚Jüdischen Rundschau' und der ‚C.-V.-Zeitung', ausgetragen. Die ‚C.-V.-Zeitung' nimmt in ihrer Ausgabe vom 23. Januar 1936 Stellung zu der Kritik der Zionisten:

„Am 16. Januar fand in den Räumen der Reichsvertretung der Juden in Deutschland die Gründungsversammlung der jüdischen Auswanderungsschule statt. Die ‚Jüdische Auswanderungsschule' setzt sich die Vorbereitung junger jüdischer Menschen für die Auswanderung nach Übersee zur Aufgabe... (Ein) Plan, der schon bei seiner Entstehung den Widerstand gewisser jüdischer Kreise erregte... Es hat auch in zionistischen Kreisen außerordentlich befremdet, daß die ‚Jüdische Rundschau' die Indiskretionen ihres ersten Angriffes gegen die jüdische Auswanderungsschule nicht etwa bedauert und zurückgenommen, sondern fortgesetzt hat... Die Angriffe sind nur berechtigt, wenn man das Judentum als einen Annex des Zionismus und nicht etwa den Zionismus als einen engeren Sonderfall jüdischer Gesinnung ansieht... Die Polemik der ‚Jüdischen Rundschau' ist aber auch geeignet, in den Kreisen der nichtzionistischen Palästinafreunde lebhafte Zweifel an der Aufrichtigkeit der Argumente zu wecken, mit denen sie für Palästina geworben werden. Schon lange vor 1933 gab es einen beträchtlichen Menschenkreis, der innerjüdisch nichtzionistisch orientiert, den Palästinaaufbau als ein gesamtjüdisches Werk freudig unterstützte."

Die Unterstützung des Palästinaaufbaus gerade auch von nichtzionistischer Seite verdeutlicht ein Aufruf des Stuttgarter Ministerialrats Dr. Otto Hirsch von September 1933 (Hirsch wurde kurze Zeit später Geschäftsführer der Reichsvertretung): „Es gilt, Palästinas heiligen Boden durch deutsche Juden und für deutsche Juden zu erschließen... Das Entscheidende kann nur durch uns selbst geschehen!"

So verhinderten also die sehr unterschiedlichen Vorstellungen innerhalb der jüdischen Bevölkerung ein gemeinsames Handeln gegenüber dem NS-Staat. Die assimilierten Kreise, wie der Verband nationaldeutscher Juden, der Reichsbund jüdischer Frontsoldaten und der Central-Verein, erkannten die Gefahren ihrer Aufforderung, in Deutschland zu bleiben und von innen heraus der NS-Politik zu widerstehen, viel zu spät. Der „geistige Widerstand", wie ihn der von Martin Buber beeinflußte Zionist und Pädagoge Ernst Simon nannte, mündete in der berühmten Aufforderung des Redakteurs der ‚Jüdischen Rundschau', Dr. Robert Weltsch: „Tragt ihn mit Stolz, den gelben Fleck." Nach Ende des Krieges machte sich der 1938 nach Palästina ausgewanderte Weltsch, wie viele andere, den Vorwurf, die Gefahren nicht rechtzeitig erkannt und die Auswanderung nicht mit Nachdruck propagiert zu haben.

Statt einer organisierten Auswanderung stand etwa bei den Mitgliedern des Centralvereins der Geist des „Ja-Sagens" zum Judentum im Mittelpunkt ihrer Arbeit. Die Assimilanten beriefen sich auf ihr „Heimatrecht". Der Gedanke an eine Auswanderung wurde in der ersten Phase der NS-Judenpolitik noch von vielen Gruppen eindeutig negiert. Charakteristisch hierfür ist die Ansicht des Reichsbundes jüdischer Frontsoldaten:

„Der RJF sieht die Grundlage seiner Arbeit in einem restlosen Bekenntnis zur deutschen Heimat. Er hat kein Ziel und kein Streben außerhalb dieser deutschen Heimat und wendet sich aufs schärfste gegen jede Bestrebung, die uns deutsche Juden zu dieser deutschen Heimat in eine Fremdstellung bringen will."

Ein Schreiben von Dr. Leo Löwenstein, Gründer und weltanschaulicher Leiter des Reichsbundes, an Hitler zeigt, daß die Vorschläge des Bundes immer wieder die Bitte miteinschlossen, die alteingesessenen jüdischen deutschen Familien besonders zu berücksichtigen. Dabei wird deutlich, daß man in der Illusion lebte, nur den „zugewanderten" Juden würde eine schlechte Behandlung widerfahren. Viele glaubten, die NS-Verfolgung sei nur auf die seit dem Beginn des 20. Jahrhunderts eingewanderten Ostjuden zurückzuführen.

Die „Nürnberger Gesetze" machten dann den Juden den bitteren Ernst der Lage klar: Ein jüdisches Leben in Deutschland hatte keine Zukunft mehr. Bis dahin war für die assimilierten Kreise die Auswanderung „eine" Lösung, für die Zionisten „die" Lösung. Nun blieb nur noch „die" Lösung.

Die Reichsvertretung konzipierte denn auch ihr Programm neu. An erster Stelle stand immer noch die jüdische Erziehung. Zur zweiten Aufgabe wurde die Förderung der Emigration erklärt:

„Dem gesteigerten Auswanderungsbedürfnis ist mit einer großzügigen Planung zu entsprechen, die vor allem Palästina, aber auch alle anderen in Frage kommenden Länder einbezieht und besonders der Jugend gilt. Hierzu gehört die Sorge für die Vermehrung der Auswanderungsmöglichkeiten, Ausbildung in für die Auswanderung geeigneten Berufen, insbesondere Landwirtschaft und Handwerk, die Schaffung von Möglichkeiten zur Mobilisierung und Liquidierung des Vermögens wirtschaftlich Selbständiger, die Erweiterung bestehender und die Schaffung neuer Transfermöglichkeiten."

Auch der Centralverein sah die Situation jetzt mit anderen Augen: „Unsere Beziehungen zu der deutschen Umwelt haben sich geändert... Die neuen Realitäten haben unsere Gedanken, Gefühle und unser Verhalten verändert."

Nachdem sich nun die Überzeugung allgemein durchgesetzt hatte, daß nur die Auswanderung eine wirkliche Lösung bringen konnte, galt es laut Robert Weltsch für die Juden in Deutschland,

„in einer präzedenzlosen Lage und gesetzlichen Unsicherheit eine Möglichkeit zu suchen, innerhalb des engen Raumes, in den sie verbannt waren, ein Maximum an nützlichen Einrichtungen zu schaffen, um den besonders hart betroffenen Menschen zu helfen und einen – möglichst geordneten – Übergang zu einer anderen Existenz, für die immer deutlicher nur die Auswanderung eine Möglichkeit eröffnete, vorzubereiten. Das war das einzige, was in Deutschland damals noch getan werden konnte."

Horst Möller
Exodus der Kultur

Die generelle Einschätzung, unter der emigrierenden kulturellen Elite sei im Vergleich zum Bevölkerungsanteil ein überproportionaler Anteil an Menschen jüdischer Herkunft gewesen, trifft in der Tat zu. Diese Feststellung gilt insbesondere für den Bereich der Sozialforschung. Es war kein Zufall, daß Theodor Wiesengrund Adorno bei seinem erst in New York erfolgenden Eintritt in das Frankfurter Institut für Sozialforschung gebeten wurde, den jüdisch klingenden Teil seines Namens (Wiesengrund) wegzulassen, weil das Institut bereits zu viele jüdische Namen aufweise. Adorno entsprach diesem Wunsch einer keineswegs anitsemitischen, sondern selbst im weiteren Sinne der Herkunft jüdischen Institutsleitung.

Ein weiteres Charakteristikum kam hinzu: Die Mitglieder des Instituts für Sozialforschung waren – obgleich sie sich parteipolitischer Aktivitäten in der Regel enthielten – nahezu ausnahmslos Marxisten. Die Mehrzahl war zwar unorthodox, doch gab es auch orthodoxe KPD-Mitglieder unter ihnen. Jüdische Herkunft und politische Überzeugung sind also zu gewichten. Für viele Mitarbeiter des Instituts spielte der religiöse Gehalt des Judentums kaum eine Rolle, nicht selten dürften sie – wie die Marxisten katholischer oder protestantischer Herkunft auch – Atheisten gewesen sein. Max Horkheimers Religiosität wurde erst in seinen späteren Jahren offenkundig. Er war in einem bewußt jüdischen Elternhaus aufgewachsen, doch bedeutete ihm das Judentum in seinen frühen und mittleren Jahren nicht so viel, daß er aus der Abneigung seiner Eltern gegen die Heirat einer nichtjüdischen Frau Konsequenzen gezogen hätte. Für andere Mitglieder dieser Gruppe von Sozialphilosophen gilt, daß sie entweder nur einen jüdischen Elternteil hatten, beispielsweise Adorno, oder aber bereits ihre Vorfahren assimiliert waren.

Allein schon diese wenigen Tatbestände schränken die Möglichkeit ein, im Hinblick auf die deutschsprachige kulturelle Elite in einem konkretisierbaren Sinn von jüdischer Kultur zu reden. Das gilt in verstärktem Maße, wenn die prägenden Erfahrungen ihrer Sozialisation berücksichtigt werden: Die Mehrzahl der hier exemplarisch genannten Mitarbeiter des Instituts für Sozialforschung war durch die Philosophie des deutschen Idealismus geprägt worden, vor allem von Hegel. Zu den das Denken Horkheimers beeinflussenden Philosophen zählten neben Hegel vor allem Kant – dessen Interpretation Horkheimers Dissertation und Habilitationsschrift galt –, Schopenhauer und Marx, also nur ein Philosoph jüdischer Herkunft, der aber permanent gegen diese polemisierte. [...]

Zwar befruchteten diese Traditionen ihr Denken ebenfalls, aber eben nur als *ein* Konstituens ihrer kulturellen Identität.

Eine Sondergruppe bildeten diejenigen zur kulturellen Elite zählenden jüdischen Emigranten, die bewußt an ihrer Konfession schon vor 1933 festgehalten hatten bzw. Zionisten waren, beispielsweise Martin Buber und Gershom Scholem. Scholem hat in zwei Erinnerungsbüchern – *Von Berlin nach Jerusalem* und *Walter Benjamin – die Geschichte einer Freundschaft* – über den persönlichen Weg zum Zionismus in deutscher Umwelt schon vor der NS-Diktatur berichtet: Dieser Personenkreis machte einen Teil der Kulturemigration aus, nicht aber ihre Gesamtheit. Die kulturelle Emigration war also trotz ihres hohen Anteils an Menschen jüdischer oder teilweise jüdischer Herkunft nicht einfach jüdische Emigration im Sinne einer kulturellen oder nationalen Identität, und sie konnte dies auf Grund ihrer Entstehungsbedingungen auch nicht sein. In einem biologistischen Sinne – der im übrigen den nationalsozialistischen Nürnberger Gesetzen entsprechen würde – kann in diesem Zusammenhang ohnehin nicht von „jüdischer" Kultur gesprochen werden.

Trotzdem bedarf der hohe Anteil der Emigranten jüdischer Herkunft einer Erklärung. Sie ist vor allem in zwei Richtungen zu suchen: zum einen in der Bedrohung durch die NS-Diktatur, zum anderen in einer spezifischen Form wissenschaftlichen Interesses bei den Genannten. Die Antwort auf die erste Frage ist leicht zu geben, enthält sie doch bloße Faktenfeststellungen. Auf Grund des terroristischen Antisemitismus der NS-Diktatur waren alle Juden mehr oder weniger früh bedroht, insbesondere diejenigen, die als Exponenten der verhaßten Weimarer Republik galten, selbst wenn sie dieser auf Grund ihrer marxistischen oder auch deutschnationalen Überzeugung, wie dargelegt worden ist, keineswegs freundlich gegenüberstanden. Diese Feindschaft der neuen Machthaber traf selbst die ehemaligen jüdischen Frontkämpfer aus dem Ersten Weltkrieg, die meist national, häufig auch nationalistisch gesonnen waren.

Der zweite Grund des hohen jüdischen Anteils der Kulturemigration ist schwieriger zu bestimmen: Seine Feststellung bleibt notwendig spekulativ, sofern sie in sachlicher Bewertung wissenschaftlicher und künstlerischer Arbeit mündet. Auszugehen ist von einer doppelten Voraussetzung: Die über Jahrhunderte währenden Einschränkungen der Berufsmöglichkeiten für Juden hatten Schwerpunktbildungen zur Folge, unter anderem einen hohen Anteil der Juden in intellektuellen und künstlerischen Berufen. Die bis 1918 im Deutschen Reich ungleichen Berufschancen, die außer Juden und Sozialdemokraten partiell auch Katholiken trafen, verstärkten für nicht-assimilierte Juden den Trend zu akademischen Berufen außerhalb des Staatsdienstes. Dabei ist zu bedenken, daß viele der Intellektuellen jüdischer Herkunft aus städtischen wohlhabenden Fabrikanten- und Kaufmannsfamilien stammten. Aus dieser Familientradition auszubrechen, die in der gesellschaftlichen Umwelt oft als spezifisch jüdisch galt, war zwar nicht unbedingt ein gesellschaftlicher Aufstieg, ermöglichte aber durch die Akademisierung einen Ausbruch aus der von vornherein als jüdische

Diaspora identifizierten Welt. Diese Familien- und Lebenserfahrung, ein latenter und zuweilen offener (allerdings keineswegs auf Deutschland beschränkter) Antisemitismus, schärfte für diejenigen, deren Assimilation nicht bereits Generationen zurücklag, die Reflexion über die Identifizierung der eigenen gesellschaftlichen Existenz und damit das Interesse an gesellschaftlichen Problemen überhaupt. Anders gewendet: Die gesellschaftliche Sensibilität erhöhte sich bei denen, die die persönlich prägende Erfahrung gemacht hatten, daß sie selbst oder ihre Vorfahren einer gesellschaftlichen Minderheit angehörten – zumal dann, wenn sie Diskriminierungen gewärtigen mußten.

Diese Interpretation wird durch die Autobiographien zahlreicher Angehöriger der kulturellen Elite jüdischer Herkunft gestützt. Eine Erklärung dieser Art hat erhebliche Plausibilität, kann aber naturgemäß keine sozialwissenschaftliche Repräsentavität beanspruchen, sind solche Aussagen doch aus dem Selbstverständnis derjenigen gewonnen, die ihren eigenen Bildungsgang unter dem Eindruck fundamentaler Entwurzelung durch die nationalsozialistische Bedrohung interpretierten. Und hier liegt dann auch eine mögliche Antwort auf die Frage nach der Identität deutschsprachiger Kulturemigration: Sie hatte gewiß Identitätsmuster, aber diese Identitätsmuster sind mit einer Ausnahme – der Gegnerschaft zur NS-Dikatur – kaum dominierend, sondern konkurrierend. Diese konkurrierenden Identitäten konnten religiöser oder politischer Art sein, konnten einem kosmopolitischen Humanitätsideal als Antwort auf nationalistische Hybris entspringen und sich selber als nationale Antwort verstehen, beispielsweise bei den Zionisten. Nicht selten hatten sie das Ziel, die kulturellen und humanitären Werte des „anderen" Deutschland gegen die Barbarei des Nationalsozialismus zu repräsentieren. Gemeinsam aber blieb den meisten Wissenschaftlern, Künstlern und Literaten auch in der Emigration die Verwurzelung in deutscher Sprache und Kultur. Zwar gab und gibt es bis heute diejenigen – vor allem zionistische Emigranten –, die sich strikt weigern, die deutsche Sprache zu benutzen, weil sie in ihr die Sprache Hitlers sehen – obwohl dieser sie wahrlich nicht gut beherrschte. Aber die große Mehrzahl der Emigranten jüdischer Herkunft lehnen und lehnten es doch ab, sich durch die Nationalsozialisten die Sprache Goethes und Heines nehmen zu lassen. Und in diesem Sinne weigerte sich Max Horkheimer strikt, die *Zeitschrift für Sozialforschung* in englischer Sprache erscheinen zu lassen. Englischsprachige Beiträge blieben bis 1940 die Ausnahme. Doch konnten auch Autoren, die in vielerlei Hinsicht die deutsche Tradition, der sie entstammten, kritischer beurteilten, ihr nicht entrinnen: Bezeichnend ist die Bemerkung Theodor W. Adornos, er kehre nicht nach Deutschland zurück, weil er Deutschland liebe, sondern weil sein Philosophieren auf die deutsche Sprache angewiesen sei und er folglich nur hier auf Rezeption, Resonanz und Dialog rechnen konnte. Naturgemäß gilt eine solche Feststellung in erhöhtem Maße für diejenigen Sektoren der Kulturemigration, deren Produktivität sprachliche Produktivität war, also Philosophie und Literatur. Allerdings existierten Ausnahmen einer neugewonnenen Zweisprachigkeit – in der Wissenschaft eher als in der Literatur.

Hans-Günter Richardi
Juden in Dachau 1933

Während Oberstaatsanwalt Wintersberger noch im Fall Handschuch ermittelt [...] ereignet sich im KL Dachau ein neues Verbrechen. Eines der Opfer ist der jüdische Häftling Dr. Delvin Katz aus Nürnberg, der sich als praktischer Arzt freiwillig zum Dienst im Revier gemeldet hat, um sich dort der kranken und der mißhandelten Mitgefangenen anzunehmen. [...]

Je länger Katz in Dachau ist, desto mehr spürt er, wie aussichtslos seine Lage ist. Bekannten gegenüber äußert er seine Überzeugung, daß er das Lager nicht mehr lebend verlassen werde, weil die SS keinen Mann gehen lasse, der soviel gesehen habe wie er. [...]

Er wird vom Sanitätsdienst ausgeschlossen und der 7. Kompanie zugeteilt, die als Strafkompanie dient. Für Katz bedeutet die Strafversetzung, daß er nicht nur sein Nachtlager im Revier verliert und zu den Kameraden in die Baracke umziehen muß, sondern daß er künftig auch schwere körperliche Arbeit zu leisten hat, die er als Intellektueller nicht gewohnt ist. Er teilt damit das Los aller Kameraden in der 7. Kompanie, der von der SS die beiden härtesten Kommandos aufgebürdet werden: Straßenbau und Kiesgrube.

Die Kompanie ist vor allem den Juden und den „Bonzen“, wie die SS die Parteifunktionäre und die Abgeordneten zu bezeichnen pflegt, vorbehalten, weshalb sie zumeist auch nur „Judenkompanie“ genannt wird. Ihre erste Korporalschaft bilden Kommunisten und Sozialdemokraten, die zweite besteht nur aus Juden, die dritte setzt sich aus Juden und aus Sozialdemokraten zusammen, und die vierte und die fünfte Korporalschaft rekrutieren sich aus Sozialdemokraten und aus Nationalsozialisten, die in Ungnade gefallen sind.

Die Männer in der „Judenbaracke“ sind die Geächteten des Lagers. Wer dort landet, erlebt die Hölle auf Erden. Denn die SS zwingt die Gefangenen nicht nur zu den schwersten und unangenehmsten Arbeiten, sondern macht sie auch immer wieder zum Opfer neuer Schikanen. [...]

„Die schmutzigste Arbeit im Lager, das Reinigen der Kloaken usw., hatten ‚Juden und Bonzen‘ zu verrichten. (...) Die Juden mußten auch an ihren hohen Feiertagen arbeiten, – noch härter als an den anderen. Sie erhielten immer die schlechtesten Kleider und Ausrüstungsstücke und das wenigste Stroh für die Lagerstätte.“

In der zweiten Korporalschaft, die zumeist überfüllt ist, mangelt es den Gefangenen sogar an Schlafplätzen. „Die

Überzähligen, manchmal bis zu acht Mann", berichtet der Häftling aus der Judenkompanie, „mußten dann auf dem harten Zementfußboden schlafen." Selbst in der Nacht läßt die SS ihre Opfer keine Ruhe finden, was den Mitgefangenen nicht entgeht. „Dicht neben unsrer Baracke", erinnert sich Rubner, „lag die Judenbaracke. Oft drang nachts Schreien und Gepolter zu uns herüber. Dann lagen wir wach und wußten: Jetzt ist die SS von einem Zechgelage zurückgekommen und treibt die jüdischen Gefangenen aus den Betten, schlägt sie, ohne Anlaß, aus reiner Lust am Quälen.

Wir sahen die betrunkenen Schinder natürlich nie, aber wir hörten den Lärm. Die Bewohner der Judenbaracke, die wir am andern Tag nach der Ursache fragten, erzählten so übereinstimmend von den nächtlichen Überfällen, daß ein Zweifel an der Wahrheit ihrer Worte nicht möglich ist."

Die SS bemüht sich auch erst gar nicht, das harte Los, das sie den Juden bereitet, vor den anderen Häftlingen zu verheimlichen. Offensichtlich ist es sogar ihre Absicht, mit den Mißhandlungen eine abschreckende Wirkung auf die Mitgefangenen zu erzielen. Tatsächlich erwecken die Quälereien jedoch das Mitleid der Kameraden, vor deren Augen sich immer wieder erschütternde Szenen abspielen. „Eines Abends im Mai", berichtet Rubner, „standen wir am Fenster unsrer Baracke, das nach dem Weiher in der alten Kiesgrube zeigte. Mit uns war auch die Strafkompagnie (sic!) nach schwerer Tagesarbeit eingerückt. Plötzlich sahen wir, wie etwa zwanzig Juden in den Weiher getrieben wurden, der um diese Jahreszeit sehr kaltes Wasser hatte. Sie standen im tiefen Wasser und mußten dort spanische Reiter aufstellen, um ihn gegen Fluchtversuche zu sichern. Die Juden mußten den Stacheldraht mit bloßer Hand anfassen, viele bluteten, viele drohten vor Ermattung umzusinken. Das kalte Wasser reichte allen bis an die Schulter. Junge SS-Leute standen auf der Brücke, am Ufer, beschimpften und höhnten die Arbeitenden, trieben sie an, stießen mit Kolben nach ihnen."

Das ist das Leben, das Katz erwartet, als er von Eicke aus

der Geborgenheit des Reviers gerissen und in die Reihen der Geächteten gestoßen wird. [...]

Im letzten Glied der Kolonne marschiert Katz zur Kiesgrube. Dort beordern ihn die SS-Posten, die sich auf den Rand der Grube verteilen, an eine abseits gelegene Stelle und lassen ihn schaufeln – fortwährend, ohne Pause. Dabei wird er von Fritz Ecker beobachtet, der stundenlang mit ansehen muß, wie die SS den Arzt drangsaliert: „Er mußte mit Spitzhacke und Schaufel ganz nahe dem Weiher arbeiten und bekam für sich allein einen SS-Mann als Aufseher. Der trieb Katz fortwährend zu noch eiligerer Arbeitsleistung an. Der (...) Mann konnte vor Ermattung kaum noch die Schaufel heben, wurde jedoch ununterbrochen mit Scheltworten und Hohn angefeuert." [...]

Je länger der Arzt in der Kiesgrube leiden muß, desto mehr sinkt die Hoffnung der Kameraden, daß Katz die Strapazen durchsteht. Die Mitgefangenen befürchten, daß er das nächste Opfer aus der 7. Kompanie sein wird, nachdem erst im August der Nürnberger Jude Siegfried Schmitz aus ihrer Mitte gerissen worden ist. Der Kaufmann, der im Jahre 1897 in Kaisereck zur Welt gekommen war, starb an den Folgen schwerer Mißhandlungen. Die SS hatte kein Erbarmen mit ihm, obwohl er schon mit lebensgefährlichen Verletzungen im Lager eintraf, nachdem er in Nürnberg von SA-Leuten geschlagen und mit Füßen getreten worden war. [...]

Auch für Katz gibt es kein Entrinnen mehr. Während die SS ihn noch in der Kiesgrube quält, tritt ein Ereignis ein, das dem Arzt zum Verhängnis wird. Den Zündstoff dafür liefern Photographien, die im Lager gemacht worden sind. [...]

Wie die tragische Entwicklung für die Judenkompanie ihren Lauf nimmt, schildert der hier anonyme Augenzeuge: „Der siebzehnte Oktober 1933, ein Dienstag, war ein rauher(,) kalter Tag. 16 Juden von der zweiten Korporalschaft der siebenten Kompagnie (sic!) hatten Stubendienst und arbeiteten in ihrer Baracke. Etwa 25 bis 28 Juden waren im Kommando Kiesgrube(,) und alle anderen der Judenkompagnie, soweit sie nicht im Kranken-Revier lagen, waren bei Wasserbauten beschäftigt.

Plötzlich erscheint der SS-Kompagnieführer mit dem Befehl: ‚Juden raus!'

Wir sechzehn mußten in zwei Gliedern auf dem Platz hinter dem Eingang zum Gefangenenlager antreten. Neben diesem Platz ist ein Rondell in den Wald geschlagen worden. Nur einige Tannen ließ man in der Mitte stehen(,) und um diese herum hatten Gefangene Sitzbänke gebaut und Verzierungen angelegt.

In diesem Rondell stand Eicke (...) mit großem Stab. Adjutant, zweiter Kommandant, der Lagerarzt und viele SS-Leute waren zugegen."

Für die Häftlinge gehört nicht viel Phantasie dazu, um zu erkennen, daß der Appell für sie nichts Gutes bedeutet. „Sind jetzt alle Hebräer aus der Baracke versammelt?" schreit Eicke ungeduldig. „Jawohl!" wird ihm gemeldet. Im nächsten Augenblick ertönt der schneidende Befehl: „Stiebel raus!" Doch statt des Buchhalters Martin Stiebel tritt der Häftling Stiefel vor, der sofort in den Arrest abgeführt wird. Bevor die Kameraden noch darüber nachdenken können, warum Stiefel in den Bunker gebracht wird, läßt der Kommandant wieder seine Stimme hören: „Ihr unverschämtes Judenpack habt hier in diesem Rondell eine Blechdose vergraben. In diese Blechdose steckt ihr jeweils Notizen mit Greuelnachrichten aus dem Lager, die dann nachts herausgebracht werden." Eicke behauptet, den Namen des Hauptschuldigen zu kennen. Dieser solle sich unverzüglich melden und die Dose selbst ausgraben.

Aber keiner der Häftlinge tritt vor. Der Kommandant zögert nicht lange. Wütend droht er den Juden, daß er sie, wenn sich der „Feigling" nicht sofort melde, das Rondell so lange umgraben lasse, bis die Dose gefunden sei. [...]

„Die Juden hackten, pickelten, gruben, wühlten mit den Händen im Boden. Die Ruhebänke, von den Gefangenen an diesem einzigen Schattenplatz mit viel Geschick und Geduld angebracht, fielen den Pickelnden zum Opfer. Der Kommandant gab selbst die Plätze an, an denen gegraben werden mußte."

Aber die Suche führt zu keinem Ergebnis. Die Dose bleibt unauffindbar. [...]

Unterdessen wird die Judenbaracke von der SS durchsucht. „Als wir", berichtet der Augenzeuge, „um ¾7 Uhr wieder hinein durften, bot sich uns das Bild greulichster Unordnung. Alles lag über- und untereinander. Briefe und Papiere der Gefangenen und die Reisekoffer waren mitgenommen. Am Abend mußten wir die Kofferschlüssel auf der Kommandantur abliefern. [...]

Der zweite Mann, der nach Martin Stiebel noch am 17. Oktober von den Kameraden getrennt wird, ist Dr. Delvin Katz. Als die Juden nach 19.30 Uhr vom Essenfassen in ihre Baracke zurückkehren, erscheint bei ihnen der Arrestverwalter Lutz und befiehlt dem Arzt, ihm zu folgen. Nach diesem Abend sehen die Häftlinge Katz nicht wieder.

Der nächste Tag birgt für die Juden neue Schrecken. Bereits am Morgen des Mittwoch müssen sie gesondert antreten und zum Strafexerzieren unter dem Kommando des SS-Sturmführers Michael Lippert zum Exerzierplatz der SS marschieren, der außerhalb des Innenlagers liegt und der mit Hindernisgarten, Eskaladierwand, Fuchsbau und Gräben ausgestattet ist. Fritz Ecker wird Zeuge, wie die rund sechzig Mann von der SS geschunden werden: „Zuerst mußten sie – ich habe es selbst mit angesehen – mehrmals durch die am Eingang des Platzes befindlichen Pfützen kriechen, bis sie eine vollständige Schmutzkruste an der Kleidung hatten. Wer nicht ganz flach am Boden kroch, dem sprangen SS-Leute aufs Kreuz, traten ihn aufs Gesäß oder hieben mit Seitengewehren und Peitsche darauf los. Der Nürnberger Rechtsanwalt Dr. Rosenfelder wurde nach dieser ‚Kriechübung' vom Platze weg in den Bunker gebracht."

Mit Albert Rosenfelder, der beim Exerzieren zusammengebrochen ist, geht auf Befehl von Eicke der dritte Jude in den Arrest. Wie Stiebel und Katz zählt der Rechtsanwalt zu den ersten Nürnberger Häftlingen, die noch im Frühjahr 1933 nach Dachau gebracht worden sind. Vor seiner Verhaftung hat sich der etwa 40 Jahre alte Rosenfelder in vielen politischen Prozessen als Verteidiger von Republikanern und Sozialdemokraten einen Namen gemacht. Das ist auch der Grund, weshalb der Nürnberger nach der Machtergreifung der Nationalsozialisten in Bayern sofort festgenommen und mit dem zweiten Transport, der die „Stadt der Reichsparteitage" am 13. April mit politischen Häftlingen verläßt, ins KL Dachau eingeliefert wird. Dort erwarten den Juden, der den Sozialdemokraten nahesteht, von Anfang an schwere Demütigungen und Mißhandlungen.

Der kleine, schwächliche Mann wird nicht nur beim Exerzieren vor den Augen seiner Kameraden bis aufs Blut drangsaliert und verspottet, sondern auch an der Straßenwalze hart herangenommen, wo Hornung ihm begegnet: „Die Querstange schien den fast zum Gerippe gewordenen Rosenfelder in der Mitte zu teilen. Aber er stapfte mit den andern im Schritt; schwer, hölzern, mechanisch setzten sich die Beine in Bewegung. (...) So gebückt, so unendlich traurig drückten sie, Fuß vor Fuß, die Gestänge an den Leib gepreßt, die Walze vorwärts."

All diese Schikanen rauben Rosenfelder zwar die Gesundheit, doch die Kraft seines Verstandes können die Peiniger nicht brechen. Sein Mithäftling Dr. Erich Braun bezeichnet ihn als einen der intelligentesten Männer, denen er je begegnet ist. „Klar in seinen Gedanken und gewandt in der Sprache", erinnert sich der Arzt, „war er ein Redner von hohen Graden." Großen Eindruck macht seine Haltung auf die Mitgefangenen, als er, wie berichtet, gezwungen wird, auf Schlageter die Gedenkrede zu halten. Er entledigt sich dieser Aufgabe mit geistiger Überlegenheit.

Doch schwer leidet Rosenfelder unter dem Spott der SS, nachdem ihm die Bewacher einmal johlend eine Dornenkrone aufgesetzt haben. „Das Blut", berichtet Rubner, „lief ihm über Augen und Wangen. So mußte er vor uns hermarschieren und auf Befehl allerlei Lieder anstimmen, die wir mitzusingen hatten. Die Stimme versagte ihm, er konnte sich kaum aufrecht halten."

Nach all dem, was hinter Rosenfelder liegt, ist es nicht verwunderlich, daß der einstmals gesunde Mann am Ende ist, als ihn Eicke am 18. Oktober vom Exerzierplatz weg in den Bunker schleppen läßt. Auch ihn sehen die Kameraden nicht wieder.

Betty Scholem
Über die „Kristallnacht"

März/April 1939 während der Seereise ins australische Exil.

November 1938

Die November-Aktion war bis ins Kleinste organisiert wie eine Mobilmachung. Es wurde nur eine Gelegenheit abgewartet und ohne die Pariser Affaire hätte man diese Gelegenheit geschaffen. Jeder Hitlerjunge u. S.A. hatte seinen Platz, alle Zerstörungsgeräte waren vorbereitet um die „kochende Volksseele" zu markieren! Das „Volk" wußte ebenso wenig davon wie die Juden u. stand sprachlos daneben. Als die Todesnachricht aus Paris kam, fürchtete man sofort das Schlimmste. In der Nacht brach es los. Auf Lastwagen fuhren die Beauftragten bei *allen* jüd. Geschäften vor, nach Kommando wurden die Schaufenster eingeschlagen, u. in den Läden alles demolirt, Schränke u. Regale mit Brechstangen umgestürzt, alle Waren kurz und klein gehauen u. zertrampelt, in Frisiersalons die marmornen Waschtische u. die Spiegel mit Hämmern zerschlagen, die Beleuchtungen von der Decke gerissen; in Lebensmittelgeschäften sogar die Vorräte vernichtet, was nicht gestohlen wurde. Bei den Synagogen wurde der Schammes gezwungen, die Türen zu öffnen, dann gossen sie einen Ballon Benzin oder Petroleum über den Mittelläufer des unteren Raumes u. legten den Brand, worauf sofort die Holzbänke u. die Galerien der Empore Feuer fingen. Die Glasfenster wurden von außen eingeschlagen u. der Dachstuhl angesteckt, sie waren mit allen Hilfsmitteln zur Zerstörung versehen. Die Feuerwehr durfte nur die umliegenden Häuser schützen u. mußte die Synagoge ausbrennen lassen. 2 große Syn. im Westen sind baufällig u. nicht mehr reparabel. Man wird die Gemeinde wahrscheinlich zwingen, sie abzutragen. (Dr. Meyer schrieb, in Emmendingen sei die Syn. u. sämtl. Grabsteine des Friedhofs spurlos verschwunden!) Im Osten Berlins u. Alexanderplatz-Gegend drangen die Bestien auch in die Wohnungen, warfen Möbel aus den Fenstern u. schlitzten die Betten auf, daß die Federn herumflogen! Das Kaufhaus Israel wurde in einen Trümmerhaufen verwandelt, was ihnen teuer zu stehen kam, denn der Inhaber ist Engländer, wandte sich sofort an die Brit. Botschaft, die verlangte auf Kosten des Staates die Wiederherstellung binnen 4 Tagen. Eine Armee von Handwerkern arbeitete Tag u. Nacht, wir waren gleich nach der Wiedereröffnung dort u. konnten sehen, wie gehaust worden war. Den großen Kronleuchter hatten sie in den Lichthof gestürzt, die gläsernen Fahrstuhlschächte zerschlagen, die kleineren Kronleuchter hingen noch, alle Arme schief geschlagen u. unbrauchbar. Überall waren Jupiterlampen behelfsmäßig angebracht. An den Fenstern bereits das – bei jüd. Geschäften obligatorische Schild: „In Arisierung begriffen". Herr Wilfrid Israel gab den Kampf auf. Wer das Kaufhaus übernahm, weiß man nicht, jedenfalls erlebten wir, im Febr. (1939) das Schild zu sehen: „Juden unerwünscht", zu dessen Anbringung inzwischen alle Läden *gezwungen* wurden. Gegenüber von Israel, bei Grumach, ein ebenso altes Geschäft, steht: „An Juden wird nichts verkauft". Am selben Tage, nach der ominösen Nacht, erschienen schon die „Gesetze". Die Juden haben auf ihre Kosten das „Straßenbild" sofort wiederherzustellen, die Versicherungssumme verfällt dem Staat, die Geschäfte sind bis zum 1. Jan. in arische Hände zu überführen u. s. w. Offiziell wurde ihnen erlaubt, bis Weihnachten ihre Waren zu verkaufen, jedoch schon am nächsten Tage (wurde) der Verkauf durch Polizeibeamte verboten. Die Öffentlichkeit sollte glauben, die J. dürften ihre Geschäfte behalten. Der Führerschein wurde ihnen abgenommen, da sie die Sicherheit des Verkehrs gefährdeten! Der Besuch aller Theater, Kinos, Museen, Ausstellungen, Sportplätze, Badeanstalten u. s. w. wurde bei *Strafe* verboten. Die Voss- u. Wilhelmstraße, das Ehrenmal u. den Wilhelmpl. durften sie nicht betreten. Am Tage der „Solidarität" hatten sie Ausgehverbot. Sie wurden aus allen Schulen u. Hochschulen verwiesen. Vom Todestag (Ernst von Raths) an, 14 Tage lang, wurden alleine in Berlin etwa 20000 Männer von 15 J. an verhaftet, selbst von der Straße weg. Dieser Razzia entgingen nur die, die nicht zu Haus übernachteten. Bei uns schliefen auch einige Freunde. Ebenso bei Phiechen. Viele wurden nach 5–6 Wochen gegen das schriftliche Versprechen *sofortiger* Auswanderung entlassen. In diesen Tagen herrschte ein furchtbarer Frost (20–25° Celsius). Die Leute hatten ungeheure Leiden zu erdulden. Sie mußten in ungeheizten Räumen auf der Erde liegen, sie durften sich nicht waschen, viele mußten im Freien Bauarbeiten zur Erweiterung der Konzentrationsläger leisten, haufenweise kamen Todesfälle vor, es war gräßlich! Wenn die Ärmsten entlassen wurden, jagte man sie hinaus ohne Fahrgelegenheit zu den weit entfernten Bahnhöfen der nächsten Stadt. Schon in den ersten Tagen richtete die Jüd. Gemeinde einen Hilfsdienst ein. Einzelne Personen, und auch Wagen, standen an der Straße, man brachte sie zur Bahn, löste ihre Fahrkarte, in Berlin wurden sie ohne Ausnahme sofort ins Jüd. Krankenhaus gebracht. Mit total kahlgeschorenem Kopf, unkenntlich vor Schmutz u. mit erfrorenen Gliedern verpflegte man sie dort aufs Beste. Ein Bekannter war mit Werner zusammen u. schrieb, ich solle ihn im Krankenhaus besuchen. Ich war nicht imstande, also ging Edith hin u. kam entsetzt u. weinend zurück. In dem Zimmer lagen 10 Männer mit furchtbar erfrorenen Gliedmassen, dem Bekannten hatte man grade einen Zeh abgenommen! Werner also, erzählte er, habe Innendienst u. Aufsicht u. täte in dieser Eigenschaft unendlich viel Gutes an den Andern. Er ließ mir sagen, er habe sich mit dem Schicksal abgefunden u. sich eingelebt, hoffe aber, ich könnte seine Auswanderung durchsetzen. – Am 12. Nov. mußte eine rückwirkend – wie *alle* diese Gesetze! – auszuweisende Vermögenserklärung abgegeben werden u. 20% des Vermögens als „Judenabgabe" gezahlt werden. Bei mir war das einfach. Aber Leute mit Hausbesitz, Geschäften, Grundstücken, überhaupt fiktiven Werten, wurden zu Summen veranlagt, die es garnicht gab! Rentnern wurde die Rente kapitalisiert u. sie sollten zahlen, was sie garnicht hatten. – In unserm Finanzamt war ein Plakat angeschlagen mit den wüstesten Schmähungen. „Keine Strafe ist hart genug für die deutschen Juden, die das Unglück der Welt sind, die den Krieg 1914 gemacht haben u. auch den nächsten Krieg machen werden. Kein Mitleid mit ihnen!" Worauf man sich verlassen kann!! (Der letzte Satz rot gedruckt!) – Da wunder man sich, *wie* anständig noch die Finanzinspektoren uns schließlich behandelten, denen befohlen wird, uns zu chikanieren.

Die Versicherungsges. sind böse reingefallen. Sie mußten dem Staat den Schadenersatz leisten, der den Juden zukam, u. wandten sich nun an ihre ausländischen Rückvers.-Gesellsch., die einspringen sollten. Es wurde ihnen geantwortet, daß man keinen Pfennig zahlen werde. Es handele sich weder um force majeur, noch um Unfallschaden, auch keineswegs um Aufruhr (wie Herr Göbbels diese Komödie frisieren wollte!) sondern um eine vorbereitete u. mit Absicht ausgeführte Zerstörung, deren Ersatz nicht unter ihre Verpflichtung falle.

Else R. Behrend-Rosenfeld
Deportation aus München

Isartal, Sonntag, den 6. Juli 1941

Gestern nachmittag war ich zu unserem ersten Vorsitzenden, Direktor Stahl, und seiner mir sehr sympathischen Gattin zum Kaffee eingeladen. Sie wollten gern von meinen Erfahrungen vom Lohhof hören. Dann erzählte er mir, daß die Widenmayerstraße neben den Baracken in Milbertshofen, die immer stärker belegt werden, noch ein zweites jüdisches Lager plane. Man wolle den katholischen Krankenschwestern vom Vincentinerinnenorden, die draußen in Berg a. Laim, auch einem Vorort von München, ihr Kloster haben und vor drei Jahren im Klostergarten ein neues Heim für alte und kranke Schwestern erbaut hatten, von diesem Heim zwei Stockwerke fortnehmen und Juden dort unterbringen. In den nächsten Tagen soll sich entscheiden, ob dieser Plan Wirklichkeit wird. Dann müßten Wascheinrichtungen geschaffen, im Souterrain Küche und Speiseräume eingerichtet werden. Die Partei rechnet mit der Unterbringung von etwa dreihundertfünfzig jüdischen Menschen in den zwei Stockwerken. „Wir brauchen dann jemanden, der die Wirtschaftsführung und die Betreuung der Frauen übernimmt", schloß Direktor Stahl seine kurze Schilderung, „und ich möchte, daß Sie das machen." [...]

Berg a. Laim, Sonntag, den 16. November 1941

Nun sitze ich schon eine ganze Weile an meinem Schreibtisch vor meinem Tagebuch, tief erschüttert von den Erlebnissen der letzten zehn Tage, und ringe darum, sie in Worte zu fassen. Aber manchmal ist die Sprache zu arm. So will ich, so gut es eben gehen will, Dir schildern, was mich und uns alle so aufgewühlt hat. Am 5. November kam ein Heiminsasse zu mir in meine allabendliche Sprechstunde und fragte mich, ob ich wüßte, daß nun auch in München eine Deportation geplant sei und vorbereitet werde. Ich entgegnete ihm wahrheitsgemäß, daß ich nichts davon wüßte, und fügte etwas ärgerlich, weil ich selbst sehr erschreckt war, hinzu, man sollte doch nicht überall Gespenster sehen, wir hätten schon genug zu tun, um mit den wirklichen Schwierigkeiten fertig zu werden. Ich bat ihn, sich zu beruhigen und vor allem dies schlimme Gerücht nicht weiterzuerzählen, was er versprach. Am nächsten Tage berichtete mir der Hauptlehrer, er sei von einem anderen Insassen ängstlich gefragt worden, was an diesem Gerücht sei. Am 7. November wurden vom Büro der jüdischen Gemeinde telephonisch der Hauptlehrer, Heilbronner und ich zu einer Besprechung über Heimangelegenheiten für den Nachmittag des 8. November in das Büro der jüdischen Gemeinde in die Lindwurmstraße bestellt. Abel sollte im Heim bleiben, schon wegen etwaiger Revisionen konnten wir es nicht alle zusammen verlassen.

Zu der Zusammenkunft waren alle Heimleiter oder -leiterinnen, die leitende Bezirksfürsorgerin und die beiden Vorsitzenden der jüdischen Gemeinde erschienen. Direktor Stahl erklärte uns kurz und sehr ernst – ich fühle noch jetzt mein tiefes Erschrecken –, daß tatsächlich etwa tausend jüdische Menschen aus München Mitte kommender Woche deportiert werden sollten. Die endgültige Auswahl dieser Armen sei noch nicht getroffen worden. Die Gestapo habe verfügt, daß uns hier Versammelten dieser Beschluß mitgeteilt werden sollte, damit wir vorbereitet seien, doch wären wir verpflichtet, strengstes Schweigen über das zu bewahren, was wir hier gehört hätten, bis jedem von uns schriftlich die Namen derer bekanntgegeben würden, die es aus unserem Heim treffe [...]

Schon am Mittag des kommenden Tages, einem Sonntag, kam ein Bote von der Gemeinde mit dem Deportationsbefehl für jeden einzelnen. Wir, das heißt die Heimleitung, saßen zusammen im Büro, hatten die Tür verschlossen und sahen die Liste durch. Abels Name stand obenan, bald darauf folgte der von Gertrud Lind und außer ihnen dreiundachtzig Heiminsassen, darunter auch Brader und – Thekla Land! Also doch würde ich es sein, die sie von der Höhe ihrer Hoffnungen in die finstere Schlucht des über sie verhängten Unheils stürzen mußte! Abel war der erste, der sich aufraffte. Fast heiter und völlig ruhig sagte er: „Meine Ahnung war richtig, ich bin froh, daß ich es nun weiß und daß man Gertrud und mich zusammen gehen läßt.“ Wir drei anderen hatten große Mühe, unsere Fassung zu bewahren. Aber wir mußten uns zusammennehmen, die dreiundachtzig Betroffenen im Heim hatten ein Recht darauf, so schnell wie möglich zu erfahren, was über sie verhängt war. Rasch lasen wir die für uns bestimmten Anordnungen durch. Dienstag und Mittwoch sollten die Menschen aus dem Heim in das Sammellager nach Milbertshofen gebracht werden. Jeder sollte für drei Tage Proviant bekommen, an Gepäck durfte jeder fünfzig Kilogramm mitnehmen, verteilt auf je einen Koffer, einen Rucksack oder eine Reisetasche und eine Deckenrolle. Keiner der Beteiligten durfte bis zum Abtransport ins Sammellager das Heim verlassen. Wir beschlossen dann, daß der Hauptlehrer den Männern und ich den Frauen den Schicksalsschlag (Uriasbrief mußte ich denken!) mitteilen sollten. [...]

Thekla Land war eine der ersten, die ich rief. Sie wurde blaß bis in die Lippen, aber sie bewahrte eine bewundernswerte Haltung. Meine Zuneigung für sie war noch größer geworden. Eine ganze Reihe von Frauen nahm den schweren Schlag ähnlich ruhig und würdig hin. Nur drei verloren völlig jede Beherrschung, weinten, schrien und klagten Gott und die Welt an wegen des Unheils, das über sie hereinbrach. Als ich einer dieser Frauen beruhigend zusprach – auch da wieder erfuhr ich, wie armselig sind Worte, wie wenig kann man Mitfühlen und Mitleiden dem anderen Menschen so zeigen, daß es ihm tragen hilft! –, kam unsere Ärztin mir zu Hilfe, die zu ihrer Sprechstunde im Heim war und schon Bescheid wußte. Gemeinsam gelang es uns schließlich, wenigstens das laute Geschrei zu stillen. Zuletzt rief ich Fräulein Schüle, die mit ihrer älteren halbgelähmten Schwester und einer schwerkranken Schwägerin in einem Zimmer wohnte und beide mit rührender Aufopferung pflegte. Frau Dr. Weiß, unserer Ärztin, und mir war es ein unfaßlicher Gedanke, daß man diese Menschen trennen, die Gesunde deportieren und die beiden anderen hilflos zurücklassen sollte. Fräulein Schüle brach uns fast ohnmächtig zusammen, als wir ihr den Brief gaben und ihr sagten, daß sie fort müsse. [...]

Ich lief hinunter, um alle weiblichen Insassen, mit Ausnahme der für die Deportation Eingeteilten, zu versammeln und um ihre Hilfe bei den Vorbereitungen, die nun zu treffen waren, zu erbitten. [...]

Ich berichtete ihnen kurz die Tatsachen und bat sie, mir zu helfen, den von der Deportation Betroffenen alles, was noch zu tun war, soweit wie möglich zu erleichtern. Zunächst brauchte ich jemand, der statt Gertrud Lind das Kochen übernehmen würde, bis Ersatz für sie gefunden sei. Frau Nehm, eine fünfundsechzigjährige Insassin, die schon immer in der Küche geholfen hatte und tüchtig war, meldete sich sofort, trotz eines schweren Leidens, das sie von der Fabrikarbeit befreit hatte. Dann bat ich einige Frauen, sich für Gänge in die Stadt zur Verfügung zu stellen, die die Eingeteilten selbst nicht mehr machen durften. Andere sollten beim Packen helfen; eine nach der Deportation der Badenser und Pfälzer Juden angefertigte Anleitung zum Packen von Deportationsgepäck hatte ich glücklicherweise da und würde sie ans Schwarze Brett schlagen lassen. Der Rest der Frauen aber sollte aus altem Leinen und anderen waschbaren Stoffresten Säckchen in verschiedenen Größen nähen, die den Reiseproviant aufnehmen sollten. Alle waren zum Helfen bereit, beglückend traf mich trotz Schmerz und Erschütterung der Gedanke, daß es gelungen war, eine Gemeinschaft zu formen, die starken Belastungsproben gewachsen war. Jeder ging sofort an seine Arbeit. Ich lief in den Vorratsraum, um meine Vorräte zu überprüfen und festzustellen, was ergänzt werden mußte. Auf dem Weg zu unserer Kantine, wo jeder Heiminsasse auf die ihm belassenen Marken die notwendigen Lebensmittel einkaufte, traf ich Heilbronner, der mir zurief, die Männer hätten vorgeschlagen, jeder Insasse sollte auf eine Fleischmahlzeit der nächsten Woche verzichten, um den Fortgehenden eine größere Wurstration in den Proviantsack geben zu können. Mit dem Leiter der Kantine, Herrn Klein, besprach ich die Zusammensetzung des Proviants. Jeder sollte ein Zweipfundbrot, eine Packung Knäckebrot, ein Paket Zwieback, ein halbes Pfund Würfelzucker, ein halbes Pfund Konfitüre, zweihundertfünfzig Gramm Wurst und hundertfünfundzwanzig Gramm Butter mitnehmen. Herr Klein versprach, alle Vorräte bis Montagmittag zu beschaffen.

Wie gut, daß es so viel zu tun gab; nachdem ich den einzelnen Frauen die schreckliche Eröffnung gemacht hatte, fühlte ich mich am Ende meiner Kräfte, jetzt hatte ich das längst vergessen und ging von Zimmer zu Zimmer, zunächst bei den Männern, um jeden einzelnen wegen des notwendigen Packens zu beraten. [...]

Auch die kommende Nacht haben wir zum größten Teil durchgearbeitet, den Reiseproviant gerichtet, bis alles sauber und übersichtlich in Päckchen verpackt war. Übrigens hatte dieser eine ungeahnte Bereicherung erfahren. Am späten Abend wurde ich gerufen, zwei Klosterschwestern wollten mich sprechen. Ich fand sie beladen mit zwei großen Säcken, der eine voll echten guten Kakaos (den es schon lange nicht mehr zu kaufen gibt, auch nicht auf Marken), der andere voll mit feinem Zucker. Sie seien beauftragt von der Frau Oberin und der gesamten Schwesternschaft, dies als Zeichen ihres Mitfühlens mit uns allen zu überreichen. Außerdem sollten sie uns sagen, daß morgen ein besonderer Bittgottesdienst für die von uns Fortgehenden abgehalten würde. Wir sollten wissen, daß sie sich uns in unserem Leid schwesterlich verbunden fühlten. Es war nicht das erste Mal, daß wir die Hilfsbereitschaft und die freundschaftliche Nähe der Schwestern zu fühlen bekamen; bei jedem nur denkbaren Anlaß hatten sie bewiesen, daß wir auf ihre Unterstützung zählen konnten. Jedenfalls trug diese kleine Begebenheit viel dazu bei, das merkwürdige Hochgefühl, das uns zu Leistungen verhalf, die zu normalen Zeiten unmöglich erschienen wären, noch zu erhöhen. Vielen von uns ist es ähnlich gegangen wie dem Hauptlehrer, der damals zu mir sagte: „Ich war im Anfang unwillig, daß wir Juden gerade in ein Kloster eingeliefert wurden. Von meiner Kindheit an hatte ich eine Scheu und eine starke Abneigung, eine christliche Kirche zu betreten. Zuerst habe ich auch hier mit großer Überwindung kämpfen müssen, wenn ich mit der Oberin oder einer der Nonnen etwas zu besprechen hatte. Aber nach und nach hat sich das geändert. Ich sah, mit welcher schlichten und selbstverständlichen Hingabe sie ihre Arbeit machten, ich fühlte ihre Sympathie für uns, ihr Mitfühlen bei allem, was wir erduldeten, und ihre Hilfsbereitschaft. Ihre Güte und Freundlichkeit uns gegenüber nötigten mir zunächst Erstaunen und fast widerwillige Achtung, allmählich wachsende Zuneigung und die Erkenntnis ab, daß ich als orthodoxer Jude in engen, ja falschen Vorstellungen und Vorurteilen befangen war. Jetzt gehe ich öfters in ihre Kirche in dem Bewußtsein, daß ihr Gott auch unser Gott ist, und es erscheint mir unwesentlich, wo wir zu ihm beten. Noch niemals zuvor habe ich so stark den Wunsch verspürt, mich vor Menschen in Ehrfurcht zu neigen, wie vor unseren Klosterschwestern." Ich freute mich über dieses Geständnis, ich wußte, daß es vielen von unseren Heiminsassen ebenso gegangen war wie ihm. Für mich traf das nicht zu. Du weißt, daß wir schon viel früher die Hilfe und Freundschaft frommer katholischer Menschen erfahren haben. Aber mir wurde jetzt wieder einmal ganz deutlich, wie wichtig und notwendig es ist, wenn die Menschen verschiedener religiöser Bekenntnisse unter dem Zwang schwerer Schicksalsschläge die durch Dogmen aufgerichteten Schranken fallen sehen und ihre brüderliche und schwesterliche Nähe erfahren. „Alle menschlichen Gebrechen heilet reine Menschlichkeit“, dies schöne und wahre Goethewort schien mir als Motto über diesen schweren, unvergeßlichen Tagen und Nächten zu leuchten.

Adam Czerniaków
Warschauer Getto 1942

(Aus dem Tagebuch des Vorsitzenden des Judenrats)

16. VII. 42 [...] Gerüchte über eine Aussiedlung der Juden aus Warschau, wobei 120000 zurückbleiben sollen. Wir haben ein kurzes Memo über die wirtschaftliche Lage sowie die jüdische Produktion im Wohnbezirk geschrieben und bei den verschiedenen Stellen eingereicht, von denen unser Schicksal abhängt. [...]

17. VII. 42 – Morgens um 7 Uhr wurde mir eine Aufstellung der Häftlinge, Verurteilten usw. für die Gespräche mit Schmiedt nach Hause gebracht.

Morgens Gemeinde. Frl. Glass vom Kommissar ruft an, die Synagoge sei heute von Flüchtlingen zu räumen. Das Gebäude wird der SS zur Verfügung gestellt. Ich habe First deswegen zum Palais Brühl geschickt. Der Tag fängt nicht gut an. Zum Glück stellte sich heraus, daß die Synagoge für ausländische Juden sein soll. Ich muß sie heute räumen, um Emigranten nach Amerika usw. dort unterzubringen.

Um 11 waren zwei Deutsche da, die ein Kompensationsgeschäft + Freilassung eines Teils der Häftlinge und eine ev[entuelle] Erlaubnis zum freien Einkauf von Roggenmehl gegen eine Lieferung von Schuhen usw. vorschlagen.

Auf einer Konferenz wurden in Anwesenheit von Gepner, Sztolcman, Rechthand und Altberg allgemeine Richtlinien festgesetzt. Am Montag wird die Sache ev[entuell] endgültig zum Abschluß gebracht. Morgen verabrede ich mich mit dem Kommissar. Die Aussiedlung der 1700 deut[schen] Juden aus der Leszno-Str. 109 verlief geordnet. Hierzu wurden mehrere Dutzend Wohnungen beansprucht.

18. VII. 42 – Morgens mit Lejkin bei Brandt und Mende. Ein Tag voller böser Vorahnungen. Gerüchte, wonach am Montag abend die Aussiedlung (aller!?) beginnt. Ich fragte den Kommissar, ob er etwas davon wisse. Nein, antwortete er, und er glaube nicht daran. Im Wohnbezirk unterdessen Panik, die einen sprechen von einer Aussiedlung, die anderen von einem Pogrom. Heute und morgen sollen wir die Synagoge leerräumen, in die ausländische Juden hineinkommen. Als ich bei Mende saß, kam ein polnisches junges Mädchen von 16–18 Jahren herein und erklärte, in ihrem Haus wohne eine getaufte Jüdin.

19. VII. 42 – Morgens Gemeinde. Eine noch nie dagewesene Panik in der Stadt. Kon, Heller und Ehrlich streuen wilde Gerüchte aus. Es macht den Eindruck irgendeiner künstlichen Propaganda. Gebe Gott, daß es so ist. Andererseits spricht man von 40 bereitgestellten Waggons. Es stellte sich heraus, daß es 20 sind und daß die SS sie bereitstellen ließ, weil morgen 720 Arbeiter ins Lager abfahren sollen.

Kon behauptet, daß morgen abend um 8 die Aussiedlung von 3000 Juden aus dem kleinen Getto (Śliska-Str.?) beginnen soll, und hat sich selbst mit seiner Familie nach Otwock abgesetzt. Andere taten das gleiche.

Ein gewisser Czerniaków, angeblich ein Verwandter von mir, ist ein Geschäftemacher beim Arbeitsamt, bei dem er längere Zeit gearbeitet hat. Ich ließ ihn ins Gefängnis sperren. Wegen der Panik bin ich heute im Auto den ganzen Wohnbezirk abgefahren. Ich war in 3 Gärten. Ich weiß nicht, ob es mir gelungen ist, die Bevölkerung zu beruhigen. Das Meinige habe ich jedoch getan. Ich versuche, den Abordnungen, die zu mir kommen, Mut zuzusprechen. Was mich das kostet, sehen sie nicht. Heute habe ich 2 Kopfschmerzpulver, 1 Cybalgin und Baldriantropfen eingenommen. Trotzdem will mir der Kopf zerspringen. Ich gebe mir Mühe, daß ein Lächeln nie mein Gesicht verläßt.

20. VII. 42 – Morgens 7:30 bei der Gestapo. Ich fragte Mende, wieviel Wahrheit an den Gerüchten ist. Er entgegnete, er habe nichts davon gehört. Als nächstes wandte ich mich an Brandt, er antwortete, ihm sei nichts darüber bekannt. Auf die Frage, ob das dennoch passieren könne, erwiderte er, er wisse gar nichts. Unsicher ging ich von ihm weg. Ich wandte mich an seinen Chef, Kommissar Boehm. Der erwiderte, daß das nicht seine Abteilung sei, daß Hohenmann eventuell im Zusammenhang mit den Gerüchten etwas mitteilen könnte. Ich bemerkte, den ausgestreuten Gerüchten zufolge solle die Aussiedlung heute um 19:30 beginnen. Darauf antwortete er, daß er wohl etwas wüßte, wenn dies geschehen solle. Da ich keinen anderen Ausweg hatte, begab ich mich zum stellvertretenden Leiter der Abteilung III, Scherer. Er gab seiner Verwunderung über das Gerücht Ausdruck und erklärte, er wisse auch nichts darüber. Schließlich fragte ich, ob ich der Bevölkerung erklären könne, daß kein Anlaß zu Befürchtungen besteht. Er antwortete, das könne ich, alles, was die Leute reden, sei *Quatsch* und *Unsinn.*

Ich beauftragte Lejkin, über die Bezirke die Bevölkerung davon zu unterrichten. Ich fuhr zu Auerswald. Er erklärte, er habe dem *SS-Polizeioberführer* von allem berichtet. First war inzwischen bei Jesuiter und Schleterer, die empört waren über die ausgestreuten Gerüchte und eine Ermittlung in dieser Angelegenheit ankündigten. […]

22. VII. 42 – Morgens um 7:30 in der Gemeinde. Die Grenzen des kleinen Gettos sind außer der normalen von einer Spezialeinheit umstellt.

Um 10 Uhr erschien *Sturmbannführer* Hoefle mit Begleitern. Wir stellten die Telephone ab. Aus dem gegenüberliegenden Garten wurden die Kinder weggebracht.

Man eröffnete uns, daß – mit gewissen Ausnahmen – die

Juden ohne Unterschied des Geschlechts und des Alters in den Osten ausgesiedelt werden sollen. Bis heute n.m. um 4 Uhr müssen 6000 Menschen bereitgestellt werden. Und so (mindestens) wird es jeden Tag sein.

Man wies an, das Haus Żelazna-Str. 103 für die deutschen Funktionäre, die die Aussiedlung durchführen, zu räumen. Die Möbel wurden dabehalten. Da die Ratsangestellten mit ihren Frauen und Kindern von der Deportation befreit sind, bat ich darum, die Angestellten der JSS, des Handwerksverbands, die Müllkutscher usw. ebenfalls davon auszunehmen, was bewilligt wurde.

Ich bat um die Freilassung von Gepner, Rozen, Stolcman, Drybiński, Winter und Kobryner, was zugesagt wurde. Um 3:45 sind mit Ausnahme von Rozen alle bereits im Getto.

Lejkin ließ mir nach Mittag mitteilen, daß angeblich mit Glas nach einem Polizeiauto geworfen worden sein soll. Man droht uns mit der Erschießung unserer Geiseln, falls sich das noch einmal wiederholt. Das tragischste Problem ist das der Kinder in den Waisenhäusern usw. Ich habe es zur Sprache gebracht – vielleicht läßt sich etwas machen.

Um 5:30 fuhr einer der Beamten von Forwort (?) [Worthoff] vor und verlangte, daß Józef Ehrlich Lejkins Stellvertreter wird. Er hat schon 3 Sterne.

Sturmbannführer Hoefle (*Beauftragter* für die Aussiedlung) bat mich in sein Büro und erklärte, meine Frau sei vorläufig noch in Freiheit, doch wenn die Aussiedlung nicht wunschgemäß verlaufe, werde sie als erste Geisel erschossen.

23. VII. 42 – Morgens Gemeinde. Worthoff vom Umsiedlungsstab erschien, mit dem ich eine Reihe von Fragen besprach. Er hat die Schüler der Gewerbeschulen von der Umsiedlung befreit. Die Ehemänner arbeitender Frauen ebenfalls. Im Hinblick auf die Waisen ordnete er an, mit Hoefle Rücksprache zu halten. Wegen der Handwerker soll ich ebenfalls Rücksprache halten. Auf die Frage, wieviele Tage in der Woche die Aktion in Gang sein wird, antwortete man, 7 Tage in der Woche.

In der Stadt drängt sich alles, Werkstätten zu eröffnen. Eine Nähmaschine kann das Leben retten.

3 Uhr. Bis jetzt sind 4000 abfahrtsbereit. Bis 4 haben es laut Befehl 9000 zu sein.

Auf der Post tauchten irgendwelche Funktionäre auf und wiesen an, eingehende Briefe und Pakete zum Pawiak weiterzuleiten.

[Eine knappe Stunde nach dieser Eintragung nahm sich Czerniaków das Leben. Er vergiftete sich mit Cyankali in seinem Büro in der Gemeinde. Auf seinem Tisch fand man einen kurzen Brief an seine Frau:]

„Sie verlangen von mir, mit eigenen Händen die Kinder meines Volkes umzubringen. Es bleibt mir nichts anderes übrig, als zu sterben."

[Es wurde auch eine Notiz an die Gemeindeverwaltung gefunden:] „Worthoff und seine Kollegen [vom Umsiedlungsstab] waren bei mir und verlangten, daß für morgen ein Kindertransport vorbereitet wird. Damit ist mein bitterer Kelch bis zum Rand gefüllt, denn ich kann doch nicht wehrlose Kinder dem Tod ausliefern. Ich habe beschlossen, abzutreten. Betrachtet dies nicht als einen Akt der Feigheit oder eine Flucht. Ich bin machtlos, mir bricht das Herz vor Trauer und Mitleid, länger kann ich das nicht ertragen. Meine Tat wird alle die Wahrheit erkennen lassen und vielleicht auf den rechten Weg des Handelns bringen. Ich bin mir bewußt, daß ich Euch ein schweres Erbe hinterlasse."

Adalbert Rückerl (Hg.)
Das Vernichtungslager Belzec

Im Zuge der „Aktion Reinhard" wurden mehrere Vernichtungslager in Ostpolen errichtet, darunter das Lager Belzec, mit dessen Aufbau in der Nähe des Ortes Belzec, Kreis Tomaszow, im Spätherbst 1941 begonnen wurde. Das Lager, das sich in unmittelbarer Nähe der ehemaligen deutsch-russischen Demarkationslinie befand und in das ein Nebengleis der Eisenbahnlinie Tomaszow–Lublin führte, war mit Stacheldraht umgeben, der mit Bewuchs so durchflochten war, daß man nicht hineinsehen konnte. Es war in die Lagerbereiche I und II unterteilt und hatte ein Ausmaß von etwa je 250 m an der Nord-, West- und Ostseite und von rund 200 m an der Südseite.

Im Lagerbereich I waren die Unterkünfte für die Wachmannschaften, die Entladerampe, der Sammelplatz für die Juden, die Entkleidungsbaracken und eine Räumlichkeit, in der den jüdischen Frauen die Haare geschoren wurden. Der Lagerbereich II war durch einen Zaun von Bereich I völlig getrennt. Beide Lagerbereiche waren durch einen engen Gang, der aus Stacheldraht mit Bewuchsverflechtung und Bastmatten gefertigt war und die Bezeichnung „Schlauch" trug, miteinander verbunden. Durch diesen Gang wurden die Juden von der Entkleidungsbaracke zum Eingang des Gebäudes getrieben, in dem sich die Vergasungsanlage befand und wo der eigentliche Vernichtungsvorgang stattfand.

Etwa Mitte März 1942 wurde der Vernichtungsbetrieb im Lager Belzec aufgenommen. Die Vergasungen wurden zunächst in einer innen mit Blech ausgeschlagenen Holzbaracke durchgeführt, die nur aus einem Raum bestand und ein Fassungsvermögen von ca. 100–150 Personen hatte. Als Tötungsmittel wurden in den ersten Wochen Zyklon-B-Gas, später aus Ersparnisgründen die Abgase eines Dieselmotors verwendet. Als man genügend Erfahrungen gesammelt hatte, riß man etwa Mitte Mai die ursprüngliche Vergasungsbarakke ab und errichtete an ihrer Stelle ein massives Steingebäude mit insgesamt 6 Gaskammern im Ausmaß von 4×5 m. Dieses war Ende Juni 1942 fertiggestellt. An der Eingangstür war die Aufschrift „Bade- und Inhalationsraum“ angebracht. Der Bau wurde in seiner Länge durch einen Gang geteilt, zu dessen beiden Seiten jeweils drei Gaskammern lagen. Die Kammern waren durch Türen zugänglich, die luftdicht abgeschlossen und von innen nicht geöffnet werden konnten. An der Außenseite jeder Gaskammer waren mit Gummi abgedichtete Schiebetüren angebracht, die auf Rampen hinausführten, auf die nach Beendigung des Vergasungsvorgangs die Leichen zum Zwecke des Abtransportes verbracht wurden. Die Gaszuführung zu den einzelnen Kammern erfolgte durch ein Röhrensystem.

Die Räume waren zur Erleichterung der nach der Vergasung erforderlichen Reinigung bis zu einer Höhe von ca. 1 m mit Zinkblech verkleidet.

Nach Fertigstellung des Massivbaues konnten bei einem Vergasungsvorgang bis zu etwa 1500 Menschen getötet werden. Es bestand nunmehr die Möglichkeit, verhältnismäßig große Transporte zusammenzustellen und die darin befindlichen Menschen innerhalb weniger Stunden zu töten...

Die auf dem Wege des Eisenbahntransportes eingetroffenen Juden, häufig in überladenen Güterwagen zusammengepreßt, wurden durch jüdische Arbeitskommandos innerhalb des Lagers (Bereich I) entladen. Dabei wurde streng darauf geachtet, daß kein Angehöriger des Zugbegleitpersonals das Lager betrat. Anschließend hielt der Lagerkommandant oder einer der SS-Unterführer eine kurze Ansprache, in der den Neuangekommenen erklärt wurde, sie kämen nun zum Arbeitseinsatz, müßten vorher aber noch entlaust, gebadet und körperlich untersucht werden. Dann mußten sich alle in den hierfür vorgesehenen Baracken, nach Geschlechtern getrennt, völlig entkleiden und ihre Wertsachen an einem besonders hierfür eingerichteten Schalter abgeben. Die Frauen wurden angewiesen, sich in entkleidetem Zustand in eine Baracke zu begeben, in der ihnen von Angehörigen des jüdischen Arbeitskommandos die Haare abgeschnitten wurden. Diese wurden der Rüstungsindustrie als kriegswichtiges Material zugeführt.

Schließlich trieb man aus Gründen der Sicherheit zuerst die Männer und dann die Frauen und Kinder durch den sogenannten „Schlauch" zum Vergasungsgebäude. Dort führte man sie in die einzelnen Kammern, wobei man jeweils 200–300 Menschen in einer Kammer (vor Fertigstellung des Massivbaues jeweils 100–200 Menschen in der einzigen Kammer der behelfsmäßigen Vergasungsbaracke) zusammenpferchte. Dann wurden die Türen der Gaskammern verschlossen und das Licht ausgeschaltet. Spätestens zu diesem Zeitpunkt ahnten die Opfer das ihnen zugedachte Schicksal. Endlich wurde der Dieselmotor angeworfen, dessen Abgase den jämmerlichen Erstickungstod der eingeschlossenen Menschen herbeiführte, der je nach der körperlichen Widerstandsfähigkeit nach einer qualvollen Zeitspanne von 15–30 Minuten eintrat. Anschließend öffnete man die äußeren Türen der Kammern, in denen die bedauernswerten, zumeist mit Speichel, Kot und Urin beschmutzten Opfer infolge der Enge zum Teil noch in verkrampften Stellungen standen oder übereinander lagen. Die hierzu eingeteilten jüdischen Arbeiter schlangen Lederriemen um die Handgelenke der Toten und schleiften sie zu den etwa 100–150 m entfernten, vorbereiteten Gruben. Auf dem Wege dorthin wurden ihnen durch jüdische Zahnärzte, die zu einem besonderen Kommando gehörten, die Goldzähne herausgebrochen. Außerdem untersuchte man die Körperöffnungen der Getöteten zum Zwekke der Sicherstellung verborgener Wertgegenstände.

In dem Vernichtungslager Belzec fanden in der Zeit vom März bis Mai 1942 mindestens 90000 und in der Zeit von Juli bis November 1942 (nach Errichtung des massiven Vergasungsgebäudes) mindestens 300000 Menschen den Tod.

(Rückerl [Hg.], NS-Vernichtungslager, München 1977)

Christopher Hibbert
Roma Fascista

In der Tat ließen die Deutschen von Anfang an keinen Zweifel daran, daß sie Rom mit starker und nötigenfalls strafender Hand zu regieren gedachten. Über Radio Rom, dessen sich die Besatzer natürlich bemächtigt hatten, wurde eine Proklamation verlesen, derzufolge alle Italiener ihre Waffen abzuliefern hatten; auf Nichtbefolgung stand die Todesstrafe. Eine Sperrstunde wurde verfügt, deren Bestimmungen in der Folge zunehmend verschärft wurden; schließlich erging die Anordnung, jedermann, der sich nach fünf Uhr nachmittags auf der Straße zeige, werde ohne Anruf erschossen. Eine nicht abreißende Kette von Razzien führte zur Verhaftung zahlreicher Personen, die als potentiell gefährliche Gegner des neuen Regimes angesehen wurden. Zu der Angst vor einer Verhaftung gesellte sich die Befürchtung, eines Tages zu denen zu gehören, deren Straße urplötzlich von uniformierten Kräften abgeriegelt und systematisch nach arbeitsfähigen Personen durchsucht wurde, die dann umstandslos auf Lastwagen verladen und zur Arbeit in eine Fabrik, auf ein Landgut oder in eine Kohle- oder Erzgrube der Deutschen verfrachtet oder sogar zum Einsatz an die Front geschickt wurden, an einer jener Verteidigungsstellungen, die sich im Aufbau befanden und sich als schwer überwindliche Hindernisse für den alliierten Vormarsch erweisen sollten. Männern im wehrfähigen Alter drohte zugleich auch die Einberufung durch die faschistischen Behörden. Daher zogen es tagtäglich Hunderte junger Römer vor, von zu Hause zu verschwinden. Von den 1,5 Millionen Einwohnern, die Rom zu dieser Zeit hatte, hielten sich nach Schätzungen rund 200 000 verborgen, viele von ihnen in Kirchen und anderen Einrichtungen und Gebäuden der Kirche, etliche im Vatikan und manche in so labyrinthischen Gebäuden wie dem Palazzo Orsini, in dem die Herzogin von Sermoneta, die aus ihrer

Sympathie für die Alliierten keinen Hehl machte, spurlos untertauchte, als die Deutschen kamen, um sie zu verhaften.

Juden waren natürlich besonders gefährdet. Sie, die seit 1870 den nichtjüdischen Römern rechtlich vollkommen gleichgestellt waren, hatten bislang keine auch nur annähernd so grausamen Verfolgungsmaßnahmen zu erdulden gehabt, wie die Nazis sie in ihrem Machtbereich praktizierten. Zwar hatte Mussolini in seinen Reden und in Gesprächen oft gegen sie gehetzt und auf Drängen der Deutschen auch ein Paket antijüdischer Gesetze verabschieden lassen, doch waren die darin verankerten Bestimmungen niemals rigoros durchgeführt worden. Gleichwohl hatten etliche Juden es vorgezogen, ins Ausland zu gehen; andere waren ausgewiesen worden. Die meisten Juden hatten jedoch in Ruhe und ohne von den Behörden übermäßig schikaniert zu werden, ihr bisheriges Leben weitergelebt. Am 26. September 1943 jedoch verlangte Oberst Kappler, Gestapochef von Rom, von der jüdischen Gemeinde der Stadt plötzlich 50 Kilogramm Gold. Kurze Zeit später inszenierte Kappler durch Gestapoagenten einen Überfall auf die Synagoge und verkündete wiederholt die Drohung, er werde jüdische Geschäfte und von Juden bewohnte Häuser verwüsten lassen. Von den darüber in Panik geratenen Juden fanden rund 8000 Zuflucht in katholischen Klöstern und anderen kirchlichen Einrichtungen mit exterritorialem Status; über 2000 jedoch wurden bei Razzien verhaftet und unter unsagbar degradierenden Bedingungen nach Deutschland deportiert. Viele andere wurden rechtzeitig gewarnt und konnten sich aus Rom absetzen, wie der Schriftsteller Alberto Moravia, ein Halbjude; er floh und fand Unterschlupf in einer Bauernkate in Fondi. [...]

Begonnen hatte der organisierte Untergrundkampf in Rom eine Woche nach der italienischen Kapitulation. Am 9. September versammelten sich Vertreter der Sozialisten, der Christdemokraten, der Kommunisten und der Partei der Tat und gründeten unter Vorsitz des früheren Premierministers Ivanoe Bonomi das erste Nationale Befreiungskomitee Italiens. Nach seinem Vorbild entstanden in der Folge zahlreiche weitere Komitees und Gruppen, Zellen einer gesamtitalienischen Widerstandsbewegung, die bis zum Kriegsende größere Opfer an Menschenleben erlitt als die Fünfte Armee der Alliierten im Zuge aller ihrer Kampfhandlungen auf italienischem Boden. [...] Manche dieser Widerstandsgruppen, namentlich die der sozialistischen und kommunistischen Partei nahestehenden, organisierten Sabotageakte, Überfälle auf deutsche Truppenteile und Anschläge gegen die SS und die faschistische Polizei. Die berühmteste dieser Aktionen war ein Anschlag einer kommunistischen Gruppe auf eine Kompanie Soldaten eines deutschen Polizeiregiments, die sich auf dem Weg zur Wachablösung im Innenministerium befand. Als die Soldaten durch die Via Rasella marschierten, explodierte eine in einem Straßenkehrerkarren deponierte Bombe; 32 Deutsche wurden auf der Stelle getötet, viele andere, ebenso wie mehrere zufällig in der Nähe weilende Zivilisten, darunter ein Kind, verwundet. Die an dem Anschlag beteiligten Partisanen konnten allesamt entkommen, aber die Deutschen nahmen schreckliche Rache. Als Hitler von der Sache erfuhr, befahl er, daß für jeden getöteten Deutschen 30 oder gar 50 Italiener erschossen werden sollten. Nachdem es Feldmarschall Kesselring gelungen war, die Quote auf zehn zu eins zu drücken, ging die Gestapo daran, das Zentralgefängnis Regina Coeli und ihre anderen Internierungslager nach geeigneten Opfern zu durchkämmen. Es kamen schließlich fünf zuviel zusammen, Folge eines Rechenfehlers, nachdem ein weiterer Deutscher seinen Verletzungen erlegen war und Kappler die Opferliste um zehn aufgestockt hatte. Unter den zur Hinrichtung Ausgewählten waren antifaschistische Offiziere der italienischen Streitkräfte und der *carabinieri,* Aktivisten der politischen Parteien, ein paar alliierte Kriegsgefangene, 75 Juden, 1 Priester und 1 Diplomat. Sie alle wurden in den Sandgruben an der antiken Via Ardeatina erschossen.

Edgar Hösch
Deutsche Besatzung in den Balkanländern

Katastrophale Folgen hatte die nationalsozialistische Präsenz im Balkanraum für die dortigen jüdischen Gemeinden. Die traditionsreiche sephardische Jugendgemeinde Salonikis ist während der deutschen Besetzung fast ganz verschwunden, ein Teil der griechischen Juden rettete sich in den Untergrund oder kämpfte auf seiten der Partisanen. Innerhalb von zwei Monaten ist Anfang 1943 die Deportation der Juden von Saloniki mit kalter Präzision abgewickelt worden. Auf dem Boden des ehemaligen Jugoslawien war das Vernichtungswerk schon 1941 in Gang gesetzt worden. Das Ustaša-Regime in Kroatien wetteiferte in der Lösung der Judenfrage mit dem nationalsozialistischen Vorbild und wirkte bei den Deportationen in die Todeslager aktiv mit. Einen nennenswerten Widerstand gegen die nationalsozialistischen Vernichtungspläne gab es in Bulgarien. Nur aus den mit deutscher Hilfe neuerworbenen Gebieten sind sämtliche Juden deportiert worden; ihre Zahl wird auf 15000 geschätzt. Auf dem eigentlichen bulgarischen Territorium traten wohl nach 1940 auch antijüdische Gesetze in Kraft, doch wehrten sich Regierung und Bevölkerung einvernehmlich bis Kriegsende gegen eine Auslieferung der bulgarischen Juden. Um so eifriger beteiligte sich die rumänische Öffentlichkeit an der Ausgrenzung der Juden. Rumänien hatte neben Ungarn schon im 19. Jahrhundert jüdische Emigrantengruppen, die der restriktiven Judenpolitik des russischen Reiches und periodischen Pogromen zu entfliehen suchten, als grenznahes Zufluchtsland gewahlt. Sie sind schon damals nicht mit offenen Armen aufgenommen worden. Die antisemitischen Provokationen verstärkten sich nach 1918, als Randgebiete mit einem erheblichen jüdischen Minderheitenanteil Großrumänien zugeschlagen wurden. Im Landesdurchschnitt zählten die Juden im Rumänien der Zwischenkriegszeit nur etwa vier Prozent (in absoluten Zahlen 1930 knapp 730000), doch in der Bukowina und in Bessarabien, das im russischen Reich zum sogenannten Ansiedlungsrayon, der den Juden erlaubten Siedlungszone, gehört hatte, stellten sie ca. 15 Prozent der Gesamtbevölkerung. In ihrem konservativen, streng orthodox-jüdischen Habitus stießen sie in der rumänischen Agrargesellschaft auf wachsende Ablehnung, die sich unter den Gardisten und Antonescu in einen regelrechten Vernichtungsfeldzug mit behördlicher Duldung steigerte. Nur dank der Korruption des Regimes und der tolerierten Ausnahmeregelungen überlebte etwa die Hälfte der rumänischen Juden. Ein großer Teil nutzte die halblegalen Möglichkeiten der Auswanderung.

Im Gegensatz zu Rumänien hatten die Juden in Ungarn schon im 19. Jahrhundert die rechtliche Gleichstellung erreicht (Gesetz vom 27. Dezember 1867). Ihre Identifizierung mit der ungarischen Nation erleichterten die beruflichen Aufstiegschancen, die den assimilationsbereiten Staatsbürgern mosaischen Glaubens eine den bürgerlichen Berufen abgeneigte madjarische Adelsgesellschaft bot. Der Konzentrationsgrad der Juden in der Hauptstadt Budapest zeigt deutlich die Integration der Juden an. Sie hielt auch unter den verschärften Bedingungen eines regierungsamtlichen Antisemitismus, mit dem das Horthy-Regime der Verbindung mit Italien und Deutschland den Tribut zu zollen hatte. Von den Deportationen blieben die madjarisierten Juden Trianon-Ungarns zunächst weitgehend verschont. Nach der deutschen Besetzung des Landes (19. März 1944) setzten eine hinhaltende Obstruktion ungarischer Stellen und die Proteste der Weltöffentlichkeit, die über intakte Auslandsverbindungen durch das Zionistische Rettungs- und Hilfskomitee in den USA und den neutralen Staaten (Schweden) über die Vorgänge informiert worden war, dem Vernichtungswerk Adolf Eichmanns Grenzen. Die Hälfte der im Budapester Ghetto zusammengetriebenen Juden – ca. 100000 – überlebten das Inferno. Zwischen Mai und Juli

1944 sind überhastet und unter grausamen Begleitumständen Massendeportationen organisiert worden. Während der Schreckensherrschaft der Pfeilkreuzler waren die Juden nahezu schutzlos der Willkür preisgegeben. Die Zahl der gewaltsam aus Ungarn deportierten Juden wird auf 434000 geschätzt, nur etwa 120000 überlebten.

Helen Epstein
Heimkehr aus dem Todeslager

Am Morgen des 15. April 1945 erwachte Franci Solar, meine Mutter, im Konzentrationslager Bergen-Belsen unter Tausenden von Menschen, die noch atmeten. Zwischen ihnen lagen 10000 andere, die tot waren. Sie war damals fünfundzwanzig, ihre Kusine Kitty dreiundzwanzig Jahre alt. Den beiden war es seit ihrem Abtransport aus Prag, 1942, gelungen, beisammen zu bleiben. Der erste Zug hatte sie ins Konzentrationslager Terezin (Theresienstadt) gebracht, weniger als eine Stunde Fahrt von der Stadt entfernt, in der sie aufgewachsen waren. Mit einem zweiten Zug waren sie nach Auschwitz, in Polen, geschafft worden, und ein dritter Zug hatte sie nach Norddeutschland transportiert, zu einer Fabrik in Hamburg. Drei Wochen vor dem 15. April 1945 waren sie, mit einem vierten Zug, nach Bergen-Belsen gekommen. In Bergen-Belsen starben Tausende von Männern und Frauen an Typhus dahin. Es gab nichts zu essen. Aus den paar gemeinschaftlichen Wasserzapfstellen tröpfelte es nur. Meine Mutter und ihre Kusine rochen den Gestank nicht mehr, spürten nichts mehr von der Kälte oder dem harten, nackten Fußboden oder von den Läusen, die sich darauf angesiedelt hatten. Sie dachten nur noch einen einzigen Gedanken: Was wird zuerst kommen – der Tod oder die britische Armee?

Kurz nach Tagesanbruch am 15. April sagte eine Frau, die nahe der Barackentür lag, sie sehe mehrere Panzer auf der Straße daherrollen.

Niemand glaubte ihr oder regte sich auch nur.

Doch dann bestätigte eine zweite und darauf eine dritte Stimme, daß sich ein Panzer mit einem weißen Stern auf dem Turm näherte. Niemand brach in Jubel aus. Niemand hatte die Kraft, sich zu freuen. Diejenigen, die sich noch aufraffen konnten, wankten ins Freie, um zu sehen, was da kam.

Die bunte englische Fahne, rot-weiß-blau, flatterte unter dem Himmel, während Panzer um Panzer auftauchte – eine Kolonne, so weit die beiden Kusinen sehen konnten. Auf den Panzern standen Männer in Khakiuniformen, die Arme über den Kopf gereckt, die Finger breit zu einem ‚V' für ‚victory' (Sieg) gespreizt. Als die ersten Panzer sich der Stacheldrahtumzäunung näherten, die das Lagergelände umgab, schwankten ein paar Frauen an Mutter und ihrer Kusine vorbei und auf die Fahrzeuge zu. Einen langen Augenblick schienen die vorüberfahrenden Männer und die unsicher dastehenden Frauen einander mit den Blicken zu fixieren. Der Gesichtsausdruck der Soldaten veränderte sich, die Hände gruben sich in Hosentaschen, Tragbeutel und Tornister. Plötzlich regnete es Schokoladetafeln, Zigaretten, Proviantdosen über den Stacheldraht. Die Frauen jagten wie Hunde hinterher und balgten sich beißend und kratzend um die eßbaren Dinge.

Die beiden Kusinen sahen zu, hielten einander mit der Versicherung zurück, daß es schon bald viel, viel mehr zu essen geben werde. [...]

Die beiden jungen Frauen waren matt bis zur Teilnahmslosigkeit, am ganzen Körper mit einer grauen Schmutzkruste bedeckt. Ihr Haar, schmuddelig-braun, verfilzt und brüchig geworden, hing bis zum Kinn herab. Kittys Körper, zum Skelett abgemagert, war mit Furunkeln und offenen Wunden bedeckt, der meiner Mutter von Ödemen angeschwollen. Sie sah mehrere Kilogramm schwerer aus, als sie war. Nur die Augen der beiden, von einem auffallend tiefen Braun, wirkten lebendig. [...]

Die Befreiung lag schon beinahe vier Monate zurück. Man konnte nicht weiter so tun, als wäre man in einer Dienststelle der britischen Militärregierung zu Hause. So machten sich die beiden Kusinen in der ersten Augustwoche 1945 mit elf Gepäckstücken per Omnibus und Lastwagen auf den Weg nach Prag. Sie reisten langsam, von der britischen in die amerikanische und dann in die russische Besatzungszone, quer durch das in Trümmern liegende Land, das Deutschland hieß.

Eine Woche später kamen sie um vier Uhr morgens in Prag an. Der Fahrer des Lastwagens drückte in der dunklen, leeren Straße vor dem Haus, in dem ein früherer Klassenkamerad Kittys wohnte, auf die Hupe. Die Wohnungen, in denen Mutter und Kitty vor dem Abtransport gelebt hatten, waren jetzt mit fremden Leuten belegt, und Kittys Freund hatte sie netterweise eingeladen, bei ihm zu logieren. [...]

Später an diesem Morgen fuhren Mutter und Kitty in die Innenstadt. Sie gingen durch den Straßenbahnwagen bis zur hinteren Plattform, obwohl sie freie Sitzplätze sahen. Sie hatten sich in den paar Stunden noch nicht daran gewöhnen können, daß die Vorschriften der Nazis über Juden in öffentlichen Verkehrsmitteln außer Kraft gesetzt worden waren. [...]

Dann ging sie aus dem Kaffeehaus und schlug die Richtung zum Jüdischen Rathaus ein, wo nach Prag zurückkehrenden Juden Personalpapiere als Ersatz für die drei Jahre vorher von der Gestapo beschlagnahmten Dokumente ausgestellt wurden. Wäre Mutter in diesem Augenblick von einem Polizisten angehalten oder eines Verbrechens beschuldigt worden, hätte sie sich nicht ausweisen können. Sie besaß kein einziges Papier, das ihre Identität bescheinigte. Ihre Geburtsurkunde, ihr Paß, ihre Arbeitspapiere, das Gesundheitszeugnis, alles war ihr 1942 abgenommen worden. Sie beobachtete sich, wie sie wartete, bis sie an die Reihe kam, dann monoton Fragen beantwortete und Formulare ausfüllte.

„Wo kann ich ein Zimmer finden?“ fragte sie einen Kanzlisten.

„Sind Sie verheiratet?“

„Mein Mann ist tot.“

„Kinder?“

„Keine.“

„Wir haben eine schreckliche Wohnungsknappheit“, sagte der Mann geduldig. „Die Lage ist schwierig. Erst kommen Familien dran. Danach Ehepaare.“

Das, sagte sich Mutter, ist nur recht und billig. Aber ein schrecklicher Zorn loderte in ihr, während sie durch die Straßen wanderte, um sich die Zeit bis zum Abendessen bei Max zu vertreiben. Mit welchem Recht wohnten fremde Leute im Haus ihrer Eltern? Sah so die sogenannte Repatriierung aus: nach Hause geschickt zu werden, nur um dort kein Dach über dem Kopf zu finden? Warum war sie nicht in Celle geblieben? Oder warum hatte sie nicht einen Engländer geheiratet wie einige der anderen jungen Frauen? Sie wanderte an den Buchhandlungen vorüber, in denen sie vor dem Abtransport stundenlang geschmökert hatte, sah nichts, ging ziellos, mit leeren Kopf dahin. Als sie stehenblieb, stellte sie fest, daß sie vor dem Eingang des Modesalons ihrer Mutter stand. Ohne zu überlegen, läutete sie, und die Tschechin Marie, die die rechte Hand ihrer Mutter gewesen war, öffnete.

„Franci, Sie sind wieder da!“

Der Ton von Maries Stimme, fand Mutter, klang weder erfreut noch herzlich, sondern drückte nur Überraschung aus. Sie stellte sich vor, daß die frühere Angestellte jetzt dachte: *Was will die denn? Wie hat sie es geschafft zurückzukommen? Was hat sie getan, daß sie am Leben geblieben ist?* [...]

„Von den Sachen, die Ihnen gehört haben, ist fast nichts

mehr da", sagte Marie. „Ich habe alles eingelagert. Ich wollte nicht, daß wir mit den Behörden Scherereien bekommen. Ich will damit sagen, wir haben uns gegen den Vorwurf absichern müssen, daß wir uns an jüdischem Eigentum bereichern. Sie verstehen, was ich meine?" [...]

„Das Geschäft geht schlecht", redete Marie weiter. „Was mit den alten Kundinnen ist, die damals zu Ihrer Frau Mutter gekommen sind? Sie kommen nicht mehr. Ein paar von ihnen sind ausgewandert, hab' ich gehört. Jedenfalls seh' ich nichts von ihnen. Wir haben den Raum neu eingerichtet, wie Sie seh'n. Und letztes Jahr ist der Mietvertrag abgelaufen. Wir haben ihn auf unseren Namen erneuert. Wir haben ja keine Ahnung gehabt, wo Sie waren."

„Ja", sagte Mutter.

Irgend etwas an ihrem Gesichtsausdruck schien Marie zu ängstigen.

„Es war nichts anderes zu machen", sagte sie laut. „Wir haben nicht geahnt, daß Sie zurückkommen würden. Wir haben ja nicht gewußt, daß Sie noch am Leben sind." [...]

„Ich muß Ihnen die Adresse des Magazins geben, wo die Sachen Ihrer Frau Mutter eingelagert sind. Es dürfte keine Schwierigkeiten machen, sie herauszuholen. Jetzt nicht mehr. Die letzten Jahre waren sehr schwer, aber heut' ist es einfacher." Sie gab Mutter einen Zettel mit der Adresse des Möbellagers. „Jetzt, wo Sie wieder da sind, werden wir uns bestimmt öfter seh'n. Schließlich sind wir ja in derselben Branche, nicht?"

Die Türe schloß sich, und Mutter setzte ihre Wanderung durch die Straßen fort. [...]

Um sieben Uhr fand sie sich im Haus von Max und Vera Boček ein. Ihre Mutter hatte das Paar sehr gern gehabt. Sie waren Menschen, denen man vertrauen konnte. Sie hatten zwei Söhne, die Mutter von Säuglingen zu großen Jungen hatte heranwachsen sehen. Die Bočeks waren alte Freunde der Familie. Alles würde sein wie früher.

Als Vera Boček die Haustüre öffnete, lag ein einstudiertes

Lächeln auf ihrem Gesicht. Sie trug beinahe sofort nach Ankunft meiner Mutter das Abendessen auf und beschäftigte sich dann so angelegentlich damit, die Suppe auszuteilen und Brot aufzuschneiden, daß sie die dürftige Konversation nicht zu bemerken brauchte.

Mutter hatte sich an den Tisch gesetzt und sogleich das eingestickte ‚R' an der Tischdecke bemerkt. Das Monogramm stand für ‚Rabinek'. Das Messer und die Gabel neben ihrem Teller, aus massivem Silber, gehörten zum Tafelsilber der Rabineks. Beim Polieren dieses Bestecks hatte Mutter als kleines Mädchen oft mitgeholfen. Das kristallene Weinglas, das sie zwischen den Fingern hielt, stammte aus dem Gläserschrank in dunklem Holz, der bei ihnen im Speisezimmer gestanden hatte. Sie hatte ihrer Mutter geholfen, die Gläser sorgsam zu verpacken, und sie zu den Bočeks hinübergebracht, die sie bis zum Kriegsende hüten wollten. Zuerst dachte Mutter, all diese Dinge seien ihr zu Ehren ausgepackt worden. Doch als das Essen dem Ende zuging, ohne daß ein Wort darüber gefallen war, begriff sie: Vera Boček hatte vergessen oder verdrängt, daß diese Sachen nicht ihr gehörten. [...]

„Du wirst die Buben nicht mehr erkennen, so groß sind sie geworden", sagte Vera Boček, und noch während sie sprach, kam Pavel herein, größer und magerer, als Mutter ihn in Erinnerung hatte. Er trug einen von Pepik Solars Anzügen, eines der vielen Kleidungsstücke, die Mutter zur Aufbewahrung ins Haus der Bočeks gebracht hatte.

Doch aus Gründen, die ihr nicht klar wurden, geriet sie – nicht Vera Boček – beim Anblick des Anzugs ihres toten Mannes, den nun Pavel trug, in Verlegenheit. Ihre Verlegenheit wuchs noch, als sie nach dem Essen zum Kaffee ins Wohnzimmer überwechselten. Max hatte wenig gesprochen. Die Unterhaltung war gezwungen, und Mutter sah keine Möglichkeit, die Frage, die sie stellen mußte, unbefangen vorzubringen. Schließlich holte sie Luft und sprach sie aus.

„Du erinnerst dich doch an den Schmuck, den Mutter bei

euch gelassen hat", sagte sie zu Vera Boček. „Ich hab' mir überlegt, vielleicht verkauf' ich einen von den Ringen. Ich habe kein Quartier. Ein paar Koffer, das ist mein ganzer Besitz."

Vera wechselte rasche Blicke mit ihrem Mann. „Es tut mir schrecklich leid", sagte sie dann, „aber im letzten Kriegsjahr ist es uns sehr schlecht gegangen. Da sind wir auf die gleiche Idee gekommen und haben den Schmuck deiner Mutter verkauft. Er ist weg."

Mutter empfand das gleiche wie am Nachmittag, als sie sich im Jüdischen Rathaus nach einer Unterkunft erkundigt hatte. Es gab nichts zu sagen, es war nichts zu machen. Sie konnte schwerlich Vera Boček wegen Diebstahls vor Gericht ziehen. Sie hatte ja nicht einmal eine eigene Adresse, nicht einmal ein Stück Papier, das bewies, daß sie tschechoslowakische Staatsbürgerin war. Außerdem waren Vera und Max enge Freunde von Mutters Eltern gewesen. Auch sie hatten es im Krieg schwergehabt. Und sie hatten nicht damit gerechnet, daß sie zurückkommen werde.

Günther Anders
Kollektivschuld?

Wenn ich von Auschwitz spreche, steht der Name hier für die in vielen Lagern (namentlich in den ausschließlich der Vernichtung dienenden) durchgeführte Organisierung des Genozids. Es gibt nun ein paar Wörter und Redensarten, die einem, ohne daß man sich dagegen wehren könnte, in den Mund fließen, wenn man sich auf diesen Gegenstand einläßt. So vor allem das Wort „*Kollektivschuld*". Und zwar werden einem diese Ausdrücke als Alternativformeln aufgezwungen, das heißt: wer sie nicht verwendet, gilt als Verteidiger des Völkermordes. Dem Gedanken, daß vielleicht nicht nur die

Ja- oder Nein-Antworten, sondern schon die Alternativfragen („tragen wir Schuld oder nicht?") selbst sinnleer sein könnten, wird die Chance, gedacht zu werden, von vornherein verwehrt. „Gibt es Kollektivschuld – ja oder nein?" So lautet die vorgekaute Frage. Diese darf so nicht akzeptiert bzw. beantwortet werden. Vielmehr gilt es erst einmal, die Gültigkeit des Ausdrucks zu prüfen. Und vor allem zu überlegen, wer diejenigen sind, die sich seiner bedienen.

Es ist nicht zu bestreiten, daß der Ausdruck ursprünglich beim Nürnberger Prozeß und bei den naiven „re-education"-Versuchen aufgetaucht ist. Aber die amerikanischen Pseudophilosophen, die den Terminus geprägt hatten, haben ihn längst schon wieder vergessen. Es gibt auch seit drei Jahrzehnten keinen erwähnenswerten deutschen Denker oder Publizisten, der den Ausdruck noch verwendete. Nein, *die monopolistischen Konservatoren des Wortes sind* nicht die Beschuldigenden, sondern *die Schuldigen gewesen,* und sind das auch heute noch. In keiner Zeitung taucht es mit solcher Zähigkeit, um nicht zu sagen: Anhänglichkeit, auf wie in der „Deutschen National- und Soldatenzeitung". Hätte nicht irgendein philosophischer Analphabet in Washington das Wort geprägt, die Exnazis hätten es erfinden müssen. Denn sie brauchten es. *Sie verwendeten es, um es – als sinnlos abzustreiten, um sich über es zu entrüsten und um sich durch ihre Entrüstung ins Recht zu setzen.* Ihr Argument lautet: *„Da es keine Kollektivschuld gibt, sind wir kollektiv nicht schuldig, kann keiner von uns schuldig sein."* Kurz: *Durch Betonung der Nichtgeltung des Wortes beweisen sie,* und nicht nur anderen, sondern auch sich selbst, *die eigene Nichtschuld.* (Paradoxerweise haben gerade sie den Begriff der Kollektivschuld von jeher verwendet: denn der Antisemitismus ist die Urform der Kollektivschuldthese, da er die Schuld aller Juden, Juden (bzw. Judasse) zu sein, immer unterstellt hat. – Nun freilich sind sie, da sie sich als pauschal Angeklagte fühlen, aufs selbstgerechteste über das (wie sie zu sagen wagen) „unchristliche Wiederaufrühren der alten

Märchen“ empört. Und fühlen sich gerade durch dieses Wieder-Akutwerden in der Rechtmäßigkeit ihres Kollektivhasses bestätigt. *„Daß die Juden aus Auschwitz nicht verzeihen können, beweist wie fundamental sie sich von uns Christen unterscheiden.* Wir haben *die Sache längst schon vergessen!“* (Fehlt nur, daß sie sagen: „Wir haben sie ihnen längst schon verziehen!“) Je gellender die Empörung über den Ausdruck, um so berechtigter unser Verdacht, daß der Schreiende etwas zu überschreien hat. *Qui conteste, s'accuse.* [...]

Wenn die Siegermächte von „Kollektivschuld“ gesprochen haben, so ist das nicht einfach eine psychologische unrealistische oder absurde Redensart gewesen, sondern die sehr begreifliche *Reaktion der Sieger auf den Totalitarismus.* In der Tat ist ja jeder Deutsche an den Taten und Untaten seines Staates ungleich mehr und tiefer beteiligt gewesen, als Bürger nicht-totalitärer Staaten an deren Untaten jemals gewesen waren. In gewissem Sinne ist freilich die Rede von „Kollektivschuld“ doch berechtigt. Nur hat diese nicht so sehr in kollektiven Taten bestanden als – aber das ist keine geringere Schuld – in der *kollektiven Unterlassung des Aufruhrs gegen den Staat, der solche Schuld auf sich lud und der einen in solche Schuld mit-verstrickte.* Auch Unterlassen ist ein Tun.

Man wird einwenden, das sei leicht gesagt, denn Weigerung sei eben unmöglich gewesen. Aber daß es zu dieser „Unmöglichkeit“ kommen konnte, ist schon Schuld gewesen. Denn diese bestand eben darin, daß *jeder sich gegen sich hatte anstellen lassen,* daß sie alle sich durch Gleichschaltung mit der verbrecherischen Gewaltherrschaft zu deren Schutztruppe gemacht hatten. (Der Vorwurf gegen die Juden, sie hätten sich überhaupt nicht gegen ihre Erniedrigung und Liquidierung gewehrt, ist, ganz abgesehen davon, daß der Warschauer Ghetto-Aufstand das Gegenteil beweist, unbegreiflich, da ja selbst die Siebzigmillionen, die Waffen zur Verfügung hatten [z. B. die des Streiks], nicht im Traume daran gedacht haben, sich zu wehren. Die immer wieder, zwecks Ehrenrettung genannten, Helden haben eine mikroskopische Minderheit dargestellt und waren für das deutsche Volk als ganzes uncharakteristisch. Um so bewundernswerter die Wenigen.)

Beteiligt und schuldig waren alle auch insofern, als sie, freilich aufs verlogenste, von früh bis spät über die Geschehnisse *auf dem laufenden gehalten* waren; weil sie ja, um die Taten zu bejubeln, diese mehr oder minder kennen mußten. Auf Nichtgewußthaben kann sich keiner herausreden. Was vor sich ging – und das gilt natürlich auch von der Liquidierung der Millionen – war selbstverständlich bekannt. Die Zahl der Mittäter und der Augenzeugen ging in die Zehntausende. Die Unterstellung, daß diese durchweg ihren Mund gehalten haben könnten, daß sich die Kunde von so spektakulären Vorgängen nicht wie ein Lauffeuer verbreitet haben sollte, ist eine Zumutung an unsere Intelligenz, sie widerspricht den simpelsten Axiomen der Sozialpsychologie. Wer behauptet, nichts gewußt zu haben, gibt damit im besten Falle seine damalige Idiotie zu. Ich, der ich damals in Amerika gelebt habe, hörte die ersten Gerüchte über die Vernichtungslager bereits im Sommer 1943, und die Bestätigung der Gerüchte im Frühjahr 1944. Und da sollte man in Deutschland, das tausendfach direkt mit dem Lagergeschehen verbunden war, nichts gewußt haben? Und selbst wenn man nur ein Tausendstel gewußt hätte – auch das Tausendstel war ja schon haarsträubend. Unbestreitbar ist, daß man selbst noch drei Jahre nach Beginn der fabrikmäßigen Liquidierung nicht schockiert war; und daß man denen, die dafür direkt verantwortlich waren, zugejubelt hat.

In gewissem Sinne kann man den Ausdruck auch heute wieder verwenden. Wenn wir nämlich denen, die auch heute noch (oder schon wieder) so stur sind, zu bestreiten, daß es Vernichtungslager überhaupt gegeben habe; und so schamlos, uns, die wir die Unsrigen dort verloren haben, ins Gesicht zu schreien, wir seien einem vom „Weltjudentum“ ausgeheckten Schwindel aufgesessen – wenn wir diesen Männern, die uns den Trauerflor vom Ärmel zu reißen versuchen, aus Respekt vor der Freiheit der Meinungsäußerung die Freiheit der Lüge zugestehen, dann machen wir uns dadurch mitschuldig, dann tragen wir heute bereits Kollektivschuld.

Und kollektiv ist schließlich unsere *Verantwortung*. Vor allem dafür, daß sich das, was damals geschehen ist, nicht wiederhole. Wenn sich aber derartiges wiederholen sollte, dann wird in der Tat jeder von uns mitschuldig sein. Das nächste Mal wird man von „Kollektivschuld“ nicht nur sprechen dürfen, sondern sprechen müssen.

Shmuel Ettinger
Der Weg zum Staat Israel

Die englische Nachkriegspolitik in der Palästinafrage

In einem Dokument über Ansiedlungsprobleme nach dem Krieg, das im April 1944 der Parteiexekutive der Labour Party vorgelegt wurde, hieß es: „Eine ‚jüdische Nationale Heimstätte‘ hat sicher weder Hoffnung noch Sinn, wenn wir nicht bereit sind, die Juden, falls sie es wünschen, in so großer Zahl in dieses kleine Land einwandern zu lassen, daß sie zur Mehrheit werden. Dafür sprach schon vor dem Krieg sehr viel. Es ist jetzt, nach den unsagbaren Greueln des eiskalt berechneten deutschen Planes, alle Juden Europas zu töten, unabweisbar geworden. [...]

Im Juli 1945 kam in England die Labour Party an die Regierung, dennoch wurden die Tore Palästinas nicht geöffnet. [...]

Präsident Truman erklärte Mitte August, er unterstütze das Recht auf ungehinderte jüdische Einwanderung. Am 2.

September sandte er Premierminister Attlee ein persönliches Schreiben, in dem er verlangte, unverzüglich 100 000 Flüchtlingen den Zugang nach Palästina zu öffnen. Die Labour-Regierung ging über alle diese Forderungen ebenso hinweg wie über die früheren Beschlüsse der Arbeiterpartei.

Erst nach vier Monaten unablässigen Drängens gab Außenminister Bevin dann schließlich die Palästinapolitik seiner Regierung bekannt. In seiner am 13. November abgegebenen Erklärung bekräftigte er Großbritanniens „doppelte Verpflichtung“ gegenüber den Juden und den Arabern und verwies auf die ständigen Auseinandersetzungen zwischen beiden Seiten und die Befürchtungen der gesamten arabischen Welt – einschließlich der neunzig Millionen Moslems in Indien – bezüglich des Schicksals der Araber in Palästina. Hauptpunkt der Erklärung Bevins war die Feststellung, daß Palästina die Problematik der jüdischen Flüchtlinge nicht lösen könne – und nicht lösen solle – und daß die Juden aufgerufen seien, „ihre Tüchtigkeit und Begabung dem Wiederaufbau eines blühenden Europa“ zuzuwenden. [...]

Bevin definierte die Politik des Labour-Kabinetts von der Annahme ausgehend, daß nach dem Holocaust kein Bedarf nach einer Masseneinwanderung mehr bestehe und, daß die britische Herrschaft in Palästina zur Verteidigung der jüdischen Minorität gegen eine dominierende arabische Mehrheit fortgesetzt werden könne.[...]

Illegale Einwanderung

Der Jischuw rüstete sich für die Auseinandersetzung mit den britischen Behörden, und die zionistische Bewegung eröffnete eine politische Kampagne gegen die englische Politik. Das kühnste Mittel, mit dem die Juden die Öffnung der Tore Palästinas erzwingen wollten, wurde aus der Notlage der Überlebenden des Holocaust geboren, die sich in ihrer Sehnsucht nach Palästina aus DP-Lagern in Mittelmeerhäfen durchgeschlagen hatten; es war die Haapala (illegale Einwanderung). Schon im August und September 1945 begannen kleine, kaum noch seetüchtige Schiffe mit Überlebenden, die aus italienischen Häfen ausgelaufen waren, in Palästina einzutreffen. Auch auf dem Landweg über Syrien trafen die ersten Immigranten ein. Viele von ihnen wurden von der Mandatspolizei gestellt. Anfangs Oktober gelang es den Mitgliedern des Kibbuz Kfar Giladi siebzig Einwanderer vor der Polizei zu retten und in ihrer Siedlung zu verstecken, obwohl diese von den Engländern umzingelt war. Am 10. Oktober 1945 drangen Palmach-Einheiten in das Internierungslager in Atlit ein und konnten ungefähr 200 illegal Eingewanderte befreien, die dort festgehalten wurden. [...]

Das kühnste Unternehmen im Kampf um die illegale Einwanderung, das die öffentliche Meinung der ganzen Welt bewegte, war die Affäre um die „Exodus", ein Flüchtlingsschiff, das im Juli 1947 mit 4500 illegalen Einwanderern an Bord aus Marseille auslief. Es wurde in der Nähe der palästinischen Küste von britischen Zerstörern angegriffen, die auf seine Decks feuerten, wobei mehrere Passagiere getötet wurden. Das Schiff wurde in den Hafen von Haifa gebracht, und die Immigranten wurden nicht nach Zypern deponiert, sondern nach Europa zurückbefördert. Die französische Regierung erklärte sich bereit, sie aufzunehmen, aber die Passagiere weigerten sich, das Schiff zu verlassen. Sie wurden in Hamburg unter Anwendung von Zwang von Bord geholt. Es war für die Überlebenden des Holocaust ein furchtbarer Schock, nach zwei Jahren des Kampfes und der Hoffnung in das Land ihrer Leiden zurückgebracht zu werden, und überdies wurden sie tatsächlich wieder in die DP-Lager geschafft. So war es nur verständlich, daß viele von ihnen kurze Zeit danach andere illegale Einwandererschiffe bestiegen. Der Vorfall weckte im Jischuw und in der ganzen Welt Groll gegen England.

Doch allen Hindernissen und Opfern zum Trotz führte die illegale Einwanderung zu beachtlichen Erfolgen. Zum einen demonstrierte sie, wie unbegründet die Prämissen der

Bevinschen Politik waren, und zum anderen gelangten in der Periode zwischen 1945 und der Gründung des Staates Israel im Mai 1948 wenigstens 70000 Juden auf dem Seeweg nach Palästina, 50000 wurden abgefangen und nach Zypern gebracht. Mit Hilfe von Beauftragten aus dem Jischuw und Angehörigen der Hagana wurden in den Lagern auf Zypern Schulungs-, Sozial- und Kulturprogramme sowie eine halbmilitärische Ausbildung durchgeführt, bis die Internierten 1948 nach Palästina einreisen konnten. [...]

Internationale Debatte über das Palästinaproblem

Am 14. Februar 1947 erklärte der englische Außenminister Ernest Bevin, England sei außerstande, die Interessen der beiden in Palästina lebenden Völker miteinander in Einklang zu bringen, und habe daher „beschlossen, das ganze Problem den Vereinten Nationen vorzulegen". Zu diesem Zweck wurde für Anfang Mai eine Sondersitzung der Vollversammlung der Vereinten Nationen einberufen, vor welcher sowohl Araber als auch Juden zu Wort kamen. Die Vereinigten Staaten und mehrere westeuropäische und lateinamerikanische Staaten bekundeten Sympathie für die Sache der Juden. Von erstrangiger Bedeutung war jedoch der Auftritt des sowjetischen Vertreters Andrej Gromyko, der unerwartet „die Aspirationen der Juden, ihren eigenen Staat zu errichten", unterstützte. [...]

Die UN-Vollversammlung wählte einen Untersuchungsausschuß, bestehend aus Vertretern von elf Staaten – das UNSCOP (United Nations Special Committee on Palestine). Das Komitee hörte die Stellungnahme verschiedener Parteien an und legte im August seinen Befund vor. Die Mehrheit des Gremiums (sieben Mitglieder) empfahl die Teilung des Landes in einen jüdischen, einen arabischen Staat und ein Gebiet unter Überwachung der Vereinten Nationen, das Jerusalem mit seiner Umgebung einschließen solle. Während der Übergangsperiode – zwei Jahre, beginnend mit dem 1. September 1947 – sollte die Einwanderung von 150000 Juden gestattet werden. Der jüdische und der arabische Staat sollten durch eine Wirtschaftsunion verbunden werden und der jüdische Staat 62 Prozent des Palästina-Territoriums umfassen, nicht jedoch Jerusalem, West- und Mittelgaliläa, das Bergland von Samaria und Judäa und einen Teil der Judäischen Wüste. Die Minderheit (drei Mitglieder empfahl die Umwandlung Palästinas in einen jüdisch-arabischen Bundesstaat. Ein Mitglied stimmte keinem der beiden Vorschläge zu. [...]

Die Sowjetunion und die Staaten des kommunistischen Blocks befürworteten konsequent die Errichtung eines jüdischen Staates. Mehrere Vertreter Lateinamerikas setzten sich mit Entschiedenheit für die Sache der Juden ein. Großbritannien äußerte Vorbehalte gegen den Plan und kündigte den Abzug seiner Truppen aus Palästina an. Ein Unterausschuß, der sich mit den Details des Teilungsplanes befaßte, zog die Grenzen des jüdischen Staates enger, bis dieser nur noch 55 Prozent des Palästina-Territoriums umfaßte, womit Jaffa und Beerscheba mit ihrer Umgebung außerhalb der Staatsgrenzen blieben.

Am 29. November 1947 billigte die UN-Vollversammlung die Entscheidung über die Teilung Palästinas in zwei Staaten mit einer Mehrheit von 33 zu 13 Stimmen. Großbritannien sollte seine Truppen bis zum 1. August 1948 abziehen und vor dem 1. Februar des gleichen Jahres innerhalb des vorgesehenen jüdischen Staatsgebietes einen Hafen für die Aufnahme von Einwanderern räumen. Die Vollversammlung wählte einen fünfköpfigen Ausschuß, der mit der Ausführung des Beschlusses der Versammlung betraut wurde.

Der Jischuw in den Jahren des entscheidenden Ringens

Während der Konfliktjahre vergrößerte sich der Jischuw weiterhin, und als der Staat Israel ausgerufen wurde, hatte er eine Bevölkerung von 650000 Menschen. Auch die Siedlungstätigkeit setzte sich fort; trotz der nach dem Weißbuch von 1939 ausgerichteten Politik der Mandatsverwaltung wurden in den Kriegsjahren 47 landwirtschaftliche Siedlungen ins Leben gerufen; von 1945 bis 1947 kamen noch einmal 47 hinzu, von denen elf am gleichen Tag – 6. Oktober 1946 – im Negev gegründet wurden, in der Hoffnung, dieses Gebiet werde innerhalb der Grenzen des jüdischen Staates liegen.

Die inneren Auseinandersetzungen jedoch nahmen kein Ende. Nach dem Abbruch der Beziehungen zwischen der Hagana und dem Irgun sowie den Lechi verstärkten die beiden letztgenannten Gruppen ihre Angriffe auf Mandats- und militärische Einrichtungen (darunter Polizeistationen und Militärlager), die Öl-Pipeline und Bahnlinien. Sie beschossen patrouillierende Soldaten und Polizisten und entführten Geiseln, um auf diese Weise die Exekution ihrer inhaftierten Kameraden zu verhindern. [...]

Als Reaktion auf die Terrorakte stellten die Mandatsbehörden städtische Siedlungen im Jischuw unter Kriegsrecht. In Jerusalem wurde ein Stadtbezirk (von den Juden mit dem Spottnamen „Bevingrad" belegt) für militärisches und Regierungspersonal befestigt. Die unter militärische Überwachung gestellten jüdischen Viertel wurden von der Umwelt und von ihrer Versorgung abgeschnitten. Die Zahl der Todesurteile stieg stark an. Die Engländer wollten den Widerstandsgeist des Jischuw brechen und innere Zwistigkeiten schaffen, hatten damit jedoch keinen Erfolg. Hier stand der gesamte Jischuw im Kampf, und sowohl jüdische Gemeinschaften in aller Welt als auch viele andere Nationen nahmen daran starken Anteil.

Der „organisierte Jischuw" distanzierte sich jedoch in zunehmendem Maße von den „Dissidenten", hauptsächlich weil Meinungsverschiedenheiten über die Methoden bestanden, mit welchen das gemeinsame Ziel zu erreichen sei. Die Führung der Jewish Agency und der Hagana war der Ansicht, individueller Terror mit Angriffen auf englische Einzelpersonen und namentlich auf Zivilisten sei moralisch verwerflich und das Hängen von Geiseln nicht zu rechtfertigen. Sie übten scharfe Kritik an Erpressungsaktionen und Banküberfällen, wie sie der Irgun und die Lechi ausführten. [...]

Auch der Haschomer Hazair distanzierte sich von jeder extremen Haltung in dem Konflikt und befürwortete Mäßigung auch im Widerstand gegen die britischen Behörden („eine konstruktive Haltung"). Dies trat besonders deutlich auf dem 22. Zionistenkongreß zutage, auf dem der Haschomer Hazair Weizmann, der die Ablehnung eines verschärften Kampfes symbolisierte, nachhaltig unterstützte (allerdings trat Weizmann für die Teilung Palästinas ein, während der Haschomer Hazair konsequent an der Idee eines binationalen Staates festhielt).

Auf diesem Kongreß schlossen sich die Revisionisten wieder der Zionistischen Weltorganisation an. Weizmann wurde zwar nicht als Präsident der Zionistischen Organisation wiedergewählt, aber seine Persönlichkeit dominierte gleichwohl die Beratungen und Beschlüsse des Kongresses – zum Verdruß der Mehrheit der „Aktivisten". In ihrem Auftreten vor dem UNSCOP jedoch und in ihrer politischen Aktivität in der UNO-Vollversammlung schien die zionistische Führung einig in der Forderung nach einem jüdischen Staat, selbst wenn dieser nur einen Teil Palästinas umschloß.

Der Unabhängigkeitskrieg

Während der Beratungen in der UNO-Vollversammlung kündigten die Araber an, daß sie der Durchführung des Teilungsplanes gewaltsamen Widerstand entgegensetzen würden. Großbritannien erklärte, es werde die Teilung weder unterstützen noch bei der Durchführung behilflich sein. Die Vereinten Nationen besaßen keine Streitmacht, ihrer Autorität Geltung zu verschaffen und ihre Resolutionen zu verwirklichen. Die tatsächliche Errichtung des jüdischen Staates blieb daher die Aufgabe des Jischuw in Palästina, unterstützt vom jüdischen Volk in der ganzen Welt.

Einen Tag nach der Entscheidung der UNO-Vollversammlung vom 29. November 1947 begannen die Araber mit Überfällen auf jüdische Transportfahrzeuge. [...]

Die Angriffe auf isoliert gelegene Vorstädte und Siedlungen, zu denen die Verbindung mittels behelfsmäßig gepanzerter Fahrzeuge aufrechterhalten wurde, schlug die jüdische Streitmacht zurück. An den Zugängen zu jüdischen Vorstädten wurden Kontrollposten errichtet. Doch im März 1948 verstärkten die Araber den Druck (bis dahin waren 1200 Juden, zur Hälfte Zivilpersonen, getötet worden); Jerusalem, der Negev und Westgaliläa wurden abgeschnitten vom Hauptgebiet, das die Juden längs der Küste hielten. An der politischen Front verschlechterte sich die Situation weiter: Die UNO-Delegation der Vereinigten Staaten erklärte, daß sie ihre Unterstützung der Teilung zurückziehe, und schlug vor, das Land unter die Treuhänderschaft der Vereinten Nationen zu stellen.

In dieser schwierigen Lage beschlossen der Jischuw und die Hagana, die Initiative zu übernehmen. Zu ihrer Unterstützung trafen erste Waffenlieferungen aus der Tschechoslowakei ein; sie wurden Anfang April in der Operation Nachschon eingesetzt, die die Straße nach Jerusalem freikämpfen und es ermöglichen sollte, Nachschub in die Stadt zu bringen. Zur gleichen Zeit konzentrierte sich die von Kawakji kommandierte arabische „Befreiungsarmee" darauf, durch Artilleriebeschuß den Kibbuz Mischmar ha-Emek einzunehmen, was jedoch nicht gelang. Der Erfolg der Operation Nachschon und der Fehlschlag des arabischen Angriffs veränderten die Situation.

Die arabische Bevölkerung begann in ihrer Furcht vor den vorrückenden jüdischen Einheiten zu fliehen. Die Flucht wurde zum Massenexodus, nachdem der Irgun das Araberdorf Deir Jassin angegriffen hatte, wobei auch Frauen und Kinder umkamen. Die arabischen Führer wollten diesen

Vorfall zu Propagandazwecken und zur Anstachelung der arabischen Staaten gegen die Juden nutzen, doch das Ergebnis war eben eine Massenflucht der palästinischen Araber.

In den Wochen zwischen April und Mitte Mai 1948 machten die jüdischen Streitkräfte außerordentliche Anstrengungen, um ein zusammenhängendes Gebiet zu halten. Sie wollten, wenn die Briten am 15. Mai das Land räumten, ein geschlossenes Territorium in der Hand haben, um auf eine mögliche Invasion der arabischen Staaten vorbereitet zu sein. Tatsächlich wurden in diesen vier Wochen beträchtliche Gewinne erzielt. Nach kurzem, aber erbittertem Kampf nahmen die Truppen der Hagana Haifa ein, aus dem die arabischen Einwohner größtenteils flohen; Tiberias wurde befreit und damit die Straße zu den Siedlungen in Ostgaliläa geöffnet; Safed, mehrheitlich von Arabern bewohnt, wurde nach der Sprengung des arabischen Belagerungsringes um das jüdische Quartier eingenommen. Die arabischen Bewohner flohen zusammen mit den Freiwilligen aus den arabischen Nachbarstaaten. Jüdischen Streitkräften gelang auch der Durchbruch nach Westgaliläa, wo Akko am 17. Mai vor der jüdischen Armee kapitulierte. In der Umgebung von Tel Aviv wurde Jaffa, das nach dem Teilungsplan in den arabischen Staat eingegliedert werden sollte, eingeschlossen; nach einer kombinierten Operation von Hagana und Irgun kapitulierte es am 13. Mai. Von den 70000 Bewohnern blieben nur 3000 in der Stadt.

Die jüdischen Streitkräfte starteten auch eine Operation Har'el, um die Bollwerke an der Straße nach Jerusalem einzunehmen. Diese Ziel wurde infolge des Verhaltens der britischen Truppen in der Stadt nicht ganz erreicht. [...]

Daher wurde die Operation Har'el vorläufig eingestellt, und die Hagana verlegte Palmach-Einheiten nach Jerusalem, um die Stadt in jüdischen Besitz zu bringen.

Nach erbitterten Kämpfen wurden die Viertel Katamon und Deutsche Kolonie erobert, doch beim Kampf um Schech-Dscherach wurden die jüdischen Streitkräfte abgeschnitten und erlitten schwere Verluste. Die Straße zum Skopusberg blieb blockiert, und ebensowenig gelang es den Verteidigern Jerusalems, die Verbindung zu dem Siedlungskomplex Gusch-Ezjon zu halten, welcher in die Hand der Arabischen Legion fiel. Die Siedler von Kfar Ezjon wurden sämtlich niedergemetzelt, und Bewohner anderer Siedlungen, die die Kämpfe überlebten, gefangengenommen. Im Zentrum Jerusalems gelang es den jüdischen Streitkräften nach dem Abzug der britischen Truppen, das befestigte „Bevingrad"-Gebiet und die Vorstadt Abu Tor einzunehmen. Bis Mitte Mai war zu allen Teilen des Landes, die unter jüdischer Herrschaft standen, die Verbindung hergestellt. Nur die Transporte in den Negev mußten noch auf provisorischen Pisten abgewickelt werden. Die Konvois nach Jerusalem waren feindlichem Beschuß ausgesetzt, da das Haupthindernis, die befestigte Polizeistation beim Kloster Latrun, wegen der Unterstützung, die die Briten Kawakjis Streitkräften leisteten, nicht genommen werden konnte. [...]

Versuche der Vereinten Nationen, den Ausbruch eines Krieges in Palästina zu verhüten, blieben fruchtlos. Am 16. April 1948 fand eine Sondersitzung der UNO-Vollversammlung statt, die sich wieder einmal mit der Situation in Palästina beschäftigte. Der UNO-Ausschuß, der mit der Durchführung des Teilungsbeschlusses beauftragt worden war, meldete den Vereinten Nationen das Scheitern seiner Bemühungen; die Briten hatten dem Komitee die Einreise nach Palästina und die Übernahme seiner Funktionen verwehrt. Großbritannien stürzte das Land bewußt in einen chaotischen Zustand, offenbar in der Annahme, die Juden würden den Arabern nicht standhalten können und die UNO ersuchen, die britische Herrschaft über das Land wiederherzustellen. [...]

Am Freitag, 14. Mai 1948, versammelten sich die Führer des Jischuw im Museum von Tel Aviv, und David Ben Gurion verlas die Unabhängigkeitsurkunde: „...kraft unseres historischen und natürlichen Rechtes und gestützt auf die Resolution der Vollversammlung der Vereinten Nationen proklamieren wir hiermit die Errichtung eines jüdischen Staates in Palästina, der den Namen Israel tragen soll." Mit der Regierung des Staates wurde der Provisorische Staatsrat (Moetzet Hamedina) betraut, der die Provisorische Regierung wählte. Unmittelbar nach dieser Proklamation wurde der Staat Israel von der Regierung der Vereinigten Staaten de facto und von der Sowjetregierung sowohl de facto als auch de iure anerkannt.

In der darauffolgenden Nacht marschierten fünf arabische Armeen gleichzeitig in Israel ein. Am 15. Mai wurde dem Sicherheitsrat der Vereinten Nationen ein Telegramm des ägyptischen Außenministers vorgelegt; es enthielt die Mitteilung, daß ägyptische Streitkräfte mit dem Einmarsch nach Palästina begonnen hätten, um „die Achtung vor der universalen Moral und den von der UNO anerkannten Prinzipien wiederherzustellen". Die Libanesen überschritten nicht die Grenze bei Rosch ha-Nikra, drangen aber in Malkia und Kadesch Naftali ein. Die Syrer nahmen Zemach und griffen die beiden Siedlungen Degania Alef und Degania Bet an. Hier kam es zu erbitterten Kämpfen, weil die Kibbuzverteidiger den feindlichen Panzern standhielten. Der Feind mußte sich trotz seiner überlegenen Ausrüstung zurückziehen und Panzerfahrzeuge und Munition zurücklassen. Die Juden eroberten Zemach sowie zwei andere, zuvor aufgegebene Siedlungen – Massada und Scha'ar ha-Golan – zurück. Die Verteidiger des Kibbuz En Gew lieferten ein ruhmvolles Beispiel entschlossenen Widerstandes. Doch die Syrer konnten die Siedlung Mischmar ha-Jarden erobern und zerstören und nahmen den letzten der Verteidiger gefangen. Den Irakern, die im arabischen Dreieck Nablus–Tulkarm–Jenin operierten, blieb der Erfolg versagt; sie versuchten, bis zu der jüdischen Stadt Natanija vorzustoßen und die Küstenebene zu durchschneiden, wurden aber gestoppt. Die israelischen Streitkräfte eroberten hingegen Jenin (3. Juni 1948), mußten die Stadt allerdings wieder räumen.

Größeren Erfolg hatte die Arabische Legion. Nach der Zerstörung der Ezjon-Siedlungen drang sie in die Altstadt von Jerusalem ein und besetzte Latrun. Trotz Entlastungsangriffen aus der Neustadt und der Herstellung einer provisorischen Verbindung zwischen den beiden jüdischen Teilen der Stadt konnten die Verteidiger des Jüdischen Quartiers in der Altstadt dem Feind nicht standhalten und mußten am 28. Mai 1948 kapitulieren. Sie wurden alle gefangengenommen. Die jüdischen Siedlungen nördlich von Jerusalem wurden geräumt. Da die Arabische Legion Latrun beherrschte, war die Verbindungsstraße nach Jerusalem blockiert. Lebensmitteltransporte konnten die Stadt nicht mehr erreichen, die Wasserleitung von Rosch ha-ʿAjin nach Jerusalem wurde unterbrochen. Die Stadt befand sich im Belagerungszustand, und die Zivilverteidigung rationierte Wasser und Nahrungsmittel.

Der jüdische Teil Jerusalems lag unter schwerem Artilleriebeschuß durch die Arabische Legion, der erhebliche Opfer unter der Zivilbevölkerung forderte. Die Legion führte heftige Angriffe gegen die nahegelegene Siedlung Ramat Rachel und gegen den Skopusberg, die jedoch abgeschlagen wurden. Andererseits schlugen drei israelische Versuche zur Eroberung Latruns unter schweren Verlusten fehl. Die Legion versuchte die Siedlung Maaleh Hachamischa anzugreifen und ihre festen Punkte in der Nähe von Jerusalem zu sichern, was jedoch mißglückte. Zu dieser Zeit wurde die Verbindung mit der Stadt durch die „Burma-Straße“ wiederhergestellt, eine provisorische Piste, die den Sperriegel Latrun umging.

An der Kampffront gegen die Ägypter tobten heftige

Schlachten im Negev und im Vorfeld von Tel Aviv. Die Ägypter unterschätzten die Bedeutung der jüdischen Siedlungen, und der heroische Widerstand, den Negba, Kfar Darom und Nirim leisteten, brachte ihre Planungen durcheinander. Die Schlacht um den Negev forderte schwere Verluste, und der Feind eroberte zwei jüdische Siedlungen, Jad Mordechai und Nizanim, aber die ägyptische Panzerkolonne wurde bei Aschdod zum Stehen gebracht und vermochte nicht nach Tel Aviv durchzubrechen. Der bedeutendste Erfolg der Ägypter war die Unterbrechung der Verbindungen zu den jüdischen Siedlungen im Negev; dies wurde möglich, nachdem sie die Polizeistation Iraq Suweidan übernommen hatten, die die Engländer bei ihrem Abzug den Arabern übergeben hatten. Zahlreiche jüdische Versuche, sie noch vor der ersten Feuereinstellung zu erobern, schlugen fehl.

So bot sich die Lage dar, als die vom UNO-Vermittler zustande gebrachte Feuereinstellung – nach mehreren Verzögerungen – am 11. Juni in Kraft trat. Die Kämpfe hatten vom Tag der Invasion bis zur Waffenruhe weniger als vier Wochen gedauert, aber für die Konsolidierung des Staates Gewaltiges erbracht. Die Mobilisierung wurde abgeschlossen, und am 31. Mai erließ Verteidigungsminister Ben Gurion einen Tagesbefehl zur Bildung des Zahal (Verteidigungsarmee für Israel). Am 1. Juni gab der Irgun die Auflösung seiner Verbände im ganzen Land (mit Ausnahme Jerusalems) bekannt, die er, allerdings in besonderen Einheiten, in den Zahal einreihte. Während dieser Wochen strömten die ersten im Ausland gekauften Waffen ins Land. Die Fundamente der israelischen Luftwaffe und Kriegsmarine wurden gelegt. Immigranten trafen ein und wurden nach kurzer Ausbildung an die Front geschickt; auch Freiwillige kamen aus dem Ausland. Inmitten erbitterter Kämpfe demonstrierte der Staat Israel seine Lebenskraft und Entschlossenheit. An keiner der langen, gewundenen Fronten wich seine Armee zurück. [...]

Am 12. Januar 1949 begannen in Rhodos Waffenstillstandsgespräche zwischen Israel und den arabischen Staaten; den Vorsitz führte der amtierende UNO-Vermittler Ralph Bunche. Die Diskussionen zogen sich, immer wieder unterbrochen, lange Zeit hin. Das erste Abkommen wurde am 14. Februar mit Ägypten geschlossen. Nach dieser Übereinkunft erhielten die in Faluja eingeschlossenen ägyptischen Truppen – unter ihnen ein junger Bataillonskommandeur namens Abdel Nasser – freien Abzug; die Ägypter mußten sich hinter die Linie El Arisch–Abu Ageila zurückziehen, der Gazastreifen blieb in ägyptischer Hand. Zur Überwachung des Waffenstillstandes wurde eine gemischte Kommission gebildet. Am 23. März folgte ein Abkommen mit dem Libanon und am 3. April 1949 eine Waffenstillstandsvereinbarung mit Transjordanien, das die gesamte Eisenbahnlinie nach Jerusalem in israelischer Hand ließ. Gemäß dieser Übereinkunft zog der Zahal in mehreren arabischen Dörfern südlich von Jerusalem sowie in Wadi Ara und der Umgebung von Tulkarm ein. Andererseits wurden israelisch besetzte Gebiete am Hebronberg geräumt und Transjordanien überlassen. Das Abkommen mit den Jordaniern sah unter anderem noch vor, daß Juden freien Zugang zur Klagemauer und zum Skopusberg erhalten sollten, sowie die Öffnung des Abschnitts der Straße Jerusalem–Tel Aviv im Gebiet von Latrun, das sich in der Hand der Arabischen Legion befand, für israelischen Fahrzeugverkehr. Das Waffenstillstandsabkommen mit Syrien wurde erst am 20. Juli, nach einer Verhandlungsdauer von dreieinhalb Monaten, unterzeichnet. Der Irak unterzeichnete kein Abkommen mit Israel.

Das israelische Staatsgebiet innerhalb der in den Waffenstillstandsabkommen festgelegten Grenzen umfaßte 80 Prozent des Mandatsterritoriums von Westpalästina. „... der Abschluß eines Waffenstillstandes zwischen den Streitkräften beider Seiten" – so lautete das erklärte Ziel – „wird als ein wesentlicher Schritt zur Liquidierung der bewaffneten Auseinandersetzung und zur Wiederherstellung des Friedens in Palästina akzeptiert." Theoretisch besaß Israel nun die Souveränität über vertraglich vereinbarte und sichere Grenzen, festgelegt durch Verhandlungen zwischen den Beteiligten und mit Unterstützung und Zustimmung des Sicherheitsrates. Gleichwohl aber hatte es trotz seiner eindrucksvollen Erfolge weder Sicherheit noch Ruhe erlangt.

Autoren- und Quellenverzeichnis

Alle genannten Werke sind im
Verlag C. H. Beck, München erschienen.

ALBRECHT ALT, geb. 1883, gest. 1956, war Professor für Alttestamentliche Wissenschaften und Palästinaforschung in Greifswald, Basel, Halle und Leipzig und seit 1925 Vorsitzender des Deutschen Vereins zur Erforschung Palästinas.
Werke: Kleine Schriften zur Geschichte des Volkes Israel. Band I ^{4}1968, Band II ^{4}1977, Band III, herausgegeben von Martin Noth, ^{2}1968.
Das Großreich Davids 33
Aus: Kleine Schriften zur Geschichte des Volkes Israel, Bd. II, ^{4}1977, S. 66–75.

PETER ALTENBERG (eigentlich Richard Engländer), geb. 1859, gest. 1919, Schriftsteller in Wien.
So wurde ich 258
Aus: Die Deutsche Literatur. Texte und Zeugnisse, herausgegeben von Walther Killy, Bd. 7, ^{2}1988, S. 280 f.

GÜNTHER ANDERS, geb. 1902 in Breslau, emigrierte 1933 nach Paris, 1936 nach Amerika, 1950 kehrte er nach Europa zurück und lebt seitdem in Wien.
Werke: Die Antiquiertheit des Menschen. Band 1: Über die Seele im Zeitalter der zweiten industriellen Revolution. ^{7}1985. Band 2: Über die Zerstörung des Lebens im Zeitalter der dritten industriellen Revolution. ^{4}1986; Hiroshima ist überall. 1982; Ketzereien. 1982; Mensch ohne Welt. Schriften zur Kunst und Literatur. 1984; Tagebücher und Gedichte. 1985; Besuch im Hades. Auschwitz und Breslau 1966. Nach Holocaust 1970. ^{2}1985; Die atomare Drohung. Radikale Überlegungen. ^{5}1986; Mariechen. Eine Gutenachtgeschichte für Liebende, Philosophen und Angehörige anderer Berufsgruppen. 1987; Der Blick vom Turm. Fabeln. ^{3}1988; Wir Eichmannsöhne. Offener Brief an Klaus Eichmann. 2., erg. Auflage 1988.
Kollektivschuld? 319
Aus: Besuch im Hades, ^{2}1985, S. 196–199.

Else R. Behrend-Rosenfeld, Dr. phil., geb. 1891, gest. 1970.
Deportation aus München 294
Aus: Ich stand nicht allein. Leben einer Jüdin in Deutschland 1933–1944, 1988, S. 104 f., 121–129.

Haim Hillel Ben-Sasson, 1914–1977, war Professor für Jüdische Geschichte an der Hebräischen Universität Jerusalem.
Im zweifelhaften Schutz des Kaisers 143
Aus: Geschichte des jüdischen Volkes, herausgegeben von Haim Hillel Ben-Sasson, Bd. II, 1981, S. 32–36, 114–117.

Hartmut Boockmann, geb. 1934, lehrt als Ordinarius für Mittlere und Neuere Geschichte seit 1975 an der Universität Kiel, seit 1982 an der Universität Göttingen. 1986/1987 Historisches Kolleg in München.
Werke: Der deutsche Orden. Zwölf Kapitel aus seiner Geschichte. 2., verb. Auflage 1982; Die Stadt im späten Mittelalter. 2., durchges. Auflage 1987; Einführung in die Geschichte des Mittelalters. 4., durchges. Auflage 1988; Das Mittelalter. Ein Lesebuch. 1988.
Hostienfrevel (aus den Erzählungen des Rudolf von Schlettstadt)
Aus: Das Mittelalter. Ein Lesebuch, herausgegeben von Hartmut Boockmann, 1988, S. 240–241.
Die Juden in den Städten des Spätmittelalters 163
Aus: Die Stadt im späten Mittelalter, ^{2}1987, S. 283–284.

Manfred Clauss, geb. 1945, ist seit 1980 Ordinarius für Alte Geschichte an der Universität Siegen.
Werke: Der magister officiorum in der Spätantike (4. bis 6. Jh.). Das Amt und sein Einfluß auf die kaiserliche Politik. 1981; Sparta. Eine Einführung in seine Geschichte und Zivilisation. 1983; Geschichte Israels. Von der Frühzeit bis zur Zerstörung Jerusalems (587 v. Chr.). 1986.
Von Josia bis zum Untergang Jerusalems 42
Aus: Geschichte Israels, 1986, S. 138–146.

Adam Czerniaków, geb. 1880, gest. 1942, Chemiker, Ingenieur, Repräsentant der jüdischen Handwerker im Warschauer Gemeinderat, von 1939 bis zu seinem Tod Vorsitzender des Warschauer Judenrats.
Warschauer Getto 1942. Aus dem Tagebuch des Vorsitzenden des Judenrats 300
Aus: Im Warschauer Getto. Das Tagebuch des Adam Czerniaków 1939 bis 1942, 1986, S. 280–285.

Helen Epstein, geb. 1947, seit 1968 Journalistin in New York. Ihre Eltern waren während des Zweiten Weltkrieges in deutschen Konzentrationslagern, wurden 1945 befreit und emigrierten 1948 in die USA.

Heimkehr aus dem Todeslager 313
Aus: Die Kinder des Holocaust. Gespräche mit Söhnen und Töchtern von Überlebenden, 1987, S. 61 f., 71, 73–77.

Shmuel Ettinger, 1919–1988, war Professor für Jüdische Geschichte an der Hebräischen Universität Jerusalem; Autor des dritten Bandes der „Geschichte des jüdischen Volkes", herausgegeben von Haim Hillel Ben-Sasson, 3 Bände, ^{2}1981.
Herzl und der Zionismus 259
Aus: Geschichte des jüdischen Volkes. Bd. 3: Vom 17. Jahrhundert bis zur Gegenwart. Die Neuzeit, 1980, S. 217–222.
Der Weg zum Staat Israel 323
Aus: Ebd., S. 400–402, 405–416, 419.

Johann Wolfgang von Goethe, geb. 1749, gest. 1832.
Die Frankfurter Judengasse 192
Aus: Werke. Hamburger Ausgabe in 14 Bänden, herausgegeben von Erich Trunz, Bd. 9, 10, überarb. Auflage 1982, S. 149–150.
Gedichte von einem polnischen Juden 194
Aus: Die Deutsche Literatur. Texte und Zeugnisse, herausgegeben von Walther Killy, Bd. 5/1, 1966, S. 23–25.

Ferdinand Gregorovius, geb. 1821, gest. 1891, war viele Jahre als Journalist tätig, wurde aber vor allem durch seine kulturhistorischen Studien berühmt.
Werke: Geschichte der Stadt Athen im Mittelalter. Von der Zeit Justinians bis zur türkischen Eroberung. 1980; Lucrezia Borgia. 1982; Wanderjahre in Italien. 1986; Geschichte der Stadt Rom im Mittelalter. Vom V. bis XVI. Jahrhundert. 1988.
Die Juden im päpstlichen Rom 177
Aus: Wanderjahre in Italien, ^{4}1986, S. 217–223.

Heinrich Heine, geb. 1797, gest. 1856.
Jehuda Halevy 124
Aus: Werke, Bd. II, herausgegeben von Stuart Atkins, 1978, S. 852.
Der Rabbi von Bacherach 155
Aus: Die Deutsche Literatur. Texte und Zeugnisse, herausgegeben von Walther Killy, Bd. 6, ^{2}1984, S. 792–799.
Von getauften und assimilierten Juden 229
Aus: Werke, Bd. I, herausgegeben von Stuart Atkins, 1973, S. 641 f., Bd. II, hrsg. v. St. A., 1978, S. 666, 682.

Christopher Hibbert, geb. 1924, lebt als Historiker und Schriftsteller in England.

Martin Luther, geb. 1483, gest. 1546.
Zwei Briefe an seine Frau 184
Aus: Briefe an Freunde und an die Familie, herausgegeben von Albrecht Beutel, 1987, S. 114–118.

Abraham Malamat, geb. 1922, ist Professor für Jüdische Geschichte an der Hebräischen Universität Jerusalem, ist Autor im ersten Band der „Geschichte des jüdischen Volkes", herausgegeben von Haim Hillel Ben-Sasson, 3 Bände,
Israel in Ägypten 18
Aus: Haim Hillel Ben-Sasson (Hrsg.), Geschichte des jüdischen Volkes, Bd. I, ^{2}1981, S. 50–54.

Moses Mendelssohn, geb. 1729, gest. 1786, jüdischer Religionsphilosoph.
Brief an Salomon Gumperz über Michaelis' „Juden"-Rezension 204
Aus: Lessing – ein unpoetischer Dichter, herausgegeben von Horst Steinmetz, Athenäum Verlag, Frankfurt a. M. 1968, S. 50–52.
An Karl Gotthelf Lessing 207
Aus: Ebd., S. 122f.

Johann David Michaelis, geb. 1717, gest. 1791, evangelischer Theologe und Orientalist, seit 1746 Professor in Göttingen.
Rezension über „Die Juden" 202
Aus: Lessing – ein unpoetischer Dichter, herausgegeben von Horst Steinmetz, Athenäum Verlag, Frankfurt a. M. 1968, S. 49f.

Horst Möller, geb. 1943, ist Professor für Neuere Geschichte an der Universität Erlangen-Nürnberg. 1979 bis 1982 war er stellvertretender Direktor des Instituts für Zeitgeschichte in München.
Werke: Das Dritte Reich. Herrschaftsstruktur und Geschichte. Vorträge aus dem Institut für Zeitgeschichte, herausgegeben von Martin Broszat und Horst Möller, 1983; Exodus der Kultur. Schriftsteller, Wissenschaftler und Künstler in der Emigration nach 1933, 1984.
Exodus der Kultur 279
Aus: Exodus der Kultur, 1984, S. 25–30

Arnaldo Momigliano, geb. 1908, gest. 1987, war Professor für Alte Geschichte an der Universität London.
Begegnung mit dem Hellenismus 55
Aus: Hochkulturen im Hellenismus. Die Begegnung der Griechen mit Kelten, Juden, Römern und Persern, 1979, S. 102–115.

Alfred Morabia, geb. 1931, gest. 1987, war Professor für Geschichte des

Islam und Direktor der Abteilung für arabische und islamische Studien an der Universität Toulouse.
Die klassische Zeit des Islam 118
Aus: Franz J. Bautz (Hrsg.), Geschichte der Juden. Von der biblischen Zeit bis zur Gegenwart, 3., durchges. Auflage 1989, S. 102–107.

Thomas Nipperdey, geb. 1927, ist Professor für Neuere Geschichte an der Universität München. Seit 1985 ist er Mitglied der American Academy of Arts and Sciences.
Werke: Deutsche Geschichte 1800–1866. Bürgerwelt und starker Staat. ^{4}1987: Nachdenken über die deutsche Geschichte. ^{2}1986; Religion im Umbruch. Deutschland 1870–1918. 1988.
Auf dem Weg zur Gleichberechtigung 215
Aus: Deutsche Geschichte 1800–1866, ^{4}1987, S. 248–255.

Werner Pöls, geb. 1926, ist Ordinarius für Neuere Geschichte an der TU Braunschweig.
Über jüdische Viehhändler 236
Aus: Deutsche Sozialgeschichte 1815–1870. Dokumente und Skizzen, ^{4}1988, S. 70–73.

Rolf Rendtorff, geb. 1925, Professor em. für Alttestamentliche Theologie an der Universität Heidelberg.
Israels Glaube in der Geschichte 25
Aus: Franz J. Bautz (Hrsg.) Geschichte der Juden.
Von der biblischen Zeit bis zur Gegenwart, 3., durchges. Auflage 1989, S. 13–23.

Hans-Günter Richardi, geb. 1939, ist Redakteur der Süddeutschen Zeitung und Autor mehrerer Sachbücher.
Juden in Dachau 1933 283
Aus: Schule der Gewalt. Die Anfänge des Konzentrationslagers Dachau 1933–1934. Ein dokumentarischer Bericht, 1983, S. 196–199, 202–205.

Adalbert Rückerl (Hrsg.)
Das Vernichtungslager Belzec 305
Aus: Deutsche Sozialgeschichte 1914–1945. Ein historisches Lesebuch, herausgegeben von Werner Abelshauser, Anselm Faust und Dietmar Petzina, 1985, S. 422–423.

Shmuel Safrai, geb. 1919, emeritierter Professor für Jüdische Geschichte an der Hebräischen Universität Jerusalem, ist Autor im ersten Band der „Geschichte des jüdischen Volkes“, herausgegeben von Haim Hillel Ben-Sasson, 3 Bände.

Die Juden im Land Israel von 70 bis 220 81
Aus: Haim Hillel Ben-Sasson (Hrsg.), Geschichte des jüdischen Volkes, Bd. I, ^{2}1981, S. 385f., 391–399, 406–417.

Betty Scholem, geb. 1866, gest. 1946 in der Emigration in Australien, Mutter von Gershom Scholem.
Über die „Kristallnacht" 290
Aus: Betty Scholem – Gershom Scholem. Mutter und Sohn im Briefwechsel 1917–1946, 1989, S. 531–534.

Gershom Scholem, geb. 1897, gest. 1982, war seit 1933 Professor für Jüdische Mystik an der Hebräischen Universität Jerusalem.
Unruhen in Palästina 267
Aus: Betty Scholem, Gershom Scholem. Mutter und Sohn im Briefwechsel 1917–1946, 1989, S. 198–202.

Peter Schäfer, geb. 1943, ist seit 1984 Professor für Judaistik an der Freien Universität Berlin.
Makkabäer und Hasmonäer 65
Aus: Franz J. Bautz (Hrsg.), Geschichte der Juden. Von der biblischen Zeit bis zur Gegenwart, 3., durchges. Auflage 1989, S. 57–66.

Knut Schulz, geb. 1937, ist Professor für Geschichte des Mittelalters an der Freien Universität Berlin.
Der Berliner Hofjude Lippold 186
Aus: Geschichte Berlins. Von der Frühgeschichte bis zur Gegenwart, herausgegeben von Wolfgang Ribbe, 2 Bde., ^{2}1987.

Heinrich Simon, geb. 1921, ist Professor für Hebraistik und Arabistik an der Humboldt-Universität in Berlin.
Marie Simon, geb. 1922, ist Professorin für griechische Literatur- und Philosophiegeschichte an der Humboldt-Universität.
Moses ben Maimon 126
Aus: Geschichte der jüdischen Philosophie, 1984, S. 133–141, 153–155.

Günter Stemberger,geb. 1940, ist Professor für Judaistik an der Universität Wien.
Werke: Geschichte der jüdischen Literatur. Eine Einführung. 1977; Das Klassische Judentum. Kultur und Geschichte der rabbinischen Zeit (70 n. Chr. bis 1040 n. Chr.). 1979; Epochen der jüdischen Literatur. An ausgewählten Texten erläutert. 1982; Völlige Neubearbeitung von: Strack, Hermann L., Einleitung in Talmud und Midrasch. 1982; Juden und Christen im Heiligen Land. Palästina unter Konstantin und Theodosius. 1987; Der Talmud. Einführungen – Texte – Erläuterungen. ^{2}1987; Midrasch. Vom Um-

gang der Rabbinen mit der Bibel. Einführung – Texte – Erläuterungen, 1989.

Menahem Stern, 1925–1989, war Professor für Geschichte der Zeit des Zweiten Tempels an der Hebräischen Universität Jerusalem. Autor im ersten Band der „Geschichte des jüdischen Volkes", herausgegeben von Haim Hillel Ben-Sasson, 3 Bände.

Dietmar H. Voges, Leiter der städtischen Sammlungen Archiv, Bibliothek und Museum in Nördlingen.

Hans-Ulrich Wehler, geb. 1931, ist seit 1971 Professor für Allgemeine Geschichte an der Universität Bielefeld. Er war Gastprofessor an den Universitäten Harvard, Princeton und Stanford.
Werke: Deutsche Gesellschaftsgeschichte. Erster Band: 1700–1815. Vom Feudalismus des Alten Reiches bis zur Defensiven Modernisierung der Reformära. 1987; Zweiter Band: 1815–1845/49. Von der Reformära bis zur industriellen und politischen deutschen Doppelrevolution. 1987; Entsorgung der deutschen Vergangenheit? Ein polemischer Essay zum „Historikerstreit". 1988; Aus der Geschichte lernen? Essays. 1988.

Helga Weippert, Dr. theol., geb. 1943, ist freie Autorin und Lehrbeauftragte für Biblische Archäologie und Altes Testament.

ALFRED WENDEHORST, geb. 1927, ist Professor für Landesgeschichte an der Universität Erlangen-Nürnberg.
Juden in Würzburg 167
Aus: Würzburg: Geschichte in Bilddokumenten. Herausgegeben von Alfred Wendehorst, 1981, S. 50–52.

JOHANNES WERNER, Dr. phil., geb. 1947, ist Gymnasiallehrer in Baden-Württemberg.
Der jüdische Händler im Spiegel der Literatur 239
Aus: „Du Müller, du Mahler, du Mörder, du Dieb!", 1990.

JULIANE WETZEL ist Mitarbeiterin des Instituts für Zeitgeschichte in München.
Auswanderung und jüdisches Selbstverständnis 273
Aus: Die Juden in Deutschland 1933–1945, herausgegeben von Wolfgang Benz, 1988, S. 431–438.

KARL WOLFSKEHL, geb. 1869, gest. 1948, Schriftsteller, gehörte zum Kreis um Stefan George, bildete mit Alfred Schuler und Ludwig Klages um 1900 den Münchner „Kosmikerkreis".
Herr! Ich will zurück 272
Aus: Die Deutsche Literatur. Texte und Zeugnisse, herausgegeben von Walther Killy, Bd. 7, ^{2}1988, S. 380.

NIKOLAUS LUDWIG GRAF VON ZINZENDORF, geb. 1700, gest. 1760, Begründer der Herrnhuter Brüdergemeine, einer religiösen Vereinigung mit lutherisch-pietistischen Grundsätzen.
Am Schábbas sind wir stille (Jüdisches im Kirchenlied) 192
Aus: Die Deutsche Literatur. Texte und Zeugnisse, herausgegeben von Walther Killy, Bd. 4/2, 1983, S. 590.

Abbildungsverzeichnis

Umschlagabbildung: Jude beim Kiddusch, dem Segen über dem Weinbecher. Aus einer Pesach-Haggada (Bayerische Staatsbibliothek, Codex Hebr. 200 fol. 7 verso)

1. Befestigte kanaanäische Stadt auf einem ägyptischen Relief des Pharao Sethos I. (ca. 1300 v. Chr.) Staatliche Museen Berlin

2. Die „Vier Weisen von Bene Berak" (der Pessach-Haggada) im Gespräch

3. Der Gefangene – als Symbol der Nazi-Unterdrückung. Skulptur von Ossip Zadkine

Die Abbildungen auf den Zwischentiteln sind dem dreibändigen Werk „Geschichte des jüdischen Volkes", hrsg. von Haim Hillell Ben-Sasson, entnommen (C. H. Beck, München 1978/80).

Buchanzeigen